PowerPoint 2016

Professionell Präsentieren

Inge Baumeister

Verlag:
BILDNER Verlag GmbH
Bahnhofstraße 8
94032 Passau

http://www.bildner-verlag.de
info@bildner-verlag.de

Tel.: +49 851-6700
Fax: +49 851-6624

ISBN: 978-3-8328-0173-1

Bestellnummer: RP-195

Covergestaltung:
Christian Dadlhuber

Autorin:
Inge Baumeister

Bildquelle Cover: © Pikselstock und JENNY SOLOMON - Fotolia.com
Kapitelbild: © vege - Fotolia.com

Herausgeber:
Christian Bildner

© 2016 BILDNER Verlag GmbH Passau

Herzlich willkommen!

Kaum ein Vortrag, der nicht von einer PowerPoint-Präsentation begleitet wird. Microsoft PowerPoint ist eines der beliebtesten und bekanntesten Programme, wenn es darum geht, beispielsweise ein Produkt, eine Firma oder einen Verein zu präsentieren. Allerdings haben die integrierten Vorlagen und Designs zur schnellen Gestaltung von Präsentationen auf Ihr Publikum inzwischen einen eher negativen Wiedererkennungseffekt. Nutzen Sie daher die vielfältigen Gestaltungsmöglichkeiten von PowerPoint und erstellen Sie eigene professionelle Präsentationen.

 Schritt für Schritt

Dieses Buch hat sich zwei Ziele gesetzt: Es beschreibt nicht nur ausführlich die einzelnen Werkzeuge, z. B. grafische Layouts, Diagramme oder Animationen sondern liefert Ihnen auch konkrete Beispiele und Anregungen, wie Sie diese gezielt für Ihre Zwecke in der Praxis umsetzen.

 Abbildungen und Beispiele

PowerPoint-Neulinge erhalten in den beiden ersten Kapiteln den perfekten Einstieg. Sie erstellen mit Hilfe von Vorlagen und Designs eine erste schnelle Präsentation und erfahren, wie Sie sich in PowerPoint zurechtfinden. Auch grundlegende Techniken wie Speichern, Öffnen und Texteingabe werden hier erklärt. Die übrigen Kapitel widmen sich detailliert den einzelnen Möglichkeiten von PowerPoint; angefangen von der Textgestaltung im Folienmaster bis zum Vorführen der fertigen Bildschirmpräsentation. Am Schluss des Buches finden Sie in einem gesonderten Kapitel eine Zusammenstellung nützlicher Tipps rund ums Präsentieren. Ein Glossar und eine Liste der Tastenkombinationen im Anhang runden dieses Buch ab. Neben praxistauglichen Beispielen helfen zahlreiche Tipps und Tricks, die die Autorin in jahrelanger Lehrtätigkeit in der Erwachsenenbildung gesammelt hat, typische Fallstricke zu vermeiden.

 Für Einsteiger und Fortgeschrittene

 Praktische Umsetzung

Am Anfang jedes Kapitels finden Sie eine Übersicht über die vermittelten Inhalte und welche Kenntnisse vorausgesetzt werden, am Ende des Kapitels erhalten Sie eine kurze Zusammenfassung. Befehle, Bezeichnungen von Schaltflächen und Beschriftungen von Dialogfenstern sind zur besseren Unterscheidung kursiv und farbig hervorgehoben, zum Beispiel Register *Start*, Schaltfläche *Kopieren*.

 Übungen zum Download

Erläuterungen werden erst durch Beispiele lebendig. Alle Beispiele werden ausführlich und Schritt für Schritt erklärt und können zusätzlich auch als Video betrachtet werden: Einfach den Code am Seitenrand einscannen oder den Link in die Adresszeile des Browsers eintippen. Eine Zusammenstellung aller Links finden Sie auf der nächsten Seite.

 Videos zur Erklärung

Die verwendeten Beispielpräsentationen erhalten Sie auf unserer Homepage kostenlos zum Download. Rufen Sie dazu die folgende Seite auf:

www.bildner-verlag.de/00195

Viel Spaß und Erfolg mit diesem Buch!

Übersicht Videos bzw. Links

Inhalt

3 Mit einer neuen Bildschirmpräsentation beginnen....... 67

6 Grafische Layouts einsetzen 185

7 Animationen und Multimedia 215

9 Tipps für erfolgreiches Präsentieren..............................295

1 Der erste Einstieg

In diesem Kapitel lernen Sie...

- PowerPoint starten und beenden
- Eine erste Präsentation erstellen
- Designs und Vorlagen verwenden
- Die PowerPoint-Ansichten
- Hilfe erhalten

Das sollten Sie bereits wissen

- Handhabung von Maus, Touchpad und Tastatur
- Allgemeiner Umgang mit Windows
- Apps starten und beenden

1.1 PowerPoint 2016 starten

Zum Starten von PowerPoint 2016 gibt es verschiedene Möglichkeiten:

▶ Falls sich die Kachel *PowerPoint 2016* im Startmenü von Windows befindet, so klicken oder tippen Sie auf diese.

▶ Oder klicken Sie im Startmenü (Windows 10) auf *Alle Apps* und hier auf *PowerPoint 2016*.

▶ Wenn Sie Windows 10 als Betriebssystem einsetzen, dann benutzen Sie am einfachsten die Suche: tippen Sie im Suchfeld der Taskleiste die ersten Zeichen, z. B. „power" ein und klicken Sie in der Liste der Suchergebnisse auf *PowerPoint 2016*. Oder beauftragen Sie die Sprachassistentin Cortana mit dem Starten, etwa mit der Anweisung „Öffne PowerPoint".

Die Startseite von PowerPoint

Unmittelbar nach dem Start erscheint die Startseite von PowerPoint und Sie können wählen, was Sie tun möchten.

▶ Die Spalte *Zuletzt verwendet* listet kürzlich verwendete Präsentationen auf, die Sie mit einem Klick schnell wieder öffnen können. Oder klicken Sie zum Öffnen einer vorhandenen Präsentation auf *Weitere Präsentationen öffnen*.

▶ Um eine neue Präsentation zu erstellen, haben Sie die Wahl zwischen einer leeren Präsentation, die Sie anschließend komplett nach Ihren Vorstellungen gestalten oder einer Vorlage bzw. einem Design in die Sie nur noch Text und Grafiken einfügen brauchen. Davon finden Sie auf der Startseite eine ganze Menge und weitere online.

Bild 1.1 Die Startseite

Zuletzt verwendete
Präsentationen

Weitere öffnen

Mit einer leeren Präsentation beginnen

Vorlagen verwenden

Hinweis: Microsoft veröffentlicht nicht nur für Windows, sondern auch für Office 2016 laufend Updates, etwa um Sicherheitslücken zu schließen oder Fehler zu beseitigen. Beim ersten Start von PowerPoint wird Ihre Zustimmung zur automatischen Installation von Updates angefordert. Wählen Sie die Option *Nur Updates installieren* und klicken Sie auf *Zustimmen*.

1.2   Präsentationen - mit Designs und Vorlagen schnell erstellt

Präsentationen zielen auf die Aufmerksamkeit Ihrer Zuhörer, deshalb spielt neben den Inhalten besonders die optische Gestaltung eine wichtige Rolle. Für ungeübte Nutzer und schnelle Präsentationen bringt PowerPoint aus diesem Grund eine ganze Reihe von Designs mit, in die Sie nur noch Ihre Inhalte einfügen.

Designs umfassen neben einem Hintergrund, dieser kann einfarbig sein oder ein grafisches Muster enthalten, eine bestimmte Farbpalette und vorgegebene Schriftarten. Auch die Position von Folienelementen, z. B. Überschriften ist unterschiedlich. Die Gestaltung einzelner Elemente, etwa die Schriftgröße lässt sich bei Bedarf problemlos ändern, dies wirkt sich nur auf die Päsentation aus, das Design selbst wird dadurch nicht geändert.

Die meisten dieser Designs und Vorlagen wirken nicht unbedingt professionell. Eine bessere Wirkung erzielen Sie mit eigenen Layouts und Gestaltungselementen. Da sich Designs allerdings gut für den ersten Einstieg eignen, werden sie hier kurz vorgestellt.

Design auswählen

Bereits auf der Startseite finden Sie einige Designs zur Auswahl: scrollen Sie nach unten, um sich einen ersten Überblick zu verschaffen.

▶   Jedes Design ist in mehreren Farbvarianten verfügbar; wenn Sie auf ein Design klicken, so erhalten Sie eine vergrößerte Vorschau zusammen mit den weiteren Farben. Klicken Sie auf eine Farbzusammenstellung, um auch diese in der Vorschau zu testen.

Bild 1.2 Vorschau auf ein Design

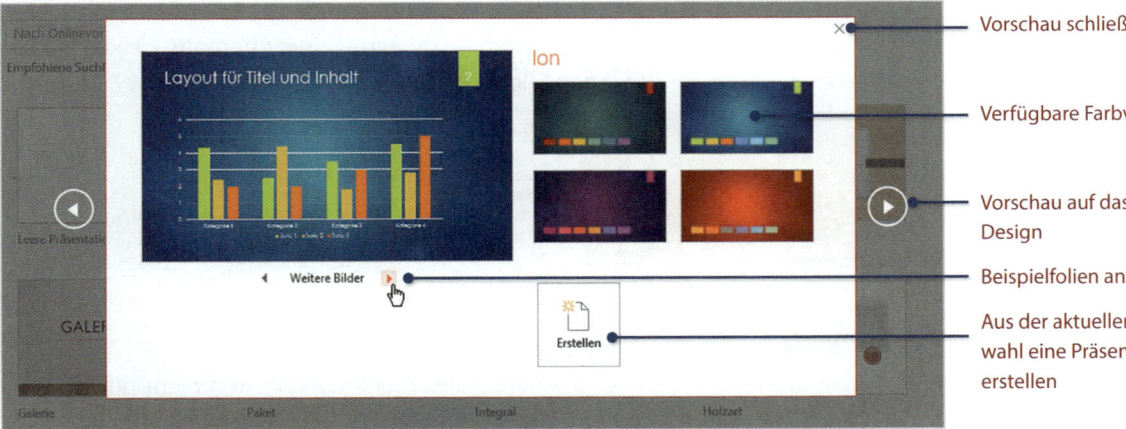

Vorschau schließen

Verfügbare Farbvarianten

Vorschau auf das nächste Design

Beispielfolien anzeigen

Aus der aktuellen Auswahl eine Präsentation erstellen

▶ Um anhand einiger Beispielfolien einen besseren Eindruck über die Wirkung des Designs und der ausgewählten Farbvariante zu erhalten, klicken Sie unterhalb der Vorschau, *Weitere Bilder* auf die kleinen Pfeile nach rechts oder links.

▶ Entspricht das Design nicht Ihren Vorstellungen, so können Sie die Pfeile nach rechts und links benutzen, um das nächste/vorherige Design in der Vorschau anzuzeigen. Ein Klick auf das Schließen-Symbol in der rechten oberen Ecke schließt die Vorschau wieder.

▶ Wenn Sie dagegen aus der aktuellen Auswahl eine neue Präsentation erstellen möchten, dann klicken Sie auf *Erstellen*.

> Falls die Startseite nicht angezeigt wird oder Sie bereits eine andere Präsentation vor sich haben, so klicken Sie auf *Datei* und anschließend auf *Neu*. Hier sind dieselben Designs wie auf der Startseite verfügbar.

Datei

Neu

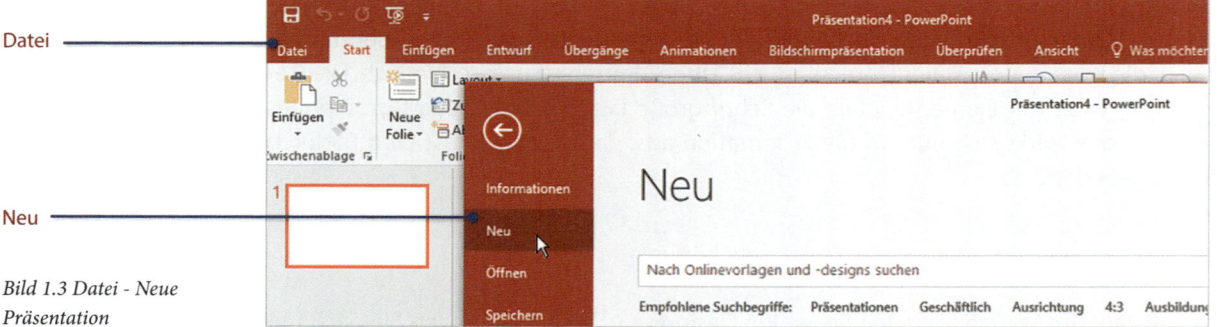

Bild 1.3 Datei - Neue Präsentation

Weitere Vorlagen und Designs online suchen

Sollte sich auf der Startseite bzw. unter *Datei ▸ Neu* kein geeignetes Design finden, dann können Sie online nach weiteren suchen. Klicken Sie in das Feld *Nach Onlinevorlagen und -designs suchen*, geben Sie einen Suchbegriff ein, z. B. Präsentationen und starten Sie die Suche mit Klick auf die nebenstehende Lupe. Alternativ klicken Sie unterhalb auf einen der empfohlenen Suchbegriffe.

Bild 1.4 Onlinevorlagen suchen

Suchbegriff eingeben und Suche starten

Oder klicken Sie auf einen empfohlenen Suchbegriff

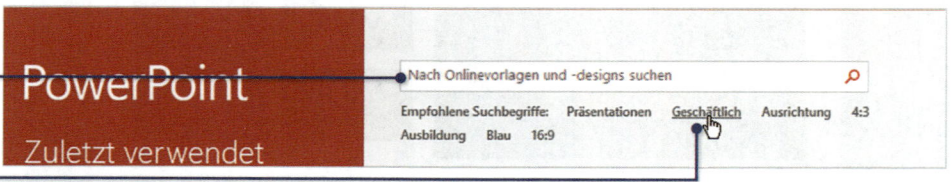

Tipps zur Onlinesuche nach Bildschirmpräsentationen

PowerPoint eignet sich aufgrund seiner grafischen Möglichkeiten nicht nur für klassische Bildschirmpräsentationen, sondern auch zur Erstellung anderer Präsentationsmaterialien, beispielsweise von Postern oder Broschüren. Aus diesem Grund finden Sie online neben den Designs für Bildschirmpräsentationen auch zahlreiche andere Vorlagen, z. B. wenn Sie als Suchbegriff „Geschäftlich" eingegeben haben.

▶ Wenn Sie gezielt nach Designs für Bildschirm-Präsentationen suchen möchten, dann klicken Sie bei der Onlinesuche unter *Empfohlene Suchbegriffe* am besten auf *Präsentationen*.

▶ Rechts können Sie durch Anklicken einer Kategorie die Suche weiter verfeinern, auch die gleichzeitige Auswahl mehrerer Kategorien ist möglich. Die verwendeten Kategorien befinden sich am Anfang der Liste und sind hervorgehoben. Zum Aufheben einer Auswahl klicken Sie auf das x-Symbol.

▶ Die Ergebnisse können je nach Kategorie nicht nur Designs für Präsentationen, sondern auch einzelne Vorlagen in Form grafisch gestalteter Folien oder Hintergrundbilder umfassen. In der Vorschau erhalten Sie eine Beschreibung, aus der Sie erkennen können, ob es sich um eine Bildschirmpräsentation oder eine einzelne Vorlage handelt.

▶ Achten Sie bei der Auswahl von Bildschirmpräsentationen auf das Bildschirmformat! In den Kategorien haben Sie die Wahl zwischen dem klassischen Bildschirmformat 4:3 und dem gängigen Breitbildformat 16:9. Letzteres ist auch das Standardformat von PowerPoint 2016. **Vorsicht:** Bei nachträglicher Änderung des Seitenverhältnisses wird das Layout der Folien angepasst und unter Umständen beinträchtigt. Welches Seitenverhältnis eine Vorlage verwendet, ist ebenfalls aus der Beschreibung zusammmen mit der Vorschau ersichtlich.

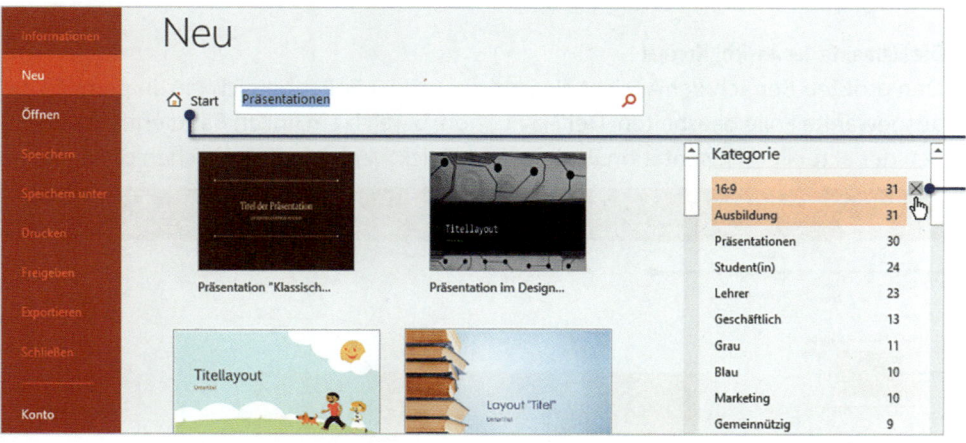

Bild 1.5 Nach Kategorien filtern

Zurück zur Startseite

Auswahl aufheben

▶ Sollte sich auch hier nichts Geeignetes finden, so gelangen Sie Klick auf das Symbol *Start* aus der Onlinesuche wieder zurück zur Startseite bzw. der Seite *Neu* von PowerPoint.

Wenn Sie eine Onlinevorlage zur Verwendung ausgewählt haben, dann muss diese zunächst heruntergeladen werden; es kann also einige Sekunden dauern, bis sie geöffnet wird und Sie beginnen können.

Für das folgende Beispiel wurde kein Onlinedesign, sondern das Design *Rahmen* ausgewählt, das Sie auf der Startseite bzw. unter *Datei ▸ Neu* finden.

Bild 1.6 Das Design Rahmen

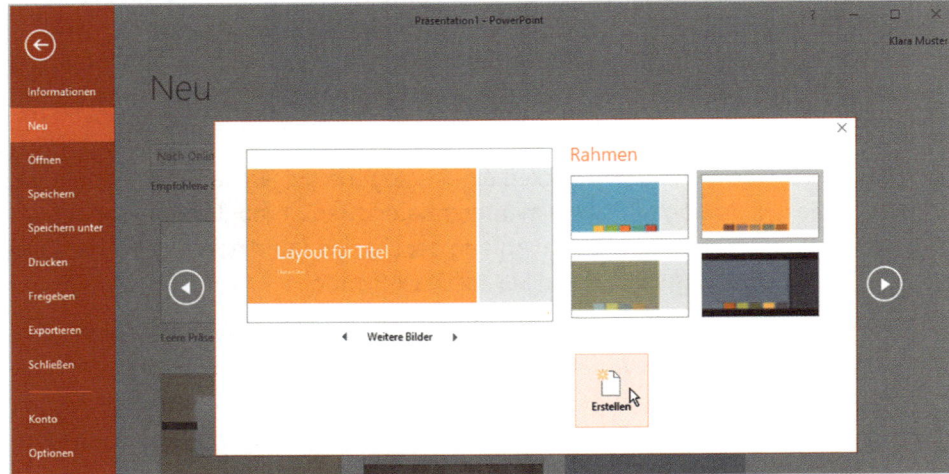

Übersicht und Begriffe

Nachdem Sie auf *Erstellen* geklickt haben, wird eine neue Präsentation erstellt und die erste Folie in der Ansicht *Normal*, der Arbeitsansicht von PowerPoint angezeigt. Dies ist die Ansicht, in der Sie die Folien einer Präsentation bearbeiten. Vorgeführt wird die Präsentation dagegen in der Ansicht Bildschirmpräsentation.

Die Elemente der Ansicht Normal

Den größten Bereich der Ansicht *Normal* nimmt der Folienbereich ein, in dem Sie die ausgewählte Folie bearbeiten. Der Navigationsbereich am linken Rand enthält alle Folien der aktuellen Präsentation und per Mausklick wechseln Sie zwischen den Folien.

Bild 1.7 Die Präsentation in der Ansicht Normal

Menüband

Navigationsbereich mit Miniaturvorschau

Folienbereich mit der bearbeiteten Folie

Statusleiste

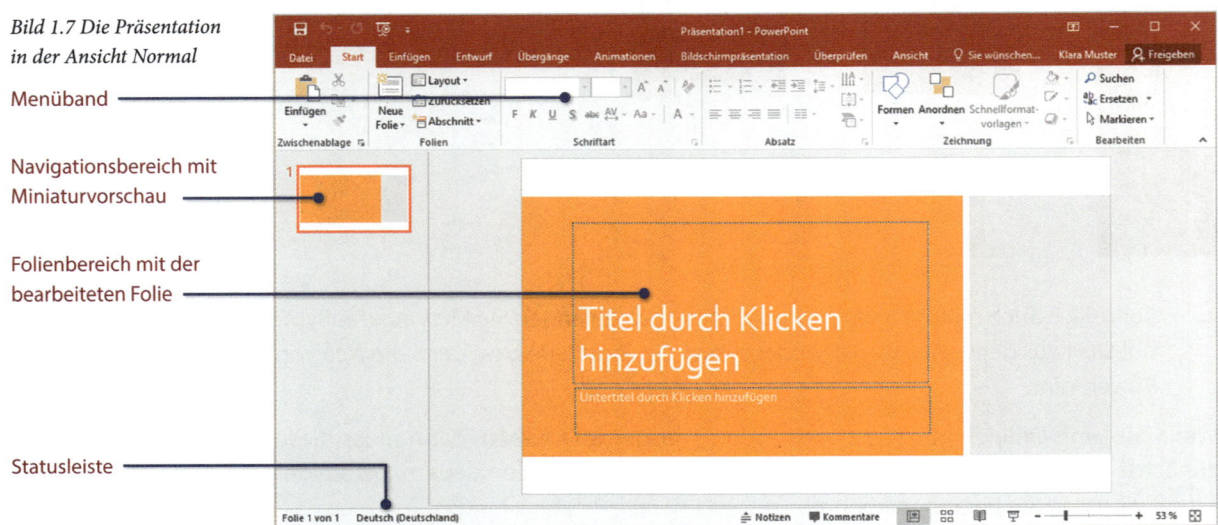

Als Folien bezeichnet man die „Seiten" einer Bildschirmpräsentation, in Anlehnung an frühere Präsentationsmethoden mittels Overheadprojektor. Eine Bildschirmpräsentation kann beliebig viele Folien umfassen.

Text eingeben

Das Layout der ersten Folie ist in der Regel automatisch als Präsentationstitel gestaltet und enthält Platzhalter für die beiden Folienelemente Titel und Untertitel. Beide sind bereits entsprechend dem gewählten Design gestaltet und Sie brauchen nur noch Text eingeben. Dazu klicken Sie in das Platzhalterfeld mit der vorläufigen Beschriftung *Titel durch Klicken hinzufügen* und geben den Titel Ihrer Präsentation über die Tastatur ein. Genauso verfahren Sie mit dem Untertitel.

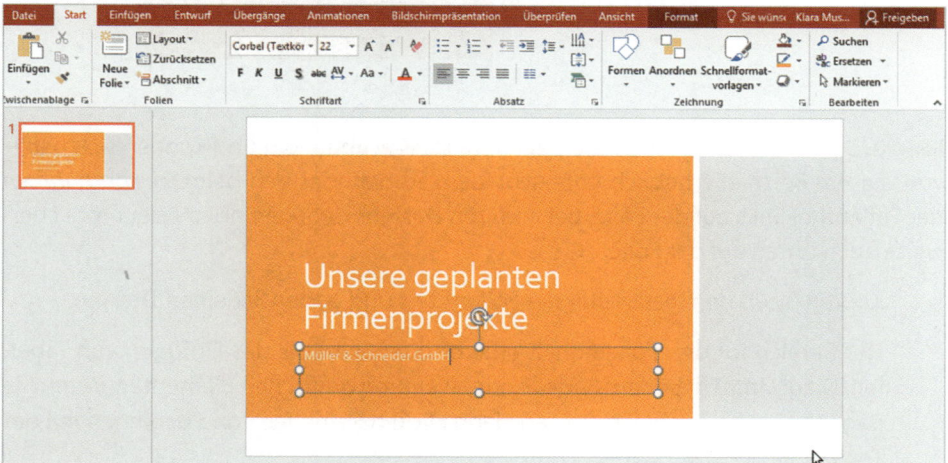

Bild 1.8 Die erste Folie im Titellayout

Eine Eingabe ist nicht in jedem Platzhalterfeld zwingend erforderlich, nicht benötigte Platzhalter ignorieren Sie einfach. Leere Platzhalter bzw. der Hinweistext erscheinen nicht in der Präsentation, brauchen also nicht gelöscht werden.

Eine weitere Folie hinzufügen

Zum Hinzufügen einer weiteren Folie klicken Sie im Menüband auf *Start* und hier auf *Neue Folie*.

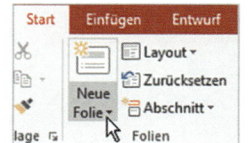

Achtung, die Schaltfläche *Neue Folie* ist zweigeteilt: Ein Klick auf das Symbol im oberen Teil der Schaltfläche fügt eine Folie im Standardlayout ein, mit Klick auf den Pfeil im unteren Teil öffnen Sie dagegen einen Katalog verschiedener Layouts zur Auswahl.

▷ Klicken Sie auf den Pfeil der Schaltfläche und wählen Sie das Layout *Titel und Inhalt*.

Bild 1.9 Neue Folie einfügen - Layout wählen

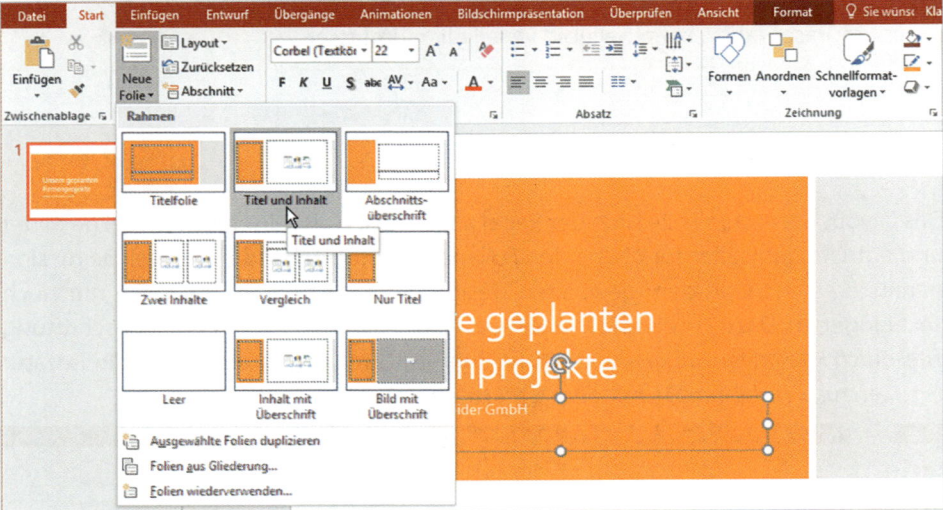

Hinweis: Die Folienlayouts sind ebenfalls vom Design abhängig und können sich daher von diesem Beispiel erheblich unterscheiden. So befindet sich beim Design *Rahmen* der Folientitel links auf der Folie, bei anderen Designs dagegen oben oder möglicherweise auch unten auf der Folie.

▷ Klicken Sie in den Platzhalter der Folientitels und geben Sie einen Titel ein.

▷ Der Bereich für den Folieninhalt erlaubt über Symbole das Einfügen von Tabellen, Diagrammen, Bildern, Videos oder weiteren grafischen Elementen. Wenn Sie dagegen Text eingeben möchten, dann klicken Sie einfach und beginnen mit der Texteingabe.

Bild 1.10 Folientitel und Inhalt

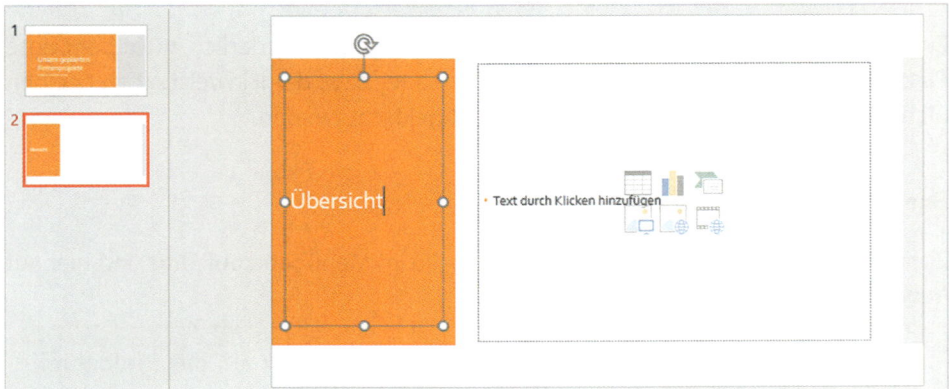

Jeder Absatz erhält während der Eingabe automatisch ein Aufzählungszeichen, durch Drücken der Eingabe-Taste beenden Sie einen Absatz und beginnen den nächsten. Auch Aufzählungszeichen und Aussehen der Absätze sind vom Design abhängig.

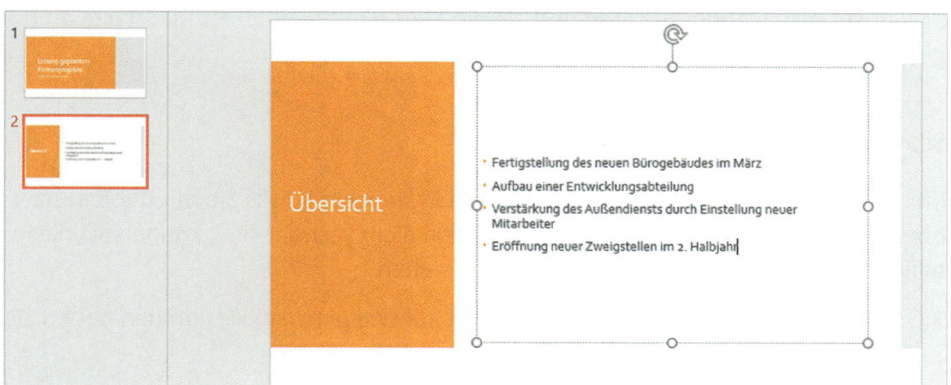

Bild 1.11 Text mit Aufzählungszeichen

Grafik einfügen

Die nächste Folie soll eine Grafik erhalten. Klicken Sie auf den Pfeil der Schaltfläche *Neue Folie* und wählen Sie entweder wieder das Layout *Titel und Inhalt* oder ein Layout, das nur Bild und Titel enthält, z. B. *Bild mit Überschrift*.

Zum Einfügen der Grafik klicken Sie im Platzhalter auf das Symbol *Bilder*, wählen im Fenster *Grafik einfügen* das gewünschte Bild aus und klicken auf *Einfügen*.

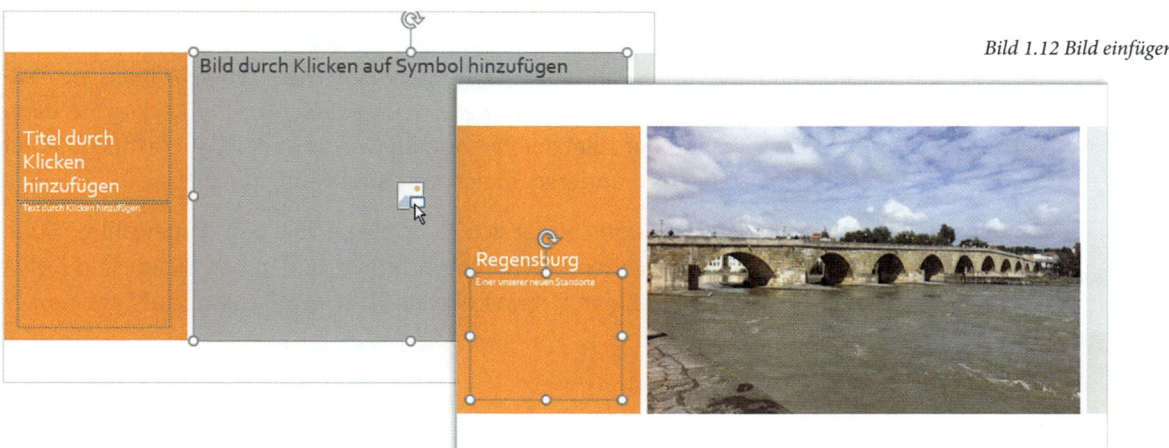

Bild 1.12 Bild einfügen

Nachträglich einzelne Folien bearbeiten

Falls Sie noch weitere Folien benötigen, so fügen Sie diese auf die oben beschriebene Weise hinzu. Zur nachträglichen Bearbeitung einzelner Folien brauchen Sie nur im Navigationsbereich auf die Folie klicken.

Nicht benötigte oder überzählige Folien löschen Sie, indem Sie im Navigationsbereich auf die Folie klicken und anschließend die Entf-Taste betätigen. Auch Änderungen der Reihenfolge der Folien nehmen Sie im Navigationsbereich vor: Klicken Sie auf die Folie, die Sie verschieben möchten und ziehen Sie sie mit gedrückter Maustaste an die gewünschte Stelle.

Schnelle Hilfe zu einzelnen Aufgaben

Im nächsten Schritt sollten Sie die Präsentation speichern. Falls Sie mit der Benutzeroberfläche von Microsoft Office-Anwendungen nicht vertraut sind, können Sie die intelligente Hilfe von PowerPoint 2016 zu Rate ziehen.

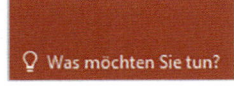

1   Klicken Sie im oberhalb des Menübands auf *Was möchten Sie tun?* und geben Sie als Stichwort die gewünschte Aktion ein, z. B. Speichern.

2   Bereits während der Eingabe erscheint eine Liste verschiedener Vorschläge; sollte sich die gewünschte Aktion darunter befinden, so klicken Sie darauf, andernfalls müssen Sie den gesamten Suchbegriff eintippen.

Bild 1.13 Hilfe zu Aktionen

3   Es erscheint die unten abgebildete Aufgabe *Speichern unter*. Wählen Sie zwischen den beiden Speicherorten *OneDrive* und *Dieser PC* und klicken Sie dann entweder auf einen der zuletzt verwendeten Ordner in der Liste rechts oder auf *Durchsuchen*, um einen anderen Speicherort auszuwählen.

4   Das Fenster *Speichern unter* öffnet sich: Kontrollieren Sie den ausgewählten Speicherort bzw. öffnen Sie den gewünschten Ordner und geben Sie im Feld *Dateiname* einen aussagefähigen Dateinamen ein. Klicken Sie zuletzt auf *Speichern*.

Bild 1.14 Präsentation speichern

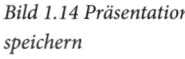

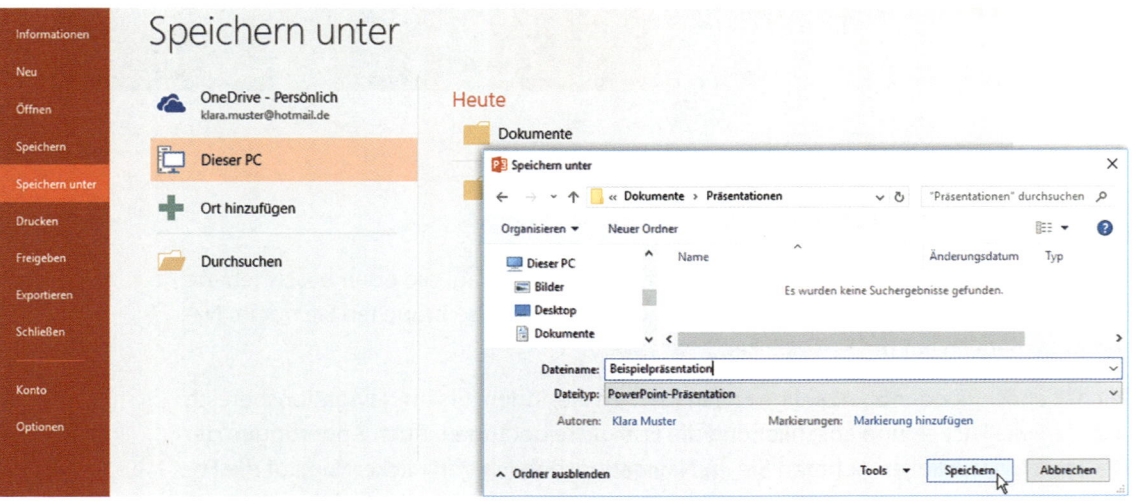

Die fertige Präsentation testen

Nun können Sie Ihre Präsentation testen bzw. vorführen. Klicken Sie dazu im Menüband auf das Register *Bildschirmpräsentation*, hier finden Sie ganz links die Gruppe *Bildschirmpräsentation starten*. In der Ansicht *Bildschirmpräsentation* füllen die Folien den gesamten Bildschirm aus und können nicht bearbeitet werden.

Bildschirmpräsentation starten = F5

▶ Mit der Schaltfläche *Von Beginn an* (oder der Funktionstaste F5) starten Sie die Präsentation mit der ersten Folie.

▶ Falls Sie nur die aktuelle Folie in der Bildschirmpräsentation kontrollieren möchten, so klicken Sie auf *Ab aktueller Folie*.

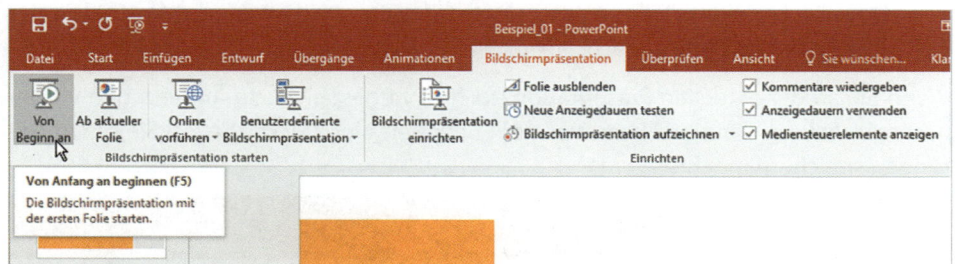

Bild 1.15 Bildschirmpräsentation starten

So navigieren Sie während der Bildschirmpräsentation

Wenn Sie den Mauszeiger in der Bildschirmpräsentation bewegen, dann erscheinen in der linken unteren Ecke verschiedene Symbole zur Steuerung. Klicken Sie auf die Pfeile oder benutzen Sie auf der Tastatur die Pfeiltasten nach rechts/nach unten und nach links/nach oben, um zur nächsten/vorherigen Folie zu gelangen.

Bild 1.16 Ansicht Bildschirmpräsentation: Nächste Folie anzeigen

Mit der Esc-Taste können Sie die Bildschirmpräsentation jederzeit abbrechen und zur Ansicht *Normal* zurückkehren. Nach der letzten Folie erscheint in der Standardeinstellung ein schwarzer Bildschirm, dann genügt ein Mausklick an eine beliebige Stelle, damit wieder die Präsentation wieder in der Ansicht *Normal* erscheint.

PowerPoint beenden

Zum Beenden von PowerPoint benutzen Sie eine der folgenden Methoden:

▶ Klicken Sie in der rechten oberen Ecke des PowerPoint-Fensters auf das Symbol *Schließen*.

▶ Oder klicken Sie auf *Datei* und hier in der linken Spalte auf *Schließen*.

▶ Oder klicken Sie mit der rechten Maustaste auf das PowerPoint-Symbol in der Taskleiste und dann auf *Schließen*.

Wenn Sie an der aktuellen Präsentation noch nicht gespeicherte Änderungen vorgenommen haben, dann erscheint vor dem Beenden eine Rückfrage, ob Sie die Ändetungen speichern möchten.

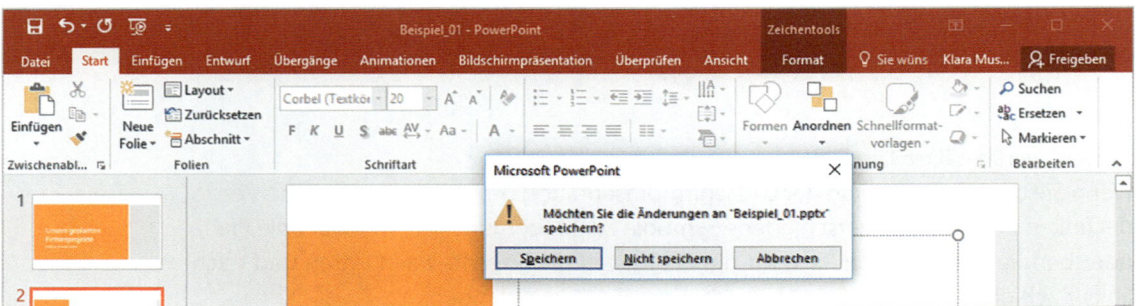

▶ Klicken Sie auf *Speichern*, wenn Sie Ihre letzten Änderungen speichern und PowerPoint beenden möchten.

▶ *Nicht speichern* bedeutet, Änderungen werden nicht gespeichert, PowerPoint aber trotzdem beendet.

▶ Klicken Sie dagegen auf *Abbrechen*, so passiert überhaupt nichts. Änderungen werden nicht gespeichert und PowerPoint nicht beendet.

1.3 Ansichten und Anzeigeeinstellungen

Zwischen Folienbearbeitung und Bildschirmpräsentation wechseln

PowerPoint verfügt über mehrere Ansichten. Die beiden wichtigsten sind die Ansicht *Normal* in der Sie die Präsentationsinhalte bearbeiten und *Bildschirmpräsentation* zum Vorführen der Präsentation.

Zur Bildschirmpräsentation

Die Bildschirmpräsentation starten Sie im Register *Bildschirmpräsentation*, Gruppe *Bildschirmpräsentation starten*, entweder über die Schaltfläche *Von Beginn an* (funktioniert auch mit der Taste F5) oder *Ab aktueller Folie*.

Das Vorführen einer Bildschirmpräsentation wird in Kapitel 8 dieses Buches ausführlich beschrieben.

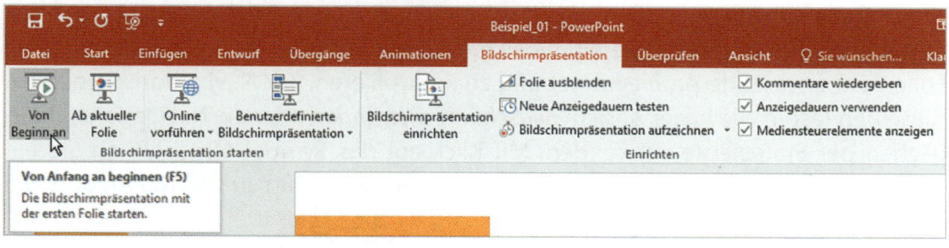

Bild 1.17 Bildschirmpräsentation starten

Alternativ wechseln Sie zur Bildschirmpräsentation, indem Sie in der Statusleiste auf das Symbol *Bildschirmpräsentation* klicken, es entspricht der Schaltfläche *Ab aktueller Folie* im Register *Bildschirmpräsentation*.

Bild 1.18 Symbole zum Ansichtenwechsel in der Statusleiste

Mit Drücken der Esc-Taste können Sie jederzeit die Bildschirmpräsentation abbrechen und zur Ansicht *Normal* zurückkehren. Nach der letzten Folie erscheint in der Bildschirmpräsentation ein schwarzer Bildschirm mit einem entsprechenden Hinweis, dann genügt ein Mausklick, um die Präsentation wieder in der Ansicht *Normal* anzuzeigen.

Die Ansicht Normal anzeigen

Die Ansicht *Normal* ist die Standardansicht von PowerPoint, sie erscheint automatisch beim Erstellen einer neuen Präsentation und nach dem Beenden der Bildschirmpräsentation. Falls Sie aus einer anderen Ansicht zur Standardansicht zurückkehren möchten, so klicken Sie in der Statusleiste oder im Register *Ansicht* auf das Symbol *Normal*.

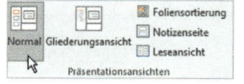

Bild 1.19 Ansicht Normal anzeigen

Weitere Ansichten

In der Statusleiste finden Sie außerdem die Symbole *Leseansicht* und *Foliensortierung*. Dieselben Ansichten bzw. Symbole sind auch im Register *Ansicht* in der Gruppe *Präsentationsansichten* verfügbar.

Bild 1.20 Register Ansichten

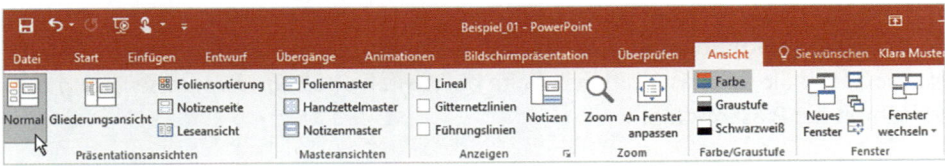

Leseansicht

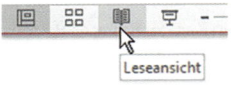

Die *Leseansicht* entspricht weitgehend der Ansicht *Bildschirmpräsentation*, wird jedoch nicht im Vollbildmodus, sondern innerhalb des PowerPoint-Fensters ausgeführt. Die restliche Arbeitsumgebung ist, mit Ausnahme einiger Navigationselemente in der Statusleiste ausgeblendet. Sie eignet sich daher in erster Linie, um schnell einzelne Folien ohne störende Arbeitsumgebung zu kontrollieren. Zur Navigation können Sie dieselben Tasten wie in der Ansicht *Bildschirmpräsentation* oder die Navigationsschaltflächen der Statusleiste verwenden. Mit Klick auf das Symbol *Menü* öffnen Sie ein kleines Menü, das es unter anderem erlaubt, einen Ausschnitt zu vergrößern oder die Präsentation zu drucken.

Bild 1.21 Navigation in der Leseansicht

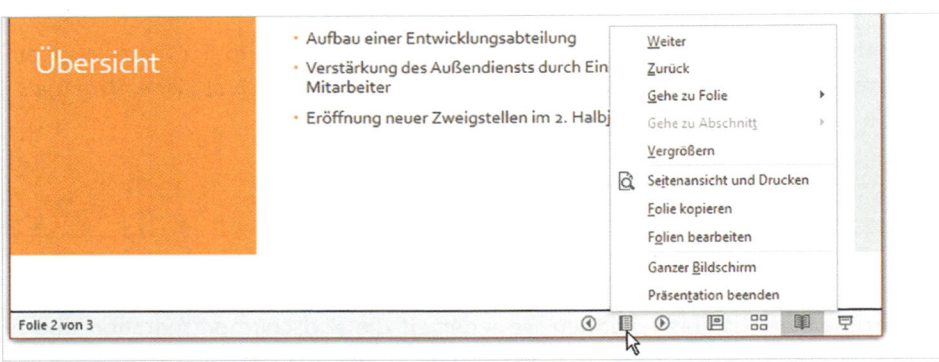

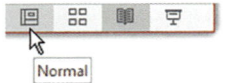

Zum Beenden der Leseansicht klicken Sie entweder auf das Symbol der Ansicht *Normal*, wählen im Menü *Folien bearbeiten* oder drücken die Esc-Taste.

Foliensortierung

Einen schnellen Überblick, insbesondere in umfangreichen Präsentationen erhalten Sie mit der Ansicht *Foliensortierung*. Diese zeigt alle Folien in einer Minituransicht an, zum Ändern der Reihenfolge ziehen Sie einfach die betreffende Folie mit gedrückter linker Maustaste an die gewünschte Stelle. Dies funktioniert allerdings auch in der Ansicht *Normal* im Navigationsbereich, diese Ansicht wird also nicht immer benötigt.

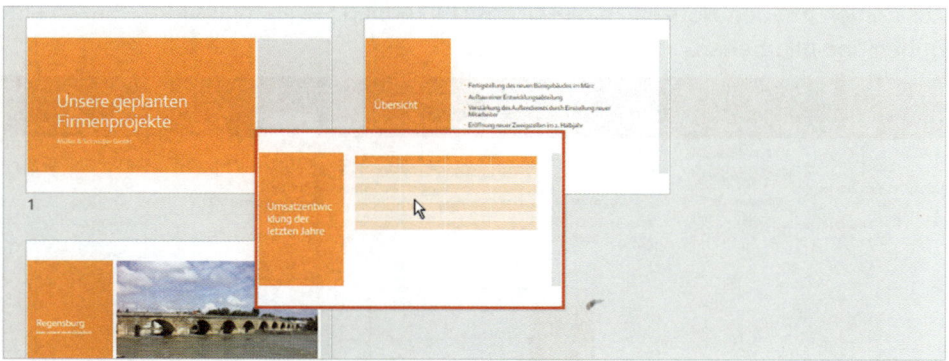

*Bild 1.22 Ansicht
Foliensortierung: Folien
verschieben*

Anzeigeeinstellungen der Ansicht Normal

Die Ansicht *Normal* setzt sich eigentlich aus mehreren Bereichen zusammen: Im Folienbereich bearbeiten Sie die einzelnen Folien, der Navigationsbereich am linken Rand dient dagegen zur schnellen Auswahl einer Folie.

Notizen verwalten

Ein dritter Bereich, der Notizenbereich unterhalb der Folie dient dazu, Anmerkungen zur Folie festzuhalten und bei Bedarf zusammen mit der Präsentation zu drucken. Die Inhalte des Notizenbereichs erscheinen nicht in der Bildschirmpräsentation.

Sollte der Notizenbereich in der Ansicht *Normal* nicht sichtbar sein, so klicken Sie zum Einblenden in der Statusleiste auf *Notizen*. Mit derselben Schaltfläche blenden Sie die Notizen bei Bedarf auch wieder aus. Alternativ benutzen Sie dazu die Schaltfläche *Notizen* im Register *Ansicht*, Gruppe *Anzeigen*.

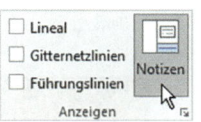

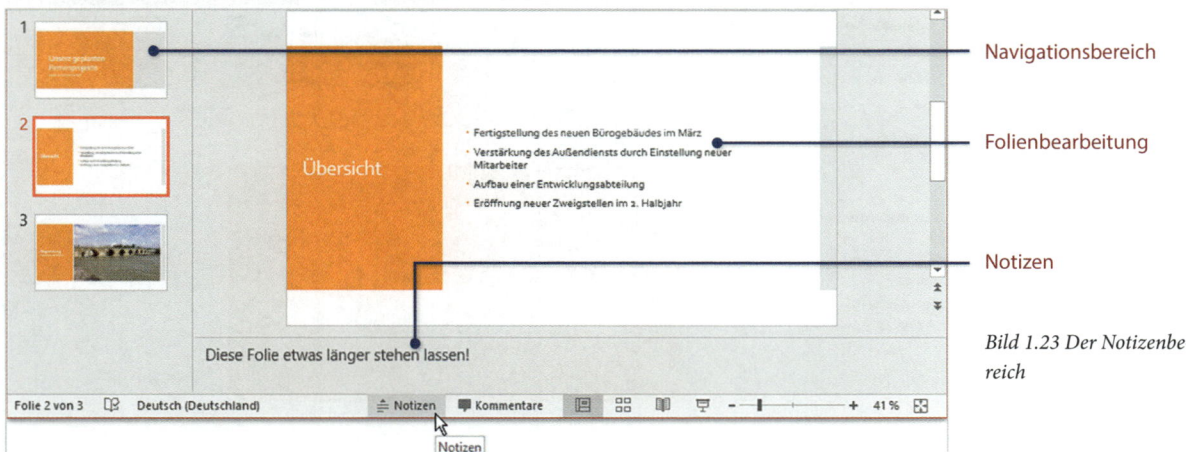

Navigationsbereich

Folienbearbeitung

Notizen

Bild 1.23 Der Notizenbereich

Im Register *Ansicht* finden Sie außerdem noch die Ansicht *Notizenseite*. Mit dieser Ansicht erhalten Sie eine Druckvorschau auf die einzelnen Folien Ihrer Präsentation zusammen mit den Notizen. In dieser Ansicht können Sie ebenfalls Ihre Notizen eingeben und bearbeiten.

Bild 1.24 Folie in der Ansicht Notizenseite.

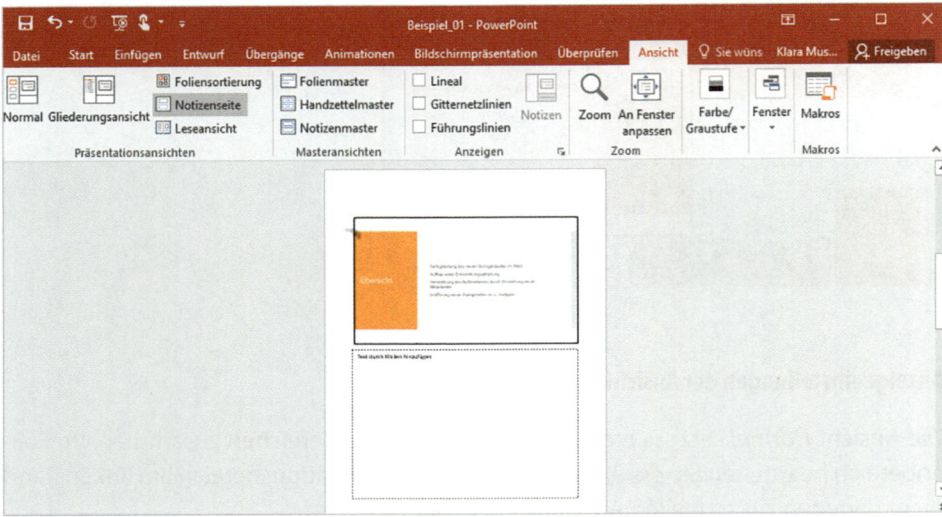

Präsentationsinhalte in der Gliederungsansicht darstellen

Standardmäßig stellt der Navigationsbereich die Folien als Miniaturvorschau dar. Alternativ können Sie in diesem Bereich die Folienüberschriften und -texte in Form einer Gliederung anzeigen, klicken Sie dazu im Register *Ansicht*, Gruppe *Präsentationsansichten*, auf das Symbol *Gliederungsansicht*. Um wieder die normale Miniaturansicht zu erhalten, verwenden Sie das Symbol *Normal*.

Bild 1.25 Gliederungsansicht

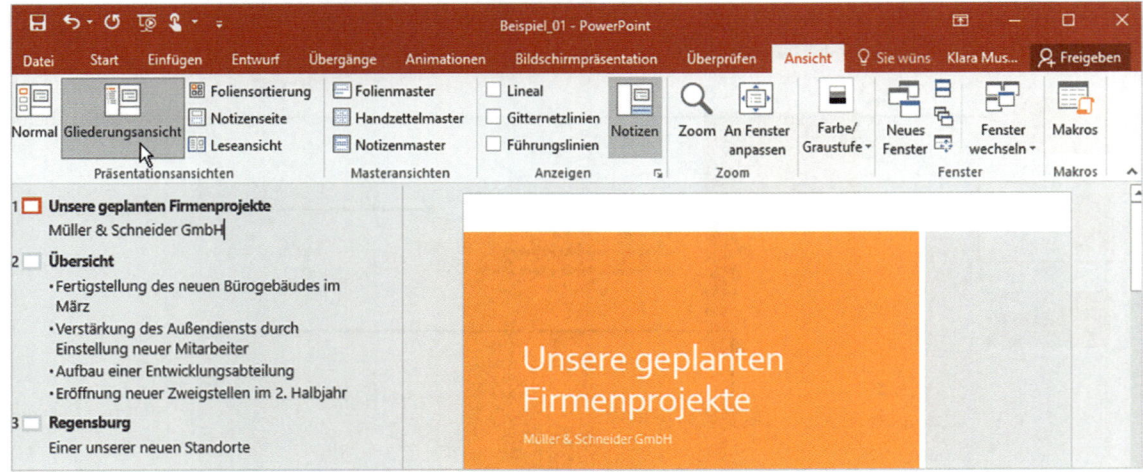

Bereiche vergrößern/verkleinern

Zum Vergrößern oder Verkleinern von Navigations- und Notizenbereich zeigen Sie auf die Trennlinie bis als Mauszeiger ein waagrechter Doppelpfeil erscheint und verschieben dann mit gedrückter linker Maustaste die Linie in die gewünschte Richtung. Die Foliengröße passt sich automatisch an.

Anzeige vergrößern/verkleinern (Zoom)

Zum Vergrößern oder Verkleinern der Anzeige im Folienbereich benutzen Sie am besten den Zoombereich der Statusleiste: klicken Sie entweder mehrmals auf die Symbole - bzw. + oder verschieben Sie den Regler dazwischen mit gedrückter linker Maustaste. Alternativ können Sie, wie in allen Office-Anwendungen, zum Zoomen das Mausrad bei gleichzeitig gedrückter Strg-Taste verwenden.

Tipp: Mit Klick auf das Symbol *Folie an das aktuelle Fenster anpassen*, wird der Zoomfaktor entsprechend der Fenstergröße gewählt und auch dann automatisch angepasst, wenn Sie später das Fenster maximieren oder verkleinern.

Zoombereich

Folie an Fenstergröße anpassen

Bild 1.26 Zoom

Die Schaltflächen *Zoom* und *An Fenster anpassen* finden Sie außerdem im Register *Ansicht*, Gruppe *Zoom*.

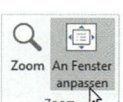

Lineal

Ein vertikales und horizontales Lineal dient als Ortientierungshilfe beim Ausrichten von Elementen in der Folie. Sie blenden das Lineal über das gleichnamige Kontrollkästchen im Register *Ansicht*, Gruppe *Anzeigen*, ein und aus. Im Gegensatz zu Microsoft Word befindet sich der Ursprung des Lineals bei 0 cm in der Mitte der Folie und erleichtert so die Zentrierung.

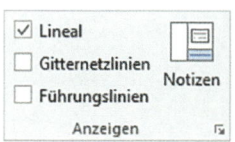

Bild 1.27 Lineal

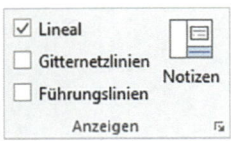

Gitternetz- und Führungslinien

Als weiteres Hilfsmittel zur Ausrichtung von Objektes, beispielsweise Grafiken, können im Register *Ansicht* über weitere Kontrollkästchen Gitternetzlinien und Führungslinien ein- und ausgeblendet werden. Näheres hierzu erfahren Sie in Kapitel 5 dieses Buches.

Bild 1.28 Gitternetz und Führungslinien

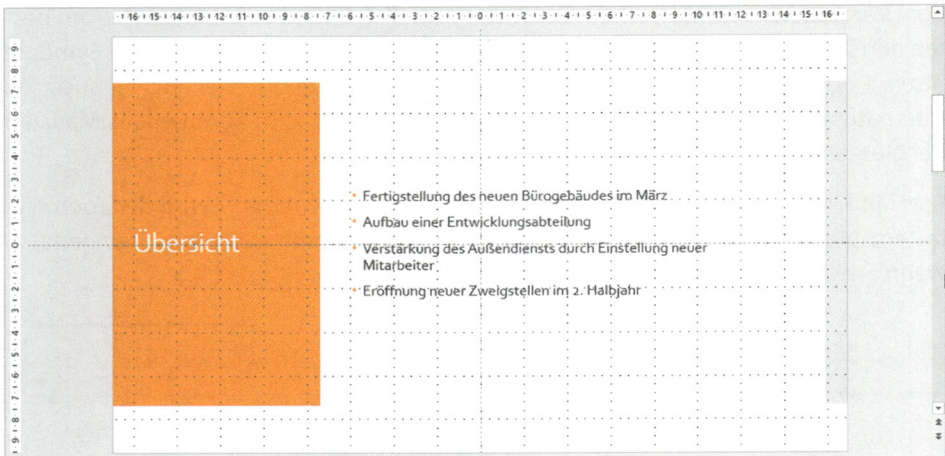

1.4 Hilfe erhalten

Hilfe zu Aufgaben und Befehlen erhalten Sie in PowerPoint 2016 auf verschiedene Weise. Eine davon, die Eingabe eines Stichwortes in das Feld *Was möchten Sie tun?* haben Sie bereits kennengelernt. Dieses Feld finden Sie ganz rechts neben den Registern des Menübands; klicken Sie hier und tippen Sie einen Suchbegriff ein. Als Ergebnis listet PowerPoint unterhalb meist mehrere passende Befehle auf, die Sie an dieser Stelle auch gleich per Mausklick schnell ausführen können. Im Bild unten als Beispiel der Suchbegriff „Tabelle".

Bild 1.29 Hilfethemen suchen

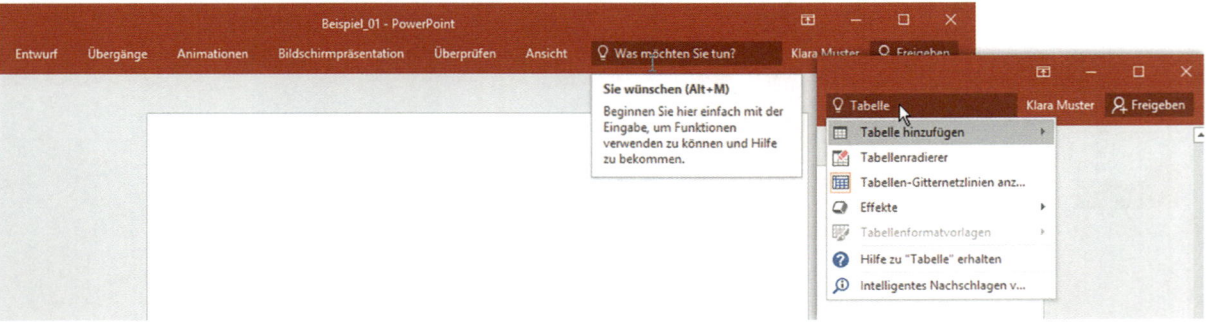

Benötigen Sie dagegen zunächst einmal weitere Informationen zum Thema, dann klicken Sie auf *Hilfe zu ... erhalten*. Die PowerPoint-Hilfe wird in einem gesonderten Fenster geöffnet und listet weitere Hilfethemen zum Suchbegriff auf, zum Anzeigen klicken Sie auf ein Thema. Ein Klick auf den Pfeil *Zurück* bringt Sie wieder zurück zur Liste der Hilfethemen, ein Klick auf das Symbol *Start* (Haus) zeigt dagegen die Startseite der Hilfe an und Sie können hier anschließend nach einem anderen Begriff suchen.

Wenn Sie ein Hilfethema drucken möchten, dann klicken Sie auf das Druckersymbol. Wird die Hilfe nicht mehr benötigt, so schließen Sie einfach das Fenster.

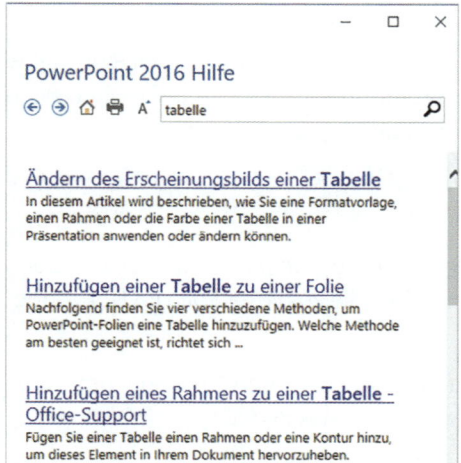 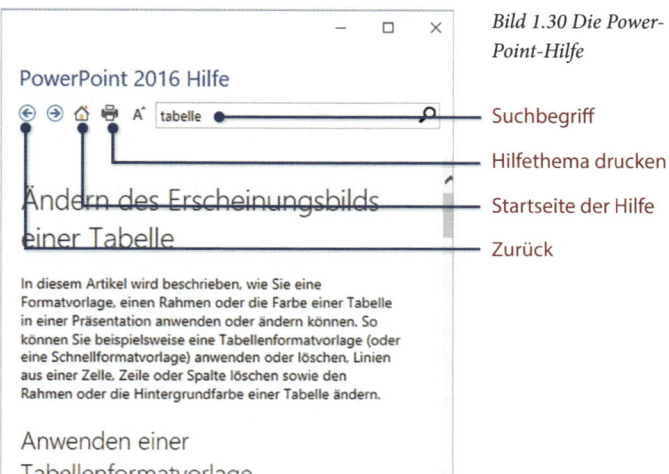

Bild 1.30 Die Power-Point-Hilfe

Suchbegriff

Hilfethema drucken

Startseite der Hilfe

Zurück

1.5 Zusammenfassung

▶ Unmittelbar nach dem Start von PowerPoint erscheint die Startseite und Sie können wählen, was Sie tun möchten: Eine gespeicherte Präsentation öffnen oder eine neue Präsentation anhand eines Designs erstellen. Mit Hilfe von Designs erstellen Sie schnell und ohne tiefergehende Kenntnisse von PowerPoint eine Präsentation und brauchen nur Ihre Texte und Bilder einfügen.

▶ Grundlegendes Element einer PowerPoint-Präsentation bilden die Folien, sie stellen die Seiten der Präsentation dar. Die Ansicht *Normal* ist die Standardansicht von PowerPoint, hier erfolgt die gesamte Folienbearbeitung. In der Ansicht *Bildschirmpräsentation* führen Sie dagegen die Präsentation Ihrem Publikum vor.

▶ Die Ansicht *Normal* zeigt neben der aktuellen Folie in einem gesonderten Navigationsbereich am linken Rand alle Folien der Präsentation an und erlaubt hier die schnelle Auswahl einer Folie. Ein weiterer Bereich für Anmerkungen zur Folie ist der Notizenbereich, dieser kann über eine Schaltfläche der Statusleiste ein-

und ausgeblendet werden. Falls der Navigationsbereich anstelle der Miniaturansicht eine Gliederung anzeigen soll, dann wählen Sie dazu im Register *Ansicht* die *Gliederungsansicht*.

1.6   Eine kleine Übungsaufgabe

▶ Sie möchten anlässlich des 25jährigen Bestehens Ihres Sportvereins eine kleine Präsentation gestalten. Starten Sie PowerPoint und wählen Sie dafür ein Design mit einer Farbvariante aus, das Ihren Vorstellungen am nächsten kommt.

▶ Geben Sie in die Titelfolie einen passenden Titel, ev. zusammen mit einem Untertitel ein.

▶ Fügen Sie eine weitere Folie mit dem Layout *Titel und Inhalt* ein und beschreiben Sie hier in kurzen Absätzen Ihren Verein. Geben Sie zu dieser Folie im Notizenbereich eine beliebige Bemerkung ein.

▶ Fügen Sie danach eine dritte Folie mit dem Layout *Titel und Inhalt* ein, geben Sie einen Folientitel ein und fügen Sie hier ein passendes Bild ein.

▶ Falls Sie noch weiteren Text oder weitere Bilder benötigen, so fügen Sie zu diesem Zweck weitere Folien ein. Sie können auch weitere Folienlayouts testen, z. B. *Zwei Inhalte* oder *Bild mit Überschrift*.

▶ Testen Sie die Präsentation in der Ansicht *Bildschirmpräsentation*. Was ist der Unterschied zwischen den Schaltflächen *Von Beginn an* und *Ab aktueller Folie*?

▶ Speichern Sie die Präsentation unter einem beliebigen Namen auf der Festplatte Ihres PCs und beenden Sie danach PowerPoint.

2 Grundlegende Techniken

In diesem Kapitel lernen Sie...

- Elemente des PowerPoint-Fensters
- Möglichkeiten der Befehlseingabe
- Bedienung mit Fingergesten
- Präsentationen speichern und öffnen
- Kontoeinstellungen
- Techniken der Texteingabe und -korrektur
- Verwenden der Zwischenablage

Das sollten Sie bereits wissen

- Handhabung von Maus, Tastatur und Touchpad
- PowerPoint starten und beenden
- Einfache Präsentationen erstellen

Dieses Kapitel wendet sich in erster Linie an Einsteiger, die mit Microsoft-Office 2016 nicht oder nur wenig vertraut sind. Sie erfahren hier den allgemeinen Umgang mit Fenstern und der Benutzeroberfläche von Microsoft-Office 2016, wie Sie Dokumente speichern und öffnen und in Verbindung mit einem Microsoft-Konto den kostenlosen Cloudspeicher *OneDrive* nutzen. Ein weiterer Punkt dieses Kapitels befasst sich mit grundlegenden Techniken der Texteingabe und -bearbeitung.

Falls Sie bereits andere Microsoft-Office-Anwendungen einsetzen, z. B. Microsoft Word 2016, so dürften Ihnen diese Themen bereits bekannt sein, in diesem Fall können Sie dieses Kapitel beruhigt übergehen.

2.1   So finden Sie sich in PowerPoint zurecht

Fensterelemente

PowerPoint 2016 wird, wie alle Anwendungen und Apps in einem Fenster auf dem Windows-Desktop geöffnet. Über die typischen Fenstersymbole in der rechten oberen Ecke ändern Sie die Fenstergröße und beenden PowerPoint wieder. Die wichtigsten Elemente von PowerPoint in der Ansicht *Normal* sehen Sie im nachfolgenden Bild.

Titelleiste und Fenster-
steuerung

Menüband

Navigationsbereich mit
Miniaturvorschau

Folienbereich mit der
bearbeiteten Folie

Statusleiste

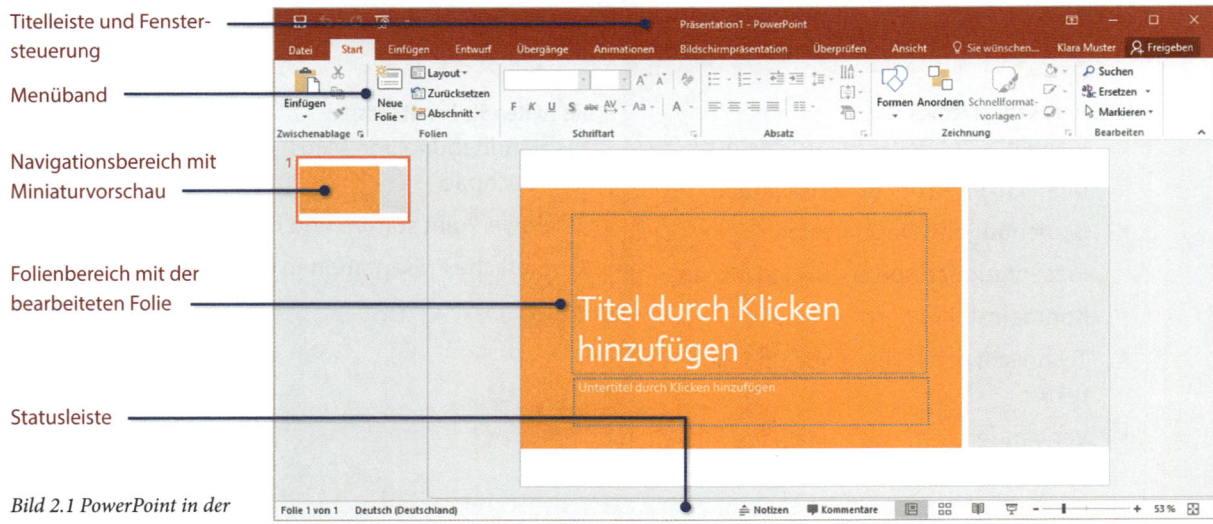

*Bild 2.1 PowerPoint in der
Ansicht Normal*

Fenstergröße steuern

Die Titelleiste des PowerPoint-Fensters enthält den Namen des Programms zusammen mit dem Namen der aktuellen Präsentation sowie ganz rechts drei Schaltflächen zum Steuern der Fenstergröße und zum Schließen des Fensters.

▶   Mit einem Mausklick auf das Symbol *Schließen* beenden Sie PowerPoint.

▷ Per Mausklick auf das mittlere der Symbole wechselt das Fenster zwischen beliebiger Fenstergröße (*Verkleinern*) und Vollbildmodus (*Maximieren*).

▷ Mit dem Symbol *Minimieren* reduzieren Sie das geöffnete Fenster auf die Größe einer Schaltfläche in der Taskleiste am unteren Bildschirmrand. Die Anwendung wird dadurch nicht beendet und mit Klick auf diese Schaltfläche stellen Sie das ursprüngliche Fenster wieder her.

Bild 2.2 Taskleiste: Fenster wiederherstellen

Statusleiste

Am unteren Rand des Fensters befindet sich die Statusleiste. Sie zeigt standardmäßig links die Anzahl der Folien und die zur Rechtschreibung verwendete Sprache an und enthält im rechten Bereich Symbole zur schnellen Steuerung der Anzeige.

Bild 2.3 Die Statusleiste

Befehlseingabe über das Menüband

Seit der Version 2007 unterscheidet Microsoft Office nicht mehr zwischen Menüzeile und Symbolleisten. Stattdessen verwenden Sie zur Befehlseingabe das Menüband unterhalb des Fenstertitels. Es fasst die Symbole bzw. Schaltflächen aufgabenbezogen in verschiedenen Registerkarten zusammen. So enthält beispielsweise das Register *Start* Schaltflächen für grundlegende allgemeine Aufgaben, während Sie im Register *Ansicht* Symbole zur Steuerung der Anzeige finden. Die Schaltflächen und Symbole eines Registers erscheinen, wenn Sie auf den Namen des Registers klicken, der Reiter des aktuellen Registers ist hell hervorgehoben.

Tipp: Wenn sich der Mauszeiger im Bereich des Menübands befindet, können Sie auch durch Drehen des Mausrädchens zwischen den Registern wechseln.

Bild 2.4 Das Menüband

Menüband minimieren

Das Menüband kann verkleinert oder ganz ausgeblendet werden, um mehr Platz für den eigentlichen Arbeitsbereich zu schaffen. Dazu benutzen Sie die Schaltfläche *Menüband-Anzeigeoptionen* in der rechten oberen Ecke des PowerPoint-Fensters (Bild 2.4). Hier finden Sie folgende Möglichkeiten:

▶ In der Standardeinstellung *Registerkarten und Befehle anzeigen* ist das Menüband vollständig sichtbar und sieht aus wie in Bild 2.4.

▶ Mit der Option *Registerkarten anzeigen* sind vom Menüband nur die Reiter mit den Namen sichtbar, die Befehle erscheinen erst, wenn Sie auf einen Reiter klicken und verschwinden wieder, nachdem Sie auf einen Befehl geklickt haben.

▶ *Menüband automatisch ausblenden* bedeutet, das Menüband und alle anderen Bedienelemente, z. B. Statusleiste, werden vollständig ausgeblendet. Gleichzeitig wird das Fenster im Vollbildmodus dargestellt (Maximiert). Um das Menüband anzuzeigen, müssen Sie in der rechten oberen Ecke des Fensters auf die drei Punkte klicken.

Bild 2.5 Das Menüband ist bis auf die Reiter ausgeblendet

Darüber hinaus gibt es noch weitere Möglichkeiten, das Menüband bis auf die Reiter auszublenden:

▶ Klicken Sie mit der rechten Maustaste an eine beliebige Stelle des Menübands und klicken Sie auf *Menüband reduzieren* (Häkchen). Ein weiterer Klick auf diesen Befehl entfernt das Häkchen und stellt die vollständige Anzeige wieder her.

▶ Am rechten Rand des Menübands befindet sich ein kleiner, nach oben weisender Pfeil, ein Klick darauf reduziert das Menüband ebenfalls. Um es wieder dauerhaft vollständig anzuzeigen, benutzen Sie das Pin-Symbol an derselben Stelle.

Bild 2.6 Menüband reduzieren und anheften

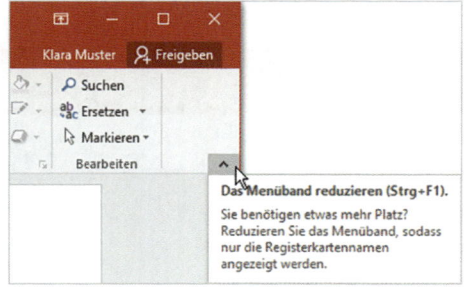 

Die schnellste Methode, das Menüband zu reduzieren ist ein Doppelklick auf das aktuelle Register. Ein weiterer Doppelklick auf dieses Register zeigt das Menüband wieder dauerhaft mit allen Befehlen an. Allerdings wird in der Praxis mit dieser Methode manchmal das Menüband versehentlich reduziert, dann heben Sie die Reduzierung mit einer der oben genannten Möglichkeiten wieder auf.

So finden Sie sich im Menüband zurecht

Innerhalb der Register sind die Befehle bzw. Symbole nach Gruppen geordnet, so finden Sie beispielsweise im Register *Start* die Gruppen *Schriftart* mit Symbolen zur Schriftgestaltung und *Absatz* zur Absatzausrichtung. Kurzinformationen zu einem Symbol erhalten Sie, wenn Sie mit der Maus darauf zeigen.

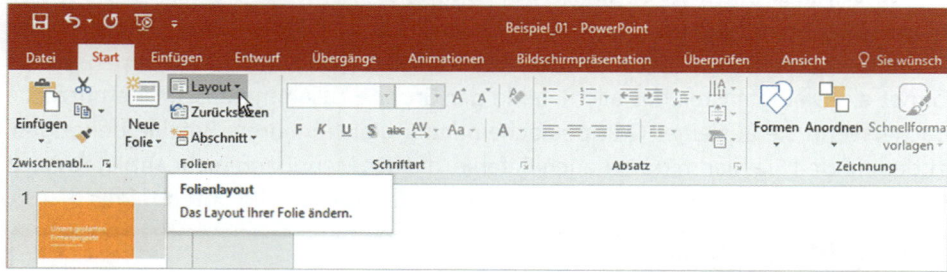

Bild 2.7 Schaltfläche mit Kurzinfo

Innerhalb der Gruppen passen sich Größe und Beschriftung der Symbole automatisch an die Größe des Fensters an und ändern dadurch ihr Aussehen. In einem stark verkleinertem Fenster sehen Sie möglicherweise nur den Namen der Gruppe und die Befehle erscheinen erst, wenn Sie auf den kleinen, nach unten weisenden Pfeil (Dropdown-Pfeil) der Gruppe klicken. Als Beispiel im Bild unten die unterschiedliche Darstellung der Symbole in der Gruppe *Bearbeiten*, Register *Start*.

Bild 2.8 Beispiel: Gruppe Bearbeiten

Beachten Sie auch, dass manche Symbol-Schaltflächen zweigeteilt sind. Ein Klick direkt auf das Symbol liefert die Standardeinstellung. Klicken Sie dagegen auf den kleinen, nach unten weisenden Pfeil (Dropdown-Pfeil) der Schaltfläche, so öffnet sich eine Liste mit mehreren Möglichkeiten. Das Bild unten zeigt als Beispiel die Schaltfläche *Schriftfarbe*. Ein Klick auf das Symbol liefert die angezeigte Farbe, im Bild rot, ein Klick auf den Dropdown-Pfeil öffnet die Palette der Designfarben und bietet die Möglichkeit, noch weitere Farben auszuwählen.

Bild 2.9 Schaltfläche Schriftfarbe: Symbol und Dropdown-Pfeil

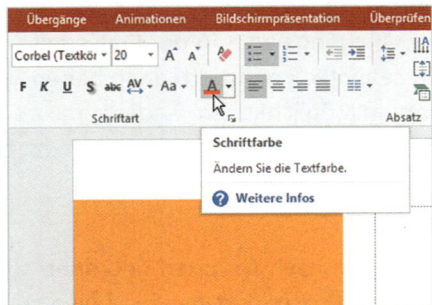 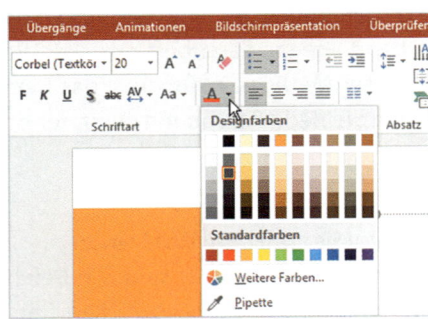

Mehrere Befehle gleichzeitig in einem Dialogfenster anzeigen

In einigen Fällen öffnet sicht statt eines Fensters am rechten Bildschirmrand der dazugehörige Aufgabenbereich mit umfassenden Möglichkeiten.

Manche Gruppen, zum Beispiel *Schriftart* und *Absatz* im Register *Start*, weisen in ihrer rechten unteren Ecke dieses kleine Symbol ⌐ auf. Ein Klick auf dieses Gruppensymbol öffnet ein Dialogfenster, das alle Befehle der Gruppe zusammenfasst. Eine nützliche Sache, wenn Sie aus einer Gruppe nacheinander gleich mehrere Befehle benötigen, zudem finden Sie hier mitunter auch Befehle, die das Menüband nicht anbietet. Auch in Dialogfenstern finden Sie Register vor, wie das Beispiel im Bild unten zeigt.

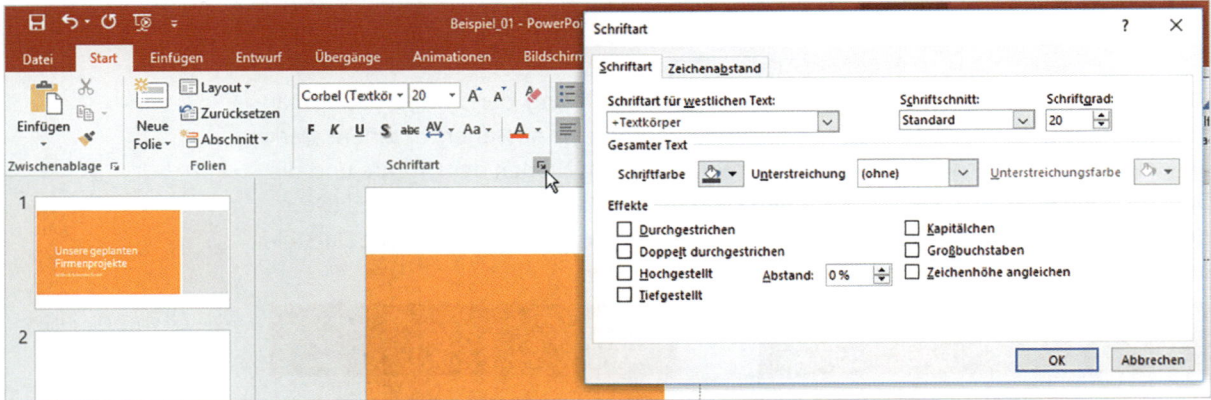

Bild 2.10 Beispiel Dialogfenster

Kontextbezogene Register

Neben den Standardregistern enthält das Menüband noch weitere, allerdings kontextbezogene Register. Diese sind nur sichtbar, wenn Sie ein entsprechendes Element, beispielsweise eine Grafik oder Tabelle, markiert haben und enthalten alle Schaltflächen, die zur Bearbeitung des markierten Elements benötigt werden. Kontextbezogene Register erscheinen meist rechts vom letzten Standardregister und verschwinden automatisch, wenn das Element nicht mehr markiert ist.

Bild 2.11 Beispiel: Das Bildtools-Register Format

Tasten statt Schaltflächen verwenden

Als Alternative zur Maus können die Register und Befehlsschaltflächen auch über die Tastatur aufgerufen werden. Nach dem Drücken der Alt-Taste zeigt das Menüband zunächst die Tasten an, mit denen Sie die Register aufrufen.

Nach dem Drücken einer Taste, beispielsweise „R" für das Register *Start*, erscheinen die Tasten zu den Schaltflächen der Registerkarte. Drücken Sie beispielsweise die „3", um markierten Text zu unterstreichen, bzw. um ein Auswahlfeld mit den Möglichkeiten zur Unterstreichung zu öffnen. Mit dem Aufruf eines Befehls oder Drücken der Esc-Taste verschwindet die Tastenanzeige wieder.

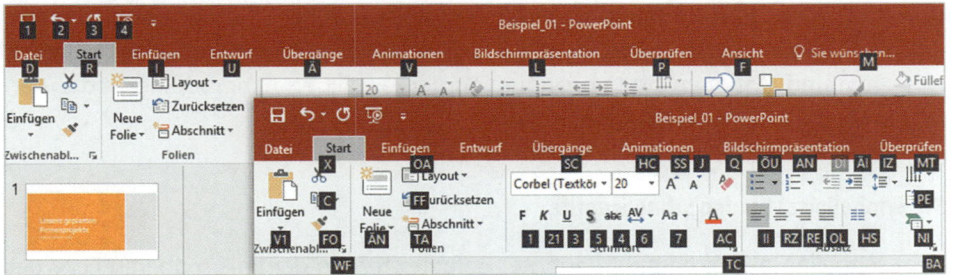

Bild 2.12 Registerkarten mit Tasten aufrufen

Weitere Möglichkeiten der Befehlseingabe

Tastenkombinationen

Neben der oben erwähnten Möglichkeit, Befehle des Menübandes mit Tasten aufzurufen, gibt es auch noch Tastenkombinationen, die das Menüband nicht benutzen, sondern einen Befehl sofort ausführen. Diese sind vor allem für fortgeschrittene Benutzer eine Möglichkeit, um häufig verwendete Befehle schnell aufzurufen. Meist wird dazu die Strg-Taste in Verbindung mit Buchstaben verwendet. Eine Zusammenstellung der wichtigsten Tastenkombinationen für PowerPoint finden Sie im Anhang dieses Buches.

Tipp: Die Tastenkombination zu einem Befehl erscheint zusammen mit einer Kurzinfo, wenn Sie auf die Schaltfläche zeigen.

Tastenkombinationen werden auch als Short-Cuts bezeichnet.

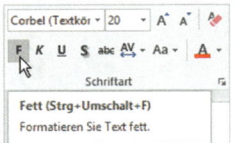

Kontextmenü und Minisymbolleiste

Als schnelle Alternative zum Menüband bietet sich das Kontextmenü an. Es wird geöffnet, wenn Sie die rechte Maustaste drücken und alle Befehle dieses Menüs beziehen sich ausschließlich auf das angeklickte Element. Zusammen mit dem Kontextmenü erscheint eine Minisymbolleiste mit den wichtigsten Symbolen zur Formatierung.

Bild 2.13 Kontextmenü und Minisymbolleiste

Die Minisymbolleiste erscheint auch, nachdem Sie eine Textstelle markiert haben.

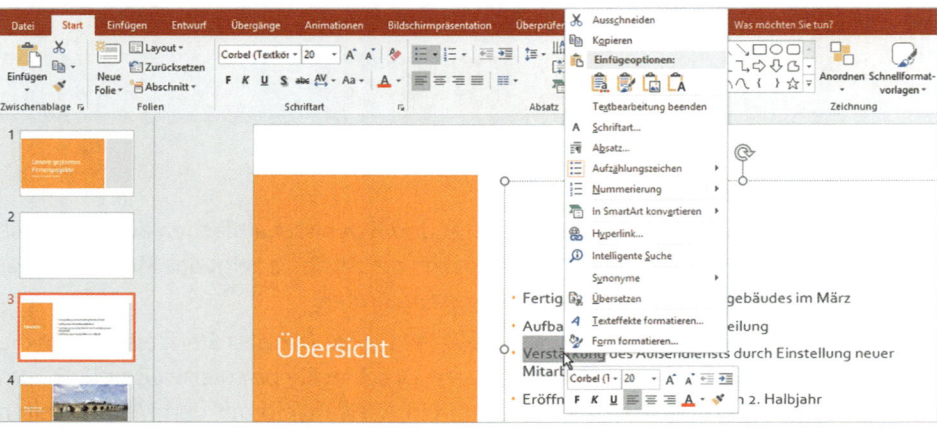

Schaltflächen im Dokument

Unmittelbar nach bestimmten Aktionen, beispielsweise dem Einfügen von Grafiken, erscheinen an dieser Stelle im Dokument Schaltflächen mit verschiedenen Optionen. Aussehen und Optionen sind abhängig von der jeweiligen Aktion, Näheres dazu erfahren Sie im jeweiligen Zusammenhang.

Die Symbolleiste für den Schnellzugriff

Zum schnellen Aufruf häufig benötigter Befehle steht in der linken oberen Ecke des Word-Fensters die *Symbolleiste für den Schnellzugriff* (kurz Schnellzugriffsleiste) zur Verfügung. Sie enthält standardmäßig die Symbole *Speichern*, *Rückgängig*, *Wiederholen* und *Von Anfang an beginnen* (Bildschirmpräsentation) und kann jederzeit um weitere Symbole ergänzt werden. Dazu klicken Sie am rechten Ende der Leiste auf den Pfeil *Symbolleiste für den Schnellzugriff anpassen*. Klicken Sie dann auf den gewünschten Befehl, z. B. *Öffnen*.

Bereits angezeigte Befehle sind mit einem Häkchen versehen. Um ein Symbol aus der Schnellzugriffsleiste zu entfernen, genügt ein weiterer Mausklick auf diesen Befehl.

Tipp: Ein Mausklick auf den Eintrag *Weitere Befehle…* öffnet ein Dialogfenster mit sämtlichen, in PowerPoint 2016 verfügbaren, Befehlen.

Bei Bedarf kann die Leiste auch unterhalb des Menübandes platziert werden, klicken Sie dazu auf *Symbolleiste für den Schnellzugriff anpassen* und am Ende der Liste auf *Unter dem Menüband anzeigen*.

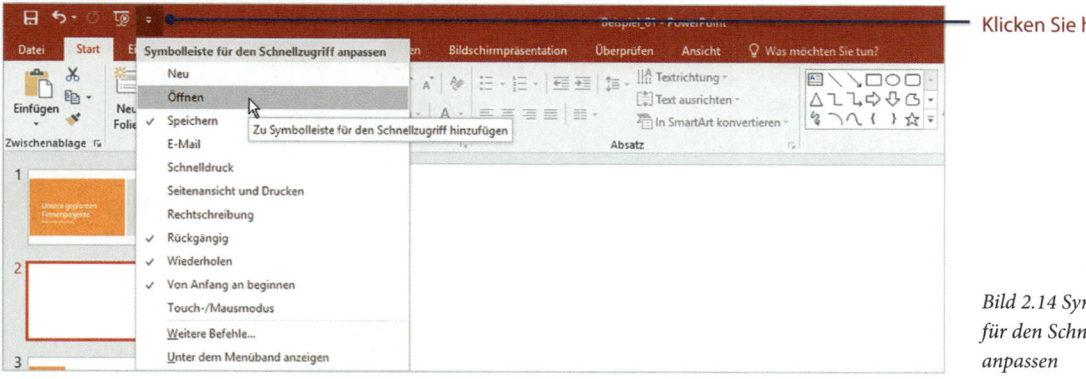

Klicken Sie hier

*Bild 2.14 Symbolleiste
für den Schnellzugriff
anpassen*

2.2   PowerPoint mit Fingergesten bedienen

Die wichtigsten Gesten im Überblick

In Verbindung mit Windows 8.1 oder Windows 10 unterstützt PowerPoint 2016 auch die Bedienung mit Fingergesten oder Stift über einen Touchscreen, zum Beispiel auf einem Tablet-PC. Die wichtigsten Gesten:

▶   Anstelle des Mausklicks tippen Sie zur Befehlseingabe mit dem Finger.

▶   Das Kontextmenü (rechte Maustaste) rufen Sie auf, indem Sie nicht nur kurz tippen, sondern mit dem Finger auf dieser Stelle kurz verweilen.

▶   Zum Verschieben des Bildschirmausschnitts (Scrollen) wischen Sie von Bildschirmmitte aus in die gewünschte Richtung.

▶   Zum Zoomen der Anzeige berühren Sie den Bildschirm mit zwei Fingern und spreizen die Finger zum Vergrößern bzw. führen zum Verkleinern Ihre Finger zusammen.

Die Arbeitsumgebung für Fingersteuerung optimieren

Um die Fingerbedienung zu erleichtern, lassen sich wichtige Bedienelemente wie Menüband und Statusleiste durch Vergrößern der Schaltflächen und Abstände zwischen den Symbolen entsprechend anpassen. Das Symbol 🖱 in der *Symbolleiste für den Schnellzugriff* ermöglicht schnelles Wechseln zwischen Maus- und Fingereingabemodus. Da diese allerdings das Symbol standardmäßig nicht anzeigt, tippen Sie am rechten Ende der Leiste auf *Symbolleiste für den Schnellzugriff anpassen* und aktivieren das Symbol *Touch-/Mausmodus*.

Bild 2.15 Wechsel zwischen Maus- und Toucheingabe

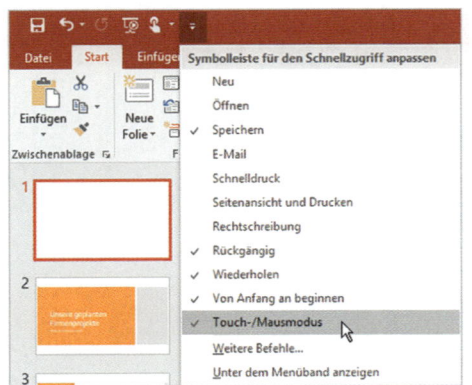 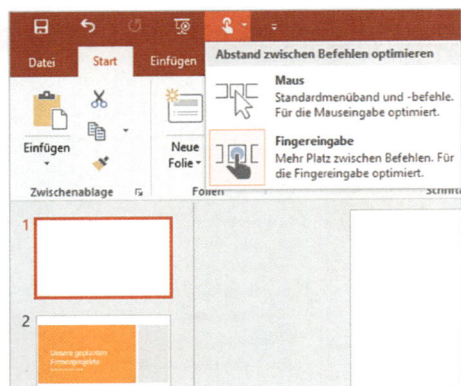

Bildschirmtastatur

Beim Arbeiten mit einem Touchscreen können Sie, sofern keine externe Tastatur angeschlossen ist, zum Schreiben die Bildschirmtastatur benutzen, die durch Antippen des Symbols im Infobereich der Taskleiste am unteren Rand des Desktops eingeblendet wird.

Für die Eingabe von Zahlen und Sonderzeichen müssen Sie mit der Taste *&123* das Tastaturlayout ändern bzw. wieder zurück zur Texteingabe wechseln. Zum Ausblenden der Bildschirmtastatur tippen Sie auf das *Schließen*-Symbol in der rechten oberen Ecke oder tippen erneut auf das Tastatursymbol in der Taskleiste.

Bild 2.16 Bildschirmtastatur mit Zahlen und Sonderzeichen

2.3   Das Register Datei

Überblick

Ganz links im Menüband befindet sich das Register *Datei*. Es enthält alle Befehle zum Speichern, Öffnen und Drucken sowie zur allgemeinen Verwaltung von PowerPoint. Auch Programmeinstellungen werden hier über die Optionen festgelegt.

Zum Anzeigen klicken Sie im Menüband auf *Datei*. Mit einem Klick auf den Pfeil in der linken oberen Ecke des Registers oder Drücken der Esc-Taste kehren Sie zur Präsentation und zum vorherigen Register zurück.

Bild 2.17 Menüband - Datei

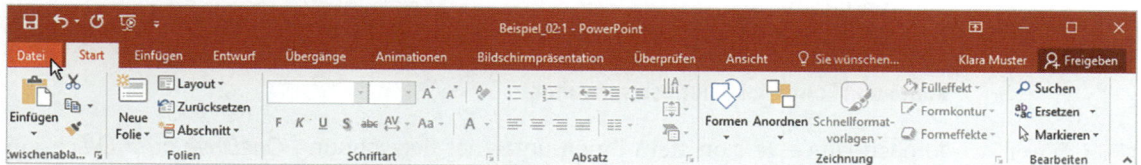

> Im Gegensatz zu dem übrigen Registern füllt das Register *Datei* das gesamte PowerPoint-Fenster aus und anstelle der Präsentation erscheinen Eigenschaften und Informationen zur Präsentation. Daher wird dieses Register auch als Backstage-Ansicht von Dokumenten bezeichnet.

Bild 2.18 Das Register Datei

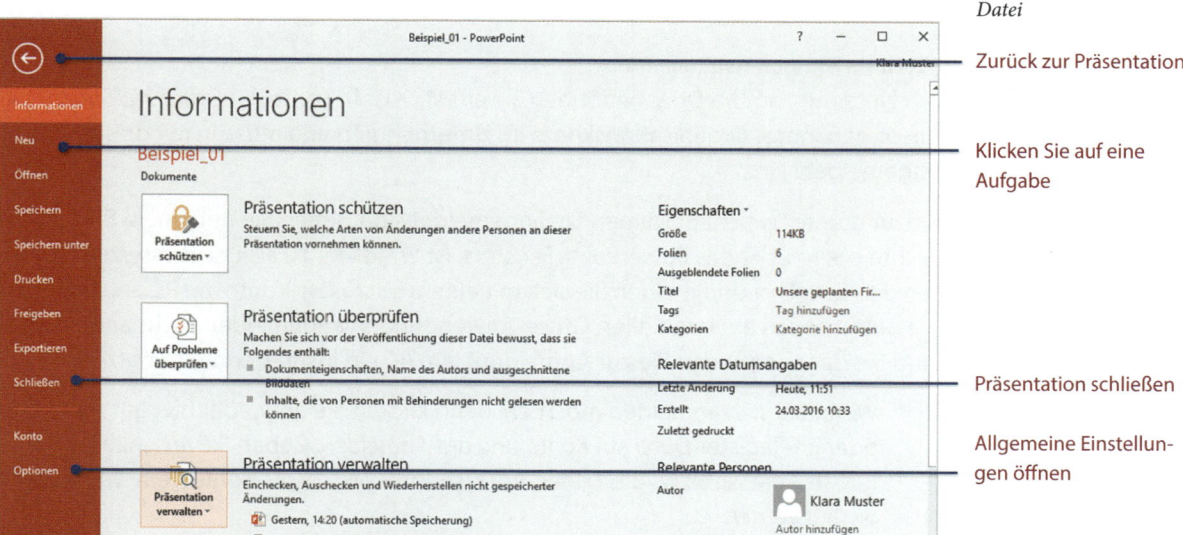

Zurück zur Präsentation

Klicken Sie auf eine Aufgabe

Präsentation schließen

Allgemeine Einstellungen öffnen

In der linken Spalte finden Sie die verschiedenen Aufgaben des Registers *Datei*. Klicken Sie auf eine Aufgabe, z. B. *Speichern* oder *Drucken*, so erscheinen rechts die dazugehörigen Befehle und Schaltflächen.

▶ Ist eine Präsentation geöffnet, so werden beim Aufrufen des Registers, wie im Bild oben, standardmäßig zunächst allgemeine Informationen zu dieser angezeigt. Haben Sie dagegen zuvor PowerPoint mit einer neuen leeren Präsentation gestartet, so wird nach dem Klick auf *Datei* das Öffnen einer Präsentation angeboten.

▶ Mit dem Befehl *Schließen* steht im Register *Datei* eine Alternative zum Schließen des aktuellen Fensters bzw. Dokuments zur Verfügung. Im Gegensatz zum Schließen-Symbol des PowerPoint-Fensters wird dadurch nur die aktuelle Präsentation geschlossen, PowerPoint aber nicht beendet.

▶ Am Ende der Aufgaben finden Sie die *Optionen*. Ein Klick darauf öffnet das gleichnamige Dialogfenster, in dem Sie allgemeine Einstellungen zu PowerPoint vornehmen.

Konto und Kontoeinstellungen verwalten

Siehe Kapitel 8, Präsentation freigeben

Je nach Office-Version steht Ihnen unter der Bezeichnung *OneDrive* oder *Office 356 SharePoint* zusätzlicher Speicherplatz in der Cloud, genauer gesagt auf einem Microsoft-Server zur Verfügung. Diesen Speicher können Sie wie eine zusätzliche Festplatte nutzen, in der kostenlosen Standardversion sind dies aktuell 5 GB Speicherplatz. Vorteil: Sie haben von jedem PC aus Zugang zu Ihren, auf *OneDrive* gespeicherten Daten und die Dokumente können mit anderen Personen geteilt und gemeinsam bearbeitet werden. Der Nachteil des Speicherns in der Cloud liegt darin, dass die Daten außerhalb Ihres direkten Einflussbereichs auf einem Microsoft-Server gespeichert sind.

Mit einem Microsoft-Konto anmelden

Zur Nutzung von *OneDrive* benötigen Sie ein Microsoft-Konto, für *Office 365 SharePoint* ein so genanntes Organisationskonto im Unternehmen und müssen mit diesem Konto angemeldet sein.

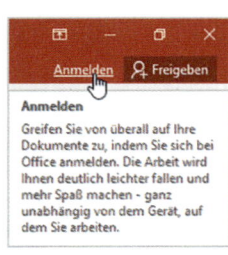

Ob, und unter welchem Namen Sie angemeldet sind, sehen Sie mit einem Blick in die rechte obere Ecke des PowerPoint-Fensters. Ist Windows 10 als Betriebssystem auf Ihrem PC installiert und melden Sie sich mit einem Microsoft-Konto am PC an, dann sind Sie automatisch auch mit allen Office-Anwendungen angemeldet. Nicht angemeldet sind Sie dagegen, wenn Sie zur Anmeldung am PC ein lokales Konto benutzen.

1 Wenn Sie sich anmelden möchten, dann klicken Sie entweder hier auf *Anmelden* oder im Register *Datei* auf *Konto* und auf *Anmelden*. Geben Sie anschließend Ihre E-Mail-Adresse bzw. die E-Mail-Adresse Ihres Microsoft-Kontos ein und klicken Sie auf *Weiter*.

2 Haben Sie eine E-Mail-Adresse angegeben, die auf hotmail.de, live.de, outlook.de oder outlook.com endet, dann handelt es sich gleichzeitig um ein Microsoft-Konto. Geben Sie im nächsten Schritt das dazugehörige Kennwort ein und klicken Sie auf *Anmelden*.

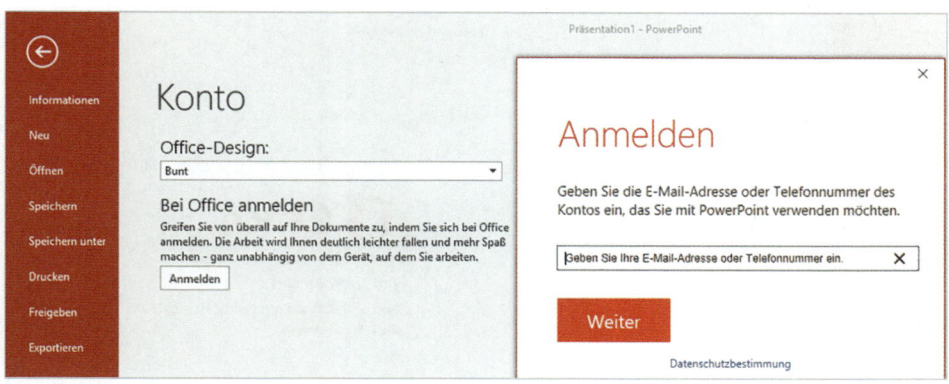

Bild 2.19 Anmelden

Kein Microsoft-Konto vorhanden?

1 Wenn Sie über kein Microsoft-Konto verfügen, dann können Sie an dieser Stelle ein solches Konto kostenlos registrieren. Geben Sie Ihre E-Mail-Adresse ein, diese kann bei einem beliebigen Anbieter registriert sein, und klicken Sie auf *Weiter*.

2 Anschließend wird nach einem Microsoft-Konto mit dieser Adresse gesucht, falls keines gefunden wurde erhalten Sie eine Meldung. Klicken Sie zum Registrieren eines Microsoft-Kontos auf *Registrieren* und folgen Sie den Anweisungen.

3 Als E-Mail-Adresse können Sie entweder Ihre vorhandene Adresse verwenden oder eine neue anfordern. Hier erstellen Sie auch das Kennwort für künftige Anmeldungen.

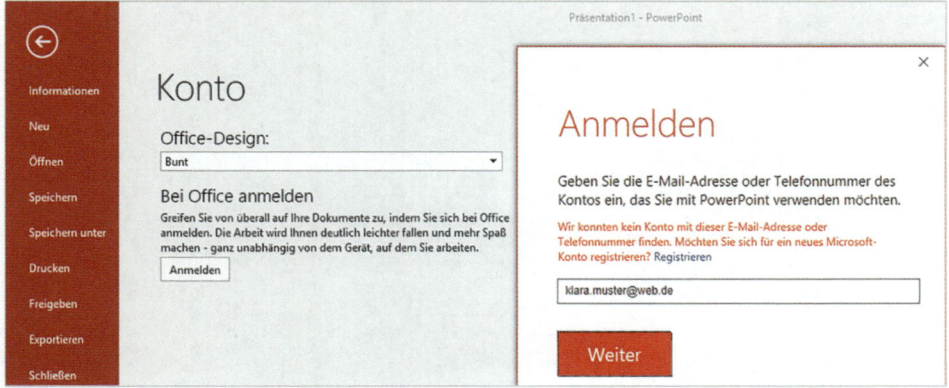

Bild 2.20 Anmelden bzw. Konto registrieren

Kontoeinstellungen

Im Register *Datei* können Sie unter *Konto* jederzeit Ihre Benutzerinformationen und die verbundenen Dienste einsehen. Falls Sie sich abmelden möchten und/oder Ihr Kontobild ändern, so finden Sie hier ebenfalls die Befehle dazu.

Ein Klick auf *Über mich* oder *Foto ändern* öffnet Ihren Standardbrowser, z. B. Microsoft Edge mit Ihrem Benutzerprofil und Sie können hier Ihr Profil bearbeiten oder weitere Dienste zum Teilen von Informationen hinzufügen.

Bild 2.21 Kontoinforma-
tionen

Hintergrund und Design der Office-Anwendungen ändern

Wenn Sie die Farbe von Hintergrund, Menüleiste und im Register *Datei* ändern möchten, dann klicken Sie im Register *Datei* auf *Konto*. Klicken Sie auf den Dropdown-Pfeil des Feldes *Office-Design* und wählen Sie zwischen *Bunt* (Standardeinstellung), *Dunkelgrau* und *Weiß*. Über das Feld *Office-Hintergrund* können Sie, falls gewünscht, die Titelleiste des Fensters mit einem Muster verzieren.

> Beide Einstellungen gelten nicht nur für PowerPoint, sondern auch für alle übrigen Office 2016-Anwendungen, also z. B. auch für Word und Excel 2016.

Bild 2.22 Kontoeinstel-
lungen

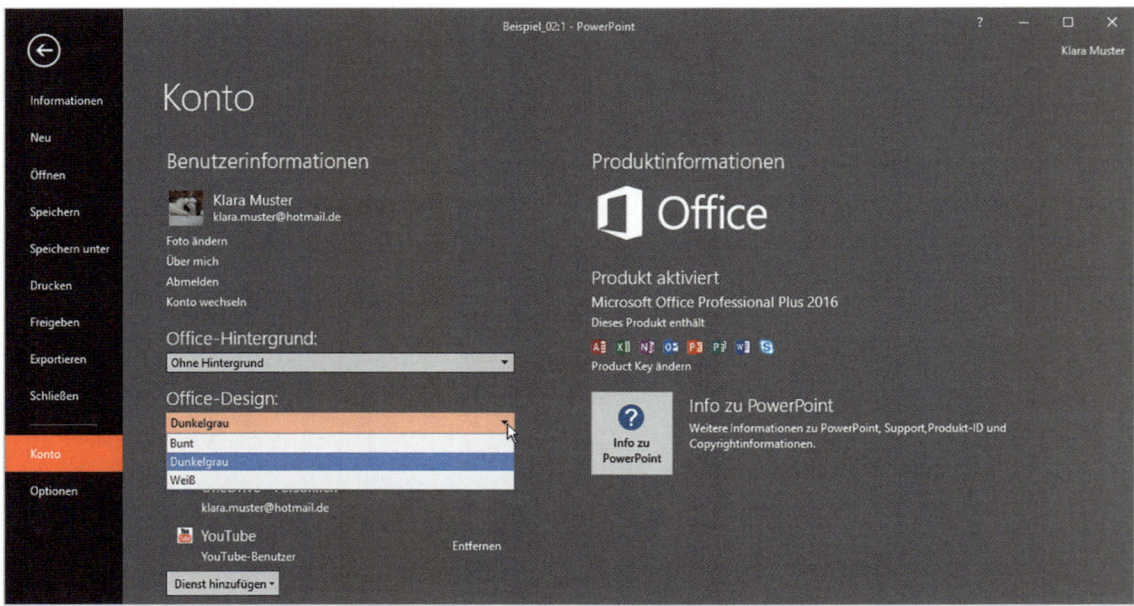

2.4   Präsentation speichern

Was Sie beim ersten Speichern beachten sollten

Bevor Sie PowerPoint beenden, sollten Sie nicht vergessen, Ihre Präsentation bzw. die vorgenommenen Änderungen zu speichern. Klicken Sie dazu entweder links oben in der Symbolleiste für den Schnellzugriff auf das Symbol *Speichern* oder auf das Register *Datei* und hier auf *Speichern*.

Ein Dokument zum ersten Mal speichern

Wenn eine Präsentation zum ersten Mal gespeichert wird, dann müssen Dateiname und Speicherort angegeben werden. Aus diesem Grund zeigt das Register *Datei* in beiden Fällen anschließend die Seite *Speichern unter* zur Auswahl des Speicherortes an.

1   Als Speicherort haben Sie die Wahl zwischen dem Cloudspeicher *OneDrive* und *Dieser PC*, damit ist die Festplatte Ihres PCs einschließlich aller angeschlossenen lokalen Datenträger gemeint. Rechts daneben erscheint eine Liste der zuletzt benutzten Ordner des markierten Speicherortes.

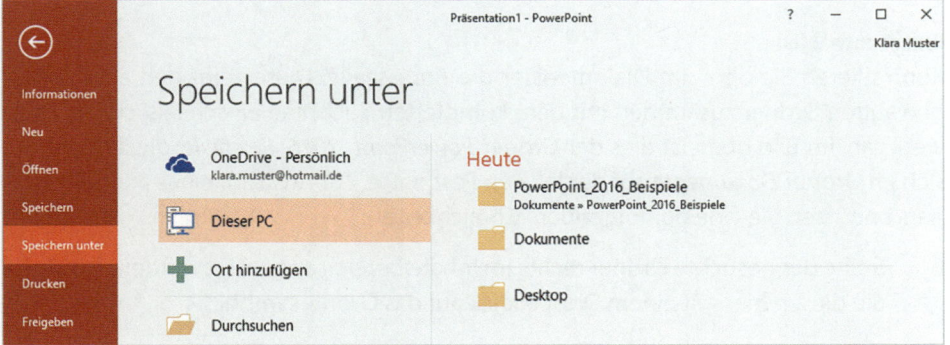

Bild 2.23 Datei - Speichern

- Möchten Sie also beispielsweise die Datei auf *OneDrive* im Ordner *Dokumente* speichern, dann klicken Sie zuerst auf *OneDrive-Persönlich* und dann in der Liste auf *Dokumente*.

- Um dagegen in einem Ordner der lokalen Festplatte zu speichern, klicken Sie auf *Dieser PC* und anschließend auf den gewünschten Ordner.

- Falls der gewünschte Ordner nicht in der Liste aufgeführt wird, so klicken Sie auf *Durchsuchen*. Hier ist ebenfalls der Zugriff auf *OneDrive* möglich.

2   Das Fenster *Speichern unter* wird mit dem angegebenen Ordner geöffnet. Wenn Sie dagegen auf *Durchsuchen* geklickt haben, dann wird zunächst *Dieser PC* angezeigt und Sie können den gewünschten Speicherort auswählen.

Dateiname

Als Dateiname werden im Feld *Dateiname* standardmäßig die ersten Zeichen der Präsentation vorgeschlagen, also meist der Präsentationstitel. Bei einer leeren Präsentation ist dies die fortlaufende Nummer, z. B. Präsentation2. Klicken Sie hier, so wird dieser Name markiert und kann anschließend durch Tastatureingabe mit einem aussagekräftigen Namen überschrieben werden. Im Feld *Dateityp* unterhalb ist die Standardeinstellung *PowerPoint-Präsentation* ausgewählt.

Bild 2.24 Speichern unter

Der aktuelle Speicherort

Neuen Ordner erstellen

Navigationsleiste

Inhalt des ausgewählten Ordners

Dateinamen eingeben

Dateityp

Speichern

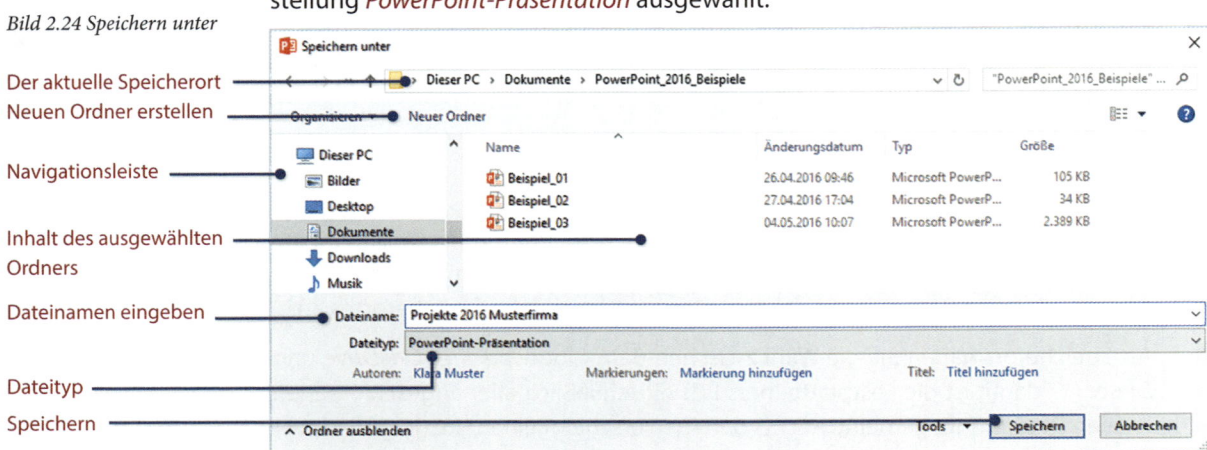

Ordner auswählen

Kontrollieren Sie oben im Dialogfenster die Adresszeile. Diese zeigt den aktuell ausgewählten Ordner zusammen mit dem kompletten Suchpfad einschließlich des Laufwerks an, im Bild oben ist dies der Ordner *PowerPoint_2016_Beispiele*, dieser befindet sich im Ordner *Dokumente* auf der lokalen Festplatte. Zur Auswahl eines anderen Ordners benutzen Sie eine der folgenden Möglichkeiten:

▶ Sollte der gesuchte Ordner rechts im Inhaltsbereich angezeigt werden, so öffnen Sie diesen hier mit einem Doppelklick auf das Ordnersymbol.

Achtung: Die Dreiecke sind nur sichtbar, wenn sich der Mauszeiger im Navigationsbereich befindet!

▶ Oder benutzen Sie die linke Spalte, den Navigationsbereich. Klicken Sie hier auf den gewünschten Ordner, zum Einblenden von Unterordnern verwenden Sie die kleinen Dreiecke links vom Ordnersymbol. Hier haben Sie unter *Netzwerk* auch Zugriff auf die Netzwerkumgebung

▶ In einen übergeordneten Ordner gelangen Sie am schnellsten, indem Sie in der Adresszeile auf den Namen des Ordners klicken.

Zuletzt klicken Sie auf die Schaltfläche *Speichern*. Erst jetzt wird das Dokument gespeichert und gleichzeitig das Dialogfenster automatisch geschlossen.

Tipps und Hinweise zum Speichern

▶ Sollten Navigationsleiste und Inhaltsbereich nicht sichtbar sein, so müssen Sie auf den Befehl *Ordner durchsuchen* klicken, wenn Sie einen anderen Ordner auswählen möchten.

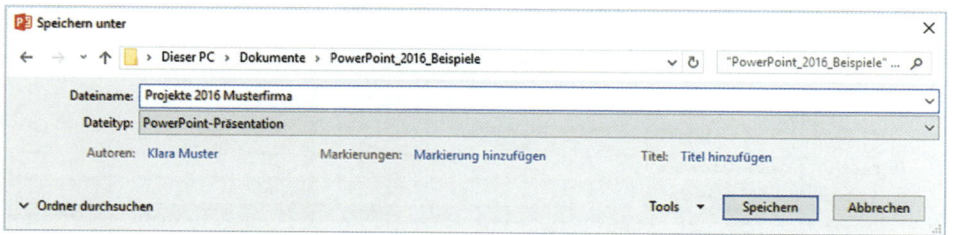

▶ Falls Sie zum Speichern einen neuen Ordner benötigen, so klicken Sie im Fenster *Speichern unter* auf die Schaltfläche *Neuer Ordner*.

▶ Unter Windows 10 ist *OneDrive* in die Dateiverwaltung integriert, daher finden Sie auch *OneDrive* mit allen Ordnern im Navigationsbereich und können hier ebenfalls Ordner auswählen bzw. neu anlegen.

▶ Der Speichervorgang in der Cloud kann bei umfangreichen Dokumenten etwas länger dauern, da eigentlich ein Upload erfolgt. Der Fortschritt wird in der Statusleiste angezeigt. Umfangreiche Dokumente sollten daher zunächst auf der Festplatte gespeichert und erst nach Fertigstellung in einen *OneDrive*-Ordner verschoben werden.

Speichern und Speichern unter

Im Register *Datei* finden Sie zwei Befehle zum Speichern, *Speichern* und *Speichern unter*, der Unterschied zwischen den beiden Befehlen:

▶ Wenn Sie ein neues Dokument das erste Mal speichern, dann müssen Sie Dateiname und Speicherort festlegen, dazu wird das Dialogfenster *Speichern unter* automatisch geöffnet. Es spielt keine Rolle, ob Sie auf *Speichern* oder *Speichern unter* klicken.

▶ Ein bereits gespeichertes Dokument verfügt dagegen bereits über einen Dateinamen. Dann wird im Hintergrund gespeichert, wenn Sie während der Bearbeitung auf das Symbol oder den Befehl *Speichern* klicken.

▶ Möchten Sie ein geöffnetes und bereits gespeichertes Dokument unter einem anderen Dateinamen und/oder an einem anderen Speicherort ein weiteres Mal speichern, dann benötigen Sie den Befehl *Speichern unter*. Dieser öffnet in jedem Fall das Dialogfenster *Speichern unter* und Sie können einen anderen Dateinamen angeben und/oder einen anderen Speicherort wählen.

Dateitypen

Standardmäßig wird eine PowerPoint-Präsentation im XML-basierten Office-Dateiformat mit der Dateinamenerweiterung .pptx gespeichert. Der Dateityp kann im Dialogfenster *Speichern unter* im Feld *Dateityp* unterhalb des Dateinamens kontrolliert und

ggfs. geändert werden. Ein Klick auf den Dropdown-Pfeil öffnet eine Liste der verfügbaren Dateitypen. Hier finden Sie beispielsweise auch den Dateityp *PDF*.

Bild 2.26 Dateityp wählen

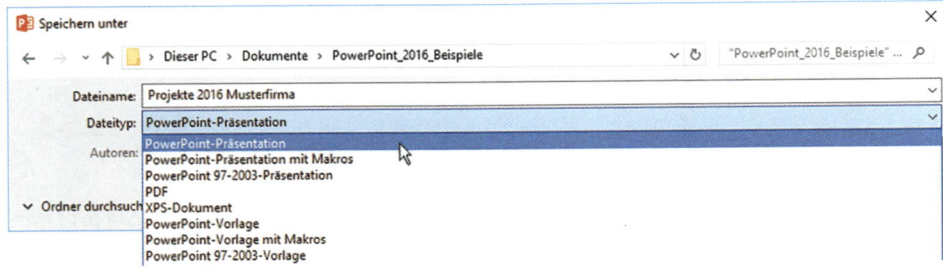

Kompatibilität mit früheren Versionen

Der Standard-Dateityp von PowerPoint 2016, PowerPoint-Präsentation (.pptx) kann
problemlos mit PowerPoint 2007, 2010 und 2013 geöffnet und bearbeitet werden,
nicht aber mit älteren Versionen, beispielsweise PowerPoint 2003. Falls eine Präsentation trotzdem mit einer älteren Version geöffnet werden soll, müssen Sie beim Speichern den Dateityp *PowerPoint 97-2003-Präsentation* (.ppt) auswählen. Beachten Sie
aber, dass nicht alle neuen Funktionen und Formate unterstützt werden, so dass beim
Speichern Informationen verlorengehen.

2.5   Präsentation öffnen

Ein Dokument öffnen

*Achtung: Wurde ein Do-
kument in der Zwischen-
zeit gelöscht, verschoben
oder umbenannt, so
erhalten Sie beim Öffnen
eine Fehlermeldung.*

Das Öffnen von Präsentationen läuft ähnlich ab wie das Speichern. Ist PowerPoint bereits geöffnet, so klicken Sie auf das Register *Datei* und auf *Öffnen*. Auch die Startseite
von PowerPoint enthält eine Liste zuletzt verwendeter und gespeicherter Dokumente.
Falls sich die gesuchte Datei nicht darunter befindet, so klicken Sie auf *Weitere Dokumente öffnen*, um die Seite *Öffnen* anzuzeigen.

Hier ist standardmäßig zunächst *Zuletzt verwendet* ausgewählt und rechts sehen Sie
die dazugehörige Liste von Präsentationen. Zum Öffnen genügt ein Klick auf das Symbol oder den Dateinamen.

▶ Befindet sich die gesuchte Datei nicht darunter, so klicken Sie wie beim Speichern zunächst entweder auf *OneDrive-Persönlich* oder auf *Dieser PC* und rechts
werden die dazugehörigen Ordner aufgelistet.

▶ Wenn Sie *Dieser PC* ausgewählt haben, dann erhalten Sie hier den Inhalt des
Ordners *Dokumente*. Im Gegensatz zum Speichern werden beim Öffnen sowohl
Ordner als auch Dokumente angezeigt, zum Öffnen eines Ordners genügt ein
einfacher Mausklick.

▶ Wurde versehentlich der falsche Ordner ausgewählt, so gelangen Sie mit Klick auf den, nach oben weisenden Pfeil, wieder zurück zur nächsthöheren Ordner-ebene, Sie können dazu aber auch einfach auf einen der übergeordneten Ordner klicken.

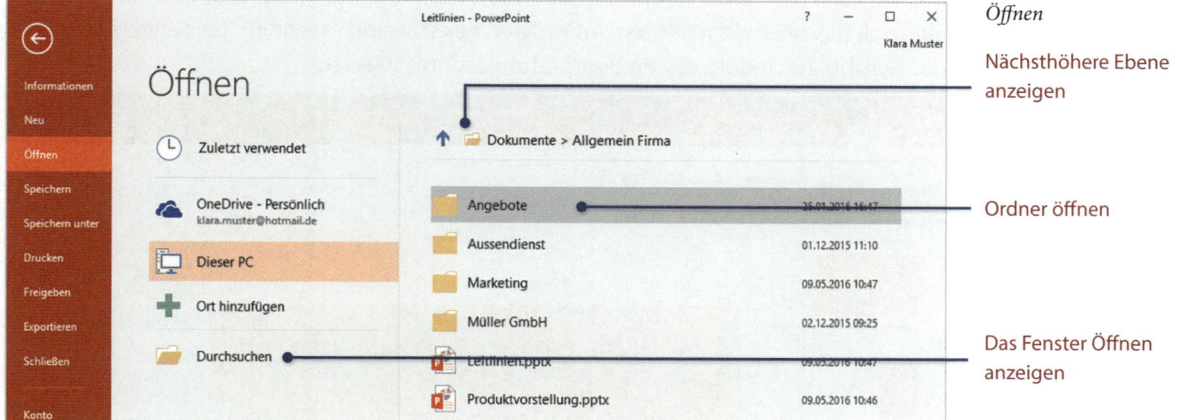

Bild 2.27 Register Datei: Öffnen

Dokument suchen

Befindet sich die gesuchte Präsentation an einem anderen Ort, dann klicken Sie auf *Durchsuchen*. Das Fenster *Öffnen* erscheint, es unterscheidet sich nur geringfügig vom *Speichern unter*-Fenster. Wie beim Speichern haben Sie in der linken Spalte, der Na-vigationsleiste Zugriff auf alle verfügbaren Speicherorte, unter Windows 10 auch auf Ihre *OneDrive*-Ordner. Zum Öffnen klicken oder tippen Sie rechts im Inhaltsbereich auf das Symbol der gesuchten Präsentation, dieses erscheint farbig hervorgehoben bzw. markiert und der Name wird im Feld *Dateiname* angezeigt. Klicken Sie dann auf die Schaltfläche *Öffnen*.

Tipp: Mit Doppelklick auf das Dateisymbol wird die Präsentation sofort geöffnet.

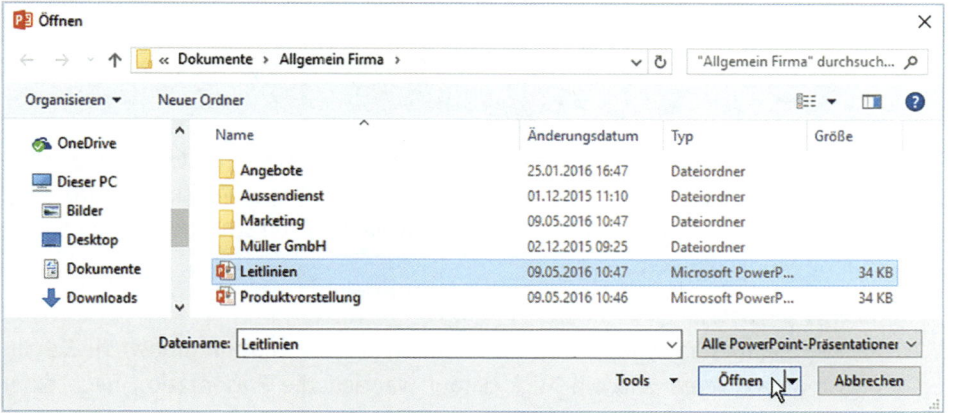

Bild 2.28 Datei auswählen und öffnen

Nach dem Öffnen an der letzten Position fortfahren

Standardmäßig erscheint nach dem Öffnen einer Präsentation die erste Folie in der Ansicht *Normal*. Häufig möchten Sie aber anschließend an derjenigen Stelle fortfahren, die Sie zuletzt bearbeitet haben. Dann klicken Sie einfach auf den Infotext bzw. das Symbol, das nach dem Öffnen am rechten Fensterrand erscheint. Leider verschwindet das Symbol nach dem ersten Bearbeitungsschritt wieder.

Bild 2.29 An der letzten Position fortfahren

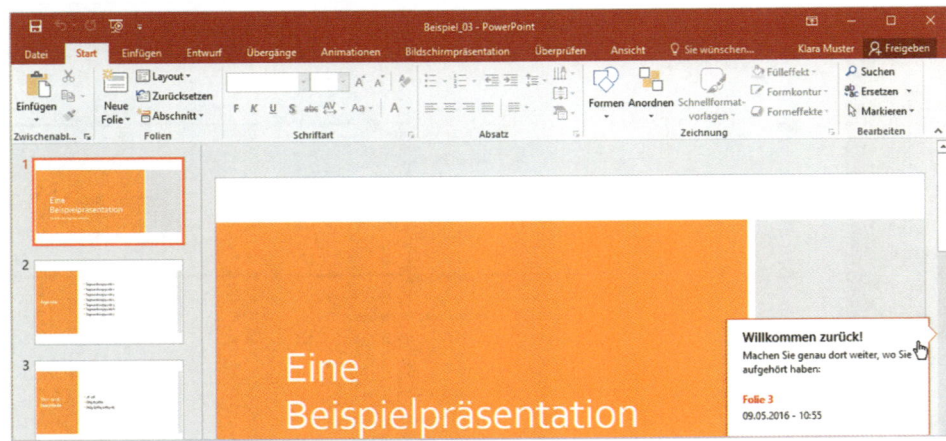

Nähere Infos erhalten Sie, wenn Sie auf das Symbol zeigen.

Ältere Präsentationen im Kompatibilitätsmodus öffnen

Bild 2.30 Kompatibilitätsmodus

Präsentationen mit der Dateinamenserweiterung .ppt, die mit älteren Versionen von PowerPoint erstellt und gespeichert wurden, können mit PowerPoint 2016 geöffnet werden, allerdings im so genannten Kompatibilitätsmodus. Ein entsprechender Hinweis erscheint zusammen mit dem Dateinamen in der Titelleiste des Fensters.

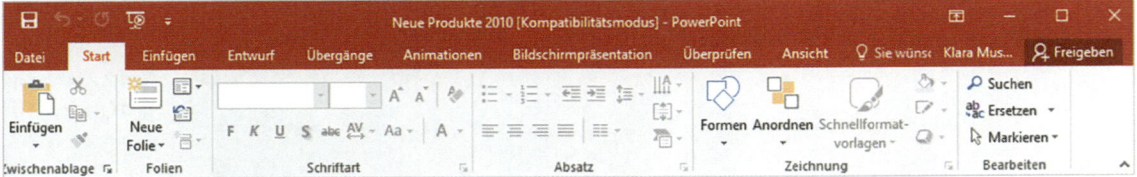

Im Kompatibilitätsmodus stehen neuere Funktionen von PowerPoint 2016, beispielsweise besondere Texteffekte oder auch Designfarben, nicht zur Verfügung. Um diese zu nutzen, müssen Sie die Präsentation im neuen Dateiformat speichern. Dazu haben Sie folgende Möglichkeiten:

▶ **Dateityp umwandeln**
Klicken Sie auf das Register *Datei*. Hier finden Sie unter *Informationen* die Schaltfläche *Konvertieren* und ein Klick darauf wandelt die Präsentation nach einer Rückfrage entsprechend um. **Achtung:** die Präsentation im alten Dateiformat wird dadurch überschrieben und kann anschließend mit älteren Versionen nicht mehr geöffnet werden!

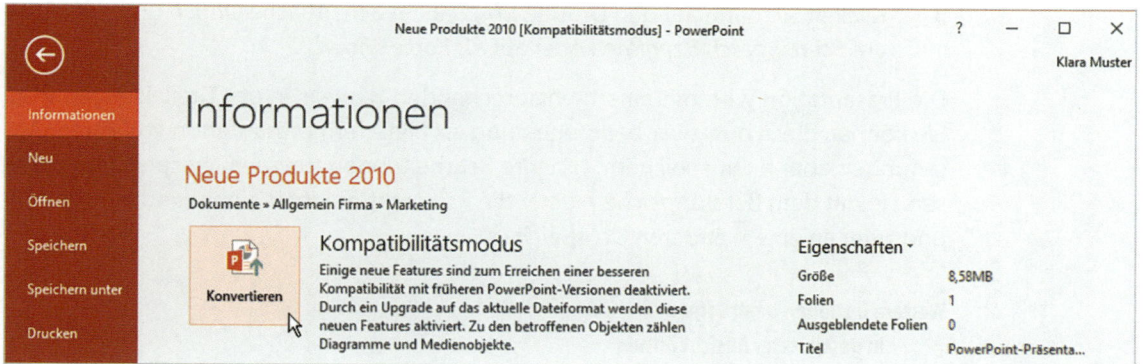

Bild 2.31 Präsentation
konvertieren

▶ **Präsentation erneut speichern**

Als zweite Möglichkeit speichern Sie die Präsentation erneut im neuen Dateiformat. Klicken Sie dazu im Register *Datei* auf *Speichern unter*, wählen Sie einen
Speicherort und als Dateityp *PowerPoint-Präsentation*. In diesem Fall bleibt die
ursprüngliche Präsentation erhalten.

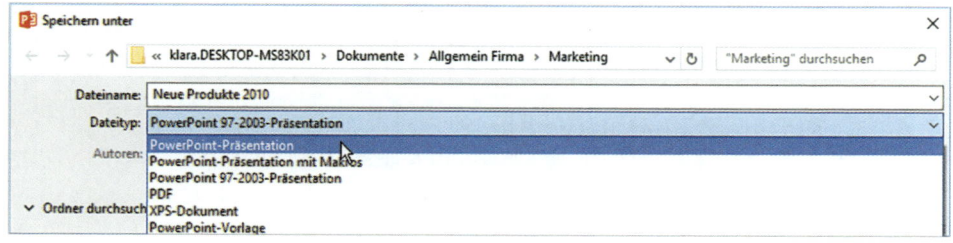

Bild 2.32 Dateityp ändern

Schreibgeschütztes Öffnen

Zum Schutz vor unbeabsichtigten Änderungen können Präsentationen auch schreibgeschützt oder als Kopie geöffnet werden.

1 Klicken Sie dazu in PowerPoint im Register *Datei* auf *Öffnen* und anschließend auf
Durchsuchen, um das Fenster *Öffnen* anzuzeigen.

2 Wählen Sie den Speicherort aus und markieren Sie mit einem Klick das zu öffnen-
de Dokument.

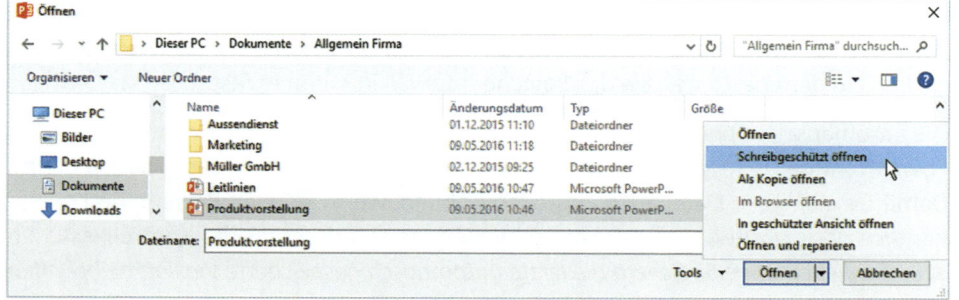

Bild 2.33 Schreibgeschützt
öffnen

3   Klicken Sie dann auf den Dropdown-Pfeil der Schaltfläche *Öffnen* und entweder auf *Schreibgeschützt öffnen* oder auf *Als Kopie öffnen*.

Die Präsentation wird mit einem entsprechenden Hinweis in der Titelleiste geöffnet. Sie können diese nun zwar bearbeiten und als Bildschirmpräsentation vorführen, Änderungen aber nicht speichern. Um Ihre Bearbeitungen trotzdem zu speichern, müssen Sie mit dem Befehl *Speichern unter* die Präsentation unter einem anderen Namen und/oder an einem anderen Ort speichern.

Weitere Optionen beim Öffnen

▶ **In geschützter Ansicht öffnen**
Diese Option deaktiviert mögliche aktive Elemente und sollte verwendet werden, wenn Sie eine Präsentation aus dem Internet oder als E-Mail Anlage öffnen möchten und nicht sicher sind, ob diese eventuell Schadsoftware enthält.

▶ **Als Kopie öffnen**
Erzeugt eine Kopie der Präsentation und öffnet diese anschließend.

2.6   Präsentationen verwalten

Nicht gespeicherte Präsentationen wiederherstellen und öffnen

Automatisches Speichern
PowerPoint 2016 verfügt über eine Funktion, die während der Arbeit die Datei im Hintergrund in bestimmten Intervallen automatisch speichert. Im Fall eines Programmabsturzes oder wenn Sie versehentlich die Präsentation geschlossen bzw. PowerPoint beendet haben, ohne zuvor zu speichern, dann können Sie beim nächsten Öffnen auf die automatisch gespeicherten Versionen zugreifen. Voraussetzung dazu ist die AutoWiederherstellen-Funktion. Diese dürfte zwar standardmäßig bereits auf Ihrem PC aktiviert sein, sicherheitshalber sollten Sie dies jedoch überprüfen.

AutoWiederherstellen finden Sie im Register *Datei* unter *Optionen*. Klicken Sie im linken Bereich des Fensters *PowerPoint-Optionen* auf *Speichern* und achten Sie darauf, dass hier das Kontrollkästchen *AutoWiederherstellen-Informationen speichern* aktiviert ist. Im Feld daneben legen Sie das Speicherintervall in Minuten fest.

Die automatische Speicherung erfolgt in eine temporäre Datei, die beim Beenden von PowerPoint gelöscht wird und nur im Fall eines Programmabsturzes erhalten bleibt. Damit Sie auf diese Datei auch zugreifen können, wenn Sie eine Präsentation versehentlich ohne vorheriges Speichern schließen, muss außerdem das Kontrollkästchen *Beim Schließen ohne Speichern die letzte automatisch gespeicherte Version beibehalten* aktiviert sein.

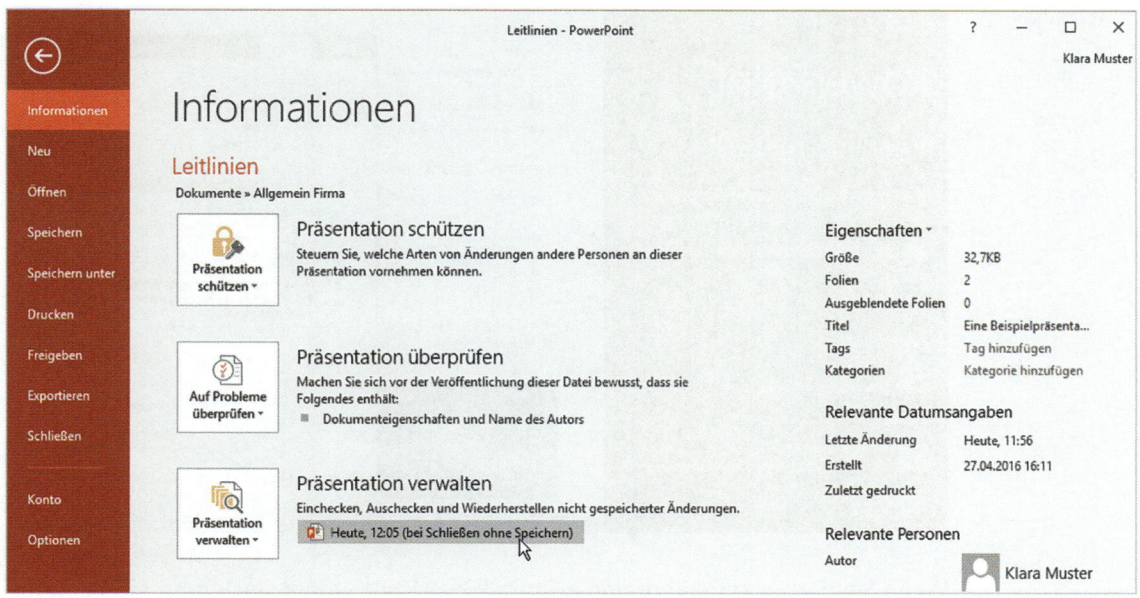

Wenn Sie das Speichern vergessen haben

Wenn Sie dann wirklich einmal das Speichern vergessen haben, dann gehen Sie so vor:

1   Wurde die Präsentation zuvor bereits unter einem Dateinamen gespeichert, dann öffnen Sie zunächst die Datei wie oben beschrieben. Klicken Sie anschließend auf das Register *Datei* und hier auf *Informationen*.

2   Unter *Präsentation verwalten* sehen Sie die nicht gespeicherten Versionen, klicken Sie auf die Version, die Sie wiederherstellen möchten.

3   Die Präsentation wird schreibgeschützt geöffnet und unterhalb des Menübands erscheint eine Infozeile, die Sie daran erinnert, dass es sich um eine wiederhergestellte und nur temporär gespeicherte Datei handelt. Sie sollten daher nicht vergessen, die Präsentation dauerhaft zu speichern. Klicken Sie dazu auf die daneben befindliche Schaltfläche *Wiederherstellen*. Dadurch wird die zuletzt gespeicherte Version durch die wiederhergestellte Version überschrieben und Sie können ab sofort mit dieser Version weiterarbeiten.

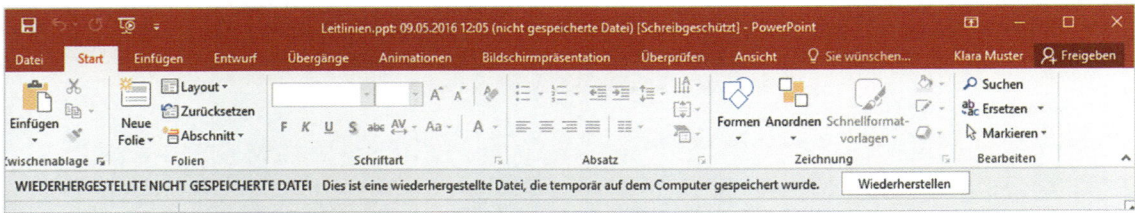

Bild 2.36 Wiederhergestellte Präsentation

Tipp: Falls Sie beide Versionen beibehalten möchten, so klicken Sie im Register *Datei* auf *Speichern unter* und speichern die wiederhergestellte Datei unter einem anderen Dateinamen.

Den Befehl *Nicht gespeicherte Dateien wiederherstellen* erhalten Sie auch am Ende der Liste der zuletzt verwendeten Dokumente, wenn Sie im Register *Datei* auf *Öffnen* klicken.

Verfügt die Präsentation über keinen Dateinamen bzw. wurde sie zuvor noch nie gespeichert, dann starten Sie PowerPoint mit einer beliebigen oder leeren Präsentation, klicken im Register *Datei ▸ Informationen* auf die Schaltfläche *Präsentationen verwalten* und hier auf *Nicht gespeicherte Präsentationen wiederherstellen*. Der Ordner *UnsavedFiles* als Standardspeicherort für solche Dateien wird geöffnet, markieren Sie mit einem Klick die Datei, die Sie wiederherstellen möchten und klicken Sie auf *Öffnen*.

Nach einem Programmabsturz wiederherstellen

Bild 2.37 Dokumentwiederherstellung

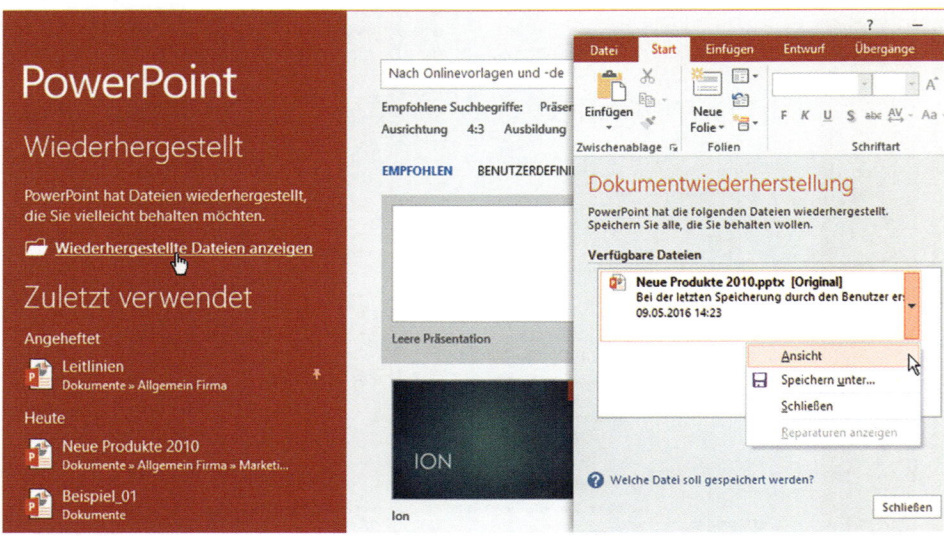

Wenn Sie nach einem Programmabsturz PowerPoint erneut starten, so erscheint auf der Startseite automatisch der Abschnitt *Wiederhergestellt*, klicken Sie auf *Wiederhergestellte Dateien anzeigen*. Damit öffnet sich links der Aufgabenbereich *Dokumentwiederherstellung*. Klicken Sie hier auf das Dokument, das Sie wiederherstellen möchten, manchmal sind auch gleich mehrere Versionen verfügbar, die Sie nacheinander anzeigen und kontrollieren können. Vergessen Sie anschließend nicht, die wiederhergestellte Präsentation, die Sie beibehalten möchten, zu speichern!

Die Anzeige zuletzt verwendeter Präsentationen steuern

Die Liste *Zuletzt verwendet* listet automatisch zuletzt und häufig geöffnete Präsentationen auf und erscheint im Register *Datei*, wenn Sie auf *Öffnen* klicken sowie auf der Startseite. Wurde eine Präsentation längere Zeit nicht geöffnet, so verschwindet sie wieder daraus. Um dies zu verhindern, können Sie wichtige und häufig benötigte Präsentationen dauerhaft an die Liste *Zuletzt verwendet* anheften.

1 Zeigen Sie in der Liste *Zuletzt verwendet* auf die betreffende Präsentation. Rechts vom letzten Änderungsdatum wird ein Pin-Symbol sichtbar, auf das Sie zum Anheften nur klicken brauchen.

2 Die Präsentation erscheint nun ganz am Beginn im gesonderten Abschnitt *Angeheftet* und ist außerdem am geänderten Pin-Symbol zu erkennen. Ein weiterer Klick auf dieses Symbol löst die Datei bei Bedarf wieder von der Liste.

Bild 2.38 Präsentation anheften

Als Alternative klicken Sie mit der rechten Maustaste auf eine Datei. Im Kontextmenü erhalten Sie zusätzlich zum Befehl *An Liste anheften* bzw. *Aus Liste lösen* mit *Aus Liste entfernen* die Möglichkeit, die Anzeige des Dokuments aus der Liste *Zuletzt verwendet* zu entfernen. Mit dem Befehl *Nicht abgeheftete Präsentationen löschen* werden alle Einträge aus der Liste entfernt, ausgenommen fest angeheftete Dokumente.

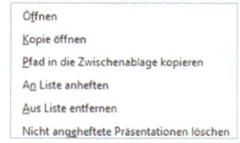

2.7   Mit mehreren Präsentationen arbeiten

Zwischen mehreren Fenstern wechseln

Die Taskleiste ist ein wichtiger Bestandteil von Windows und dient zum schnellen Wechseln zwischen Apps.

PowerPoint 2016 öffnet jede Präsentation in einem eigenen Fenster. Sind mehrere Präsentationen gleichzeitig geöffnet, so werden diese in der Taskleiste am unteren Rand des Bildschirms standardmäßig als gestapeltes Symbol angezeigt und beim Zeigen auf das PowerPoint-Symbol der Taskleiste erhalten Sie eine Miniaturvorschau aller Fenster. Mit einem Klick in die Vorschau aktivieren Sie das Fenster bzw. holen es in der Vordergrund.

Bild 2.39 Miniaturansicht geöffneter Fenster

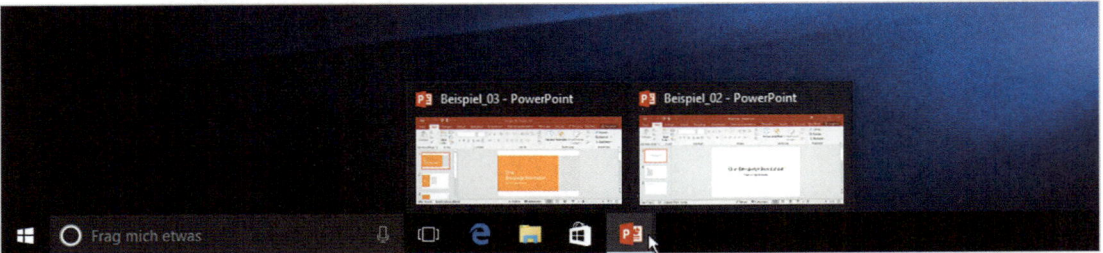

Eine weitere Möglichkeit erhalten Sie im Register *Ansicht*, Gruppe *Fenster*. Mit Klick auf die Schaltfläche *Fenster wechseln* erhalten Sie eine Liste aller geöffneten Power-Point-Fenster und brauchen nur auf die gewünschte Präsentation klicken, die aktuelle Präsentation ist am Häkchen zu erkennen.

Bild 2.40 Fenster wechseln

Fenster anordnen

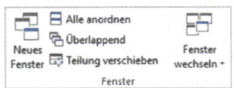

Das Register *Ansicht* enthält in der Gruppe *Fenster* mehrere Schaltflächen, über die Sie die Anordnung der Fenster steuern.

▶ *Neues Fenster* öffnet die aktuelle Präsentation in einem zweiten Fenster. Auf diese Weise können Sie in umfangreichen Präsentationen an verschiedenen Stellen gleichzeitig arbeiten.

▶ Mit Klick auf *Alle Anordnen* ordnen Sie alle geöffneten Fenster nebeneinander auf dem Bildschirm an. Achtung: je nach Anzahl der Dokumente und Größe des Bildschirms ist unter Umständen die Menüleiste ausgeblendet. *Überlappend* ordnet dagegen die geöffneten Fenster übereinander auf dem Bildschirm an.

Bild 2.41 Alle Fenster anordnen

▶ *Teilung verschieben* bezieht sich dagegen nicht auf einzelne Fenster, sondern Sie erhalten damit die Möglichkeit, innerhalb der Ansicht *Normal* die einzelnen Bereiche des PowerPoint-Fensters mithilfe der Pfeiltasten der Tastatur zu vergrößern bzw. zu verkleinern. Sobald Sie auf *Teilung verschieben* geklickt haben, können Sie mit den Pfeiltasten nach rechts/links die Breite des Navigationsbereichs ändern und mit den Pfeiltasten nach oben/unten verändern Sie die Höhe des Notizenbereichs. Mit Drücken der Eingabe-Taste oder der Esc-Taste kehren Sie zur Bearbeitung zurück.

2.8 Grundlagen der Texteingabe und -korrektur

Mit Ausnahme des Layouts *Leer* verfügen alle Folienlayouts von PowerPoint über Platzhalterfelder für Titel und Inhalte. Innerhalb dieser Felder können Sie Text eingeben und formatieren, wie Sie es von anderen Apps oder Anwendungen, z. B. Microsoft Word gewohnt sind. Dazu lassen sich alle bekannten Techniken der Textverarbeitung einsetzen. Da diese den meisten Anwendern bereits bekannt sein dürften, an dieser Stelle nur eine kurze Einführung für Einsteiger auf diesem Gebiet.

Text eingeben und korrigieren

Cursor positionieren

Sobald Sie in ein Platzhalterfeld geklickt haben, erscheint hier der Cursor als senkrechter, blinkender Strich, auch als Einfügemarke bezeichnet. An dieser Position werden alle Zeichen, die Sie über die Tastatur eingeben, eingefügt. Für nachträgliche Korrekturen am Text müssen Sie daher immer zuerst den Cursor an der gewünschten Stelle positionieren. Klicken Sie dazu entweder mit der Maus an diese Stelle oder verwenden Sie die Pfeiltasten der Tastatur.

Zeilenumbruch und Absätze

▶ Passt während der Eingabe ein Wort nicht mehr in eine Zeile bzw. reicht die Breite des Platzhalterfeldes nicht aus, so wandert das Wort an den Anfang der nächsten Zeile, es erfolgt ein automatischer Zeilenumbruch. Wenn Sie nachträgliche Änderungen am Text vornehmen, also Text einfügen, löschen oder eine größere bzw. kleinere Schrift wählen, dann passt sich der Zeilenumbruch jedes Mal automatisch neu an.

Bild 2.42 Absätze mit Aufzählungszeichen

▶ Die Eingabe- oder Enter-Taste benötigen Sie dagegen, um einen Absatz zu beenden oder wenn Sie Leerzeilen bzw. leere Absätze einfügen möchten.

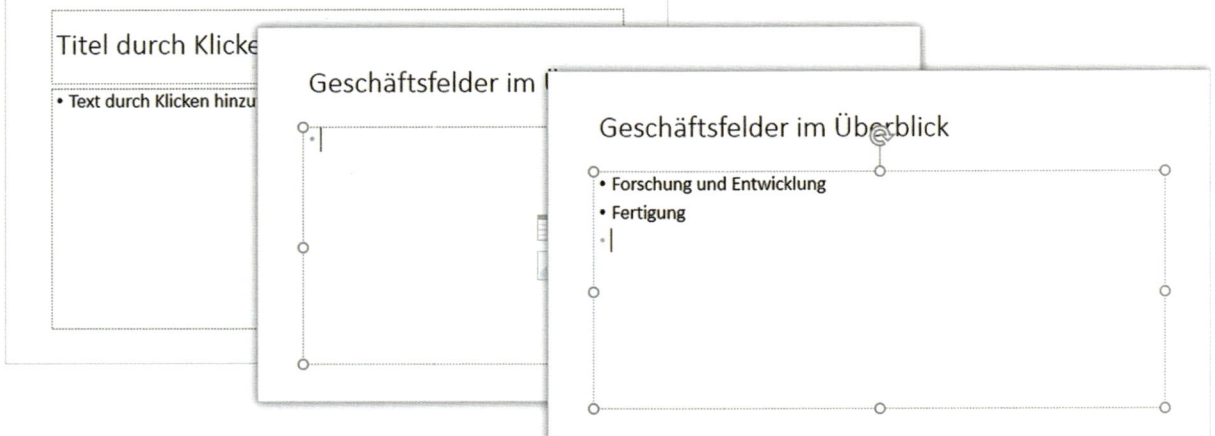

 Möchten Sie in Ausnahmefällen eine neue Zeile beginnen, ohne den Absatz zu beenden, dann drücken Sie Umschalt (Shift) + Eingabetaste. Dies bezeichnet man auch als manuelle oder „weiche" Zeilenschaltung.

Sie möchten einfügen...	Tasten
einen neuen Absatz	Eingabetaste (Return/Enter)
neue Zeile, kein Absatzende	Umschalt (Shift) + Eingabetaste

Text löschen

Die Entf-Taste ist auf manchen Tastaturen auch mit engl. Del beschriftet (Abkürzung für delete = entfernen).

Einzelne Zeichen löschen Sie entweder mit der Entf-Taste oder mit der Korrekturtaste (oberhalb der Eingabe-Taste). Welche der beiden Tasten Sie benutzen, hängt ab von der Position des Cursors und davon, wo sich die zu löschenden Zeichen befinden:

Taste	Bedeutung
←	Löscht das Zeichen links vom Cursor, daher auch als Rückschritt-Taste (engl. Backspace) oder Korrekturtaste bezeichnet
Entf	Löscht das Zeichen rechts vom Cursor

Beide Tasten löschen nicht nur ein einzelnes Zeichen, sondern nacheinander beliebig viele Zeichen, der übrige Text rückt automatisch wieder nach links. Auch nicht sichtbare Zeichen wie Absatzende, Tabulator oder Leerzeichen können gelöscht werden. Löschen Sie z. B. ein Absatzende, so rückt der nachfolgende Text nach oben an das Ende des vorhergehenden Absatzes.

Das Löschen längerer Texte geht schneller, wenn Sie den Text zuvor markieren und dann mit einem einzigen Tastendruck auf die Korrektur- oder Entf-Taste löschen. Wie Sie Text markieren, erfahren Sie unten.

Nachträglich Text einfügen

Um Text nachträglich einzufügen, klicken Sie an die gewünschte Stelle und geben über die Tastatur Ihren Text ein. Bereits an dieser Stelle vorhandener Text wird nicht überschrieben, sondern in Schreibrichtung verschoben.

Text markieren

Viele Bearbeitungsschritte setzen voraus, dass Text markiert ist. Möchten Sie beispielsweise schnell größere Textstellen löschen oder überschreiben, dann müssen Sie den Text zuvor markieren. Auch beim Formatieren ist vorheriges Markieren erforderlich.

Am einfachsten markieren Sie mit der Maus: Bewegen Sie den Mauszeiger an den Anfang der Textstelle, die Sie markieren möchten, drücken Sie die linke Maustaste und halten Sie die Taste gedrückt, während Sie gleichzeitig den Mauszeiger über den Text bewegen, vergleichbar einem Textmarker. Lassen Sie erst los, wenn die gewünschte Textstelle markiert ist. Die Richtung ist beim Markieren egal, Sie können also sowohl von rechts nach links als auch von links nach rechts markieren. Wenn Sie die Maus nach oben oder unten bewegen, dann wird Text in Schreibrichtung auch über mehrere Absätze markiert.

Markierter Text erscheint grau hinterlegt, die Markierung ist allerdings nicht von Dauer, sondern wird wieder aufgehoben, wenn Sie an eine beliebige Stelle der Folie klicken oder tippen oder eine andere Stelle markieren.

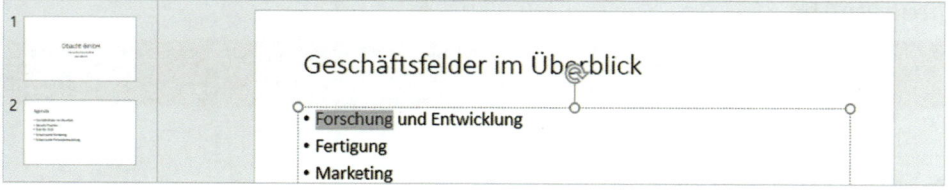

Bild 2.43 Text markieren

Weitere Markierungstechniken mit der Maus

Sie möchten markieren...	So gehen Sie vor
Ein einzelnes Wort	Doppelklicken Sie in das Wort.
Einen Absatz	Klicken Sie dreimal innerhalb des Absatzes an eine beliebige Stelle.
Den gesamten Text eines Textfeldes	Drücken Sie die Tastenkombination Strg+A

Nicht zusammenhängende Texte markieren

Mehrere nicht zusammenhängende Textstellen markieren Sie mit gleichzeitig gedrückter Strg-Taste. So gehen Sie dabei vor:

1 Markieren Sie die erste Textstelle, wie oben beschrieben.

2 Drücken Sie auf der Tastatur die Strg-Taste und halten Sie sie gedrückt, während Sie nacheinander weitere Textstellen mit der Maus markieren. Erst dann lassen Sie die Strg-Taste los.

Markierten Text überschreiben

Grundsätzlich gilt: Markierter Text wird durch Tastatureingabe überschrieben. Wenn Sie also eine Textstelle durch anderen Text ersetzen möchten, dann genügt es, wenn Sie die Textstelle markieren und ohne vorheriges Löschen durch Tastatureingabe einfach überschreiben. Die Anzahl der Zeichen bzw. die Länge des Textes spielen dabei keine Rolle.

Arbeitsschritte rückgängig machen

Oder verwenden Sie die Tastenkombination Strg+Z

Mit Ausnahme von Befehlen wie Speichern oder Drucken können die meisten Bearbeitungsschritte wieder rückgängig gemacht werden. Beruhigend, wenn Sie beispielsweise Text versehentlich gelöscht oder überschrieben haben. Das Symbol dazu finden Sie in der Symbolleiste für den Schnellzugriff. Mehrere Schritte können Sie durch wiederholtes Klicken auf die Schaltfläche rückgängig machen.

Bild 2.44 Rückgängig

Haben Sie zu viele Schritte rückgängig gemacht, bzw. wollen Sie die zuvor rückgängig gemachten Aktionen wiederherstellen, dann klicken Sie auf die Schaltfläche *Wiederherstellen* .

Bild 2.45 Wiederherstellen

Den letzten Befehl wiederholen

Tipp: Auch mit der Funktionstaste F4 lässt sich der letzte Arbeitsschritt schnell wiederholen.

Achtung: Das Symbol *Wiederherstellen* ist nur verfügbar, wenn zuvor ein Arbeitsschritt rückgängig gemacht wurde. Ansonsten finden Sie an dieser Stelle das Symbol *Wiederholen* . Dieses Symbol erlaubt es, schnell den letzten Arbeitsschritt, z. B. Löschen oder eine Formatierung anwenden, an anderer Stelle zu wiederholen.

Bild 2.46 Wiederholen

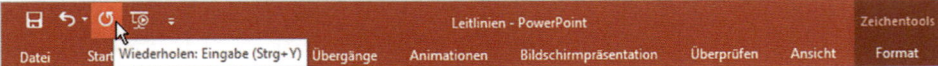

Sollten die Symbole *Rückgängig* und *Wiederholen* nicht in der Symbolleiste für den Schnellzugriff erscheinen, dann klicken Sie auf den Pfeil am Ende dieser Leiste und aktivieren die Anzeige (siehe Kapitel 1).

Text mit der Maus verschieben oder kopieren

Am schnellsten geht es, wenn Sie Text mit der Maus verschieben. Allerdings ist dies nur innerhalb einer Folie sinnvoll, z. B. wenn Sie Absätze vertauschen möchten.

1 Markieren Sie zuerst die Textstelle, die Sie verschieben möchten und lassen Sie danach die Maustaste wieder los.

2 Zeigen Sie mit der Maus auf die Markierung (der Mauszeiger erscheint als Pfeil), drücken Sie die linke Maustaste und halten Sie die Taste gedrückt, während Sie die Maus über den Text bewegen. Am Mauszeiger wird ein kleines Kästchen sichtbar und im Text wandert der Cursor mit. Der markierte Text selbst bleibt vorerst an seiner ursprünglichen Stelle.

3 Bewegen Sie den Cursor im Text an die gewünschte Stelle, danach lassen Sie die Maustaste wieder los.

4 Erst jetzt wird der markierte Text an dieser Stelle eingefügt. Meist erfolgt mit dem Einfügen auch ein automatischer Ausgleich der Leerzeichen.

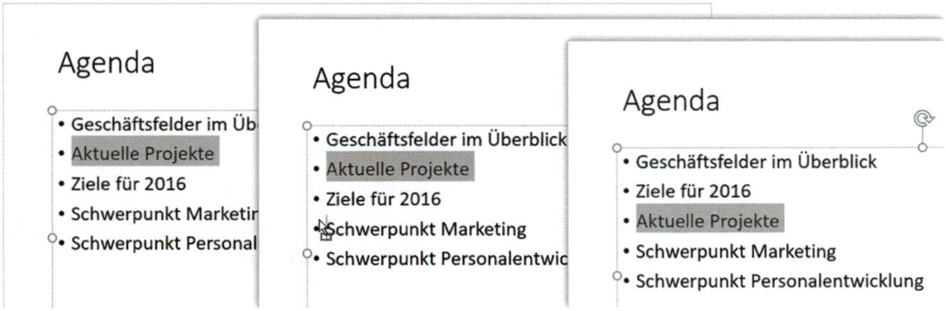

Bild 2.47 Text verschieben

Tipp: Falls dies nicht auf Anhieb klappt und Sie den Text versehentlich an die falsche Stelle verschoben haben, so machen Sie diese Aktion einfach anschließend wieder rückgängig.

Text mit der Maus kopieren

Kopieren bedeutet, der markierte Text bleibt an der ursprünglichen Stelle erhalten. Auch dazu können Sie die Maus verwenden. Dabei gehen Sie wie beim Verschieben vor, halten aber während des Ziehens gleichzeitig die Strg-Taste gedrückt. Am Mauszeiger erscheint dann zusätzlich ein kleines Pluszeichen.

Die Zwischenablage zum Kopieren/Verschieben verwenden

Wenn Sie über mehrere Folien hinweg verschieben oder kopieren möchten, dann benutzen Sie besser die Zwischenablage. Diese Vorgehensweise gilt nicht nur für Text, sondern auch alle übrigen Folienelemente und die Folien selbst. Ein weiterer Vorteil der Zwischenablage: Ausgeschnittene oder kopierte Elemente verbleiben solange in der Zwischenablage, bis Sie das nächste markierte Element ausschneiden oder kopieren und können daher auch mehrmals eingefügt werden.

Die Schaltflächen zur Verwendung der Zwischenablage finden Sie im Menüband im Register *Start*, Gruppe *Zwischenablage*, sowie im Kontextmenü, wenn Sie mit der rechten Maustaste auf ein markiertes Element klicken. Alternativ können Sie auch Tastenkombinationen verwenden.

Übersicht Schaltflächen und Tastenkombinationen

Sie möchten...	Symbol	Tastenkombination
das markierte Element in die Zwischenablage ausschneiden (Schere)	✂ Ausschneiden	Strg + X
das markierte Element in die Zwischenablage kopieren	📋 Kopieren	Strg + C
ein Element aus der Zwischenablage an der Cursorposition einfügen	Einfügen	Strg + V

Daten zwischen Anwendungen austauschen

Die Zwischenablage kann auch verwendet werden, um Text und andere Elemente zwischen verschiedenen Dateien und Apps auszutauschen. Dies können beispielsweise Bilder, Diagramme oder Tabellen sein, einzige Voraussetzung: beide Dokumente müssen geöffnet sein.

Da nahezu alle Apps von der Windows-Zwischenablage unterstützt werden, können Sie z. B. in der Foto-App von Windows ein Bild auswählen, kopieren und in eine Folie einfügen. Auch im Browser können Sie Elemente markieren, kopieren und anschließend in eine Folie einfügen. Die Vorgehensweise ist immer gleich:

1   Markieren Sie das betreffende Element und kopieren Sie es mit einer der oben beschriebenen Methoden in die Zwischenablage.

2   Wechseln Sie über die Taskleiste in das Zieldokument.

3   Wählen Sie die gewünschte Folie aus und fügen Sie den Inhalt der Zwischenablage ein.

Die Office-Zwischenablage

Die normale Windows-Zwischenablage enthält immer nur das zuletzt ausgeschnittene oder kopierte Element. Im Gegensatz dazu speichert die Office-Zwischenablage bis zu 24 Elemente. Allerdings unterstützt die Office-Zwischenablage ausschließlich den Datenaustausch zwischen Microsoft Office-Anwendungen, beispielsweise Microsoft Excel-Arbeitsmappen oder Microsoft PowerPoint-Präsentationen.

Die Office-Zwischenablage wird nur verwendet, wenn sie geöffnet, d.h. der Bereich *Office-Zwischenablage* (siehe Bild unten) sichtbar ist, die Befehle sind die gleichen wie oben. Häufig öffnet sich dieser Bereich automatisch am linken Rand des PowerPoint-Fensters, sobald Sie ein Element in die Zwischenablage ausschneiden oder kopieren. Sollte dies nicht der Fall sein, so öffnen Sie die Office-Zwischenablage mit einem Mausklick auf das Pfeilsymbol ⌐ der Gruppe *Zwischenablage* (Register *Start*).

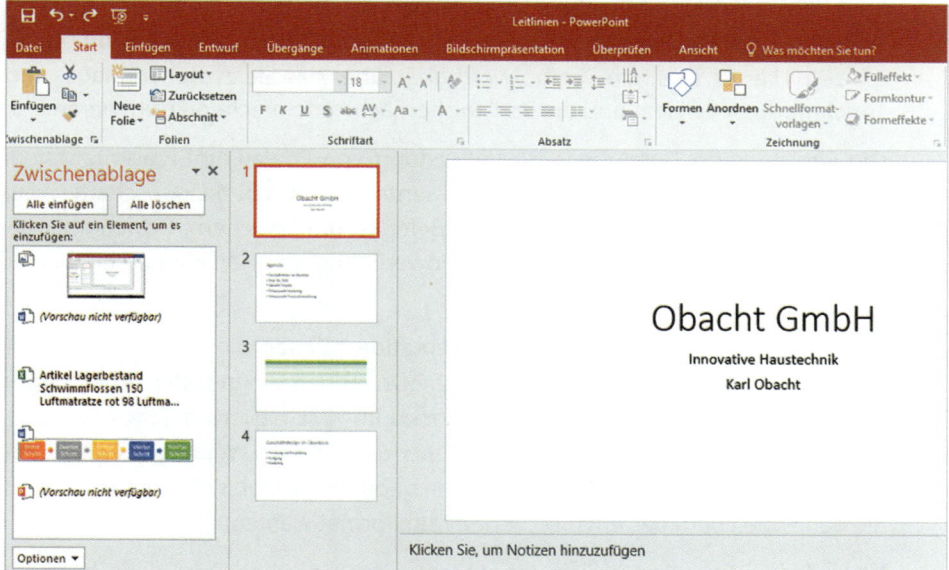

Bild 2.48 Office-Zwischenablage

Wenn Sie bei geöffneter Office-Zwischenablage ein Element kopieren bzw. ausschneiden, so wird dieses der Liste der vorhandenen Einträge hinzugefügt. Diese können anschließend auch mehrfach und in beliebiger Reihenfolge eingefügt werden, zum Einfügen klicken Sie einfach auf das gewünschte Element. Mit der Schaltfläche *Alle einfügen* lassen sich bei Bedarf alle Elemente in der angezeigten Reihenfolge einfügen.

Einträge löschen

Die Schaltfläche *Alle löschen* entfernt alle Einträge aus der Office-Zwischenablage. Um nur ein einzelnes Element zu löschen, zeigen Sie mit der Maus darauf und klicken dann auf den Dropdown-Pfeil. Ein kleines Menü erscheint, klicken Sie hier auf *Löschen*.

2.9 Zusammenfassung

▶ Im Menüband können alle Befehle, nach Aufgaben geordnet über Register aufgerufen werden. Innerhalb der Register bilden zusammengehörende Befehle Gruppen. Für einige Gruppen öffnet ein Mausklick auf das Pfeilsymbol in der rechten unteren Ecke der Gruppe ein Dialogfenster mit allen Befehlen. In anderen Fällen öffnen Sie damit den Aufgabenbereich am rechten Bildschirmrand mit weitergehenden Optionen.

▶ Weitere Möglichkeiten der Befehlseingabe sind das Kontextmenü der rechten Maustaste, Tastenkombinationen (ShortCuts) und in Verbindung mit Windows 10 und einem geeigneten Bildschirm die Bedienung per Touchscreen. Die Symbolleiste für den Schnellzugriff lässt sich vom Benutzer um weitere Symbole ergänzen. Hier ist auch ein Symbol verfügbar, über das Sie zwischen Maus- und Touchmodus wechseln und die Bedienoberfläche entsprechend optimieren.

▶ Die Registerkarte *Datei* dient zur Verwaltung von PowerPoint-Präsentationen. Sie stellt die Backstage-Ansicht einer Präsentation mit deren Eigenschaften dar. Gleichzeitig enthält dieses Register alle Befehle zum Speichern, Öffnen oder Erstellen neuer Präsentationen. Über die PowerPoint-Optionen können hier allgemeine Einstellungen geändert werden.

▶ Beim Speichern einer PowerPoint-Präsentation müssen Sie einen Speicherort (entweder lokal oder im Internet, z. B. OneDrive) und einen Dateinamen angeben. Standardmäßig werden Präsentationen im XML-basierten Office-Dateiformat mit der Dateinamenserweiterung .pptx gespeichert. Wenn eine Präsentation auch mit älteren PowerPoint-Versionen geöffnet werden sollen, dann müssen Sie beim Speichern das entsprechende Dateiformat wählen.

▶ Wenn Sie ein markiertes Element ausschneiden oder kopieren, dann befindet sich dieses vorübergehend in der Zwischenablage und kann daraus anschließend an beliebiger Stelle wieder eingefügt werden. Die Schaltflächen zur Verwendung der Zwischenablage befinden sich im Register *Start*, alternativ verwenden Sie die Tastenkombinationen Strg+C (Kopieren), Strg+X (Ausschneiden) und Strg+V (Einfügen).

3 Mit einer neuen Bildschirmpräsentation beginnen

In diesem Kapitel lernen Sie...

- Mit einer leeren Präsentation starten
- Präsentationsfolien hinzufügen
- Folienlayout wählen
- Design und Farben der Präsentation anpassen
- Benutzerdefinierte Designfarben zusammenstellen
- Das geänderte Design speichern

Das sollten Sie bereits wissen

- Befehlseingabe in PowerPoint
- Die PowerPoint-Ansichten
- Grundlagen der Texteingabe
- Präsentation speichern und öffnen

3.1   Eine neue Präsentation erstellen

Die Ausgangsmöglichkeiten

Bei Präsentationen kommt es nicht nur auf den Inhalt, sondern auch auf die optische Gestaltung an. Einheitlich gestaltete Präsentationen wirken professionell und erleichtern dem Publikum die Orientierung. So lassen sich beispielsweise durch den gezielten Einsatz von Farben Informationen verdeutlichen und Aussagen transportieren, während allzu „bunte" Darstellungen und eine Vielzahl unterschiedlicher Schriften oft nur verwirrend wirken.

Um spätere Änderungen und den damit verbundenen Arbeitsaufwand möglichst gering zu halten, sollten Sie sich vor der Erstellung einer Präsentation überlegen, wie Sie beginnen möchten. Sie haben die Wahl zwischen folgenden Möglichkeiten:

Vorlagen einsetzen

Vorlagen sind Musterpräsentionen für verschiedene Zwecke. Sie enthalten bereits eine oder mehrere Folien und Sie brauchen nur noch die Inhalte in die entsprechenden Folien einfügen, nicht benötigte Folien löschen und eventuell weitere Folien einfügen. Online sind eine ganze Reihe von Vorlagen verfügbar, wie Sie bei der Suche vorgehen, haben Sie bereits in Kapitel 1 gesehen. Allerdings sind Vorlagen nicht für jeden Einsatzzweck die optimale Lösung, daher wird in diesem Buch auf die Verwendung von Vorlagen nicht näher eingegangen.

Darüber hinaus finden Sie online auch einzelne Folien zu bestimmten Themen, die Sie in Ihre Präsentation einfügen können.

Design verwenden

Wie Sie mit Hilfe eines Designs schnell eine neue Präsentation erstellen, haben Sie bereits im ersten Kapitel, Erste Schritte gesehen. Diese Methode empfiehlt sich für Einsteiger, da Sie auf diese Weise schnell eine fertig gestaltete Präsentation erhalten. Designs enthalten mit Ausnahme von eventuellen Hintergrundgrafiken keine Inhalte und auch keine Folien, sondern legen nur Farben, Schriftarten und grafische Effekte fest. Änderungen einzelner Farben, der Wahl einen anderen Schrift oder eines anderen Hintergrunds steht nichts im Wege.

Eine Präsentation komplett neu gestalten

Als Alternative beginnen Sie mit einer leeren neutralen Präsentation. Diese können Sie anschließend völlig neu nach Ihren Vorstellungen gestalten. Darüber hinaus können Sie jederzeit, also auch nachträglich, ein anderes Design oder eine andere Farbvariante wählen.

Ein überarbeitetes Design oder eine individuell gestaltete Präsentation können Sie als benutzerdefiniertes Design oder Vorlage speichern und anschließend beliebig oft für weitere Präsentationen benutzen. Näheres hierzu am Ende dieses Kapitels.

Zwischen Design und leerer Präsentation wählen

Unmittelbar nach dem Start von PowerPoint erscheint standardmäßig die Startseite und bietet neben dem Öffnen bereits gespeicherter Präsentationen die oben erwähnten Alternativen zur Erstellung einer neuen Präsentation an. Sollte die Startseite nicht angezeigt werden, so klicken Sie im Menüband auf das Register *Datei* und hier auf *Neu*.

Der Unterschied: Die Startseite zeigt links zusätzlich die zuletzt verwendeten Präsentationen an, während im Register *Datei* ▶ *Neu* an dieser Stelle die Dateiaufgaben sichtbar sind. Die Auswahlmöglichkeiten im rechten Bereich sind dagegen immer gleich.

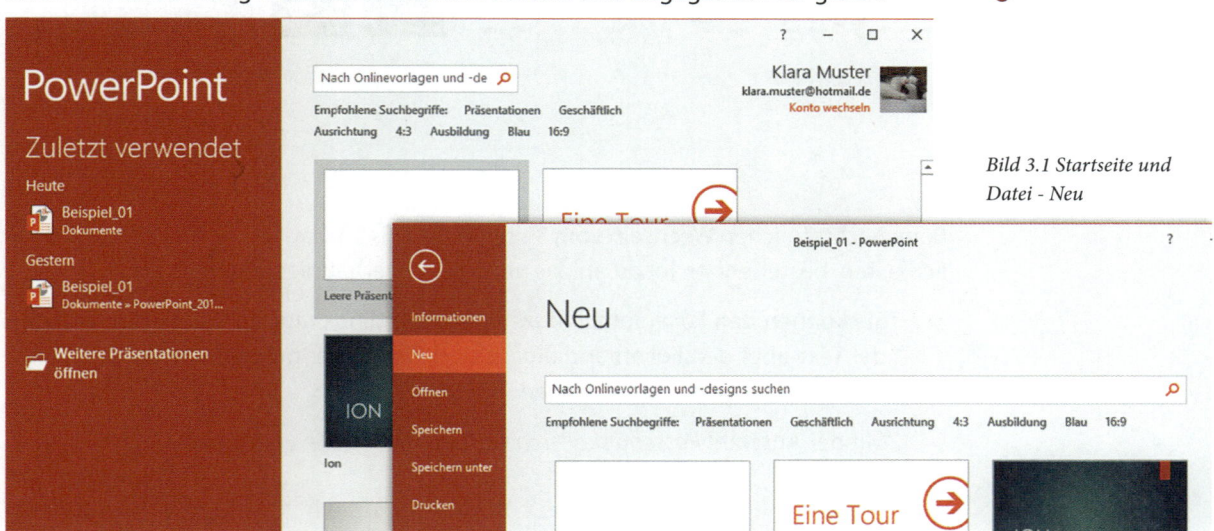

Bild 3.1 Startseite und Datei - Neu

Wählen Sie ein Design oder klicken Sie auf *Leere Präsentation*, wenn Sie mit einer neutralen Präsentation beginnen möchten. Wie Sie bei der Auswahl eines Designs vorgehen oder online nach weiteren suchen, haben Sie bereits in Kapitel 1 gesehen.

Unabhängig davon, ob Sie ein Design oder eine leere Präsentation gewählt haben: Die neue Präsentation wird unter dem vorläufigen Namen *Präsentation1* geöffnet. Wenn Sie nacheinander mehrere neue Präsentationen erstellen, so erhalten diese der Reihe nach die Namen *Präsentation2*, Präsentation3, usw.. Diese Nummer spielt keine Rolle, da dies nicht der endgültige Name ist und Sie beim Speichern ohnehin eine aussagefähigen Dateinamen vergeben sollten.

Kontrollieren Sie das Seitenverhältnis Ihrer Folien

Ein wichtiger Punkt ist das Seitenverhältnis der Folien Ihrer neuen Präsentation bzw. die Frage, mit welchem Bildschirmformat die Präsentation später wiedergegeben wird. PowerPoint benutzt standardmäßig das gängige Breitbildformat 16:9, ältere Präsentationen basieren dagegen womöglich noch auf dem klassischen Bildschirmformat 4:3.

> Die Foliengröße sollte am besten gleich zu Beginn festgelegt bzw. geändert werden, da bei späteren Änderungen bestehende Inhalte und Layouts ensprechend angeglichen werden müssen und dadurch unbeabsichtigte Wirkungen entstehen können.

Bild 3.2 Foliengröße festlegen

Falls Sie das Seitenverhältnis kontrollieren oder ändern möchten, so klicken auf das Register *Entwurf* und in der Gruppe *Anpassen* auf die Schaltfläche *Foliengröße*.

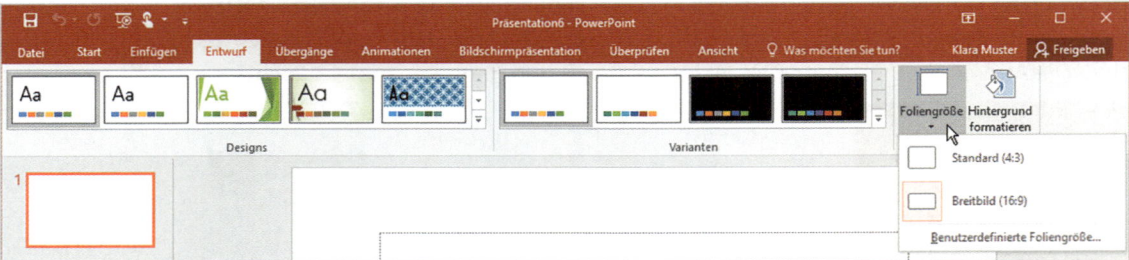

Beim nachträglichen Wechseln vom Seitenverhältnis 16:9 auf 4:3 haben Sie zwei Möglichkeiten, bestehenden Inhalt an das neue Seitenverhältnis anzugleichen:

▶ Sie können den Folieninhalt *Maximieren*, allerdings ragt dann unter Umständen der Text über den Folienrand hinaus und Platzhalter müssen entsprechend verschoben oder verkleinert werden.

▶ Mit der Auswahl *Passend skalieren* werden die Inhalte verkleinert.

3.2   Präsentationsfolien hinzufügen

Unmittelbar nach dem Erstellen einer neuen Präsentation erscheint die erste Folie, standardmäßig im Titellayout. Klicken Sie in das Platzhalterfeld und geben Sie den Titel Ihrer Präsentation über die Tastatur ein.

Hinweis: Für das nachfolgende Beispiel wurde eine leere Präsentation als Ausgangsbasis gewählt; falls Sie ein Design verwenden, können sich Position und Aussehen der Platzhalter etwas von den Abbildungen unterscheiden.

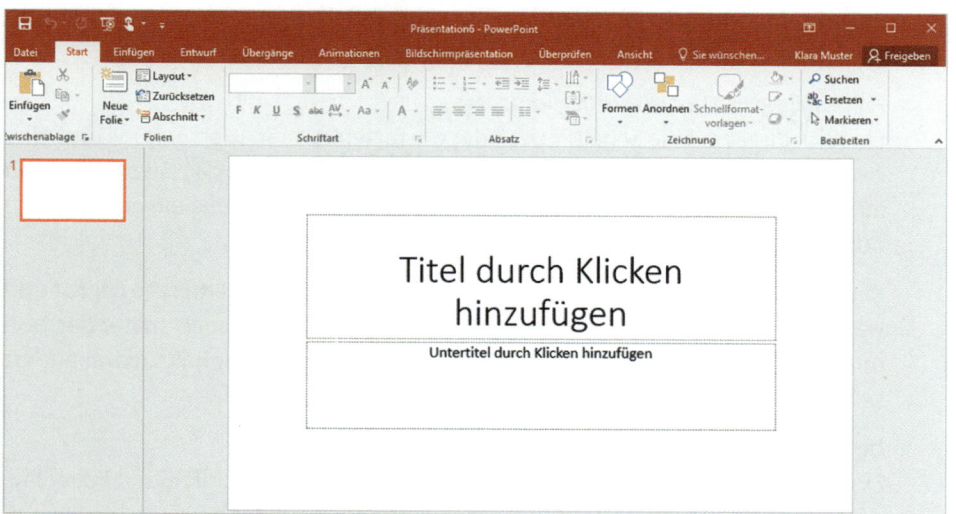

Bild 3.3 Die erste Folie mit Platzhaltern

Folien hinzufügen und Layout wählen

Was sind Folienlayouts?

Folienlayouts steuern über Platzhalterfelder die Anordnung von Folienelementen und gewährleisten ein einheitliches Erscheinungsbild der gesamten Präsentation. Power-Point bringt mehrere Layouts für verschiedene Zwecke mit, Anordnung und Position der Platzhalter sind allerdings auch abhängig vom Design. So kann sich beispielsweise der Titel einer Folie nicht nur oben sondern auch unten oder am linken Rand befinden.

Das Folienlayout wählen Sie am einfachsten beim Einfügen einer neuen Folie:

1 Klicken Sie im Menüband auf das Register *Start* und in der Gruppe *Folien* auf den Dropdown-Pfeil der Schaltfläche *Neue Folie*.

2 Anschließend klicken Sie auf das gewünschte Folienlayout, z. B. *Titel und Inhalt*.

Wie eigene Folienlayouts gestalten, erfahren Sie in Kapitel 4.

Die Schaltfläche *Neue Folie* finden Sie auch im Register *Einfügen*, Gruppe *Folien*.

Oder benutzen Sie die Tastenkombination Strg+M.

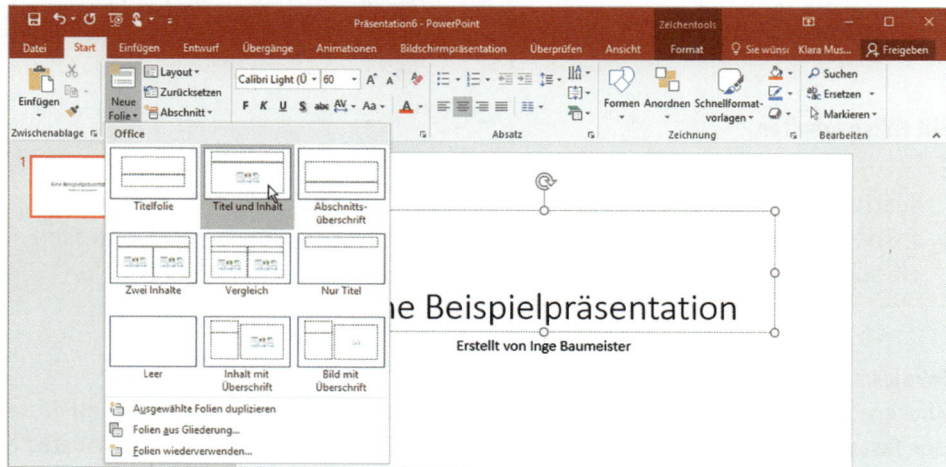

Bild 3.4 Neue Folie einfügen und Layout wählen

Beachten Sie, dass die Schaltfläche *Neue Folie* zweigeteilt ist und daher zwei Möglichkeiten bietet.

▶ **Folie einfügen und Layout nachträglich ändern**
Ein Klick direkt auf die Schaltfläche oder die Tastenkombination Strg+M fügt eine neue Folie mit dem Standardlayout ein, dies ist in der Regel das Layout *Titel und Inhalt*. Anschließend können Sie dieser bzw. der aktuellen Folie ein anderes Layout zuweisen:

Klicken Sie dazu im Register *Start*, Gruppe *Folien*, auf die Schaltfläche *Layout* und wählen Sie ein Layout. Über diese Schaltfläche können Sie auch später das Layout einer Folie jederzeit ändern. Enthält diese Folie bereits Inhalte, dann ändert sich damit auch deren Aussehen und Position entsprechend.

▶ **Layout beim Einfügen wählen**
Ein Klick auf den Dropdown-Pfeil öffnet dagegen ein Auswahlfeld mit Folienlayouts (siehe Bild oben) und zum Einfügen klicken Sie auf das gewünschte Layout.

Mit Ausnahme des Layouts *Leer* verfügt jedes Layout über Platzhalter, in die Sie mit Klick auf das entsprechende Symbol eine Tabelle, ein Diagramm, ein Bild oder andere grafische Elemente einfügen können. Zur Eingabe von Text klicken Sie einfach und beginnen mit der Tastatureingabe. Mehr zum Thema Folienlayouts und Platzhalter erfahren Sie im nächsten Kapitel 4.

Bild 3.5 Layout Titel und Inhalt

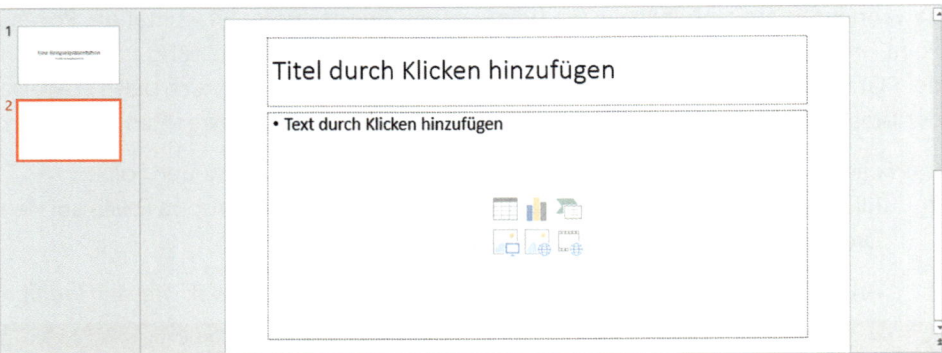

Mit Folien arbeiten

> Beachten Sie, dass eine neue Folie immer nach der aktuellen, also im Navigationsbereich markierten Folie eingefügt werden. Im Navigationsbereich verwalten Sie auch die Folien und ändern z. B. die Reihenfolge.

Folie löschen

Klicken Sie im Navigationsbereich auf die Folie und betätigen Sie dann die Entf-Taste der Tastatur. Alternativ klicken Sie im Navigationsbereich mit der rechten Maustaste auf diese Folie und auf den Befehl *Folie löschen*.

Folien verschieben

Um eine Folie an eine andere Stelle zu verschieben, ziehen Sie sie im Navigationsbereich mit gedrückter linker Maustaste an die gewünschte Position.

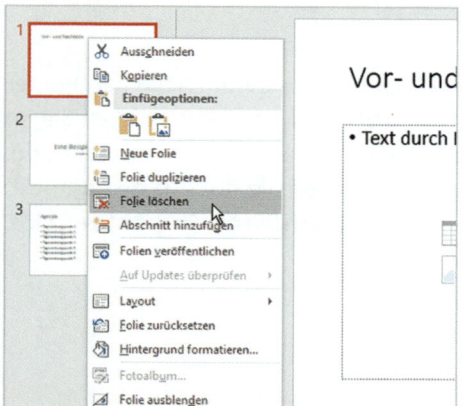
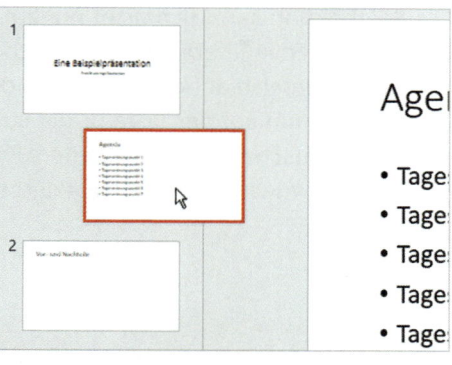

Bild 3.6 Folie löschen

Bild 3.7 Folie verschieben

Tipp: In umfangreichen Präsentationen mit zahlreichen Folien ist dazu unter Umständen die Ansicht *Foliensortierung* (Register *Ansicht*, Gruppe *Präsentationsansichten*) besser geeignet.

Folie duplizieren

Wenn Sie eine Folie komplett, also einschließlich aller Inhalte und Formate kopieren möchten, dann können Sie sie duplizieren.

Den Befehl *Duplizieren* können Sie in PowerPoint auch auf alle Folienelemente, also Platzhalter, Grafiken usw. anwenden.

1 Dazu markieren Sie im Navigationsbereich die betreffende Folie und klicken im Register *Start* auf den Dropdown-Pfeil der Schaltfläche *Neue Folie*. Wählen Sie dann *Ausgewählte Folien duplizieren*.

2 Die Kopie wird sofort automatisch nach der markierten Folie eingefügt und kann nun an eine beliebige Stelle verschoben werden.

Den Befehl *Folie duplizieren* erhalten Sie auch im Kontextmenü, wenn Sie im Navigationsbereich mit der rechten Maustaste auf die zu kopierende Folie klicken. Noch schneller geht's mit der Tastenkombination Strg+D.

Duplizieren = Strg+D

Zwischenablage verwenden

Daneben lässt sich eine Folie natürlich auch auf dem Weg über die Zwischenablage kopieren, allerdings wird in diesem Fall die Folie nicht automatisch, sondern per Befehl eingefügt, siehe Kapitel 2, Grundlegende Techniken. So gehen Sie vor:

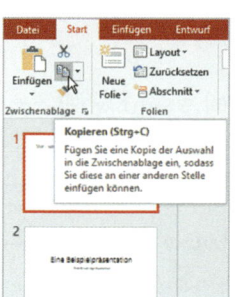

1 Markieren Sie im Navigationsbereich die Folie, die Sie kopieren möchten.

2 Klicken Sie im Register *Start*, Gruppe *Zwischenablage* auf die Schaltfläche *Kopieren* oder drücken Sie die Tasten Strg+C.

3 Zum Einfügen der Kopie markieren Sie diejenige Folie, nach der die Kopie eingefügt werden soll und klicken in derselben Gruppe des Registers *Start* auf *Einfügen*
oder verwenden die Tasten Strg+V.

Mehrere Folien gleichzeitig markieren

Diese Methode der Mehr-fachmarkierung kennen Sie vielleicht bereits aus Excel oder Word.

Die Bearbeitung kann sich nicht nur auf die aktuelle Folie, sondern auch auf mehrere markierte Folien beziehen. Um gleich mehrere Folien zu markieren, klicken Sie im
Navigationsbereich auf die erste Folie, diese erhält eine orangefarbene Umrandung.
Drücken Sie nun auf der Tastatur die Strg-Taste und halten Sie diese Taste gedrückt,
während Sie nacheinander auf weitere Folien klicken. Lassen Sie die Strg-Taste erst los,
wenn alle gewünschten Folien markiert sind.

3.3 Design und Farben der Präsentation anpassen

Wenn Sie nachträglich für Ihre Präsentation ein anderes Design oder eine andere Farbvariante wählen möchten, dann ist dies in der Regel kein Problem und schnell erledigt.
Darüber hinaus können Sie auch einzelne Farben ändern, eigene Farbgruppen zusammenstellen oder Schriftarten und grafische Effekte eines Designs anpassen. Probleme
können sich unter Umständen dann ergeben, wenn Sie in einzelnen Präsentationsfolien die Formatierung von Folienelementen geändert haben, z. B. durch die Wahl
anderer Farben. Dann müssen Sie eventuell diese Elemente erneut formatieren.

Design und Farbvariante nachträglich wählen

Ein anderes Design zuweisen

Um das Design zu ändern, klicken Sie im Register *Entwurf*, Gruppe *Designs* auf das gewünschte Design. Beim Zeigen sehen Sie bereits an der aktuellen Folie eine Vorschau
und können so die Wirkung besser beurteilen. Mit einem Klick übernehmen Sie die
Änderung für die gesamte Präsentation.

Tipp: Ein Klick auf die Schaltfläche *Weitere* ⯆ öffnet den gesamten Katalog auf einen
Blick und Sie erhalten einen besseren Überblick.

Bild 3.8 Register Entwurf:
Design und Farbvarianten

Design wählen ——

Farbvariante ändern ——

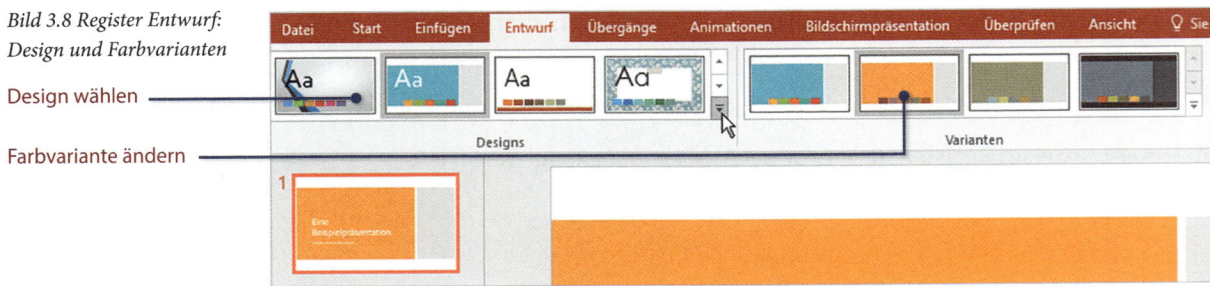

Achtung: da jedes Design andere Farbvarianten und Folienlayouts mitbringt, ändern sich nicht nur Hintergund, Farben und Schriften Ihrer Präsentation, sondern auch Aussehen und Position der Platzhalter für Text und andere Elemente.

Eine andere Farbvariante wählen

Zur nachträglichen Änderung der Farbvariante klicken Sie im Register *Entwurf*, Gruppe *Varianten* auf die gewünschte Farbzusammenstellung, auch hier erhalten Sie bereits beim Zeigen in der aktuellen Folie eine Vorschau.

Für die gesamte Präsentation oder die aktuelle Folie übernehmen

Um ein einheitliches Aussehen zu gewährleisten, übernehmen Sie im Normalfall Design und Farbvariante für die gesamte Präsentation, dazu genügt ein einfacher Mausklick. Falls Sie trotzdem einmal ausnahmsweise ein Design, z. B. Leer oder eine Farbvariante nur in die aktuelle Folie übernehmen möchten, dann klicken Sie mit der rechten Maustaste auf das gewünschte Design bzw. die Variante und klicken im Kontextmenü auf *Für ausgewählte Folien übernehmen*.

Bild 3.9 Nur für die aktuelle Folie übernehmen

Design weiter anpassen

Mit der Wahl eines Designs erhalten Sie einen bestimmten Folienhintergrund, zwei Schriften, acht aufeinander abgestimmte Farben sowie grafische Effekte, z. B. für Bilder und andere grafische Elemente. Jede einzelne dieser Komponenten kann geändert werden, um das Design an individuelle Vorstellungen anzupassen. Klicken Sie dazu im Register *Entwurf*, Gruppe *Varianten* auf den Pfeil *Weitere* .

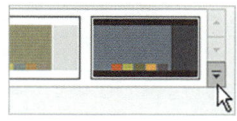

Bild 3.10 Design anpassen

Designfarben bearbeiten

Bild 3.11 Farben wählen

Über die festgelegten Farbvarianten hinaus erhalten Sie weitere Farbzusammenstellungen, wenn Sie in der Gruppe *Varianten* auf *Weitere* ⊽ klicken und auf *Farben* zeigen.

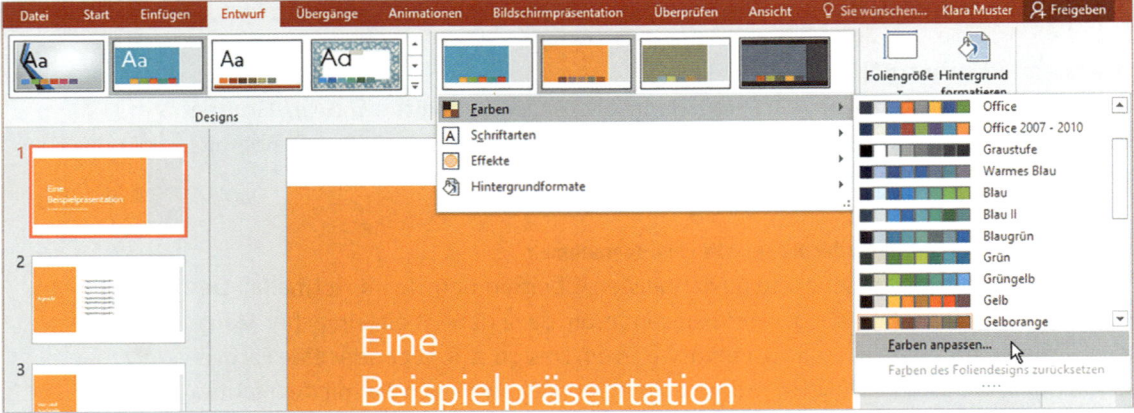

Farben ändern, benutzerdefinierte Farben erstellen und speichern

1 Wenn Sie Ihre eigenen Farben verwenden möchten, beispielsweise vorgegebene Firmenfarben, dann klicken Sie auf *Farben anpassen…* (siehe Bild oben). In diesem Fall können Sie auch zuvor eine Farbzusammenstellung auswählen, die Ihren Vorstellungen am nächsten kommt und diese dann entsprechend ändern.

2 Das Fenster *Neue Designfarben erstellen* wird geöffnet und Sie können nun jede einzelne Designfarbe durch eine andere Farbe ersetzen. Klicken Sie dazu auf den Dropdown-Pfeil der zu ersetzenden Farbe und hier auf *Weitere Farben…*, um das Fenster *Farben* zu öffnen.

Bild 3.12 Benutzerdefinierte Designfarben erstellen

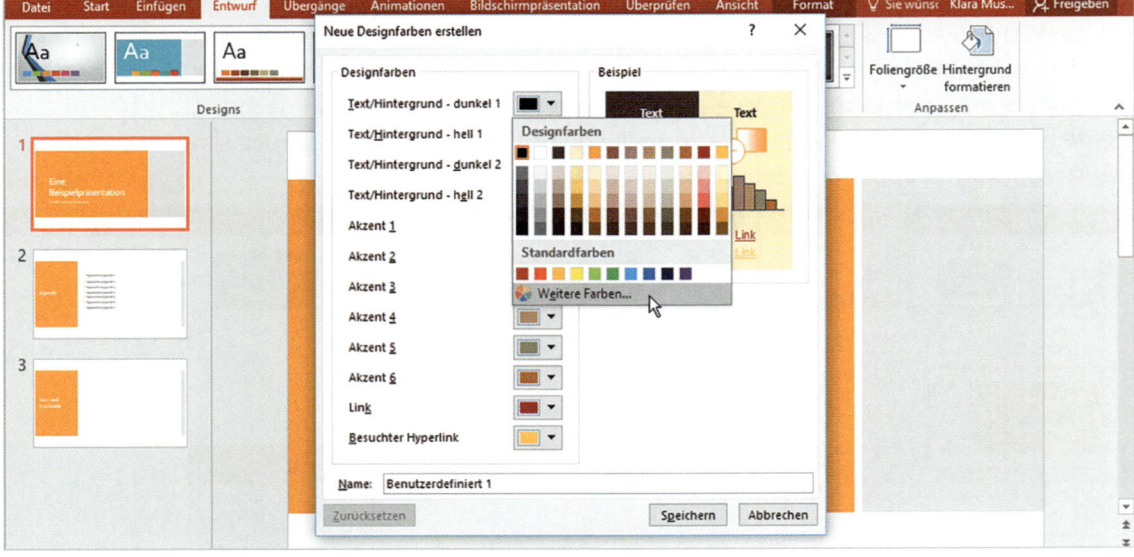

3 Hier können Sie nun entweder im Register *Standard* eine der Standardfarben auswählen oder im Register *Benutzerdefiniert* die Farbe anhand Ihres Farbwertes nach dem RGB-Farbmodell genau festlegen. Klicken Sie dann auf *OK*, um die Änderung zu übernehmen.

 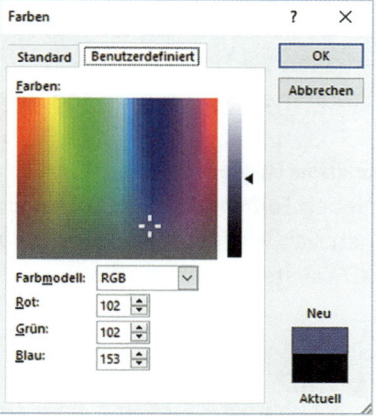

Bild 3.13 Standardfarbe oder benutzerdefiniert

4 Auf diese Weise lassen sich alle Farben ändern. Bevor Sie die geänderten Farben speichern, sollten Sie noch im Feld *Name* Ihrer Farbzusammenstellung einen aussagefähigen Namen geben.

5 Klicken Sie zuletzt auf *Speichern*; damit werden die Farben in die Präsentation übernommen und sind außerdem auch in anderen Präsentationen verfügbar. Sie finden später Ihre Farben in der Gruppe *Benutzerdefiniert* (siehe Bild unten).

Tipp: Mit der Schaltfläche *Zurücksetzen* können Sie alle vorgenommenen Farbänderungen wieder zurücknehmen, allerdings nur, wenn diese noch nicht gespeichert wurden.

Bild 3.14 Benutzerdefinierte Farben auswählen

Leider lassen sich benutzerdefinierte Farben nachträglich nicht mehr ohne weiteres ändern, da das Fenster *Neue Designfarben erstellen* mit jedem Speichern eine neue benutzerdefinierte Farbzusammenstellung erzeugt. Nicht mehr benötigte Farben können Sie jedoch entfernen, indem Sie mit der rechten Maustaste auf die betreffende Zusammenstellung klicken und den Befehl *Löschen* verwenden.

Schriftarten und grafische Effekte ändern

Schriftarten

Auf ähnliche Weise ändern Sie auch die Schriftarten des Designs: Klicken Sie in der Gruppe *Varianten* (Register *Entwurf*) auf *Weitere* ⏷ und zeigen Sie auf *Schriftarten*. Wählen Sie dann entweder eine der vorgegebenen Zusammenstellungen, auch hier erhalten Sie beim Zeigen eine Vorschau in der aktuellen Folie, oder klicken Sie auf *Schriftarten anpassen...*, wenn Sie eine bestimmte Schriftart benötigen.

Grafische Effekte

Neben *Farben* und *Schriftarten* finden Sie im Menü *Weitere* auch *Effekte*. Diese beziehen sich auf grafische Elemente, z. B. Bilder oder Formen und beinhalten Effekte wie 3D-Darstellung oder Schatten.

Bild 3.15 Schriftarten

Bild 3.16 Effekte

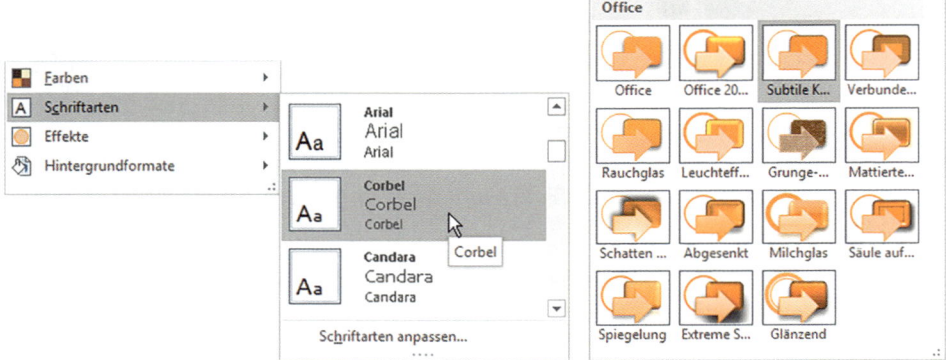

Folienhintergrund anpassen

Auch den Folienhintergrund Ihrer Präsentation können Sie im Register *Entwurf* ändern. Klicken Sie dazu in der Gruppe *Varianten* auf den Pfeil *Weitere* ⏷ und zeigen Sie auf *Hintergrundformate*.

Bild 3.17 Beispiele für Folienhintergründe

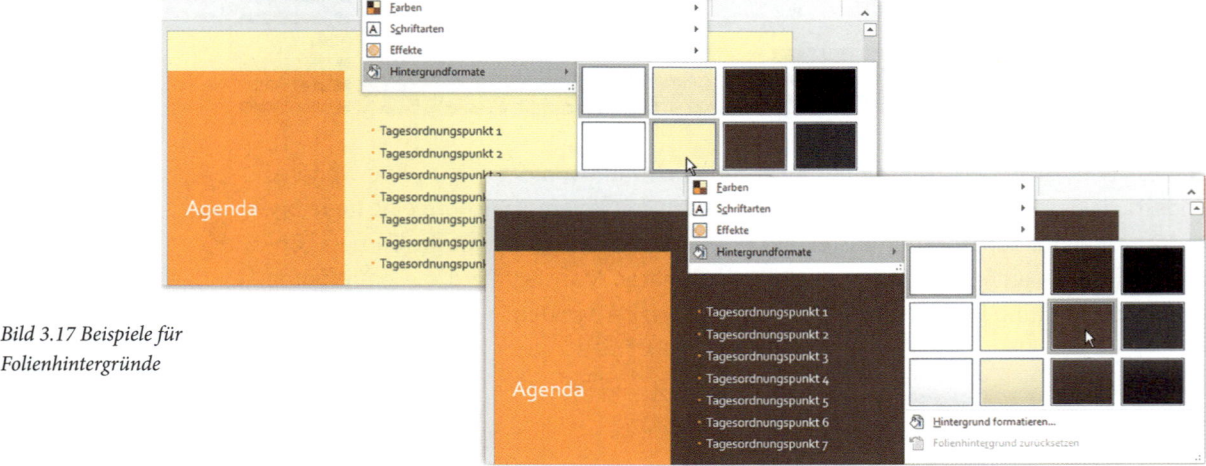

Das Auswahlfeld enthält in der Regel neben weiß und schwarz verschiedene einfarbige Hintergründe und einige Farbverläufe. Auch hier erhalten Sie beim Zeigen eine Vorschau.

> **Tipp:** Die Schriftfarbe der Platzhalter für Text ist auf die hier angebotenen Hintergrundformate abgestimmt. Wenn Sie eine dieser Vorlagen auswählen, dann erhalten Sie immer helle Schrift auf dunklem Hintergrund und umgekehrt. Falls Sie dagegen über den Befehl *Hintergrund formatieren...* eine andere Farbe auswählen, so müssen Sie auch die Schriftfarbe entsprechend anpassen (siehe Farben).

Den Hintergrund einzelner Folien ändern

In manchen Fällen wird nur für einzelne Folien ein neutraler, z. B. weißer Hintergrund benötigt. Dann klicken Sie mit der rechten Maustaste auf die gewünschte Hintergrundvorlage und wählen *Für ausgewählte Folien übernehmen*.

Hintergrundgrafiken ausblenden

Einige Designs enthalten Hintergrundgrafiken, die in manchen Folien störend wirken können. In solchen Fällen können Sie für die markierten oder alle Folien die Hintergrundgrafik ausblenden. Dazu klicken Sie im Register *Entwurf*, Gruppe *Anpassen* auf die Schaltfläche *Hintergrund formatieren*.

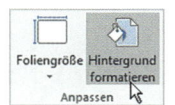

Am rechten Bildschirmrand öffnet sich der Aufgabenbereich *Hintergrund formatieren*. Aktivieren Sie das Kontrollkästchen *Hintergrundgrafiken ausblenden*.

Bild 3.18 Der Aufgabenbereich Hintergrund formatieren

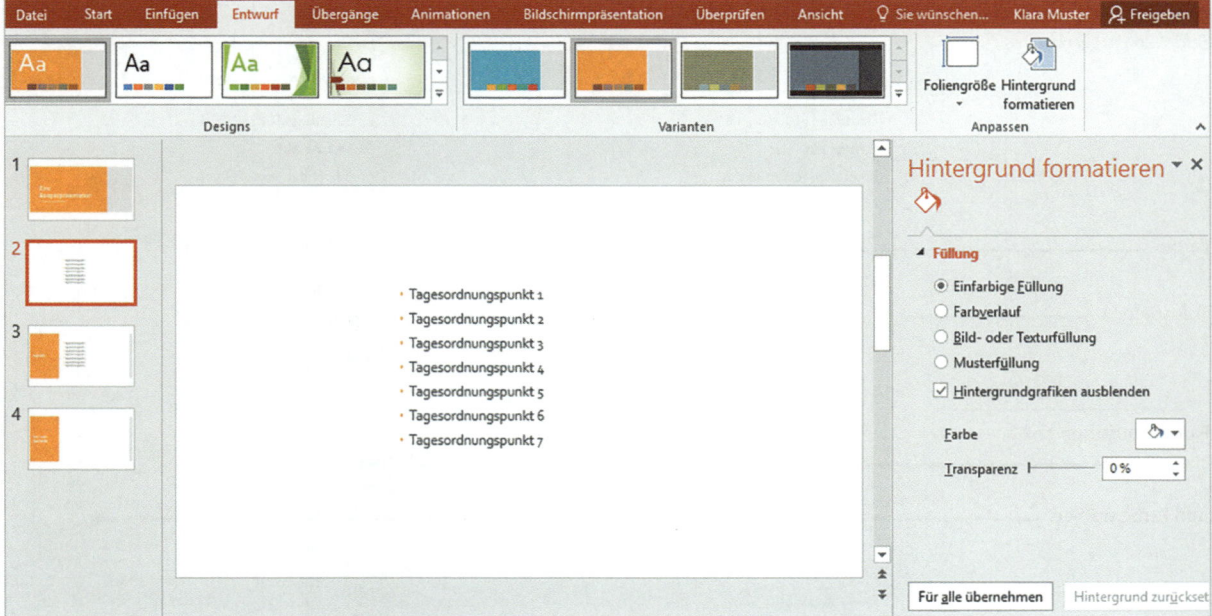

Individuellen Folienhintergrund gestalten

Wenn Sie individuelle Folienhintergründe zusammenstellen möchten, dann geschieht dies ebenfalls im Aufgabenbereich *Hintergrund formatieren*. Für diesen Bereich gilt:

▶ Sie öffnen den Aufgabenbereich entweder über die Schaltfläche *Hintergrund formatieren* (Register *Entwurf*, Gruppe *Anpassen*) oder indem Sie in der Gruppe *Varianten* auf *Weitere* klicken, auf *Hintergrundformate* zeigen und hier auf *Hintergrund formatieren...* klicken.

▶ Standardmäßig gilt die geänderte Einstellung ausschließlich für die aktuelle, bzw. alle markierten Folien. Sollen hier vorgenommene Änderungen auf alle Folien der Präsentation übernommen werden, so klicken Sie auf die Schaltfläche *Für alle übernehmen*.

▶ Wenn Sie alle Änderungen zurücknehmen möchten, dann klicken Sie auf die Schaltfläche *Hintergrund zurücksetzen*. Damit erhält die aktuelle Folie wieder ihren ursprünglichen Hintergrund. **Achtung:** Diese Möglichkeit besteht nur, solange der Aufgabenbereich geöffnet bleibt und die Änderungen noch nicht für alle Folien übernommen wurden. Falls doch, können Sie die Änderungen immer noch mit dem Befehl *Rückgängig* (Schnellzugriffsleiste) zurücknehmen.

▶ Zum Schließen des Aufgabenbereichs klicken Sie in dessen rechter oberer Ecke auf das Symbol x (*Schließen*).

Sie haben die Wahl zwischen folgenden Möglichkeiten:

Bild 3.19 Einfarbige Füllung

Bild 3.20 Farbverlauf

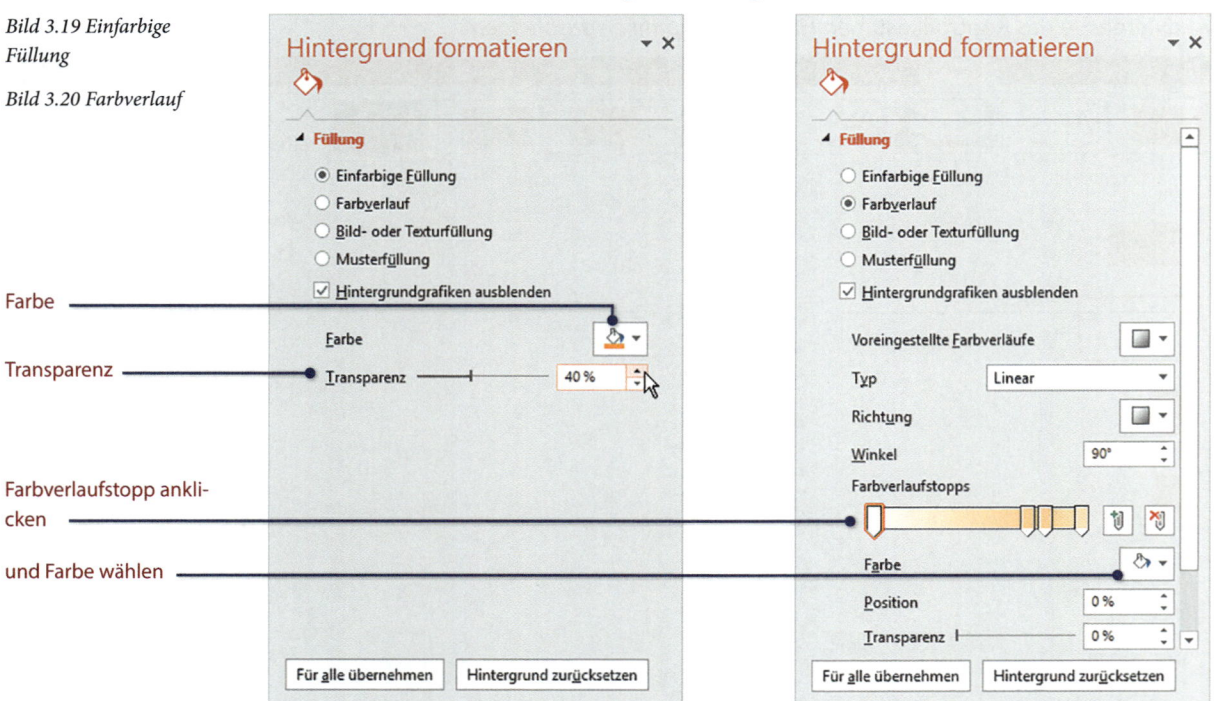

▶ **Einfarbige Füllung**

In diesem Fall klicken Sie auf die Schaltfläche *Farbe* und wählen die gewünschte Farbe, über den Schieberegler unterhalb können Sie bei Bedarf Transparenz herstellen.

▶ **Farbverlauf**

Bei der Wahl dieser Option können Sie anschließend entweder einen voreingestellten Farbverlauf wählen oder für jeden Farbverlaufsstopp mit Klick auf die Schaltfläche *Farbe* eine Farbe auswählen. Da sich die Vorgehensweise nicht von der Gestaltung grafischer Elemente unterscheidet, lesen Sie für detaillierte Informationen Kapitel 5.4 dieses Buches.

▶ **Bild- oder Texturfüllung**

Die Option *Bild- oder Texturfüllung* erlaubt ein Bild oder eine Grafik als Folienhintergrund. Je nach Speicherort benutzen Sie anschließend die Schaltflächen *Datei*, *Zwischenablage* oder *Online…* zur Auswahl der Bilddatei. Damit der Hintergrund nicht zu dominierend wirkt, kann dieser über den Schieberegler *Transparenz* transparent gestaltet werden. Über die Felder *Offset links* bzw. *rechts* usw. verschieben Sie den Bildausschnitt.

Alternativ können Sie über die Schaltfläche *Textur* ein Hintergrundmuster wählen, z. B. Stein oder Holz. Soll dieses Muster über die gesamte Folie wiederholt werden, so aktivieren Sie das Kontrollkästchen *Bild nebeneinander als Textur anordnen*.

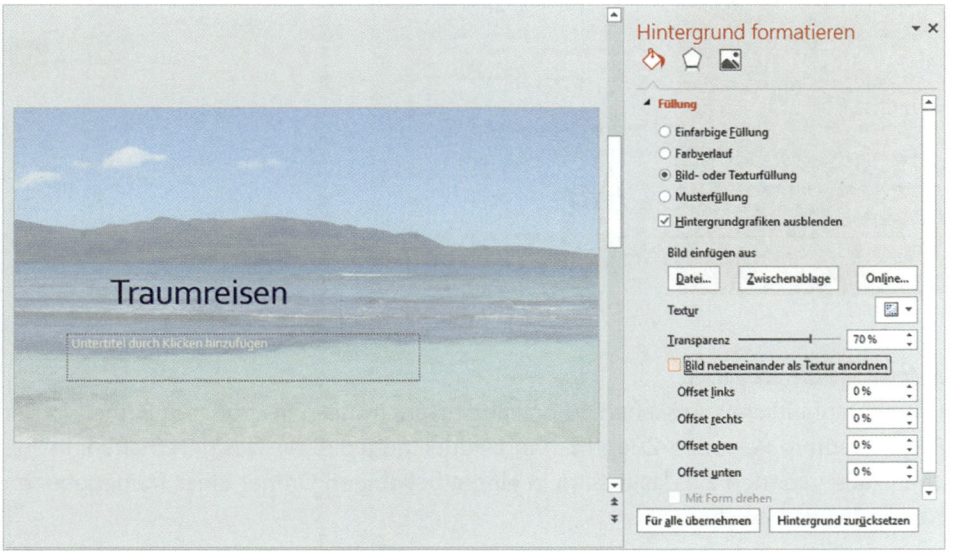

Bild 3.21 Ein Bild als Folienhintergrund wählen

▶ **Musterfüllung**

Mit der vierten Option, *Musterfüllung* haben Sie die Wahl zwischen verschiedenen Linien- und Punktrastern.

Das geänderte Design für weitere Verwendung speichern

Die Zusammenstellung bzw. Anpassung eines Designs erfordert in der Regel einigen Aufwand. Wenn Sie ein geändertes Design in weiteren Präsentationen verwenden möchten, dann können Sie es als benutzerdefiniertes Design bzw. benutzerdefinierte Vorlage speichern. Dazu klicken Sie im Register *Entwurf*, Gruppe *Designs* auf die Schaltfläche *Weitere* ⏷ und auf den Befehl *Aktuelles Design speichern...*. Das gleichnamige Fenster öffnet sich: Geben Sie einen Namen ein, unter dem das Design später auf der Startseite oder über *Datei ▶ Neu* angezeigt werden soll. Standardmäßig wird das Design im Ordner Templates bzw. einem Unterordner davon gespeichert.

Bild 3.22 Geändertes Design speichern

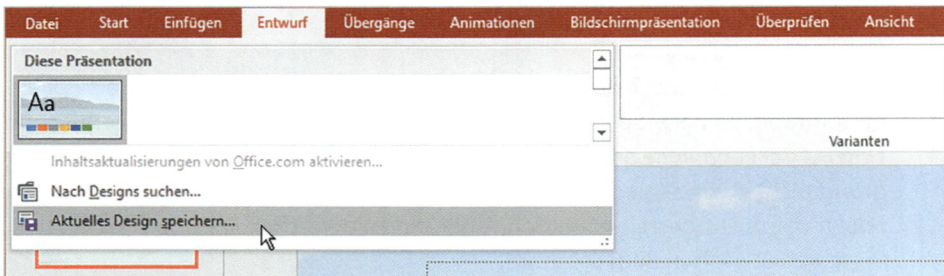

Damit bei der Erstellung einer neuen Präsentation Ihre gespeicherten Designs verfügbar sind, müssen Sie auf der Startseite von PowerPoint die Kategorie *Benutzerdefiniert* wählen.

Bild 3.23 Benutzerdefiniertes Design auswählen

Anderen Speicherort wählen

Um ein einheitliches Aussehen zu gewährleisten, müssen in größeren Firmen in der Regel mehrere Personen Zugriff ein individuell angepasstes Design erhalten. In solchen Fällen können Sie das Design in einem beliebigen Ordner eines freigegebenen Netzlaufwerks speichern.

 Allerdings erscheint dann das Design nicht unter *Datei ▶ Neu* bzw. auf der Startseite unter *Benutzerdefiniert*. Um trotzdem eine neue Präsentation unter Verwendung eines benutzerdefinierten Designs zu erstellen, genügt im Datei-Explorer vom Windows ein Doppelklick auf die Designdatei. PowerPoint wird anschließend zusammen mit einer neuen Präsentation unter Verwendung des Designs geöffnet.

3.4   Praktische Übung: Eine Beispielpräsentation gestalten

Das nachfolgende Beispiel soll demonstrieren, wie Sie Schritt für Schritt eine Bildschirmpräsentation erstellen und gestalten. Beginnen wir zunächst mit dem Design.

Ausgangsdesign festlegen

Als Beispiel erstellen wir für eine fiktive Landschaftsgärtnerei eine individuell gestaltete Bildschirmpräsentation. Sie können natürlich auch ein Design oder eine Vorlage wählen, die meisten davon sind allerdings inzwischen für Präsentations-Profis und halbwegs erfahrene Zuschauer auf den ersten Blick als solche zu erkennen. Es lohnt sich also, wenn Sie etwas mehr Zeit für eine individuelle Präsentation aufwenden. Für dieses Beispiel wurde daher als Ausgangsbasis eine leere Präsentation gewählt. Dieses Design verwendet als Foliengröße standardmäßig das gängige Breitbildformat im Seitenverhältnis 16:9.

Einige Folien mit Inhalten hinzufügen

Die Wirkung eines Designs lässt sich anhand mehrerer Folienlayouts besser beurteilen, daher fügen wir weitere Folien mit unterschiedlichen Layouts, z. B. Titel und Inhalt hinzu. Zum Testen von Schrift und Farben sollten auch einige Inhalte in Form von Text und Beispielbildern eingefügt werden.

In größeren Firmen gibt es meist bereits ein Corporate Design mit vorgegebenen Farben, Schriften und Layouts.

Farben wählen

Leere Präsentationen verwenden standardmäßig das Farbschema *Office* und die verfügbaren Farbvarianten beschränken sich auf weißen oder schwarzen Hintergrund. Schwarzer Hintergrund wirkt auf die Zuschauer ermüdend, zudem ist helle Schrift auf dunklem Hintergrund generell schlechter lesbar. Mit weißem oder hellem Hintergrund lässt sich dagegen mehr Wirkung erzielen, daher bleiben wir für unser Beispiel vorerst bei weiß.

Um den Eindruck „bunter" Folien zu vermeiden, sollten Sie Farben sparsam einsetzen. Eine gelungene Farbkombination setzt sich meist aus drei Farben zusammen: Einer dominanten Hauptfarbe, einer dazu passenden, ähnlichen Nebenfarbe und einer Kontrastfarbe zur Hervorhebung, z. B. rot. Die Wahl von Haupt- und Nebenfarbe sollte sich natürlich auch möglichst auch am Unternehmen bzw. am Thema orientieren, so bieten sich für eine Landschaftsgärtnerei neben grün auch erdige Farben an.

Schwarz, weiß und grau zählen hier nicht als Farben.

Klicken Sie im Register *Entwurf*, Gruppe *Varianten* auf den Pfeil *Weitere* und wählen Sie unter *Farben* ein Farbschema, die Ihren Vorstellungen am nächsten kommt. Eine gute Ausgangsbasis ist eine Zusammenstellung ähnlicher Farben.

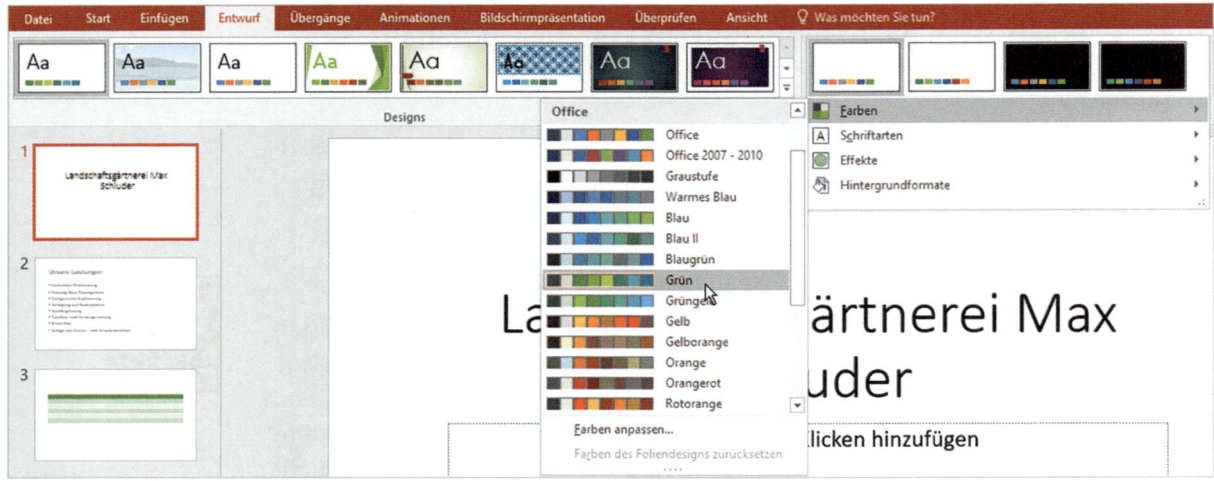

Bild 3.24 Designfarben wählen

Nun können Sie im nächsten Schritt einzelne Farben anpassen, um z. B. eine Kontrastfarbe zu erhalten. Zeigen Sie dazu erneut auf *Farben* und klicken Sie am Ende der Farbauswahl auf *Farben anpassen*.... Ändern Sie dann eine der Akzentfarben und geben Sie Ihrer Farbzusammenstellung einen Namen.

Bild 3.25 Einzelne Farben anpassen

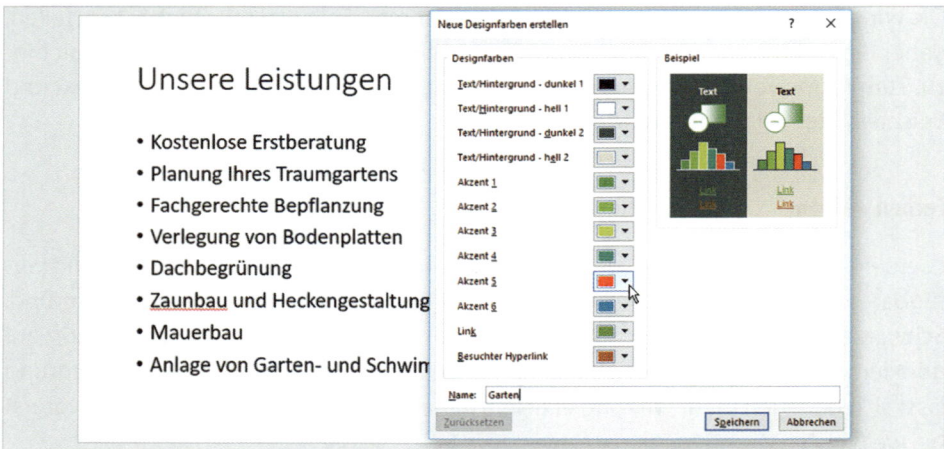

Folienhintergrund

Nun können Sie auch, falls gewünscht, eine Farbe als Folienhintergrund auswählen. Klicken Sie dazu in der Gruppe *Varianten* (*Entwurf*) auf *Weitere*, zeigen Sie auf *Hintergrundformate* und wählen Sie *Hintergrund formatieren*.... Oder klicken Sie im Register *Entwurf* auf *Hintergrund formatieren*. Die Folien in unserem Beispiel sollen einen grünen, möglichst hellen Hintergrund erhalten: Wählen Sie die Option *Einfarbig* und darunter eine Farbe, bei Bedarf können Sie auch noch mit der Transparenz experimentieren. Klicken Sie dann auf *Für alle übernehmen*.

Bild 3.26 Folienhinter-
grund gestalten

Schriftarten wählen

Im nächsten Schritt soll die Schriftart festgelegt werden, bei dieser Gelegenheit können Sie auch gleich testen, ob Ihnen eine Serifen-Schrift oder eine serifenlose Schriftart besser zusagt.

> Als Serife (franz. Füßchen) bezeichnet man die feinen Linien, die bei manchen
> Schriftarten einen Buchstabenstrich am Ende, quer zu seiner Grundrichtung ab-
> schließen. Ein Beispiel für eine solche Schriftart ist Times New Roman.
>
> Generell gilt zwar die Regel, dass Serifen-Schriften besser lesbar sind als serifenlo-
> se, da aber in PowerPoint-Folien ohnehin in der Regel große Schriften zum Einsatz
> kommen, sind auch schlanke Standardschriften (Condensed) sehr gut geeignet.

Klicken Sie in der Gruppe *Varianten* (*Entwurf*) auf *Weitere*, zeigen Sie auf *Schriftarten*
und lassen Sie sich die einzelnen Varianten anhand der aktuellen Folie in der Vorschau
anzeigen. Wenn Ihnen keine dieser Schriften zusagt und Sie stattdessen eine andere
verwenden möchten, dann klicken Sie auf *Schriftarten anpassen.*...

Bild 3.27 Schriftarten
wählen

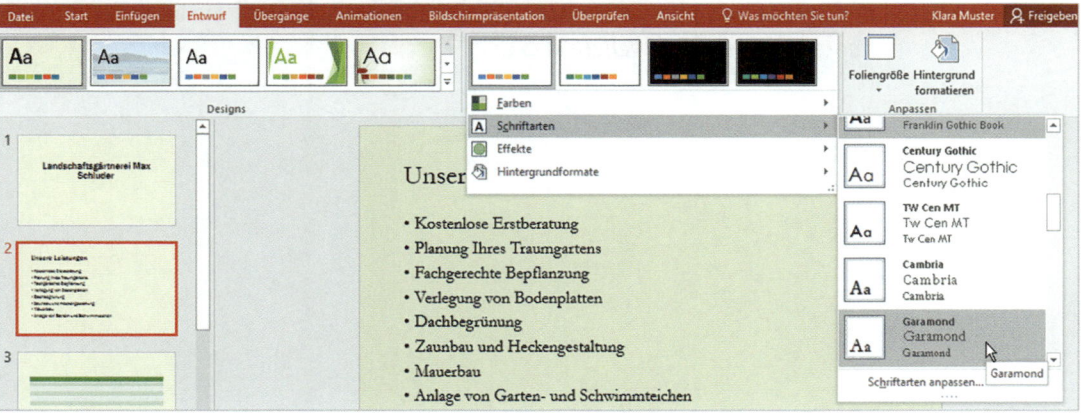

3.5 Zusammenfassung

▶ Bei der Erstellung einer neuen Präsentation können Sie wählen zwischen Vorlagen, Designs oder einer leeren Präsentation, die Sie anschließend komplett nach Ihren Vorstellungen gestalten. Professionelle Präsentationen zeichnen sich durch ein einheitliches Erscheinungsbild aus, daher erhält jede neu hinzugefügte Folie automatisch das Aussehen des gewählten Designs.

▶ Mit Ausnahme von Vorlagen, also fertig gestalteten Präsentationen in die Sie nur noch Ihre Inhalte eingeben brauchen, wird bei der Wahl eines Designs oder einer leeren Präsentation zunächst nur eine einzige Folie im Titellayout eingefügt. Weitere Folien fügen Sie Ihrer Präsentation hinzu, indem Sie entweder im Register *Start* oder im Register *Einfügen* auf die Schaltfläche *Neue Folie* klicken. Über die Schaltfläche *Layout* können Sie anschließend der Folie ein Layout zuweisen. Alternativ klicken Sie auf den Dropdown-Pfeil der Schaltfläche *Neue Folie* und wählen bereits beim Einfügen ein Layout aus.

▶ Folienlayouts legen über Platzhalterfelder die Anordnung von Folientitel, Text, Grafik, Tabellen und anderen Folienelementen fest. Die genaue Position ist allerdings abhängig vom gewählten Design.

▶ In der Ansicht *Normal* zeigt der Navigationsbereich am linken Fensterrand die Folien der Präsentation als Miniaturansicht an und dient zur Folienauswahl. Hier können Sie einzelne Folien löschen oder duplizieren, die Befehle dazu erhalten Sie über das Kontextmenü der rechten Maustaste. Durch Verschieben mit gedrückter linker Maustaste lässt sich die Reihenfolge der Folien ändern.

▶ Im Register *Entwurf* können Sie über die Gruppen *Designs* und *Varianten* Ihrer Präsentation nachträglich ein anderes Design zuweisen oder die Farbvariante ändern. Zu einem Design gehört ein bestimmter Folienhintergrund, zwei Schriften, acht aufeinander abgestimmte Farben sowie grafische Effekte, z. B. für Bilder und andere grafische Elemente. Jede einzelne dieser Komponenten kann geändert werden. Anpassungsmöglichkeiten erhalten Sie, wenn Sie in der Gruppe *Varianten* auf den Pfeil *Weitere* klicken.

4 Textinhalte: Gestaltung und Layout

In diesem Kapitel lernen Sie...

- Besonderheiten bei der Texteingabe
- Umgang mit Platzhaltern
- Weitere Textfelder einfügen
- Zeichen- und Absatzformate
- Aufzählungszeichen und Nummerierung bearbeiten
- Gliederungen erzeugen
- Text und Layout in der Masteransicht bearbeiten
- Kopf- und Fußzeilen in Folien

Das sollten Sie bereits wissen

- Präsentation speichern und öffnen
- Grundlagen der Texteingabe und -korrektur
- Verwendung der Zwischenablage

4.1 Besonderheiten der Texteingabe

Die automatische Rechtschreibprüfung

Genau wie Microsoft Word verfügt auch PowerPoint über eine automatische Rechtschreibprüfung, die standardmäßig aktiv ist und bereits während der Eingabe alle Wörter anhand eines integrierten Wörterbuchs überprüft. Ausdrücke, die nicht im Wörterbuch vorhanden sind, werden mit einer roten Wellenlinie unterstrichen. Diese Hervorhebungen sind während der Bildschirmpräsentation und auch auf Ausdrucken nicht sichtbar.

Sie sollten aber auch wissen, dass nicht alle Rechtschreibfehler gefunden werden und umgekehrt auch korrekt geschriebene Wörter als Fehler gekennzeichnet werden können. Normalerweise verwendet PowerPoint ein deutsches Wörterbuch, sodass beispielsweise englische Ausdrücke trotz korrekter Schreibweise ebenfalls als Fehler hervorgehoben werden. Auch Adressangaben und Namen von Personen oder Firmen werden häufig als Fehler gekennzeichnet.

Während der Eingabe korrigieren

Am einfachsten korrigieren Sie einzelne Wörter so: Klicken Sie mit der rechten Maustaste auf ein als Fehler gekennzeichnetes Wort. Ein Kontextmenü mit Korrekturvorschlägen erscheint und mit einem Klick auf die richtige Schreibweise wird das Wort im Text ersetzt.

Bild 4.1 Rechtschreibfehler korrigieren

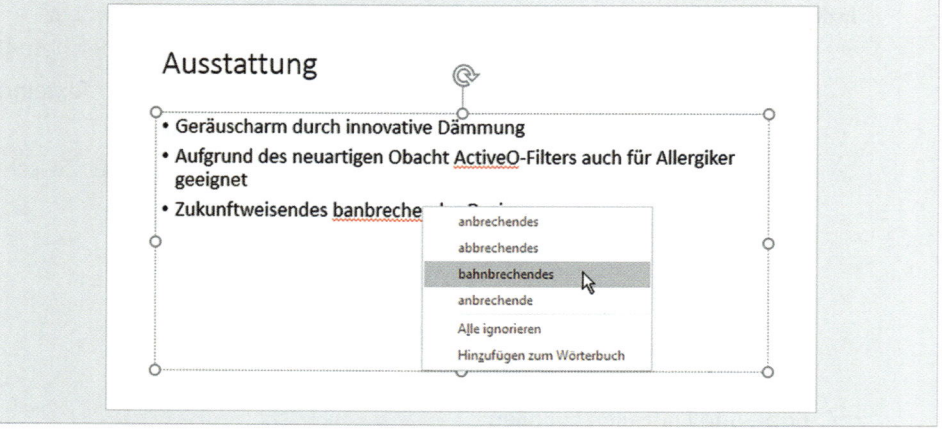

Abschließende Kontrollen

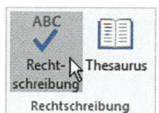

Ob die Rechtschreibprüfung aktiv ist und ob in der Präsentation Fehler gefunden wurden, erkennen Sie an einem Symbol in der Statusleiste. Klicken Sie auf dieses Symbol oder die Schaltfläche *Rechtschreibung* im Register *Überprüfen*, Gruppe *Rechtschrei-*

bung, wenn Sie abschließend die gesamte Präsentation auf Rechtschreibfehler über-prüfen möchten.

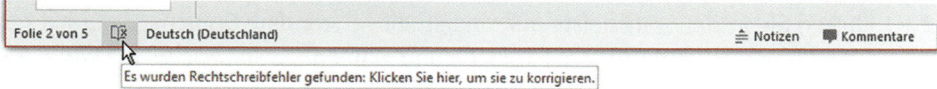

PowerPoint beginnt die Suche ab der aktuellen Position und markiert den ersten Feh-ler. Gleichzeitig öffnet sich am rechten Rand der Aufgabenbereich *Rechtschreibung* mit Korrekturvorschlägen. Klicken Sie mit der Maus auf die gewünschte Schreibweise und dann auf *Ändern*. Das Wort wird ersetzt und sofort der nächste Fehler markiert.

Bild 4.2 Rechtschreibung in der gesamten Präsentation prüfen

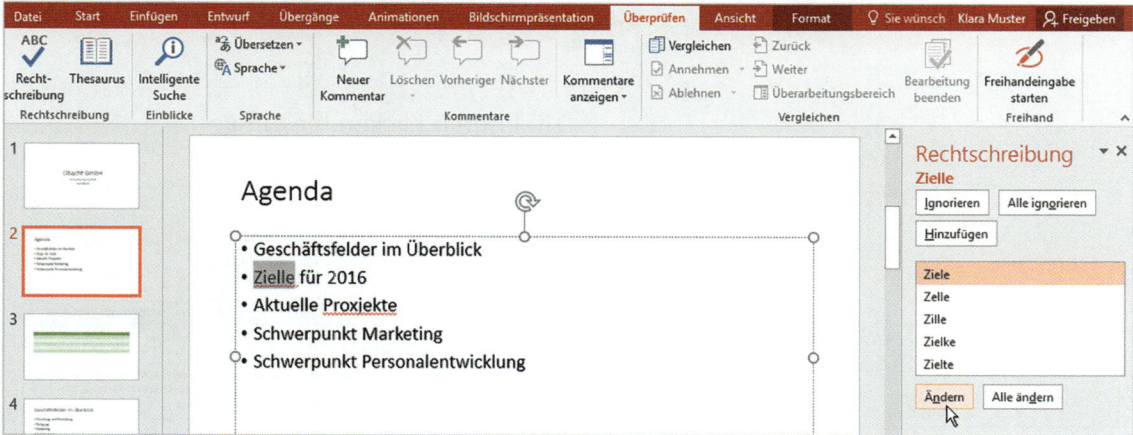

Tipps zur Korrektur

▶ **Die richtige Schreibweise ist nicht in den Korrekturvorschlägen enthalten**
Manchmal wird ein Fehler zwar erkannt, es werden aber keine oder nicht die richtigen Korrekturvorschläge angezeigt. Dann müssen Sie selbst die nötigen Änderungen vornehmen. Das fehlerhafte Wort ist bereits markiert und kann überschrieben werden, klicken Sie anschließend auf *Fortsetzen*.

▶ **Ein Wort wurde richtig eingegeben, aber als Fehler markiert**
Namen von Personen und Adressenangaben sind nicht immer im Wörterbuch enthalten. In diesem Fall klicken Sie entweder auf die Option *Ignorieren*, damit wird der Fehler nur an dieser Stelle ignoriert, oder auf *Alle ignorieren*, wenn die-ses Wort in der gesamten Präsentation ignoriert werden soll. Fremdwörter sind ebenfalls nicht im deutschen Wörterbuch enthalten, Sie können aber häufig ver-wendete Begriffe mit der Schaltfläche *Hinzufügen* in Ihr Wörterbuch aufnehmen.

Spracheinstellungen

Welche Sprache die Rechtschreibprüfung verwendet, sehen Sie ebenfalls in der Sta-tusleiste. Wurden einzelne Folien in einer anderen Sprache verfasst, dann können Sie bei Bedarf die zur Korrektur verwendete Sprache ändern.

1   Markieren Sie die Textstelle bzw. den Platzhalter, für dessen Inhalt Sie die Korrektursprache ändern möchten.

2   Klicken Sie in der Statusleiste auf die aktuell verwendete Sprache. Oder klicken Sie im Register *Überprüfen* auf *Sprache* und wählen Sie *Sprache für die Korrekturhilfen festlegen*.

3   Es öffnet sich das Dialogfenster *Sprache*, markieren Sie mit einem Klick die gewünschte Sprache und übernehmen Sie die Änderung mit *OK*.

Bild 4.3 Sprache für Platzhalter ändern

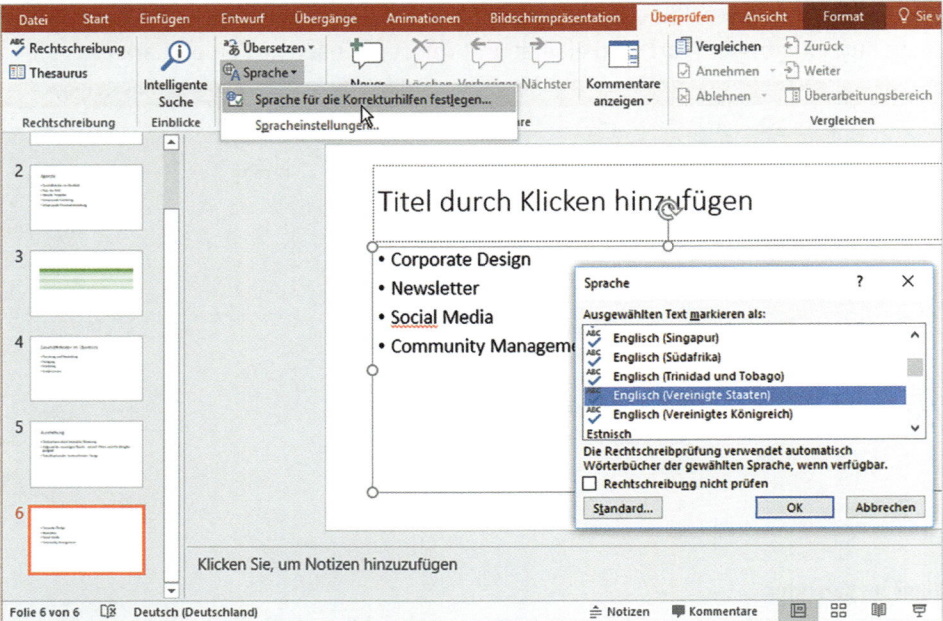

Tipp: Sprache für die gesamte Präsentation ändern

Wenn Sie die gesamte Präsentation in einer anderen Sprache, z. B. Englisch verfasst haben, dann ist es natürlich zeitraubend, die Sprache für jede Folie einzeln festzulegen. Abhilfe schafft in solchen Fällen die Gliederungsansicht.

1   Klicken Sie im Register *Ansicht*, *Präsentationsansichten*, auf *Gliederungsansicht*. Im Navigationsbereich erscheinen nun anstelle der Miniaturansicht sämtliche Folientexte.

2   Drücken Sie die Tastenkombination Strg+A (Alles markieren), um die Folientexte in der Gliederungsansicht zu markieren.

3   Anschließend ändern Sie die Sprache, wie oben beschrieben.

Falls gewünscht, können Sie dann wieder über die Schaltfläche *Normal* (Register *Ansicht*) zur Ansicht Normal zurückkehren.

Automatische Korrekturen während der Eingabe

So funktioniert die AutoKorrektur

Wenn während der Eingabe am Beginn eines neuen Absatzes der erste Buchstabe eines versehentlich oder absichtlich klein geschriebenen Wortes automatisch in einen Großbuchstaben umgewandelt wird, dann liegt dies an der AutoKorrektur. Im Gegensatz zur Rechtschreibprüfung, die Fehler nur kennzeichnet, erfolgt durch die AutoKorrektur bereits während der Eingabe eine Korrektur häufiger Rechtschreibfehler oder Buchstabendreher. So wandelt die AutoKorrektur beispielsweise die Zeichenfolge „udn" in das Wort „und" um und nach der Eingabe von (c) erscheint das Copyright-Zeichen ©, usw..

Eine AutoKorrektur rückgängig machen

Allerdings ist eine automatische Korrektur nicht immer erwünscht. z. B. bei Namen. Entweder machen Sie in solchen Fällen anschließend die AutoKorrektur wieder rückgängig, indem Sie in der Symbolleiste für den Schnellzugriff auf *Rückgängig* ↺▾ klicken oder nutzen Sie die AutoKorrektur-Optionen. Dazu gehen Sie so vor:

1 Zeigen Sie mit der Maus auf das automatisch korrigierte Wort.

2 Unterhalb des Wortes wird eine blass-rote Markierung sichtbar und sobald Sie auf diese Markierung zeigen, erscheint die Schaltfläche *AutoKorrektur-Optionen*.

3 Klicken Sie auf die Schaltfläche. Nun können Sie wählen, ob Sie nur die Änderung zurücknehmen oder diese automatische Korrektur, im Bild unten die automatische Großschreibung, ab sofort deaktivieren möchten.

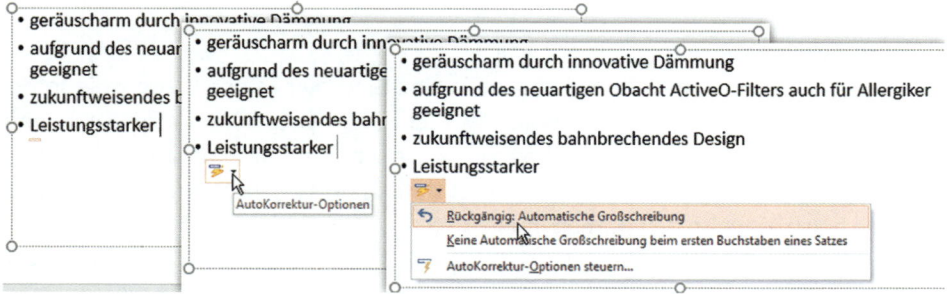

Bild 4.4 AutoKorrektur-Optionen anzeigen

AutoKorrektur-Optionen

Der Befehl *AutoKorrektur-Optionen steuern…* (siehe Bild oben) öffnet ein Dialogfenster mit weiteren Möglichkeiten. Dasselbe Fenster öffnen Sie auch, wenn Sie im Register *Datei* auf *Optionen* klicken, hier *Dokumentprüfung* wählen und auf die Schaltfläche *AutoKorrektur-Optionen…* klicken.

Über Kontrollkästchen steuern Sie das Verhalten der AutoKorrektur, beispielsweise am Satzanfang oder bei unbeabsichtigtem Betätigen der Feststelltaste. Mit dem Kontrollkästchen *Während der Eingabe ersetzen* können Sie bei Bedarf das automatische Ersetzen bestimmter Zeichenfolgen komplett deaktivieren.

Bild 4.5 Einstellungen in den AutoKorrektur-Optionen

Hier lässt sich das automatische Ersetzen deaktivieren

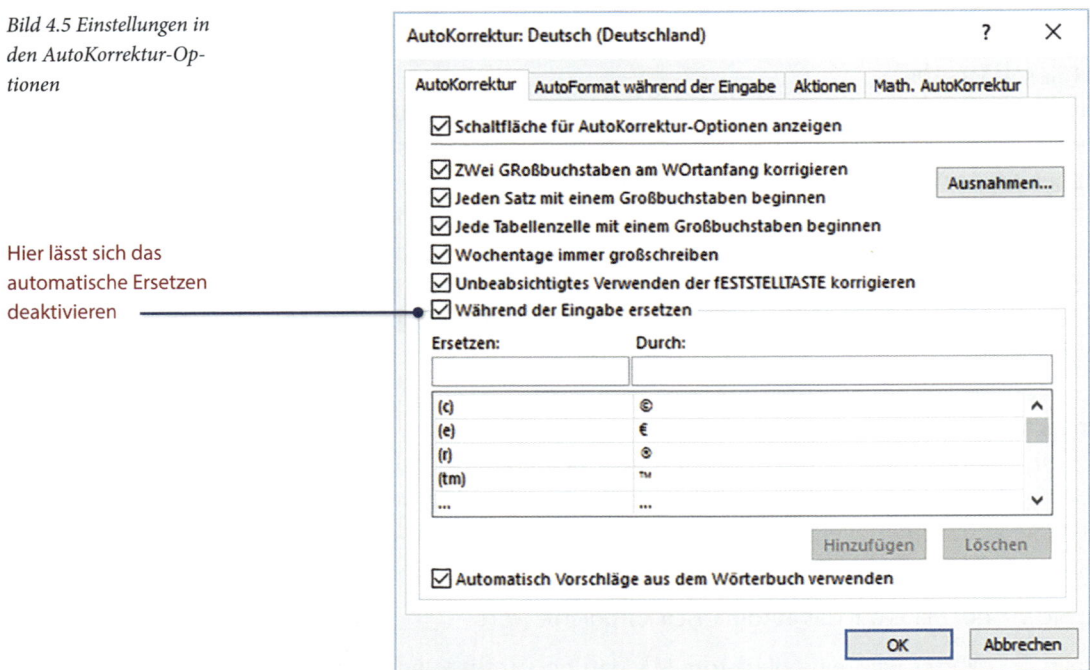

Tipp: Ist die Option *Satz mit einem Großbuchstaben beginnen* aktiviert, dann können Sie über die Schaltfläche *Ausnahmen* die Liste der Abkürzungen kontrollieren bzw. ergänzen, nach denen keine automatische Umwandlung in einen Großbuchstaben erfolgen soll. Dies gilt auch für die Korrektur zweier Großbuchstaben am Wortanfang.

Die AutoKorrektur ergänzen

Im Fenster *AutoKorrektur-Optionen* finden Sie eine Liste aller Zeichenfolgen, die sofort nach der Eingabe automatisch korrigiert werden. Diese Liste können Sie um eigene Ersetzungen ergänzen. Sie können beispielsweise die AutoKorrektur auch benutzen, um während der Eingabe bestimmte Kürzel durch häufig benötigte Textfloskeln zu ersetzen beispielsweise den Namen Ihrer Firma.

Tragen Sie dazu im Feld *Ersetzen* die zu ersetzende Zeichenfolge, z. B. ein Wort mit vertauschten Buchstaben, ein und daneben im Feld *Durch* geben Sie das Wort in der richtigen Schreibweise ein. Dann klicken Sie auf *Hinzufügen*. Nicht benötigte oder lästige Einträge entfernen Sie, indem Sie den Eintrag markieren und auf die Schaltfläche *Löschen* klicken.

Automatisches Anpassen von Platzhaltern

Vielleicht haben Sie schon das kleine Symbol bemerkt, das automatisch an der unteren linken Ecke eines Platzhalters erscheint, wenn dessen Größe nicht ausreicht, um alle Absätze aufzunehmen. Standardmäßig wird in einem solchen Fall die Schriftgröße automatisch verkleinert und so an die Größe des Textfeldes angepasst. Abgesehen davon, dass umfangreiche Texte in Bildschirmpräsentationen selten sinnvoll sind, haben Sie trotzdem die Möglichkeit, das automatische Anpassen zu steuern.

Sobald Sie auf das Symbol zeigen, erscheint der Hinweistext *Optionen für das automatische Anpassen* und mit Klick darauf erhalten Sie ein kleines Menü mit verschiedenen Optionen.

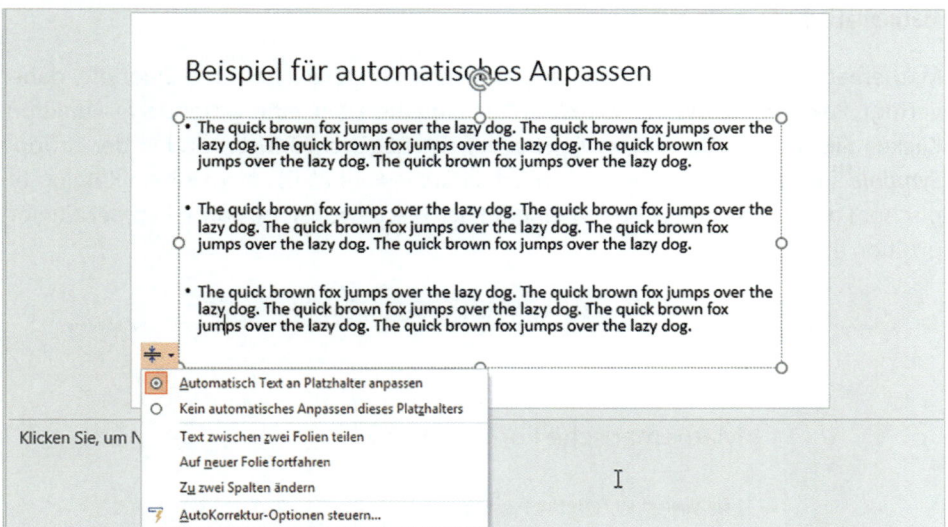

Bild 4.6 Anpassungsoptionen für Platzhalter

▶ Um die automatische Anpassung rückgängig zu machen, klicken Sie auf das Symbol und auf *Kein automatisches Anpassen dieses Platzhalters*.

▶ Falls Sie den Text in der ursprünglichen Größe beibehalten möchten, bietet PowerPoint die Aufteilung auf zwei Folien oder ein zweispaltiges Layout an

▶ Um die automatische Anpassung dauerhaft für alle Folien zu deaktivieren, wählen Sie *AutoKorrektur-Optionen steuern....* Das Dialogfenster *AutoKorrektur* wird mit dem Register *AutoFormat während der Eingabe* geöffnet, deaktivieren Sie hier das Kontrollkästchen *Untertiteltext an Platzhalter automatisch anpassen*. Bei Bedarf können Sie dies über ein weiteres Kontrollkästchen auch für den Titeltext steuern.

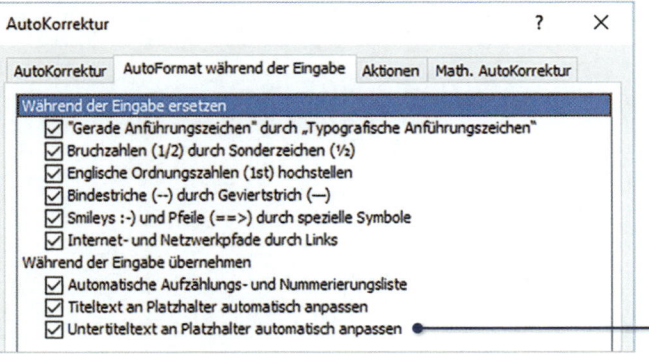

Bild 4.7 AutoKorrektur-Optionen

Automatisches Anpassen deaktivieren

Und noch ein Hinweis: Hier finden Sie auch die Kontrollkästchen, mit denen Sie die automatische Umwandlung von "geraden" in „typografische" Anführungszeichen, das automatische Umwandeln von Bruchzahlen und das Ersetzen von einfachen Bindestrichen - in Geviertstriche — deaktivieren bzw. aktivieren können.

Mathematische Formeln einfügen

Mathematische Formeln verwenden zahlreiche Sonderzeichen und Symbole, daher verfügt PowerPoint genau wie Word zur Eingabe über eine gesonderte Funktion. Klicken Sie zum Einfügen einer Formel auf das Register *Einfügen* und in der Gruppe *Symbole* auf den Dropdown-Pfeil der Schaltfläche *Formel*. Es erscheint ein Katalog typischer Formeln, aus dem Sie mit einem Klick die gewünschte Formel an der Cursorposition einfügen.

Bild 4.8 Formel einfügen

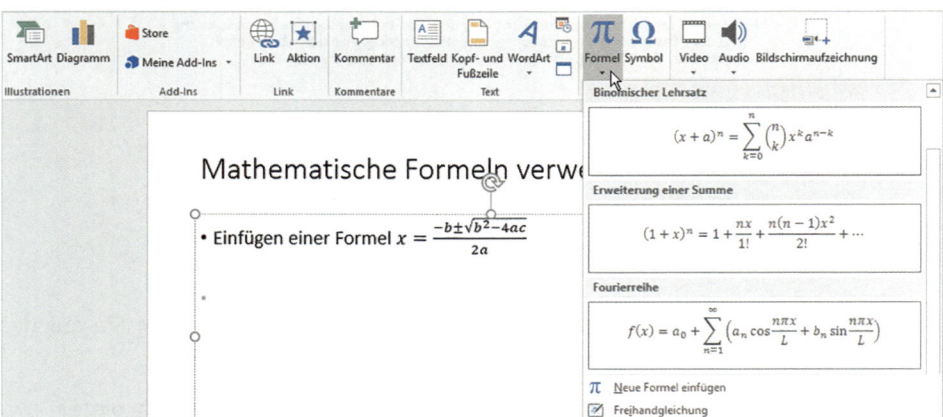

Klicken Sie dann zur weiteren Bearbeitung in der Folie in die Formel. Zusammen mit der markierten Formel ist im Menüband das Register *Formeltools - Entwurf* mit einer Bibliothek mathematischer Symbole und Strukturen verfügbar, die Sie in die Formel einfügen können. Wie bei der Bearbeitung von normalem Text, müssen Sie zum Ersetzen oder Löschen einzelner Ausdrücke diese zuvor markieren.

Bild 4.9 Das Register Formeltools - Entwurf

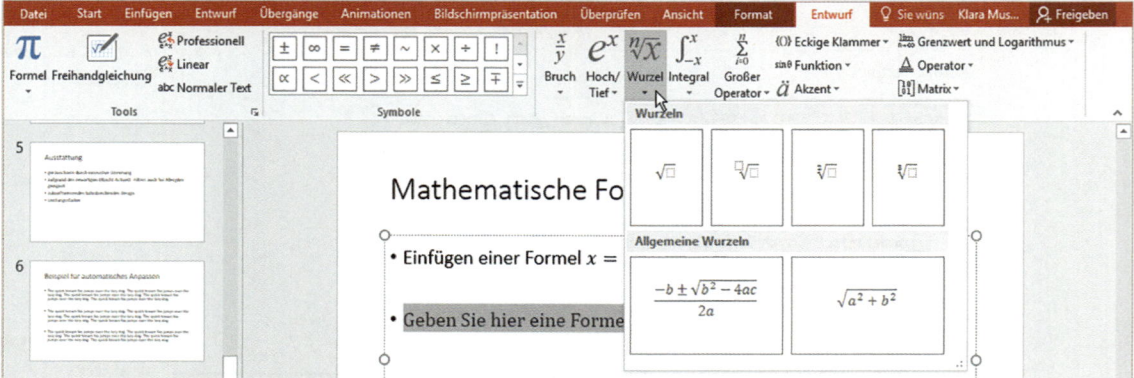

Sollte die gewünschte Formel nicht in der Sammlung enthalten sein, so fügen Sie ein leeres Platzhalterfeld zur Eingabe der Formel ein: Klicken Sie dazu entweder direkt auf die Schaltfläche *Formel* oder im Auswahlfeld auf *Neue Formel einfügen*. Bearbeiten Sie anschließend die Formel über die Symbole und Schaltflächen des Registers *Entwurf*.

Falls die hier angebotenen Symbole bzw. Formeln nicht ausreichen, klicken Sie in der Gruppe *Tools* auf *Freihandgleichung*. Es öffnet sich ein kleines Fenster, in dem Sie einen Ausdruck mit gedrückter Maustaste „zeichnerisch" eingeben können. Um eine Formel zur späteren Bearbeitung erneut zu markieren, klicken Sie einfach in die Formel.

4.2   Umgang mit Platzhaltern und Textfeldern

Größe und Position der Platzhalterfelder lassen sich mit der Maus schnell ändern. Allerdings sollten Sie die nachfolgend beschriebenen Methoden nur auf einzelne Folien anwenden. Wenn Sie dagegen das Aussehen der Platzhalter in der gesamten Präsentation ändern möchten, dann nehmen Sie dies besser in der Ansicht *Folienmaster* vor, Näheres hierzu unter Punkt 4.5.

Texfelder und Platzhalter mit Text unterscheiden sich in Bezug auf Verhalten und Formatierung kaum von grafischen Objekten. Deren Gestaltungsmöglichkeiten lesen Sie detailliert in Kapitel 5.

Ein weiteres Textfeld einfügen

In PowerPoint-Folien ist die Texteingabe ausschließlich in den, dafür vorgesehenen Feldern möglich. Wenn Sie außerhalb der Platzhalterfelder zusätzliche Beschriftungen benötigen, dann müssen Sie dazu ein Textfeld einfügen, so gehen Sie dabei vor:

1   Klicken Sie im Register *Einfügen*, Gruppe *Text* auf die Schaltfläche *Textfeld*.

2   In der Folie erscheint der Mauszeiger nun als Fadenkreuz. Klicken Sie mit der Maus an die gewünschte Stelle der Folie und beginnen Sie sofort anschließend mit der Texteingabe. Die Breite des Textfeldes passt sich während der Eingabe automatisch an den Text an.

Alternativ können Sie beim Einfügen statt Klicken das Textfeld durch Ziehen mit gedrückter Maustaste in der gewünschten Breite zeichnen, dann wird während der Eingabe die Höhe automatisch angepasst.

Bild 4.10 Textfeld einfügen

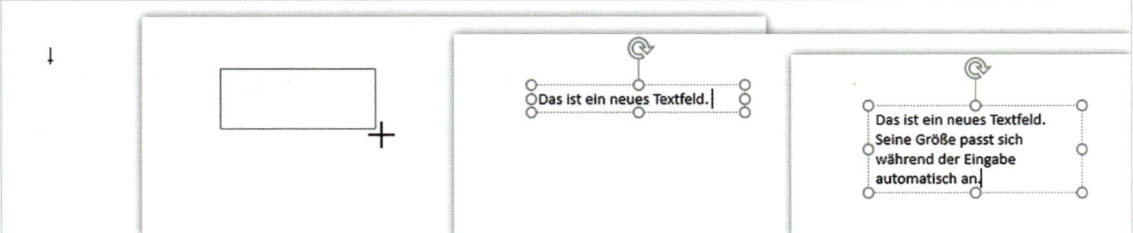

Markieren und löschen

Um einen Platzhalter bzw. ein Textfeld aus der Folie zu entfernen, müssen Sie es mit einem Mausklick an eine beliebige Stelle des Rahmens markieren. Beachten Sie dabei, dass PowerPoint zwischen zwei Arten von Markierungsrahmen unterscheidet:

▶ Eine gepunktete Rahmenlinie signalisiert, dass sich das Feld im Textmodus befindet. Gleichzeitig ist der Cursor im Textfeld sichtbar und mit der Entf-Taste wird Text gelöscht. Ein Textfeld wechselt automatisch in den Textmodus, wenn Sie mit der Maus in den Text klicken.

▶ Eine durchgezogene Linie dagegen bedeutet, das Textfeld als solches ist markiert und kann als Ganzes bearbeitet und mit der Entf-Taste gelöscht werden. Zu dieser Art der Markierung klicken Sie an eine beliebige Stelle des Markierungsrahmens.

Bild 4.11 Textfeld im Textmodus

Bild 4.12 Textfeld ist markiert

Größe und Position

Sobald Sie mit der Maus in ein Text- oder Platzhalterfeld klicken, erscheinen am Rahmen in den Ecken und in der Mitte jeder Seite Ziehpunkte. Diese benutzen Sie zur Größenänderung mit der Maus:

▶ Zeigen Sie auf einen der Punkte und achten Sie auf den Mauszeiger: Sobald dieser die Form eines Doppelpfeils annimmt, können Sie mit gedrückter Maustaste das Feld vergrößern oder verkleinern.

▶ Zum Verschieben zeigen Sie zuerst mit der Maus an eine beliebige Stelle des Rahmens. Erscheinen am Mauszeiger vier Richtungspfeile, so können Sie anschließend das Feld mit gedrückter Maustaste an eine beliebige Stelle verschieben.

Bild 4.13 Textfeld vergrößern/verkleinern oder verschieben

Freies Drehen

Oberhalb eines markierten Rahmens ist in der Mitte zusätzlich ein Drehsymbol sichtbar. Es dient zum freien Drehen des gesamten Platzhalters. Sobald Sie mit der Maus auf dieses Symbol zeigen, ändert sich das Aussehen des Mauszeigers und Sie können mit gedrückter Maustaste das Feld einschließlich des Inhalts beliebig drehen.

Bild 4.14 Beispiel: Platzhalterfeld drehen

4.3   Textformate

Grundlagen

Zur Textformatierung können Sie in PowerPoint alle Methoden verwenden, die Sie möglicherweise bereits von Word kennen. Genau wie Word unterscheidet auch PowerPoint zwischen Zeichen- und Absatzformaten.

▶ Zeichen- oder Schriftformate legen die Darstellung einzelner Zeichen oder Zeichenfolgen fest. Dazu gehören beispielsweise Schriftart und -farbe.

▶ Absatzformate definieren das Aussehen eines Absatzes bis zum nächsten Absatzende, also auch mehrerer Zeilen. Zu den Absatzformaten zählen beispielsweise Aufzählungszeichen, die Abstände zwischen den Zeilen oder die Ausrichtung.

Alle Formate finden Sie im Register *Start* in den Gruppen *Schriftart* und *Absatz*. Einige davon sind auch in der Minisymbolleiste enthalten, die erscheint, sobald Sie eine Textstelle markiert haben.

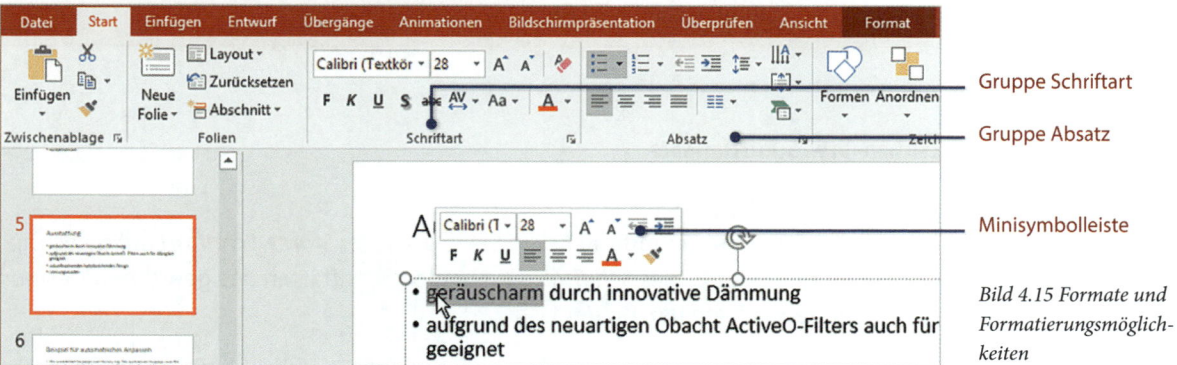

Gruppe Schriftart

Gruppe Absatz

Minisymbolleiste

Bild 4.15 Formate und Formatierungsmöglichkeiten

Bereich auswählen

Bevor Sie eine Formatierung zuweisen, müssen Sie festlegen, auf welchen Bereich sich die Formatierung beziehen soll, dabei gilt:

▶ Bei Zeichenformaten müssen Sie den gesamten, zu formatierenden Textbereich, markieren. Ausnahme: Zur Formatierung eines einzelnen Wortes genügt es, wenn sich der Cursor im Wort befindet.

▶ Absatzformate beziehen sich immer auf den gesamten Absatz. Zur Formatierung eines einzelnen Absatzes reicht es daher, wenn sich der Cursor im Absatz befindet. Wenn mehrere Absätze das gleiche Format erhalten sollen, dann formatieren Sie entweder die Absätze einzeln nacheinander oder markieren alle zusammenhängenden Absätze.

▶ **Tipp:** Sie können auch das gesamte Textfeld markieren, dazu klicken Sie auf eine beliebige Stelle des Rahmens. Dieser wird anstelle der gestrichelten Linie mit einer durchgezogenen Linie versehen (Bild unten) und alle Formatierungen, die Sie jetzt vornehmen, egal ob Absatz- oder Zeichenformate, wirken sich auf den gesamten Inhalt des Textfeldes aus.

Bild 4.16 Platzhalter markieren

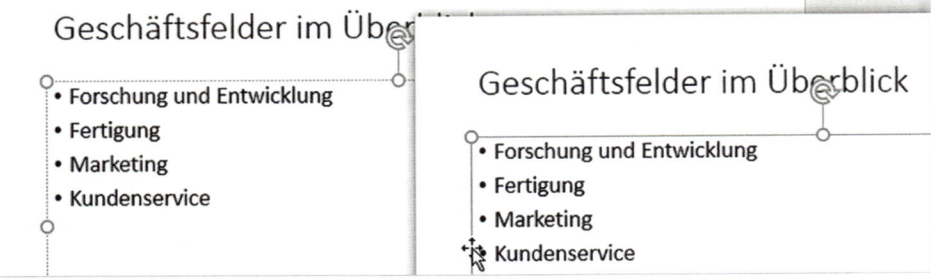

Achtung: Um ein einheitliches Erscheinungsbild Ihrer Präsentation zu gewährleisten, sollten Sie die nachfolgend beschriebenen Formatänderungen nur in Einzelfällen direkt in der Folie vornehmen. Alle Formatierungen, die für die gesamte Präsentation Gültigkeit besitzen, sollten besser in der Ansicht *Folienmaster* (Masteransicht) erfolgen, Näheres hierzu im nächsten Abschnitt.

Zeichen- bzw. Schriftformate

Schriftart, Schriftgröße und Farbe

▶ Zum Ändern der Schriftart klicken Sie im Register *Start ▶ Schriftart* auf den Dropdown-Pfeil des Feldes *Schriftart*. Die beiden Schriftarten des gewählten Designs befinden sich am Beginn der Liste.

▶ Das Feld *Schriftgröße* daneben bietet mehrere Schriftgrößen (Schriftgrad) zur Auswahl. Schriftgrößen werden in dem typografischen Maß Punkt (pt.) angegeben, ein Punkt entspricht etwa 0,35 mm. Sollte die gewünschte Schriftgröße hier nicht aufgeführt sein, klicken Sie einfach direkt in das Feld, geben die gewünschte Größe, z. B. 30, über die Tastatur ein und betätigen zum Übernehmen die Eingabe-Taste.

▶ Über die beiden Schaltflächen *Schriftart vergrößern/verkleinern* lässt sich die Schriftgröße noch schneller ändern: Jeder Mausklick vergrößert bzw. verkleinert die Schrift um jeweils 1 Stufe.

▶ Ein Klick auf den Dropdown-Pfeil der Schaltfläche *Schriftfarbe* bietet zunächst Farbabstufungen des gewählten Designs an, alle übrigen Farben erscheinen nach einem Mausklick auf den Befehl *Weitere Farben...*.

> **Tipp:** Mit dem Befehl *Pipette* können Sie per Mausklick eine beliebige Farbe aus der Folie oder einem Bild aufnehmen und als Schriftfarbe verwenden.

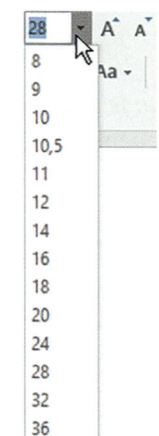

Bild 4.17 Schriftart

Bild 4.18 Schriftgröße

Bild 4.19 Schriftfarbe

Weitere Schriftformate

Zusätzliche Schriftattribute wie Fett, Kursiv und Unterstrichen finden Sie ebenfalls in der Gruppe *Schriftart* sowie in der Minisymbolleiste. Die weiteren Schriftformate:

Symbol	Format
S	Textschatten, versieht markierten Text mit einem Schatten.
abc	Markierten Text durchstreichen.
AV↔ ▾	Zeichenabstand ändern, zusätzliche Möglichkeiten erhalten Sie über *Weitere Abstände...*.
Aa ▾	Erlaubt verschiedene Einstellungen zu Groß-/ Kleinschreibung und wandelt Text in Großbuchstaben oder Kleinbuchstaben um.

Eine Zusammenstellung aller Schriftformate enthält das Dialogfenster *Schriftart*, welches Sie mit einem Mausklick auf den Pfeil ⌐ der Gruppe *Schriftart* öffnen. Hier fin-

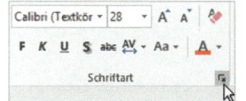

den Sie auch einige, nicht im Menüband enthaltene Formatierungen, beispielsweise *Kapitälchen*, verschiedene Unterstreichungsvarianten und -farben sowie *Hoch-* oder *Tiefgestellt*.

Bild 4.20 Das Fenster Schriftart

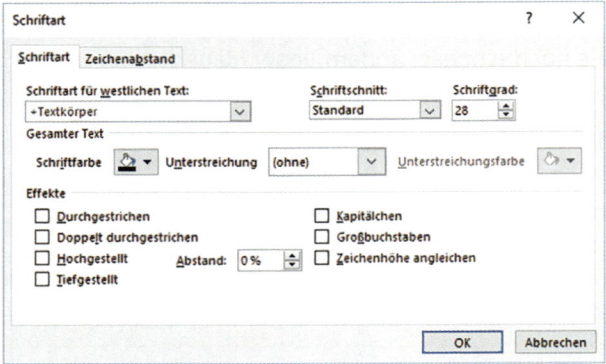

Formatierungen entfernen

Die Schaltfläche *Alle Formatierungen löschen* entfernt vom markierten Text bzw. Platzhalterfeld alle oben beschriebenen und nachträglich vorgenommenen Formatänderungen (Zeichenformate) und stellt das ursprüngliche Aussehen entsprechend dem verwendeten Design wieder her.

Bild 4.21 Alle Formatierungen löschen

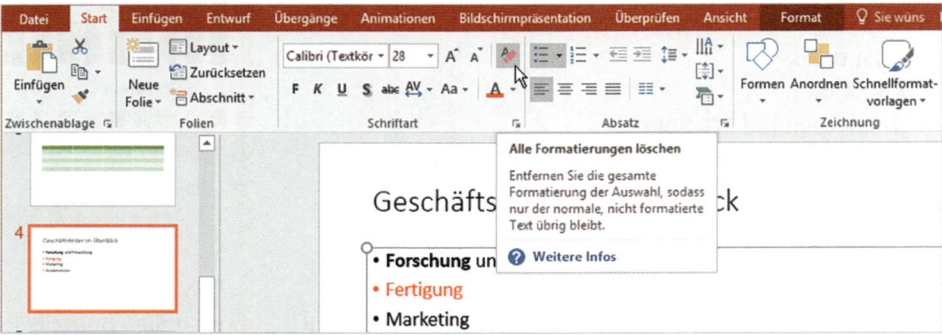

Absatzausrichtung und Textabstände

Auch die wichtigsten Absatzformate dürften den meisten Anwendern bekannt sein. Diese finden Sie im Register *Start*, Gruppe *Absatz*.

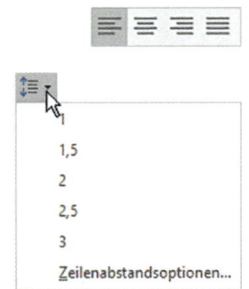

▶ Die Schaltflächen *linksbündig*, *zentriert*, *rechtsbündig* und *Blocksatz* steuern die horizontale Ausrichtung eines Absatzes innerhalb eines Textfeldes.

▶ Die Abstände zwischen mehreren Zeilen eines Absatzes ändern Sie mit der Schaltfläche *Zeilenabstand*. Es erscheinen verschiedene Möglichkeiten zur Auswahl und Sie sehen im Textfeld bzw. markierten Absatz eine Vorschau, sobald Sie auf einen Abstandswert zeigen.

▶ Weitergehende Möglichkeiten erhalten Sie, wenn Sie hier auf *Zeilenabstands-optionen...* oder auf das Pfeilsymbol ⌐ der Gruppe *Absatz* klicken. In beiden Fällen öffnet sich das Dialogfenster *Absatz*. Hier können Sie sowohl den Abstand der Zeilen innerhalb eines Absatzes, als auch Abstände zwischen den Absätzen genau definieren. Benutzen Sie dazu unter *Abstand* die Felder *Vor* bzw. *Nach*.

Bild 4.22 Das Fenster Absatz

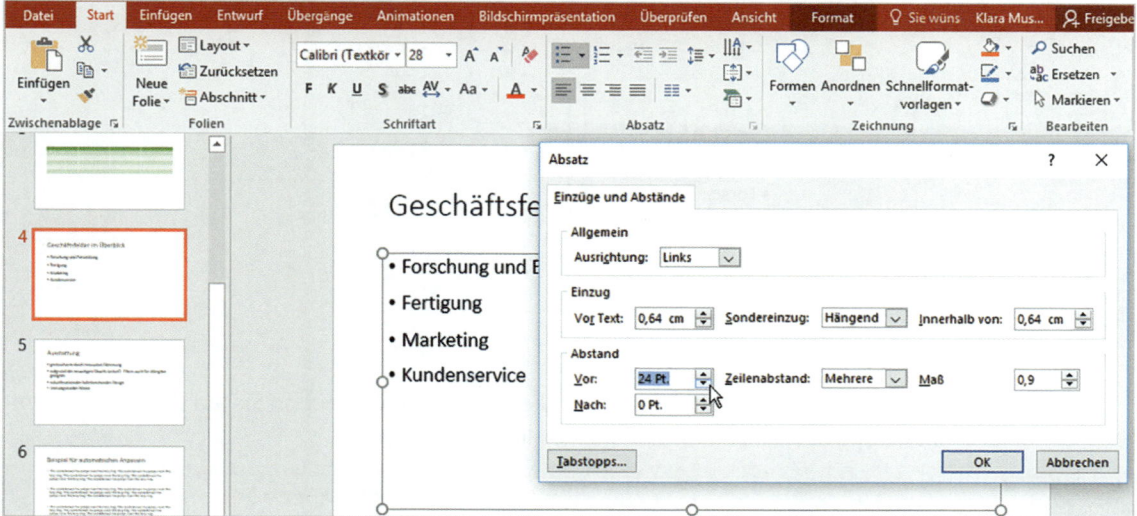

> **Achtung:** die Schaltfläche *Zeilenabstand* regelt nur den Abstand zwischen den Zeilen der Absätze. Da in Präsentationsfolien jedoch meist einzeilige Absätze in Form kurzer Aufzählungen eingesetzt werden, müssen Sie die Abstände zwischen den Absätzen im Dialogfenster *Absatz* vergrößern.

Aufzählungen und Nummerierungen steuern

Kurze prägnante Aussagen lassen sich visuell schneller erfassen, wenn Sie mit Aufzählungszeichen versehen sind. Daher erhalten bei den meisten Präsentationsdesigns die einzelnen Absätze im Inhaltsplatzhalter bereits während der Eingabe automatisch ein Aufzählungszeichen. Aussehen und Farbe des Aufzählungszeichens sind abhängig vom Design und der Farbvariante.

Aufzählungszeichen ändern

Aufzählungen und Nummerierungen gehören ebenfalls zu den Absatzformaten, die dazugehörigen Schaltflächen finden Sie daher im Register *Start*, Gruppe *Absatz*. Zum Ändern des Aufzählungszeichens markieren Sie die betreffenden Absätze oder das gesamte Textfeld und klicken auf den Dropdown-Pfeil der Schaltfläche *Aufzählungszeichen*. Auch die hier angebotenen Zeichen sind vom Design abhängig und Sie erhalten in der aktuellen Folie eine Vorschau, sobald Sie auf eine Aufzählung zeigen. Erst mit einem Mausklick übernehmen Sie das gewünschte Zeichen.

Um von Absätzen das Aufzählungszeichen zu entfernen, genügt ein Mausklick direkt auf das Symbol *Aufzählungszeichen* (Aufzählung deaktivieren) oder wählen Sie über den Dropdown-Pfeil *Kein(e)*.

Bild 4.23 Aufzählungszeichen wählen

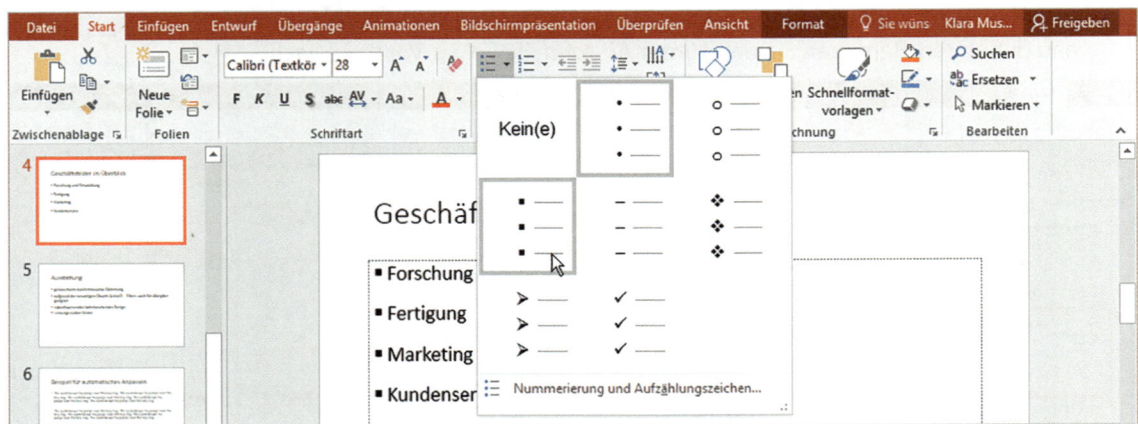

Weitergehende Gestaltungsmöglichkeiten erhalten Sie, wenn Sie auf den Befehl *Nummerierung und Aufzählungszeichen...* klicken.

Bild 4.24 Nummerierung und Aufzählungszeichen anpassen

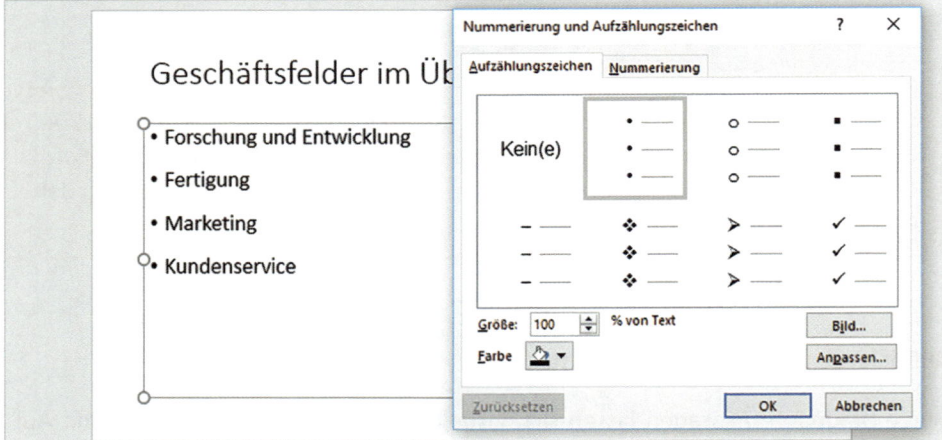

▶ Die Schaltfläche *Bild...* erlaubt es, ein Bild von der Festplatte Ihres Computers oder über die Bing-Bildersuche aus dem Internet auszuwählen und als Aufzählungszeichen zu verwenden. Auf diese Weise lässt sich beispielsweise ein geeignetes Firmenlogo als Aufzählungszeichen einsetzen. Die Größe der Grafik in Relation zur Textgröße kann über die Pfeile des Feldes *Größe* angepasst werden.

▶ Wenn Sie ein Symbol aus einer Symbolschriftart, beispielsweise Wingdings, verwenden möchten, dann klicken Sie auf die Schaltfläche *Anpassen...* und wählen die Schriftart und anschließend das gewünschte Zeichen aus. In diesem Fall können Sie zusätzlich zur Größe auch die Farbe des Symbols wählen.

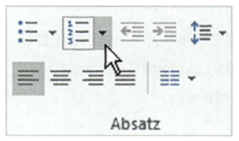

Absätze nummerieren

Als Alternative zu den Aufzählungszeichen können Absätze auch automatisch und fortlaufend nummeriert werden. Die Vorgehensweise unterscheidet sich nur wenig von den Aufzählungszeichen: Markieren Sie die Absätze oder das Textfeld und klicken Sie auf den Dropdown-Pfeil der Schaltfläche *Nummerierung*. Wählen Sie eine der Vorlagen oder klicken Sie auf *Aufzählungszeichen und Nummerierung...*, um das gleichnamige Dialogfenster mit dem Register *Nummerierung* zu öffnen.

Bild 4.25 Nummerierung

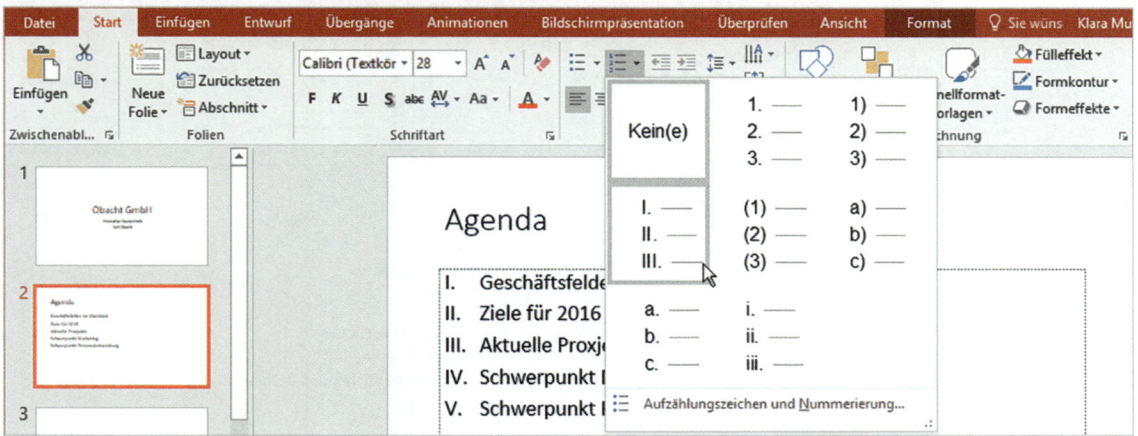

Wie bei den Aufzählungszeichen können Sie auch hier Größe und Farbe der Nummerierung ändern.

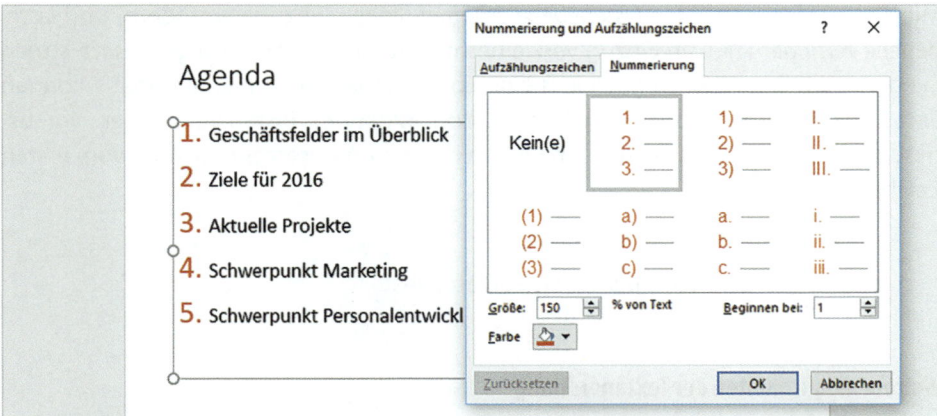

Bild 4.26 Nummerierung bearbeiten

Vorteil der automatischen Nummerierung: Wenn Sie nachträglich einen weiteren Absatz dazwischen einfügen oder einen Absatz löschen, passt sich die Nummerierung automatisch an. Dies funktioniert auch, wenn Sie beispielsweise durch Verschieben die Reihenfolge der Absätze umstellen.

Gliederungen

Einrückungen und damit verbundene Gliederungen sind ebenfalls nützliche Elemente der Foliengestaltung. PowerPoint unterstützt mehrere Gliederungsebenen, dabei besitzt jede Ebene eine eigene Formatierung: Unterpunkte werden eingerückt und erhalten je nach Design ein anderes oder kleineres Aufzählungszeichen sowie eine kleinere Schrift.

Bild 4.27 Beispiel Gliederung

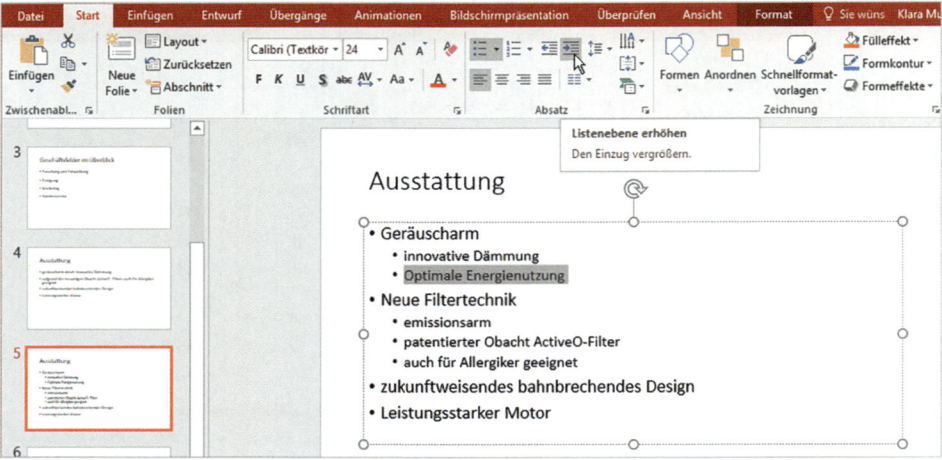

Höher/ tiefer stufen

Mit den beiden Symbolen *Listenebene erhöhen* (linken Einzug vergrößern) und *Listenebene verringern* (linken Einzug verkleinern) im Register *Start*, Gruppe *Absatz*, stufen Sie den aktuellen Absatz um jeweils eine Ebene höher oder tiefer. Alternativ können Sie während der Eingabe und später auch die folgenden Tasten verwenden, vorausgesetzt der Cursor befindet sich am Beginn des neuen Absatzes bzw. links vom ersten Zeichen des Absatzes.

- Eine Stufe tiefer: Tabulator-Taste
- Eine Stufe höher: Umschalt+Tabulator-Taste

Weitere Möglichkeiten der Textanordnung

Neben der Ausrichtung einzelner Absätze können Sie in PowerPoint auch die Ausrichtung des gesamten Textes innerhalb eines Platzhalters steuern. Die Schaltflächen dazu finden Sie ebenfalls im Register *Start*, Gruppe *Absatz*. Die folgenden Formate beziehen sich immer auf den gesamten Inhalt eines Textfeldes, es genügt daher, wenn sich der Cursor innerhalb des Feldes befindet oder das Textfeld markiert ist.

Mehrspaltiger Text

Mit dem Symbol *Spalten* haben Sie die Möglichkeit, Text in zwei oder mehr Spalten innerhalb eines Platzhalterfeldes anzuordnen, der Spaltenwechsel erfolgt automatisch.

Vertikale Ausrichtung im Textfeld

Text wird innerhalb der Platzhalter meist am oberen Rand ausgerichtet, dies ist jedoch im Einzelfall abhängig vom Design. Mit der Schaltfläche *Text ausrichten* ändern Sie die vertikale Ausrichtung innerhalb des Platzhalters bzw. Textfeldes.

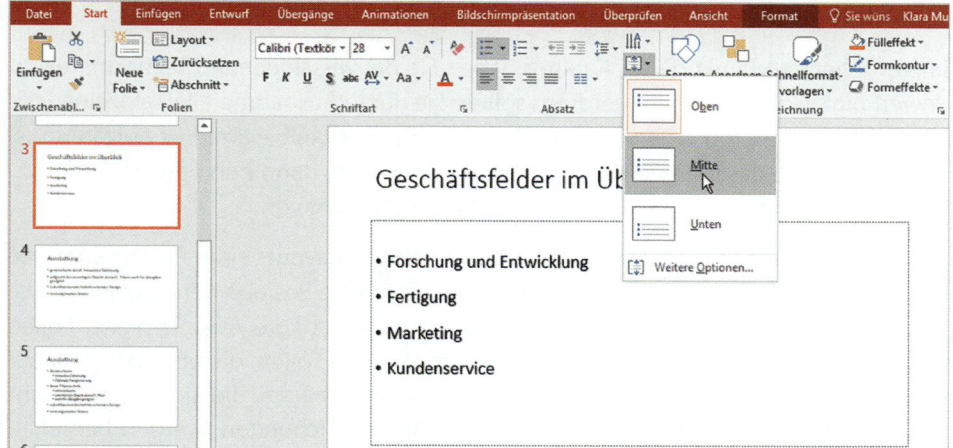

Bild 4.28 Vertikale Ausrichtung

Um den Abstand zum linken und rechten bzw. oberen und unteren Rand zu ändern, klicken Sie auf *Text ausrichten* und auf *Weitere Optionen....* Damit öffnet sich der Aufgabenbereich *Form formatieren* am rechten Rand des PowerPoint-Fensters, und Sie können die gewünschten Abstände eingeben.

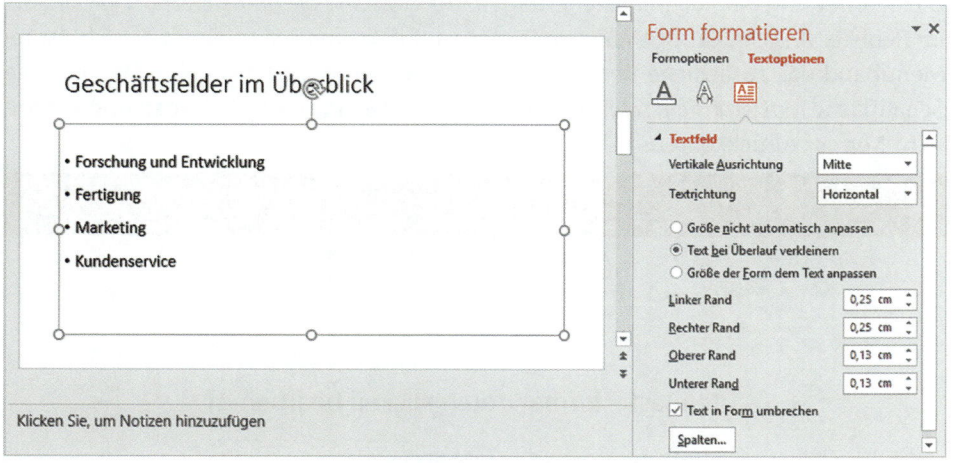

Bild 4.29 Der Aufgabenbereich Form formatieren: Abstände

Text drehen

Mit der Schaltfläche *Textrichtung* können Sie den Inhalt eines Textfeldes drehen oder stapeln. Beim Zeigen sehen Sie im aktuellen Textfeld eine Vorschau und erhalten so eine bessere Vorstellung. Das Textfeld selbst behält dabei seine ursprüngliche Ausrichtung. Der Befehl *Weitere Optionen...* öffnet wieder den Aufgabenbereich *Form formatieren* für detaillierte Einstellungen (siehe vertikale Ausrichtung).

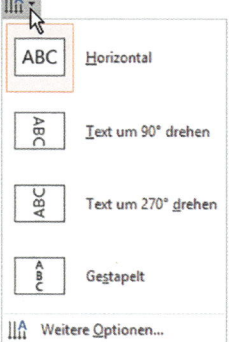

4.4 Textformate in der Masteransicht anpassen

Wozu Folienmaster?

Im vorgehenden Punkt dieses Kapitels haben Sie die verschiedenen Textformate von PowerPoint kennengelernt. Allerdings sollten Sie nur in Ausnahmefällen einzelne Folien auf diese Weise formatieren. Wenn sich Formate, z. B. ein bestimmtes Aufzählungszeichen, auf die gesamte Präsentation auswirken sollen, dann nehmen Sie Änderungen am besten am Folienmaster bzw. in der Masteransicht vor.

Master sind Vorlagen für Folien und die verschiedenen Layouts einer Präsentation, sie steuern das Aussehen von Schrift und Absätzen sowie die Position der Platzhalter. Alle Änderungen am Folienmaster wirken sich automatisch auf das Aussehen aller Folien aus, dies betrifft sowohl bereits erstellte Folien als auch Folien, die erst später hinzugefügt werden. Nachträgliche einzelne Änderungen dagegen, die Sie in der Ansicht *Normal* vorgenommen haben, beispielsweise Unterstreichungen, werden beibehalten. Wenn Sie also alle Formatänderungen konsequent am Folienmaster durchführen, behalten die Folien Ihrer Präsentation ein einheitliches Aussehen.

Die Ansicht Folienmaster

Die Bearbeitung der Folienmaster erfolgt in der Ansicht *Folienmaster*. Dazu klicken Sie im Register *Ansicht*, Gruppe *Masteransichten* auf *Folienmaster*. In dieser Ansicht ist im Menüband das zusätzliche Register *Folienmaster* verfügbar, hier finden Sie auch die Schaltfläche *Masteransicht schließen*, mit der Sie die Bearbeitung beenden und zur Ansicht *Normal* zurückkehren.

Bild 4.30 Masteransicht

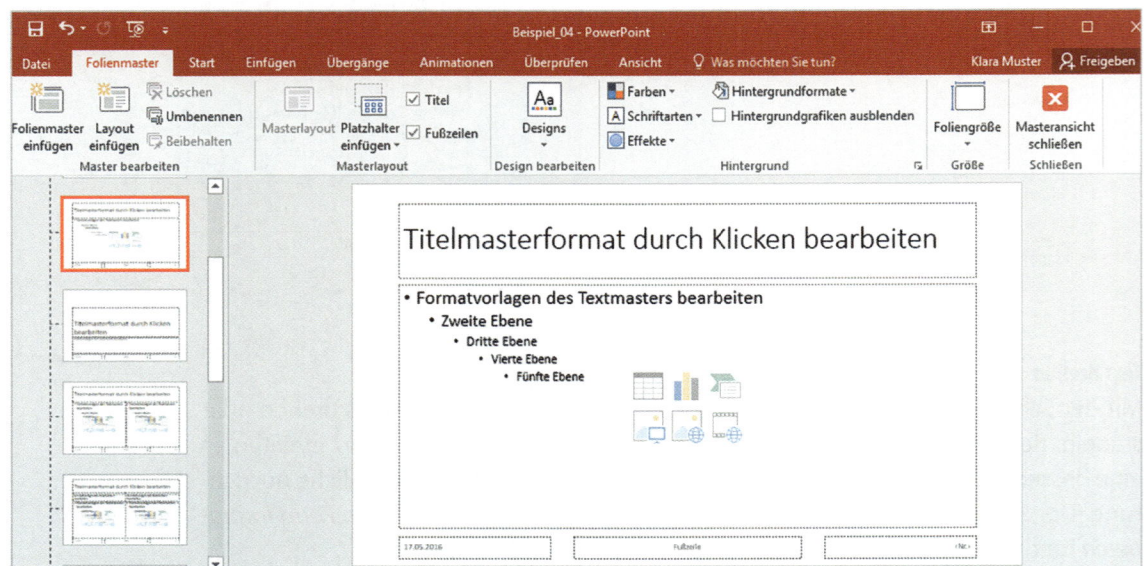

Beachten Sie, dass die Ansicht *Folienmaster* nicht zur Texteingabe dient, sondern ausschließlich zur Gestaltung von Folien und Folienlayouts! Aus diesem Grund enthalten die Platzhalter auch den Hinweis *Format ... durch Klicken bearbeiten*. Etwaiger Text, den Sie in dieser Ansicht in die Platzhalter eingeben, erscheint später nicht in der Präsentation. Ausnahmen sind zusätzliche Textfelder, z. B. mit dem Namen der Firma, oder Logos, die Sie in der Ansicht *Folienmaster* ebenfalls einfügen können.

Die Ansicht *Folienmaster* gleicht weitgehend der Ansicht *Normal*, allerdings enthält der linke Navigationsbereich nicht die Präsentationsfolien, sondern Vorlagen für die verschiedenen Folienlayouts, diese werden auch als Masterlayouts bezeichnet.

▶ **Folienmaster**
Die erste, etwas größere Folie im Navigationsbereich ist der Folienmaster. Dieser steuert das Aussehen der gesamten Präsentation. Wenn Sie am Folienmaster eine Formatierung ändern, z. B. die Schriftgröße, dann wirkt sich dies auf alle Folien aus. Die Zahl 1 daneben bedeutet, es handelt sich um den ersten Folienmaster der Präsentation, da PowerPoint 2016 auch mehrere Folienmaster verwalten kann, Näheres hierzu weiter unten.

▶ **Masterlayouts**
Unterhalb des Folienmasters, eingerückt und etwas kleiner sehen Sie die Masterlayouts. Diese steuern das Aussehen der einzelnen Layouts, z. B. Titelfolie oder Zwei Inhalte. Änderungen an einem Masterlayout haben nur Wirkung auf Folien, die auf diesem Layout basieren.

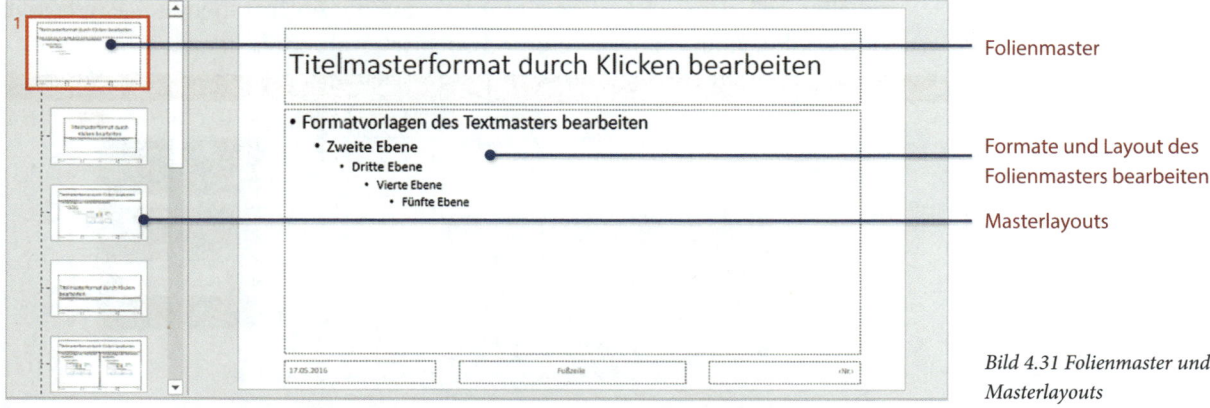

Bild 4.31 Folienmaster und Masterlayouts

Design und Hintergrund bearbeiten

In der Ansicht *Folienmaster* erhalten Sie im Register *Folienmaster* mit den Schaltflächen *Designs*, *Farben*, *Schriftarten*, *Effekte* und *Hintergrundformate* nochmals dieselben Möglichkeiten, wie sie bereits in Kapitel 3 dieses Buches ausführlich beschrieben wurden. Sie können also auch in dieser Ansicht jederzeit andere Farben oder Hintergründe wählen.

Beachten Sie, dass Sie im Gegensatz zu Designs, Farben und Effekten über das entsprechende Masterlayout jedem Folienlayout seinen eigenen gesonderten Hintergrund zuweisen können.

▶ Sollen allen Folien denselben Hintergrund erhalten, dann klicken Sie im Navigationsbereich auf die erste Folie, den Folienmaster und wählen dann den gewünschten Hintergrund aus.

Bild 4.32 Hintergrundformat: Alle Folien

Bild 4.33 Hintergrundformat: ausgewähltes Masterlayout

▶ Wenn dagegen beispielsweise nur die Titelfolie einen bestimmten Hintergrund erhalten soll, dann klicken Sie zuerst links auf das entsprechende Masterlayout und wählen dann einen Hintergrund oder Hintergrundeffekt aus.

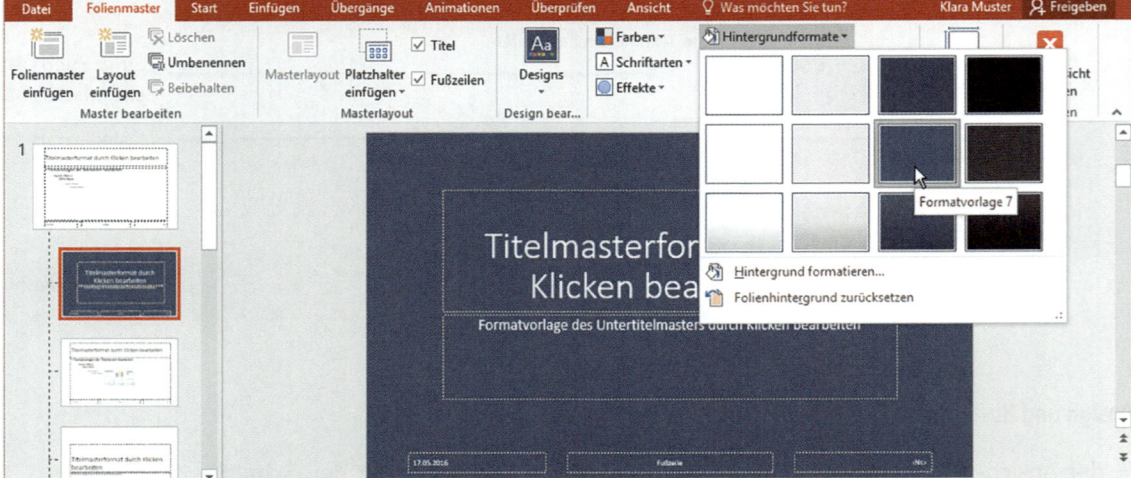

Folienmaster bearbeiten

Am besten beginnen Sie mit allgemeinen Schrift- und Absatzformaten für die gesamte Präsentation. Diese nehmen Sie am Folienmaster vor. Klicken Sie im Navigationsbereich auf die erste, etwas größere Folie und klicken Sie dann in dieser Folie in den Platzhalter. Zur Formatierung benutzen Sie die Symbole und Schaltflächen des Registers *Start* oder das Kontextmenü der rechten Maustaste.

Beispiel Aufzählungszeichen

Sie wünschen für die erste Gliederungsebene ein anderes Aufzählungszeichen:

1 Markieren Sie links den Folienmaster und klicken Sie dann im Platzhalter auf die erste Textebene (*Formatvorlagen des Textmasters bearbeiten*) oder markieren Sie diese Ebene.

2 Klicken Sie dann im Register *Start* auf den Dropdown-Pfeil des Symbols *Aufzählungszeichen* und klicken Sie auf *Nummerierung und Aufzählungszeichen...*.

3 Klicken Sie auf die Schaltfläche *Anpassen...*, wählen Sie eine geeignete Schriftart, im Beispiel unten Wingdings und wählen Sie das gewünschte Zeichen aus. Oder klicken Sie auf *Bild...*, wenn Sie ein Aufzählungszeichen verwenden möchten, das als Grafikdatei gespeichert ist.

4 Legen Sie dann noch Farbe und Größe des Zeichens fest und klicken Sie auf *OK*.

PowerPoint unterstützt bis zu fünf Textebenen, falls Sie weitere benötigen, verfahren Sie mit diesen genauso. Auf dieselbe Weise ändern Sie auch das Aussehen des Folientitels.

Bild 4.34 Aufzählungszeichen festlegen

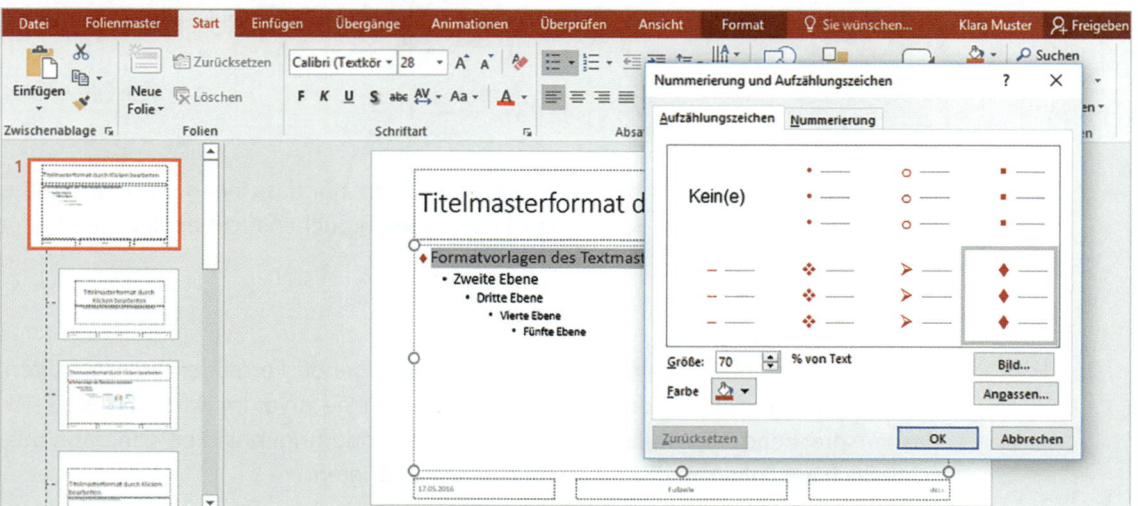

Tipp: Nicht jede Ebene benötigt ein eigenes Aufzählungszeichen. Eine einheitlichere Wirkung erzielen Sie, wenn Sie das Zeichen der darüberliegenden Ebene verkleinern und/oder eine hellere Farbe verwenden.

Größere Abstände zwischen Absätzen

Für gute Präsentationen gilt die Regel: Weniger ist Mehr! Fünf bis sechs Zeilen pro Folie sind genug, längerer Text lenkt die Zuschauer nur ab. Lassen Sie außerdem zur besseren Lesbarkeit Platz zwischen den Absätzen. Leider wird dies von den Power-Point-Standardlayouts und -designs kaum berücksichtigt. Als Abhilfe stellen Sie über den Folienmaster größere Absatzabstände her.

1   Markieren Sie links den Folienmaster (Bild unten).

2   Klicken Sie im Folienmaster auf die erste Textebene (siehe Aufzählungszeichen) und klicken Sie im Register *Start* auf das Pfeilsymbol ⌐ der Gruppe *Absatz*.

3   Im Fenster *Absatz* können Sie nun die Abstände vor und nach dem Absatz ändern. Dabei müssen Sie folgendes einkalulieren:

- Falls Sie weitere Gliederungsebenen nutzen, sollte der Abstand zu einem eventuell nachfolgenden Absatz zweiter Ebene geringer sein als zwischen Absätzen der ersten Ebene. Sorgen Sie daher Sie in erster Linie für einen größeren Abstand oberhalb bzw. *vor* dem Absatz.

- Der Zeilenabstand spielt dagegen bei den meist einzeiligen kurzen Stichworten und Aussagen eine eher untergeordnete Rolle.

Bild 4.35 Abstände vergrößern

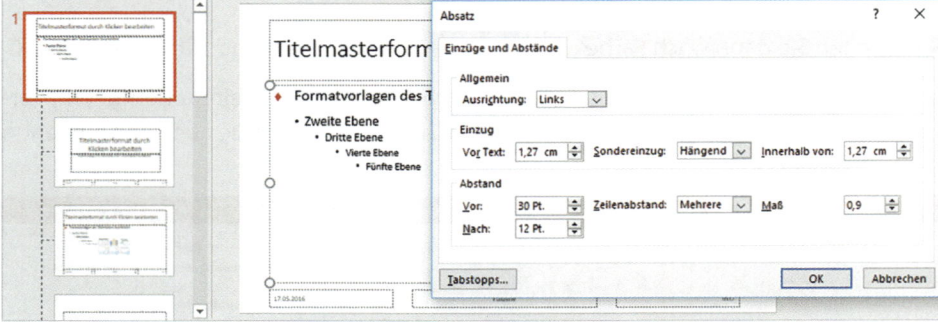

Genauso verfahren Sie mit den weiteren Textebenen, nur dass hier geringere Abstände erforderlich sind. Nicht verwendete Textebenen brauchen nicht explizit bearbeitet werden.

Masterlayouts bearbeiten

Sollen dagegen nur einzelne Folienlayouts abweichende Formatierungen erhalten, z. B. die Titelfolien eine andere Schrift, dann müssen Sie zuvor im Navigationsbereich das entsprechende Masterlayout markieren. Ihre Änderungen wirken sich dann ausschließlich auf Folien aus, die auf diesem Layout basieren.

4.5   Layoutgestaltung in der Ansicht Folienmaster

Sind Ihnen die Standardlayouts zu langweilig oder wünschen Sie sich einen größeren Abstand zwischen Überschrift und Text? Dann benutzen Sie in der Ansicht *Folienmaster* die Masterlayouts und positionieren Sie die Platzhalter nach Ihren Vorstellungen. Die Masterlayouts befinden sich im linken Navigationsbereich unterhalb des Folienmasters, sie sind etwas kleiner und eingerückt. Alle Änderungen gelten ausschließlich für Folien, die auf diesem Layout basieren.

Größe und Position der Platzhalter ändern

Klicken Sie im Navigationsbereich auf das Masterlayout, das Sie bearbeiten möchten.

▶ Zum Verschieben zeigen Sie mit der Maus an eine beliebige Stelle der Begrenzung des Platzhalters: Am Mauszeiger werden vier Richtungspfeile sichtbar und mit gedrückter linker Maustaste können Sie nun den Platzhalter verschieben.

▶ Wenn Sie die Größe ändern möchten, dann müssen Sie zuerst den Platzhalter mit einem Mausklick markieren. Nun werden an den Ecken und in der Mitte jeder Seite Ziehpunkte sichtbar und am Mauszeiger erscheint beim Zeigen auf einen dieser Punkte ein Doppelpfeil. Mit gedrückter Maustaste ziehen Sie nun den Platzhalter in die gewünschte Größe.

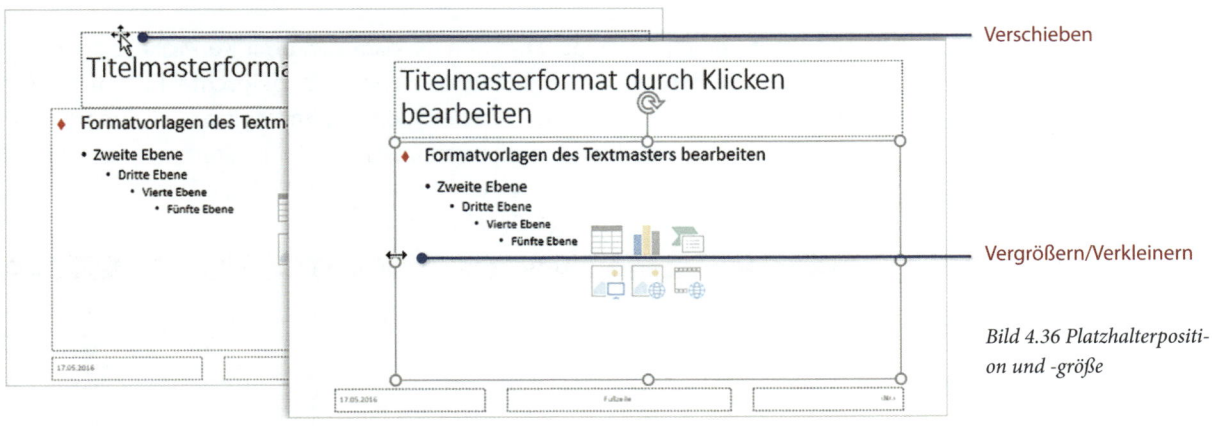

Verschieben

Vergrößern/Verkleinern

Bild 4.36 Platzhalterposition und -größe

Tipp: Wenn sich bereits ein Element an dieser Position befindet, dann erscheinen beim Verschieben, Vergrößern und Verkleinern in der Folie Hilfslinien, die das exakte Ausrichten erleichtern. Als weitere Hilfen zur Ausrichtung können Sie im Register *Ansicht*, Gruppe *Anzeigen* in den Folien *Gitternetzlinien*, *Führungslinien* und ein *Lineal* einblenden.

Detaillierte Erläuterungen über den Umgang mit diesen Hilfsmitteln erhalten Sie in Zusammenhang mit grafischen Elementen in Kapitel 5 dieses Buches.

Platzhalter löschen/hinzufügen

Enthält ein Layout ein Platzhalterfeld, das Sie nicht benötigen, dann markieren Sie dieses Feld mit einem Klick und löschen es mit der Entf-Taste aus dem Masterlayout. Sollten Sie einen Platzhalter versehentlich gelöscht haben, so verwenden Sie zum Wiederherstellen eine der folgenden Methoden.

▶ Wenn Sie den Folienmaster bearbeiten bzw. vor sich haben, dann klicken Sie im Register *Folienmaster*, Gruppe *Masterlayout* auf die Schaltfläche *Masterlayout*. Aktivieren Sie im gleichnamigen Fenster die entsprechenden Kontrollkästchen.

Bild 4.37 Folienmaster: Platzhalter aktivieren

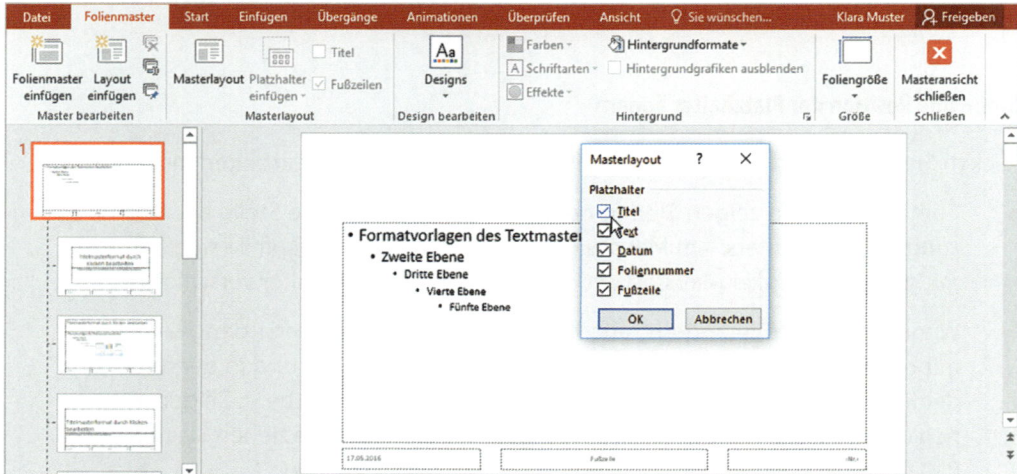

▶ In den einzelnen Masterlayouts können Sie dagegen über Kontrollkästchen nur Titel und Fußzeilen wiederherstellen. Versehentlich gelöschte Platzhalter für Inhalte müssen Sie neu einfügen. Klicken Sie dazu im Register *Folienmaster* auf *Platzhalter einfügen*, wählen Sie den gewünschten Platzhaltertyp, in der Regel *Inhalt*, und ziehen Sie mit gedrückter Maustaste ein Platzhalterfeld an der gewünschten Stelle und in der gewünschten Größe auf.

Bild 4.38 Platzhalter einfügen

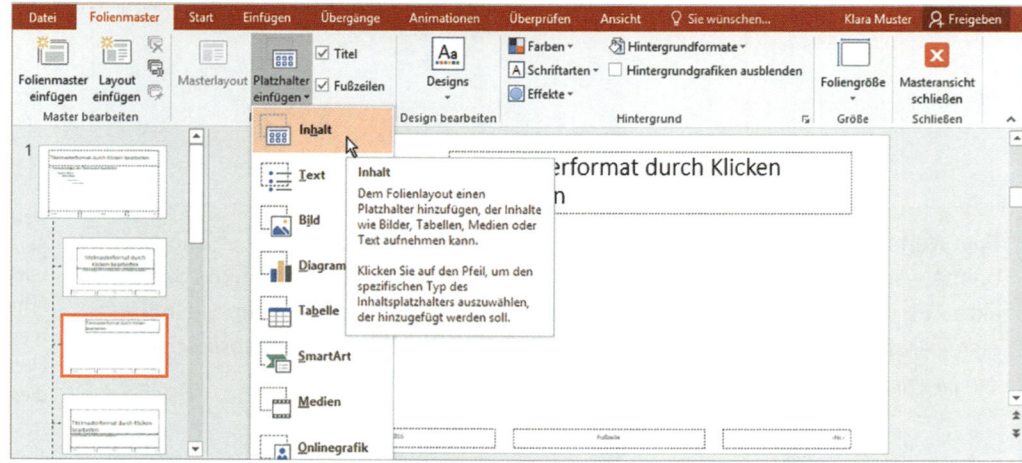

Beispiel: Das Layout der Titelfolien gestalten

Als Beispiel sollen die Titelfolien der Präsentation ein individuelles Layout erhalten:

1 Wechseln Sie zur Ansicht *Folienmaster* und klicken Sie auf das Layout *Titelfolie*.

2 Um ein Bild als Hintergrund auszuwählen, klicken Sie im Register *Folienmaster* auf *Hintergrundformate* und hier auf *Hintergrund formatieren*....

3 Wählen Sie die Option *Bild* und klicken Sie unter *Bild einfügen aus* auf die Schaltfläche *Datei*.... Anschließend wählen Sie die gewünschte Grafikdatei aus und klicken auf *Einfügen*. Das Bild erscheint nun ausschließlich im Hintergrund des aktuellen Masterlayouts.

Video!
www.bildner-verlag.de/195_401

Bild 4.39 Titelfolie mit einem Bild als Hintergrund versehen

4 Sollte das Bild zu dominant wirken, so können Sie die Transparenz erhöhen. Alternativ ändern Sie einfach das Layout. Sie können beispielsweise das Platzhalterfeld an eine andere Stelle verschieben und/oder dessen Größe ändern.

5 Für das nachfolgend abgebildete Beispiel (Bild 4.40) wurde zunächst der Platzhalter für den Untertitel entfernt, da er in der Präsentation nicht benötigt wird. Anschließend wurde der Titelplatzhalter an den rechten Rand der Folie verschoben und bis zum oberen und unteren Rand vergrößert. Außerdem erhielt der Text über das Symbol *Text ausrichten* die Ausrichtung *Mitte*.

6 Für bessere Lesbarkeit sorgt außerdem ein einfarbiger Hintergrund des Titelplatzhalters. Dazu markieren Sie mit einem Klick den Platzhalter und klicken im Register *Zeichentools - Format* auf *Fülleffekt*. Wählen Sie entweder eine neutrale Hintergrundfarbe, z. B. weiß oder benutzen Sie die Pipette, um aus dem Hintergrundbild eine Farbe aufzunehmen.

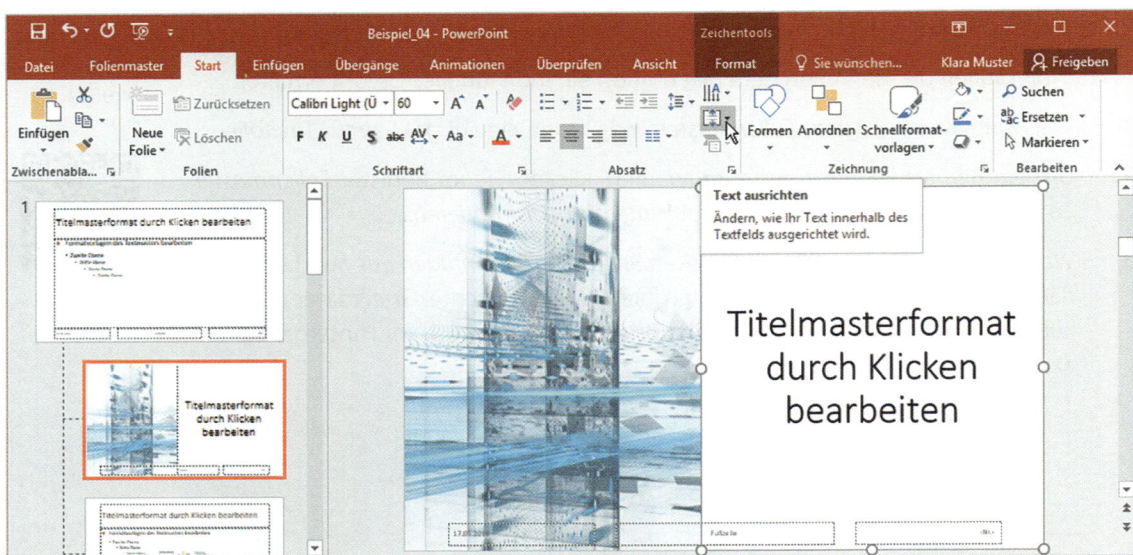

*Bild 4.40 Titelplatzhalter
ändern*

Tipps zur Gestaltung des Standardlayouts

▶ **Verkürzen Sie die Zeilenlänge**
Kurze Zeilen lassen sich schneller lesen, dies gilt auch für Präsentationen. Leider verleitet das gängige Seitenverhältnis von Bildschirmen genau zum Gegenteil. Verringern Sie also die Breite des Textplatzhalters.

▶ **Nicht jede Folie benötigt eine Überschrift**
In vielen Fällen ist mit der Überschrift schon alles gesagt. Um ermüdende Wiederholungen zu vermeiden, können Sie auf die Überschrift verzichten. Erstellen Sie zu diesem Zweck ein alternatives Layout ohne Überschrift bzw. Folientitel.

▶ **Liefern Sie Ihren Zuschauern Informationen, an welchem Punkt Sie gerade stehen**
Anstelle einer Überschrift kann es nützlich sein, wenn Ihre Zuschauer wissen, an welchem Punkt der Präsentation Sie sich gerade befinden. Die meisten Präsentationen enthalten zwar am Beginn eine Übersicht über den Inhalt, dieser dürfte aber schnell vergessen sein.

Bauen Sie daher entweder die Gliederung gleich an mehreren Stellen in Ihre Präsentation ein oder fügen Sie Ihren Folien eine kleine Inhaltsübersicht z. B. anstelle des Folientitels hinzu. Leider unterstützt PowerPoint keine automatische Wiederholung der Gliederung, so dass Sie sich mit dem Anpassen des Masterlayouts behelfen müssen.

Beispiel: Folientitel links

Als Beispiel soll das Standardlayout *Titel und Inhalt* so geändert werden, dass sich der Folientitel bzw. die Überschrift auf der linken Seite der Folie befindet.

1 Im ersten Schritt wählen Sie wieder das zu bearbeitende Masterlayout: Klicken Sie links auf das Layout *Titel und Inhalt*.

2 Schaffen Sie Platz und verkleinern Sie den Platzhalter Inhalt auf etwa zwei Drittel der Folienbreite. Dann verkleinern Sie den Platzhalter für den Folientitel ebenfalls und ziehen ihn an die linke Seite. Passen Sie anschließend auch noch die Höhe beider Platzhalter an, siehe Bild unten.

3 Um im Folientitel unnötige Zeilenumbrüche zu vermeiden, sollten Sie ggfs. auch noch die Schrift verkleinern. Auch eine Drehung des Textes um 90 oder 270° (Schaltfläche *Textrichtung*) wäre denkbar.

Wenn in den Folien zusätzlich ein Firmenlogo erscheinen soll, dann fügen Sie die entsprechende Grafik entweder in den Folienmaster oder in einzelne Masterlayouts ein.

Bild 4.41 Beispiel Folienlayout

Ein eigenes Layout definieren

Wenn Sie die Standardlayouts nicht ändern möchten, dann können Sie in der Ansicht *Folienmaster* auch eigene benutzerdefinierte Layouts erstellen. Da diese meist auf einem Standardlayout beruhen, ist es oftmals am einfachsten, wenn Sie dieses Layout zuvor duplizieren und anschließend die Kopie bearbeiten.

Layout duplizieren

Klicken Sie zum Duplizieren im Navigationsbereich mit der rechten Maustaste auf das zu kopierende Masterlayout und wählen Sie den Befehl *Layout duplizieren*.

Leeres Layout einfügen

1 Möchten Sie stattdessen lieber mit einem neuen Layout beginnen, so klicken Sie im Register *Folienmaster* auf die Schaltfläche *Layout einfügen*.

2 Das neue Layout ist bis auf die Platzhalter Folientitel und Fußzeile leer und wird im Navigationsbereich nach dem aktuellen Masterlayout eingefügt.

3 Wenn Sie Platzhalter für Inhalte hinzufügen möchten, dann klicken Sie im Register *Folienmaster* auf *Platzhalter einfügen*. Eine Liste von Folienelementen erscheint, klicken Sie auf den gewünschten Typ und fügen Sie anschließend das Feld in die Folie ein, indem Sie durch Ziehen mit der Maus ein Rechteck in der gewünschten Größe zeichnen.

Tipp: Die Auswahl *Inhalt* erlaubt das spätere Einfügen sämtlicher Typen, also Text, Tabellen, Grafik usw..

4   Mit der Schaltfläche *Umbenennen* (Register *Folienmaster* ▶ *Master bearbeiten*) können Sie anschließend Ihrem Layout noch einen Namen geben.

Masterlayout löschen

Nicht benötigte Masterlayouts können gelöscht werden: Klicken Sie dazu links auf das betreffende Masterlayout und im Register *Folienmaster* ▶ *Master bearbeiten* auf *Löschen*. Oder klicken Sie mit der rechten Maustaste auf das betreffende Layout und auf *Layout löschen*.

Weitere Folienmaster hinzufügen

Benötigen Sie für mehrere Folien Ihrer Präsentation ein völlig anderes Aussehen, z. B. andere Designfarben, dann fügen Sie einfach einen weiteren Folienmaster hinzu, diesen können Sie anschließend unabhängig vom ersten Folienmaster beliebig gestalten, z. B. ein anderes Design oder andere Farben wählen. Beim Einfügen neuer Folien können Sie dann später zwischen den Layouts beider Folienmaster wählen.

1   Zum Hinzufügen eines weiteren Folienmasters klicken Sie im Register *Folienmaster* ▶ *Master bearbeiten* auf *Folienmaster einfügen*.

Bild 4.42 Ein zweiter Folienmaster mit anderem Design

2   Der zweite Folienmaster wird am Ende des Navigationsbereichs hinzugefügt und mit der Nummer 2 versehen.

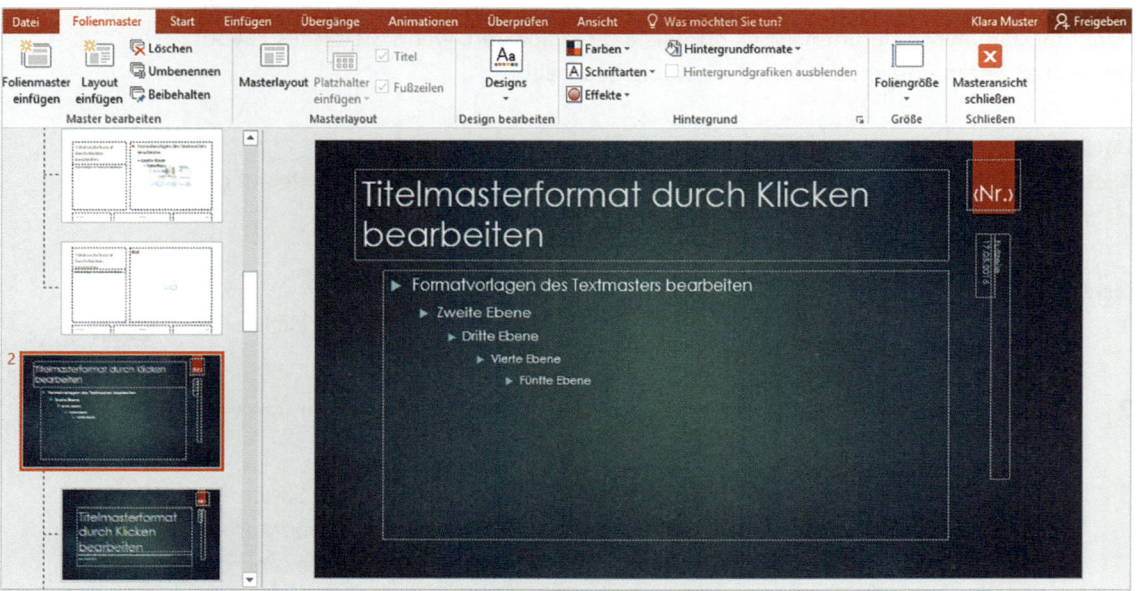

Überzählige Folienmaster löschen Sie über die rechte Maustaste und den Befehl *Master löschen*.

Tipp: Folienmaster duplizieren

Wenn Sie in einem zweiten Folienmaster eigentlich nur die Designfarben und/oder Schriften ändern, die Folienlayouts aber beibehalten möchten, dann Sie erzeugen Sie den zweiten Folienmaster am einfachsten durch Duplizieren.

1 Klicken Sie dazu in der Ansicht *Folienmaster* mit der rechten Maustaste auf den Folienmaster und auf den Befehl *Folienmaster duplizieren*.

2 Im nächsten Schritt sollten Sie den zweiten Folienmaster umbenennen, dazu verwenden Sie ebenfalls die rechte Maustaste und den Befehl Master *umbenennen*.

Anschließend können Sie den zweiten Folienmaster unabhängig vom ersten bearbeiten und z. B. andere Designfarben und/oder einen anderen Hintergrund verwenden.

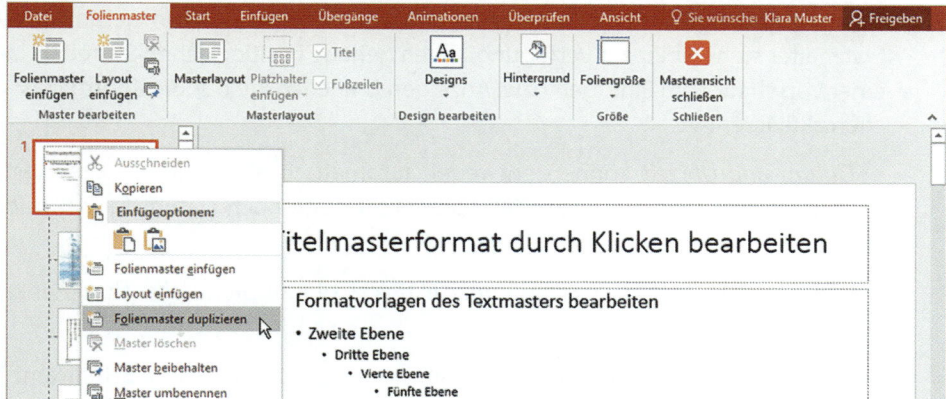

Bild 4.43 Folienmaster duplizieren

Folienlayout wählen

In der Präsentation können Sie nun beim Einfügen einer neuen Folie bzw. beim Ändern des Folienlayouts zwischen den beiden Folienmastern wählen.

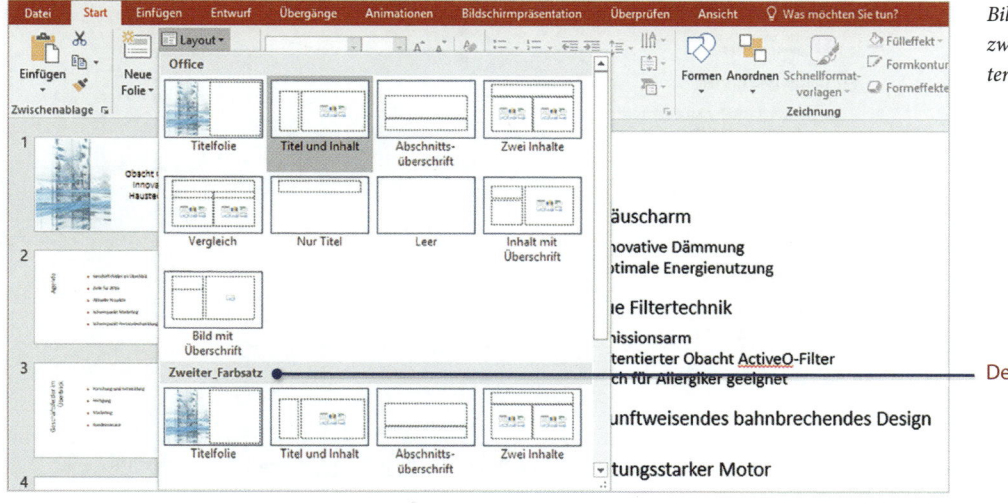

Bild 4.44 Folienlayout: zwischen zwei Folienmastern wählen

4.6   Kopf- und Fußzeilen hinzufügen

Kopf- und Fußzeilen bieten eine Möglichkeit, gleichbleibende Elemente wie Folien-nummer, Datum und sonstigen Text einzufügen. Die genaue Standardposition am oberen oder unteren Folienrand hängt zunächst einmal vom verwendeten Design ab.

Inhalte in Kopf- oder Fußzeile einfügen

1   Klicken Sie im Register *Einfügen*, Gruppe *Text*, auf *Kopf- und Fußzeile*.

2   Das gleichnamige Fenster öffnet sich mit dem Register *Folie*. Insgesamt drei Platzhalter stehen hier zur Verfügung, deren genaue Position sehen Sie rechts in einer Vorschau. Zum Einfügen bzw. Anzeigen brauchen Sie nur die Kontrollkäst-chen aktivieren.

- *Datum und Uhrzeit* können entweder automatisch aktualisierbar oder fest angezeigt werden, im ersten Fall können Sie auch noch Datumsformat und Sprache wählen.

- Das Kontrollkästchen *Foliennummer* aktiviert die automatische Nummerie-rung (Seitenzahlen) aller Folien.

- Der Bereich *Fußzeile* erlaubt das Anzeigen von beliebigem Text, z. B. Ihr Name.

- Sollen die Inhalte von Kopf- oder Fußzeile auf der Titelfolie, genauer gesagt auf Folien mit einem Titellayout nicht erscheinen, dann aktivieren Sie das Kon-trollkästchen *Auf Titelfolie nicht anzeigen.*

Bild 4.45 Kopf- und Fuß-zeile: Inhalte

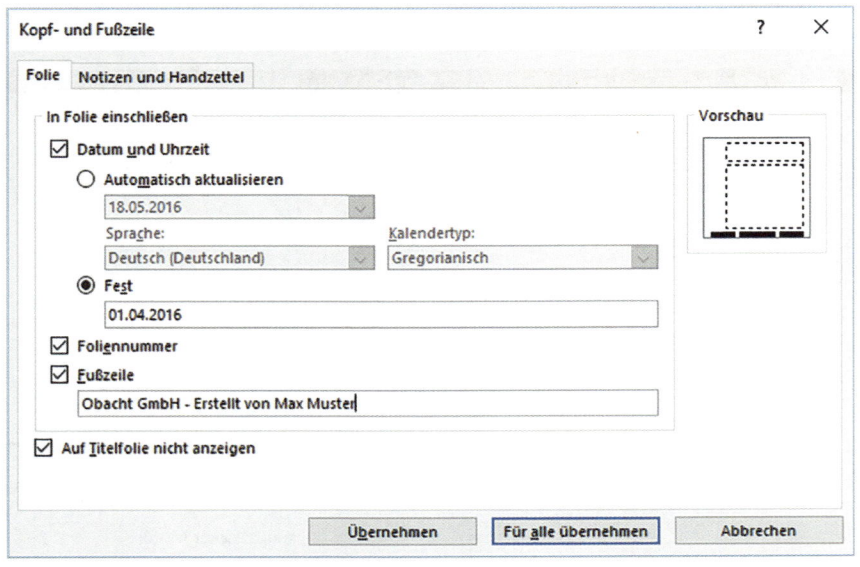

Um die Einstellungen für alle Folien der Präsentation zu übernehmen, klicken Sie auf *Für alle übernehmen*. Die Schaltfläche *Übernehmen* bedeutet dagegen, die Inhalte erscheinen ausschließlich auf der aktuellen Folie.

Aussehen und Position von Kopf- und Fußzeilen steuern

Das Aussehen der Kopf- oder Fußzeilen, z. B. Schriftart und -größe, sowie die Positionierung auf der Folie steuern Sie wieder in der Ansicht *Folienmaster*. Klicken Sie dazu im Register *Ansicht ▶ Masteransichten* auf *Folienmaster*.

1 Wählen Sie dann zur Bearbeitung links den Folienmaster, d.h. die erste etwas größere Folie aus.

2 Genau wie zuvor in Punkt 4.4 und 4.5 beschrieben, können Sie nun Aussehen und Position der drei Elemente *Datum und Uhrzeit*, *Fußzeile* und *Foliennummer* nach Belieben gestalten.

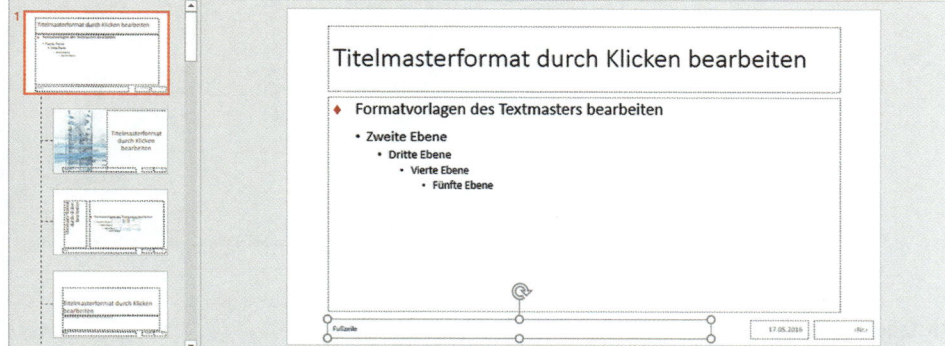

Ein Firmenlogo, das in allen Folien erscheinen soll, fügen Sie ebenfalls in der Ansicht Folienmaster ein. Näheres zum Thema Grafik einfügen und bearbeiten erfahren Sie in Kapitel 5.

Bild 4.46 Position und Aussehen von Kopf- und Fußzeile im Folienmaster

4.7   Übung: Text und Layout der Beispielpräsentation anpassen

Präsentation Landschaftsgärtnerei, siehe Kap. 3.4.

Video!

Als zusammenfassendes Beispiel befassen wir uns zum Abschluss dieses Kapitels weiter mit der Beispielpräsentation aus Kapitel 3 und zwar mit Text und Layout. Öffnen Sie diese Präsentation oder verwenden Sie das Beispiel zum Download (04_Beispielpräsentation_Ausgangsbasis.pptx).

www.bildner-verlag.de/195_402

Textformate in der Ansicht Folienmaster festlegen

Ein Bild als Aufzählungszeichen verwenden

Sie wünschen sich ein passenderes Aufzählungszeichen für die Präsentation. Eine entsprechende Grafik ist bereits vorhanden und gespeichert. Wechseln Sie im ersten Schritt zur Ansicht *Folienmaster*.

1 Da das Aufzählungszeichen in der gesamten Präsentation verwendet werden soll, markieren Sie links die erste Folie, den Folienmaster.

2 Markieren dann im Textplatzhalter die erste Ebene, klicken Sie im Register *Start* auf den Dropdown-Pfeil des Symbols *Aufzählungszeichen* und wählen Sie *Nummerierung und Aufzählungszeichen...*.

3 Klicken Sie auf die Schaltfläche *Bild...* und neben *Aus einer Datei* auf *Durchsuchen*. Navigieren Sie dann zu dem Speicherort, an dem sich die gewünschte Grafikdatei befindet, markieren Sie die Datei und klicken Sie auf *Einfügen*.

4 Bei Bedarf können Sie anschließend noch über denselben Befehl das Bild verkleinern.

Bild 4.47 Eine Grafik als Aufzählungszeichen

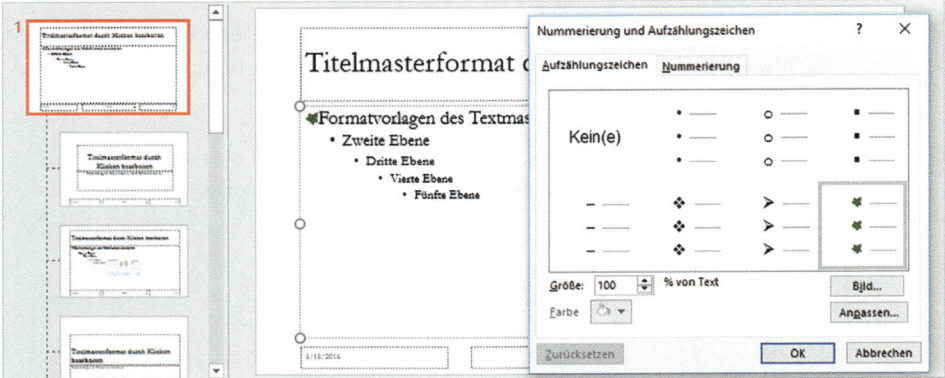

Abstand zum Text

Wie auf dem Bild oben zu erkennen, ist der Abstand zwischen Aufzählungszeichen und Text relativ gering. Einen größeren Abstand stellen Sie im Fenster *Absatz* her. Achten Sie darauf, dass die erste Textebene markiert ist, bzw. sich der Cursor hier befindet und klicken Sie auf das Pfeilsymbol ⬓ der Gruppe *Absatz*. Vergrößern Sie dann unter *Einzug* den Wert im Feld *Innerhalb von*, z. B. auf 1,2 cm.

Bild 4.48 Einen größeren Abstand zwischen Aufzählungszeichen und Text herstellen

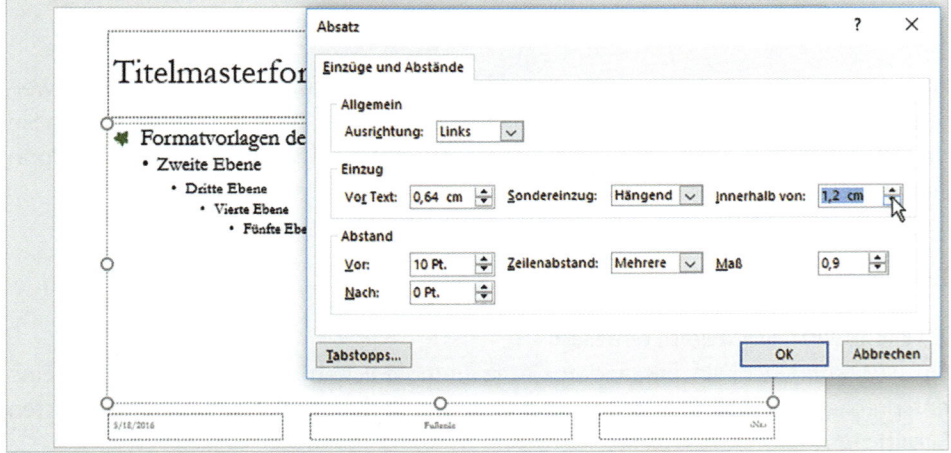

Als Aufzählungszeichen der Ebenen zwei und drei sollen Punkte in grüner Farbe dienen. Klicken Sie in die Ebene 2 und öffnen Sie erneut das Fenster *Nummerierung und Aufzählungszeichen*. Wählen Sie einen kleineren ausgefüllten Punkt und die Farbe grün. Genauso verfahren Sie mit Ebene drei, hier wählen Sie ein etwas helleres Grün. Da die übrigen Gliederungsebenen in unserer Präsentation nicht benötigt werden, können Sie diese in der Ansicht *Folienmaster* ignorieren.

Bild 4.49 Die Aufzählungszeichen der Ebenen eins bis drei wurden geändert.

Abstände zwischen Absätzen vergrößern

In diesem Beispiel sollen nur in Folien mit dem Layout *Titel und Inhalt* die Abstände zwischen den Absätzen vergrößert werden. Klicken Sie daher in der Ansicht *Folienmaster* auf das entsprechende Masterlayout und markieren Sie wieder die erste Textebene. Öffnen Sie das Fenster *Absatz* und wählen Sie als *Abstand vor* 30 Pt. und als *Abstand nach* 12 Pt. Der Zeilenabstand kann beibehalten werden.

Folienlayouts ändern

Fußzeile gestalten

Als wiederkehrende Fußzeile werden nur Foliennummer und Firmenname benötigt, die Foliennummer soll ganz rechts unten in etwas größerer und heller Schrift erscheinen, der Firmenname dagegen unten links.

1   Formatierung und Positionierung nehmen Sie in der Ansicht *Folienmaster* vor. Da die Einstellungen für die gesamte Präsentation gelten sollen, markieren Sie hier die erste Folie, den Folienmaster.

2   Verschieben Sie den Platzhalter *Foliennummer* ganz nach rechts, vergrößern Sie die Schrift auf etwa 18 Pt. und verwenden Sie als Schriftfarbe, je nach Hintergrund, grau oder hellgrün. Achten Sie auch darauf, dass der Inhalt rechtsbündig ausgerichtet sein muss.

3   Die Fußzeile rücken Sie ganz nach links, eventuell müssen Sie auch noch die Textausrichtung auf linksbündig ändern. Falls gewünscht, ändern Sie auch hier Schriftfarbe und -größe. Der Platzhalter *Datum* wird nicht benötigt und daher gelöscht.

4   **Achtung:** Die Inhalte der Fußzeile müssen Sie gesondert eingeben. Klicken Sie dazu auf das Register *Einfügen* und hier auf *Kopf- und Fußzeile* und aktivieren Sie

die Kontrollkästchen *Foliennummer*, *Fußzeile* und *Auf Titelfolie nicht anzeigen*. Geben Sie hier außerdem den Text der Fußzeile ein. Das Ergebnis könnte etwa so aussehen, wie im Bild unten.

Platzhalter für Inhalte verkleinern

Im Layout *Titel und Inhalt* soll der Platzhalter für Inhalte bzw. Text etwas eingerückt und der Abstand zur Überschrift vergrößert werden. Diese Bearbeitung nehmen Sie am Masterlayout *Titel und Inhalt* vor.

> **Tipp:** Am besten testen Sie zwischendurch das Ergebnis, indem Sie die Präsentation in der Ansicht *Bildschirmpräsentation* anzeigen. Sie brauchen dazu die Ansicht *Folienmaster* nicht schließen, klicken Sie einfach auf das Symbol *Bildschirmpräsentation* entweder in der Statusleiste oder in der Symbolleiste für den Schnellzugriff.

Bild 4.50 Das Ergebnis

Alles aus einer Hand

- Kostenlose Erstberatung
- Planung, auf Wunsch auch in 3D
- Fachgerechte Ausführung

Landschaftsgärtnerei Max Schluder   3

Ein zweites Layout ohne Überschrift hinzufügen

Falls Sie dieses Layout ein zweites Mal ohne Überschrift benötigten, so duplizieren Sie das Layout, entfernen dann den Titelplatzhalter und vergrößern den Platzhalter Inhalt entsprechend nach oben.

Eine persönliche Titelfolie gestalten

Im nächsten Schritt gestalten Sie das Masterlayout der Titelfolie: Wählen Sie beispielsweise einen einfarbigen Hintergrund oder ein Bild. Bei einem Bild sollten Sie darauf achten, dass der Text trotzdem gut lesbar bleibt indem Sie z. B. die Transparenz erhöhen, den Platzhalter an eine hellere Stelle verschieben oder dem Platzhalter eine helle Füllfarbe verpassen.

4.8   WordArt-Effekte zur Textgestaltung

Unter den Bezeichnung WordArt steht in PowerPoint eine Sammlung grafischer Schrifteffekte zur erweiterten Textformatierung zur Verfügung. Farben und Effekte der Vorlagen sind abhängig vom verwendeten Design, Sie können diese aber anschließend beliebig anpassen. Beachten Sie aber, dass diverse Schatten-, Leucht- und Spiegelungseffekte nicht unbedingt professionell wirken oder zur besseren Lesbarkeit beitragen. Diese Effekte sollten daher mit Vorsicht eingesetzt werden. Zum Einfügen von WordArt benutzen Sie eine der folgenden Möglichkeiten:

WordArt: Grafische Schrifteffekte, diese dürften vielen Anwendern von Microsoft Word bekannt sein.

Markierten Text formatieren

Um bereits vorhandenen Text mit WordArt zu formatieren, markieren Sie diesen bzw. das Platzhalterfeld und klicken auf das Register *Zeichentools - Format*. Klicken Sie in der Gruppe *WordArt-Formate* auf die Schaltfläche *Weitere* ⬟.

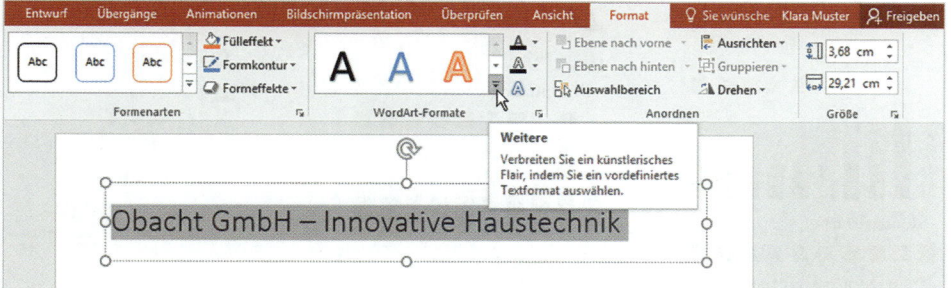

Bild 4.51 Markierten Text mit WordArt formatieren

Der WordArt-Katalog wird geöffnet, beim Zeigen auf eine Vorlage sehen Sie in der Folie am markierten Text eine Vorschau, erst mit Klick wird die Auswahl übernommen.

Bild 4.52 Vorschau beim Zeigen

WordArt als gesondertes Textfeld einfügen

Alternativ können Sie ein neues WordArt-Objekt, vergleichbar einem Textfeld, einfügen und hier anschließend Ihren Text eingeben. Klicken Sie hierzu im Register *Einfügen* ▸ *Text* auf die Schaltfläche *WordArt* und wählen Sie eine Vorlage, der Katalog ist derselbe. PowerPoint fügt ein Platzhalterfeld mit Beispieltext ein, dieser ist bereits markiert und Sie brauchen nur noch Ihren Text über die Tastatur eingeben.

Bild 4.53 WordArt als Textfeld einfügen

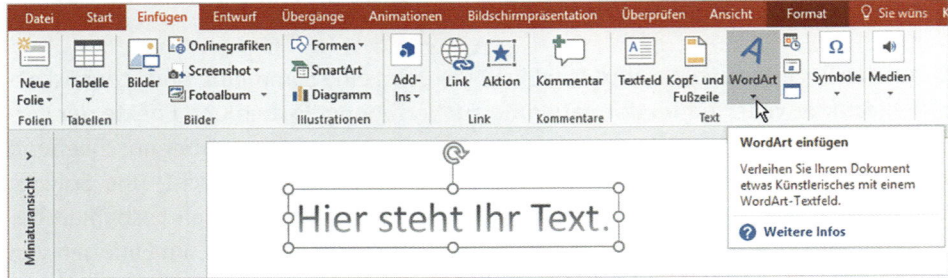

WordArt bearbeiten

Zur weiteren Bearbeitung bzw. Anpassung des WordArt-Textes verwenden Sie im Register *Zeichentools - Format*, Gruppe *WordArt-Formate*, die Schaltflächen *Textfüllung*, *Textkontur* und *Texteffekte* oder wählen eine andere Vorlage.

Bild 4.54 Textfüllung, Textkontur und Texteffekte

Hinweis: Über die Schaltfläche *Texteffekte* finden Sie unter *Transformieren* auch die beliebten Textverzerrungen, Wellen usw.. Allerdings wirken diese eher unprofessionell.

WordArt-Effekte entfernen

Um die WordArt-Effekte wieder vom Text zu entfernen, markieren Sie den Text bzw. das Textfeld und klicken im Register *Zeichentools - Format* ▸ *WordArt-Formate* auf die Schaltfläche Weitere ⏷. Wählen Sie dann *WordArt löschen*, siehe Bild 4.52.

4.9 Zusammenfassung

▶ Genau wie Word verfügt auch PowerPoint über eine automatische Rechtschreibprüfung, die alle Wörter kennzeichnet, die nicht im Wörterbuch enthalten sind. Diese Markierungen erscheinen später nicht in der Präsentation. Am einfachsten nehmen Sie Korrekturen bereits während der Eingabe vor, indem Sie mit der rechten Maustaste in ein, als Fehler gekennzeichnetes Wort klicken und die korrekte Schreibweise auswählen. Für abschließende Kontrollen starten Sie dagegen im Register *Überprüfen* die Rechtschreibprüfung von Beginn an. Im Gegensatz zur Rechtschreibprüfung nimmt die Autokorrektur während der Eingabe automatische Korrekturen vor, z. B. bei Buchstabendrehern.

▶ Die gesamte Texteingabe erfolgt in Platzhalterfelder, sollte der Text nicht mehr in ein Feld passen, so verkleinert PowerPoint die Schrift automatisch. Anstelle dieser automatischen Anpassung können Sie auch ein zweispaltiges Layout wählen oder den Text auf der nächsten Folie fortführen. Wird weiterer Text in einer Folie benötigt, so muss dazu ein Textfeld eingefügt werden.

▶ Bei den Textformaten unterscheidet PowerPoint zwischen Schrift- und Absatzformaten. Neben den herkömmlichen Methoden der Markierung können Sie mit Klick auf die Rahmenlinie auch ein Platzhalterfeld markieren, dann bezieht sich die Formatierung automatisch auf das gesamte Feld. Die Schaltflächen und Symbole dazu finden Sie im Register *Start* in den gleichnamigen Gruppen. Weitergehende Möglichkeiten erhalten Sie in einem Dialogfenster, das Sie mit Klick auf das Pfeilsymbol der jeweiligen Gruppe öffnen.

▶ In der Folie sollten Sie nur in Ausnahmefällen und nur einzelne Elemente formatieren. Formatänderungen, die auf den Text der gesamte Präsentation auswirken sollen, nehmen Sie besser in der Ansicht *Folienmaster* vor. Diese Ansicht dient nicht zur Texteingabe, sondern ausschließlich zur Gestaltung von Folien und Folienlayouts! Aus diesem Grund enthalten die Platzhalter auch den Hinweis *Format ... durch Klicken bearbeiten*. Etwaiger Text, den Sie in dieser Ansicht in die Platzhalter eingeben, erscheint später nicht in der Präsentation.

▶ PowerPoint unterscheidet in der Ansicht *Folienmaster* zwischen dem Folienmaster und einzelnen Masterlayouts. Formatierungen, die Sie am Folienmaster vornehmen, z. B. Änderung eines Aufzählungszeichens, wirken sich auf alle Folien der Präsentation aus. Wenn Sie dagegen eines der Masterlayouts bearbeiten, dann hat dies nur Wirkung auf Folien, die auf diesem Layout basieren. Über die Masterlayouts steuern Sie auch Position und Größe der Platzhalter, dies gilt sowohl für Inhalte als auch für wiederkehrende Elemente wie Foliennummer, Datum und eine etwaige Fußzeile mit beliebigem Text. Sie können auf diese Weise die Standardlayouts beliebig anpassen und zusätzlich eigene Layouts erstellen.

5 Umgang mit grafischen Elementen

In diesem Kapitel lernen Sie...

- Bilder einfügen, platzieren und bearbeiten
- Grafische Gestaltungsmöglichkeiten mit Formen
- Folienobjekte ausrichten
- Ein Diagramm einfügen
- Diagramme für Präsentationszwecke optimieren

Das sollten Sie bereits wissen

- Text eingeben und formatieren
- Umgang mit Folienlayouts
- Design und Farben anpassen
- Folienmaster und Masterlayouts in der Masteransicht bearbeiten

Text und Zahlen sind für sich abstrakt, visualisieren Sie daher wichtige Sachverhalte mit Grafiken und Bildern. Fast alle PowerPoint-Layouts sehen nicht nur reine Texteingabe vor, sondern bieten auch die Möglichkeit, grafische Elemente einzufügen. Die Platzhalter dieser Layouts sind mit entsprechenden Symbolen gekennzeichnet. Zusätzliche Hilfsmittel der Visualisierung sind vielfältige Formen, die Sie einfügen und beliebig gestalten können.

5.1   Bilder und Grafiken

Bild oder Grafik einfügen

Um eine Grafik einzufügen, wählen Sie am einfachsten ein Folienlayout mit einem entsprechenden Platzhalterfeld und klicken anschließend im Platzhalter auf das entsprechende Symbol.

Hinweis: Soll eine Grafik, z. B. ein Firmenlogo, auf jeder Folie erscheinen, so müssen Sie diese in der Ansicht *Folienmaster* einfügen, siehe Kapitel 4.

Bild aus Datei einfügen

Befindet sich das Bild als Grafikdatei auf der Festplatte, auf einem, am PC angeschlossenen Datenträger, z. B. CD oder DVD oder in einem OneDrive-Ordner, dann klicken Sie auf das Symbol *Bilder*. Es öffnet sich das Fenster *Grafik einfügen*. Wählen Sie den Speicherort aus, an dem sich die Datei befindet, markieren Sie das Bild und klicken Sie auf *Einfügen*. Alternativ und schneller lässt sich das Bild auch mit Doppelklick einfügen.

Bild 5.1 Bild aus Datei einfügen

Auch OneDrive kann hier als Speicherort ausgewählt werden.

Achten Sie darauf, dass hier *Alle Grafiken* ausgewählt ist, da sonst keine Grafikdateien angezeigt werden.

Onlinegrafik einfügen

Wenn Sie dagegen das Web mit Hilfe des Suchdienstes Bing nach einem geeigneten Bild durchsuchen möchten, dann klicken Sie auf das Symbol *Onlinegrafiken*.

1 Damit wird das Fenster *Bilder einfügen* geöffnet. Klicken Sie in das Eingabefeld *Bing-Bildersuche* und geben Sie einen oder mehrere Suchbegriffe ein. Mit Klick auf die Lupe starten Sie die Suche.

2 Anschließend werden die Ergebnisse der Suche aufgelistet. Zum Einfügen markieren Sie mit einem Mausklick das gewünschte Bild, damit wird in dessen linker oberer Ecke ein Häkchen sichtbar.

> **Tipp:** Sie können auf diese Weise auch gleich mehrere Bilder auswählen bzw. markieren, ein weiterer Klick auf das Bild entfernt das Häkchen und hebt die Auswahl wieder auf.

3 Klicken dann auf die Schaltfläche *Einfügen*.

Bild 5.2 Onlinegrafik suchen und einfügen

Nur Creative Commons anzeigen

Markiertes Bild

> **Was Sie bei Verwendung von Bildern aus dem Web beachten müssen**
>
> Als Suchergebnisse erhalten Sie zunächst nur Bilder und Grafiken, die unter Creative Commons lizenziert sind. Das bedeutet, Sie erhalten Nutzungsrechte, die über das Urheberrecht hinausgehen, in der einfachsten Form beinhaltet dies nur die Nennung des Namens des Rechteinhabers. Weitere Informationen erhalten Sie, wenn Sie auf den Link unterhalb eines Bildes klicken, dieser wird sichtbar, sobald Sie auf das Bild zeigen.
>
> Allgemeine Informationen zum Thema Creative Commons-Lizenzen können Sie einsehen, wenn Sie auf den Link unterhalb der Suchergebnisse klicken.

Mit Hilfe von Bing können Sie unterhalb der Eingabezeile die Suchergebnisse noch weiter filtern und zwar nach Größe, Typ, Farbe und Nutzungsrechten. Ein Klick auf *Filter löschen* hebt alle Filter wieder auf.

Bildersuche im Browser

Als Alternative können Sie auch im Browser, z. B. Microsoft Edge nach Bildern suchen. Die Bing-Suche unterstützt hier ebenfalls Lizenzierungsfilter neben diversen anderen Filtern.

1 Dazu rufen Sie im Browser bing.com auf und klicken auf *Bilder*. Geben Sie dann im Feld *Suchen* einen oder mehrere Suchbegriffe ein.

2 Klicken Sie anschließend auf *Lizenz* und wählen Sie eine Lizenzierungsoption aus, z. B. *Öffentliche Domäne*.

Bild 5.3 Lizenzierungsfilter bei der Bildersuche nutzen

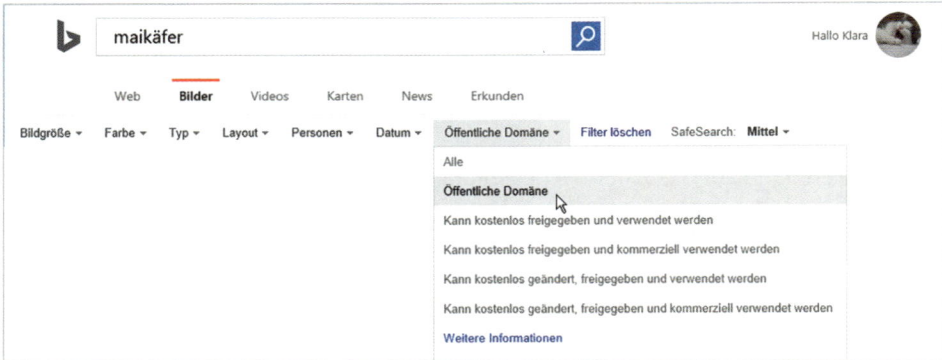

3 Klicken Sie auf das gewünschte Bild, um es in Originalgröße anzuzeigen.

4 Klicken Sie mit der rechten Maustaste in das Bild und entweder auf *Bild kopieren* oder auf *Bild speichern unter*, wenn Sie eine Kopie des Bildes lokal speichern möchten.

5 Haben Sie das Bild in die Zwischenablage kopiert (Bild kopieren), so können Sie es anschließend im Register *Start*, Gruppe *Zwischenablage* und der Schaltfläche *Einfügen* oder mit der Tastenkombination Strg+V in die Folie einfügen. Wurde das Bild als Datei gespeichert, so gehen Sie wie zuvor beschrieben vor.

Bild ohne Platzhalter einfügen

Nicht in allen Fällen verfügt die Folie über einen entsprechenden Platzhalter. Vielleicht möchten Sie beispielsweise in die Titelfolie ein Bild oder ein Firmenlogo einfügen. Dann klicken Sie dazu auf das Register *Einfügen* und verwenden je nach Speicherort die Schaltfläche *Bilder* oder *Onlinegrafiken*.

Bild 5.4 Register Einfügen - Bilder einfügen

Die weitere Vorgehensweise unterscheidet sich nicht von der oben beschriebenen. Allerdings wird die Bildgröße nicht automatisch an die Größe des Platzhalters angepasst, Sie müssen also die Größenänderung und Platzierung selbst vornehmen, wie Sie dabei vorgehen, erfahren Sie im nächsten Punkt.

Bild markieren

Vor der weiteren Bearbeitung müssen Sie ein Bild markieren, dazu genügt ein einfacher Mausklick an eine beliebige Stelle des Bildes. Markierte Bilder sind, wie alle Folienobjekte, am Markierungsrahmen mit den Ziehpunkten in den Ecken und der Mitte jeder Seite zu erkennen. Gleichzeitig erscheint oberhalb des Bildes ein Symbol, mit dessen Hilfe Sie das Objekt frei drehen können.

Zusammen mit dem markierten Bild ist im Menüband das *Bildtools*-Register *Format* mit verschiedenen Schaltflächen zur Bearbeitung verfügbar.

Bild löschen

Um ein markiertes Bild wieder aus der Folie zu entfernen, betätigen Sie auf der Tastatur entweder die Entf-Taste oder die Korrektur-Taste.

Bild 5.5 Ein markiertes Bild

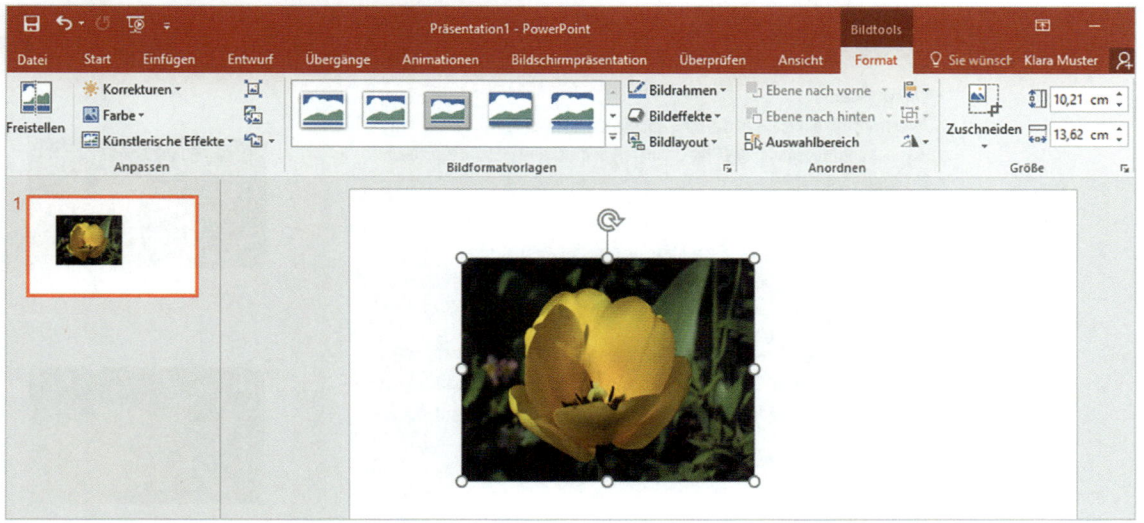

Bildgröße, Drehung und Position

Größenänderung und Positionierung eines zuvor markierten Bildobjekts nehmen Sie am einfachsten mit der Maus vor.

Bild vergrößern/verkleinern

Zeigen Sie auf einen der Eckpunkte des Markierungsrahmens. Sobald als Mauszeiger ein Doppelpfeil erscheint, ziehen Sie mit gedrückter linker Maustaste in eine der beiden Richtungen, um das Bild zu vergrößern oder zu verkleinern.

Achtung: wenn Sie ausschließlich die Eckpunkte zur Größenänderung benutzen, dann wird das ursprüngliche Seitenverhältnis automatisch beibehalten. Die Markierungspunkte in der Mitte jeder Seite lassen dagegen nur horizontale oder vertikale Änderungen zu und das Bild wird dadurch verzerrt, siehe Abbildung unten.

Bild 5.6 Größenänderung mit der Maus

Eine Übersicht über die Mauszeiger und damit verbundenen Mausaktionen

Sie möchten...	Mauszeiger
Verschieben Zeigen Sie mit der Maus in das Bild. Am Mauszeiger werden vier Richtungspfeile sichtbar und Sie können das Objekt nun mit gedrückter Maustaste in beliebige Richtung verschieben. Wenn sich bereits ein anderes Objekt in der Folie befindet, so erscheinen automatisch Hilfslinien, die die Ausrichtung an diesem Objekt erleichtern.	
Größe ändern Zeigen Sie mit der Maus auf einen der Eckpunkte. Sie erhalten als Mauszeiger einen Doppelpfeil und können anschließend mit gedrückter Maustaste das Bild diagonal vergrößern oder verkleinern. Das Seitenverhältnis wird automatisch beibehalten.	
Grafik drehen Zeigen Sie mit der Maus auf das Drehsymbol in der Mitte oberhalb des Bildes. Der Mauszeiger verwandelt sich in einen kreisförmigen Pfeil und Sie können mit gedrückter Maustaste das Bild frei drehen.	

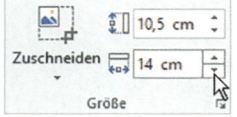

Falls erforderlich, können Sie im Register *Format*, Gruppe *Größe*, Maße für die exakte Bildgröße vorgeben. Geben Sie die gewünschte Höhe oder Breite in das entsprechende Feld ein, das Seitenverhältnis wird automatisch beibehalten.

Bildgröße und -position im Aufgabenbereich Grafik formatieren steuern

Neben einer exakten Größe können Sie im Aufgabenbereich *Grafik formatieren* eine Grafik auch prozentual vergrößern oder verkleinern.

1 Öffnen Sie den Aufgabenbereich *Grafik formatieren*, indem Sie im Register *Format* auf das Pfeilsymbol ⌐ der Gruppe *Größe* klicken.

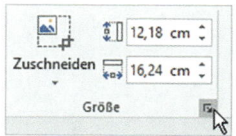

2 Klicken Sie im Aufgabenbereich auf das Symbol *Größe und Eigenschaften* 🖼 und geben Sie dann entweder in die Felder *Höhe* oder *Breite* das gewünschte Maß ein oder tragen Sie bei *Höhe/Breite skalieren* einen Prozentwert ein.

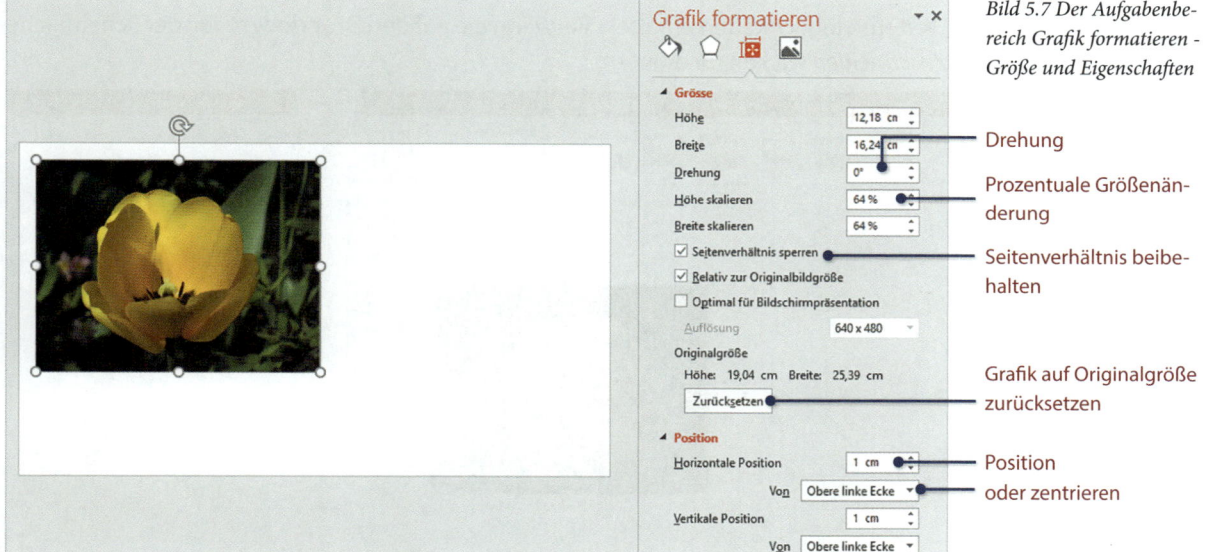

Bild 5.7 Der Aufgabenbereich Grafik formatieren - Größe und Eigenschaften

> Um ein Verzerren zu verhindern, muss das Kontrollkästchen *Seitenverhältnis sperren* aktiviert sein. Bei einer prozentualen Größenangabe sollte außerdem das Kontrollkästchen *Relativ zur Originalbildgröße* aktiviert sein.

Mit der Schaltfläche *Zurücksetzen* können Sie alle Größenänderungen zurücknehmen und das Bild wieder in der Originalgröße anzeigen.

Bildposition/Bild zentrieren

Unterhalb des Abschnitts *Grösse* können Sie zusätzlich die exakte horizontale und vertikale Position auf der Folie angeben bzw. die Grafik exakt zentrieren (siehe Bild oben).

Bild drehen/spiegeln

Möchten Sie das Bild in einen bestimmten Winkel drehen oder spiegeln, dann klicken Sie im Register *Bildtools - Format*, Gruppe *Anordnen*, auf das Symbol *Objekte drehen* und wählen die gewünschte Drehung bzw. Spiegelung. Ein Klick auf *Weitere Drehungs-*

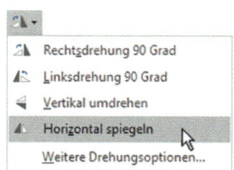

optionen... öffnet den Aufgabenbereich *Grafik formatieren* und Sie können unter *Grösse* im Feld *Drehung* einen beliebigen Winkel eingeben.

Bild zuschneiden

Möchten Sie die Größe beibehalten und/oder einen Teil des Bildes wegschneiden, dann verwenden Sie dazu im Register *Format*, Gruppe *Größe*, die Schaltfläche *Zuschneiden*. Nachdem Sie auf das Symbol geklickt haben, können Sie mit gedrückter Maustaste das Bild an den dafür gekennzeichneten Stellen zuschneiden.

Weitere Möglichkeiten erhalten Sie, wenn Sie auf den Dropdown-Pfeil der Schaltfläche *Zuschneiden* klicken (Bild unten).

Bild 5.8 Bild zuschneiden

▶ *Auf Form zuschneiden* erlaubt das Zuschneiden auf eine beliebige Form, zum Beispiel Ellipse.

▶ Mit der Auswahl *Seitenverhältnis* schneiden Sie das Bild auf ein bestimmtes Seitenverhältnis zu, ohne dabei die Originalproportionen zu ändern. Anschließend verschieben Sie das Bild mit der Maus, um einen Bildbereich auszuwählen. Sie sehen zunächst die Vorschau, die grauen abgeschnittenen Bereiche verschwinden erst, wenn Sie mit der Maus an einen beliebige Stelle klicken.

Als Alternative können Sie in einem zweiten Schritt die Größe des Bildes an den neuen Bildbereich anpassen, dazu klicken Sie auf *Einpassen*.

Bild 5.9 Auf Seitenverhältnis zuschneiden

Bild 5.10 Auf Form zuschneiden

▶ Haben Sie den Bildbereich zuvor per Zuschneiden vergrößert, dann passt der Befehl *Füllbereich* das Bild automatisch und unter Beibehaltung des Seitenverhältnisses an die neue Bildgröße an.

Bild bearbeiten

Umfangreiche Bearbeitungsmöglichkeiten für das Bild selbst finden Sie im Register *Bildtools - Format* in der Gruppe *Anpassen*. Hier können Sie z. B. Bildkorrekturen vornehmen, den Farbton ändern und verschiedene Effekte auf das Bild anwenden. Im Vergleich zu einem professionellen Bildbearbeitungsprogramm verfügt PowerPoint auf diesem Gebiet allerdings nur über eingeschränkte Möglichkeiten.

Bild 5.11 Beispiel: Künstlerische Effekte

Bildbereiche entfernen

Zum Entfernen bestimmter Bildbereiche, z. B. des Hintergrunds, klicken Sie auf *Freistellen*. Das Register *Freistellen* erscheint und Sie können nun über die Schaltflächen *Zu behaltende Bereiche markieren* und *Zu entfernende Bereiche markieren* per Mausklick angeben, welche Teile des Bildes entfernt werden sollen. Klicken Sie dann auf *Änderungen beibehalten*, um das Ergebnis in die Folie zu übernehmen.

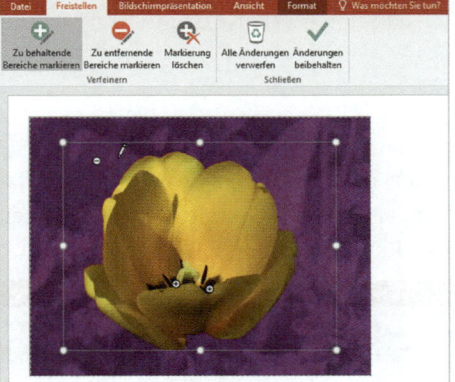
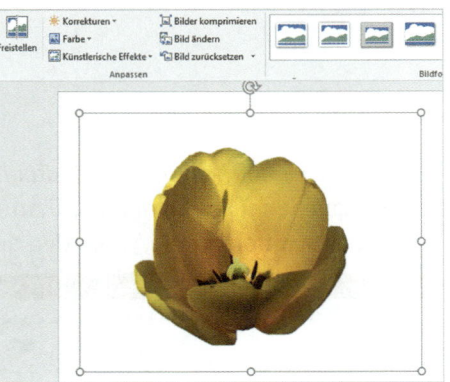

Bild 5.12 Freistellen und Hintergrund entfernen

Bilder komprimieren, um den Speicherplatzbedarf zu verringern

Enthält Ihre Präsentation sehr viele Fotos oder möchten Sie die Präsentation per E-Mail versenden, dann sollten Sie zuvor die Bilder komprimieren und so die Dateigröße verringern. Für Bildschirmpräsentationen eignet sich die Option *Web* als *Zielausgabe* am besten. Um auf diese Weise gleich alle Bilder der Präsentation zu komprimieren, deaktivieren Sie das Kontrollkästchen *Nur für dieses Bild übernehmen*.

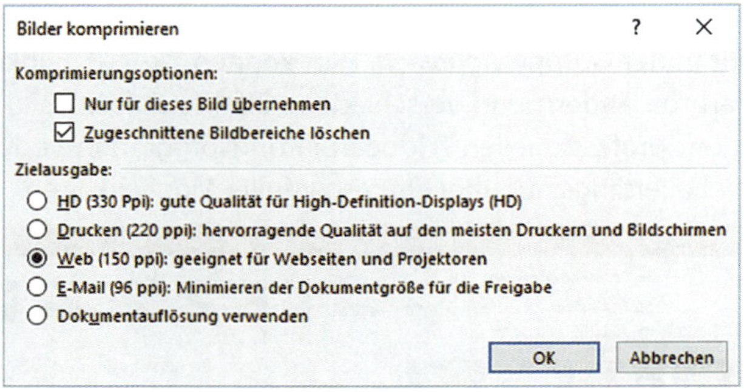

Bild 5.13 Bilder komprimieren

Die weiteren Möglichkeiten im Überblick

Befehl/Symbol	Beschreibung
Korrekturen	Erlaubt Anpassungen von Schärfe, Helligkeit und Kontrast.
Farbe	Farbsättigung und Farbton ändern bzw. das Bild neu einfärben, z. B. Graustufen oder schwarzweiß. Hier finden Sie auch den Befehl *Transparente Farbe bestimmen*, mit dem Sie beispielsweise einen einfarbigen Hintergrund transparent machen.
Künstlerische Effekte	Verschiedene Effekte zum Verfremden von Bildern (siehe Bild oben).
Bild ändern	Das markierte Bild durch ein anderes ersetzen, Größe und alle Formatierungen werden beibehalten.
Bild zurücksetzen	Ein Klick auf den Dropdown-Pfeil erlaubt die Wahl zwischen zwei Möglichkeiten: *Bild zurücksetzen* bedeutet, alle Formatänderungen zurücknehmen. Mit *Bild und Größe zurücksetzen* erhält das Bild auch seine ursprüngliche Größe wieder.

Die Effekte der Vorlagen beruhen auf dem verwendeten Design bzw. den Effekten, die Sie im Register Entwurf ▸ Varianten unter Effekte ausgewählt haben.

Rahmen und Bildeffekte hinzufügen

Die Gruppe *Bildformatvorlagen* (*Bildtools - Format*) enthält eine Sammlung von Vorlagen verschiedener Rahmen- und Schatteneffekte als schnelle Gestaltungshilfe. Klicken Sie auf das Symbol *Weitere* ▾, um den gesamten Katalog auf einen Blick zu öffnen.

Bild 5.14 Bildformatvorlagen

Möchten Sie dagegen anstelle der Vorlagen eigene Rahmen und Bildeffekte zusammenstellen, dann benutzen Sie in derselben Gruppe die Schaltflächen *Bildrahmen* und *Bildeffekte*.

► Einen einfachen Rahmen erhalten Sie über die Schaltfläche *Bildrahmen*: wählen Sie hier *Linienfarbe*, *Strichstärke* und *Strich*- bzw. Linienart aus oder benutzen Sie das Werkzeug *Pipette*, um beispielsweise eine Farbe aus dem Bild als Rahmenfarbe festzulegen.

► Verschiedene Schatten- Spiegelungs- Leucht- und 3D-Effekte erhalten Sie über die Schaltfläche *Bildeffekte* zur Auswahl.

Bild 5.15 Beispiel Bildeffekte

Aufgabenbereich Grafik
formatieren anzeigen

Weitere Effekte im Aufgabenbereich Grafik formatieren
Weitere Effekte finden Sie im Aufgabenbereich *Grafik formatieren*. Klicken Sie zum Anzeigen des Aufgabenbereichs entweder auf das Pfeilsymbol ◹ der Gruppe *Bildformatvorlagen* oder bei den einzelnen Effekten jeweils auf *...Optionen...*.

Effekte bearbeiten

Bild 5.16 Grafik formatieren: Schatteneinstellungen

Klicken Sie im Aufgabenbereich auf das Symbol *Effekte* ⬠. Hier lassen sich in den einzelnen Abschnitten die Effekte detailliert bearbeiten. So können Sie beispielsweise, wie im Bild oben, Farbe, Transparenz, Größe, Winkel und Abstand eines Schatteneffekts regeln. Gleiches gilt auch für 3D-Einstellungen.

5.2   Spezialthema: Fotoalbum erstellen

Im Register *Einfügen* finden Sie in der Gruppe *Bilder* auch noch die Schaltfläche *Fotoalbum*. Hierbei handelt es sich allerdings nicht um eine Methode zum Einfügen von Bildern, sondern PowerPoint erstellt eine neue Präsentation in Form eines Fotoalbums. Auf diese Weise können Sie beispielsweise eine Sammlung von Urlaubsbildern zusammenstellen und anschließend als Bildschirmpräsentation vorführen.

1   Klicken Sie im Register *Einfügen* auf *Fotoalbum* bzw. wählen Sie nach einem Klick auf den Dropdown-Pfeil *Neues Fotoalbum...*.

2   Im Fenster *Fotoalbum* erstellen Sie nun Ihr Fotoalbum. Im ersten Schritt klicken Sie unter *Bild einfügen aus* auf die Schaltfläche *Datei/Datenträger...* und wählen die gewünschten Bilder aus.

Mehrere Elemente markieren Sie mit gleichzeitig gedrückter Strg-Taste.

3   Markieren Sie im Fenster *Neue Bilder einfügen* ein Bild oder auch gleich mehrere Bilder und klicken Sie auf *Einfügen*. Auf diese Weise wählen Sie nacheinander alle benötigten Bilder aus.

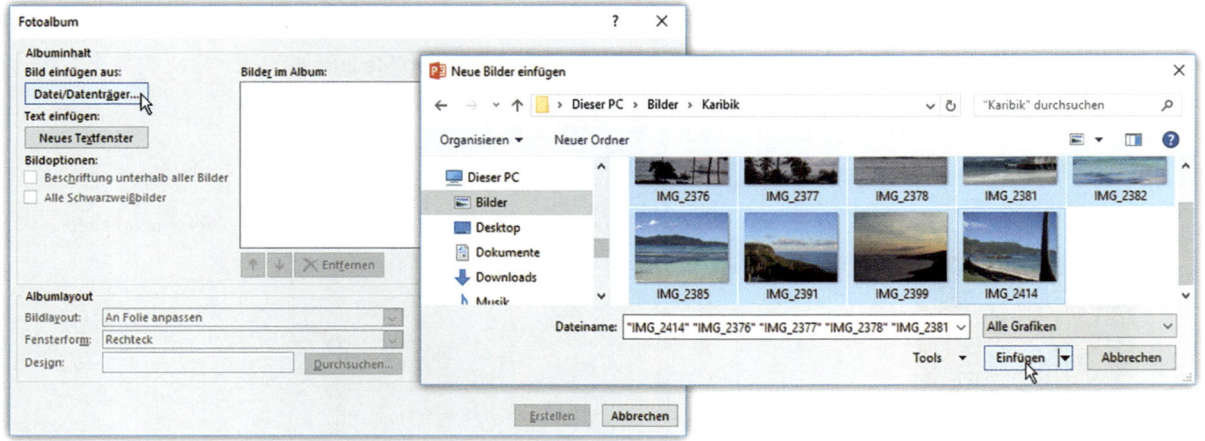

Bild 5.17 Neues Fotoalbum
- Bilder einfügen

4   Falls gewünscht, können Sie anschließend die Bilder bearbeiten: Markieren Sie in der Liste der ausgewählten Bilder das Bild mit einem Klick in das kleine Kästchen. Rechts daneben erhalten Sie eine Vorschau und können mit Hilfe der Symbole unterhalb das Bild drehen oder spiegeln sowie Kontrast und Helligkeit ändern.

Über die Pfeilschaltflächen verschieben Sie das Bild nach oben oder unten und ändern so die Reihenfolge, mit der Schaltfläche *Entfernen* wird das Bild aus dem Fotoalbum entfernt.

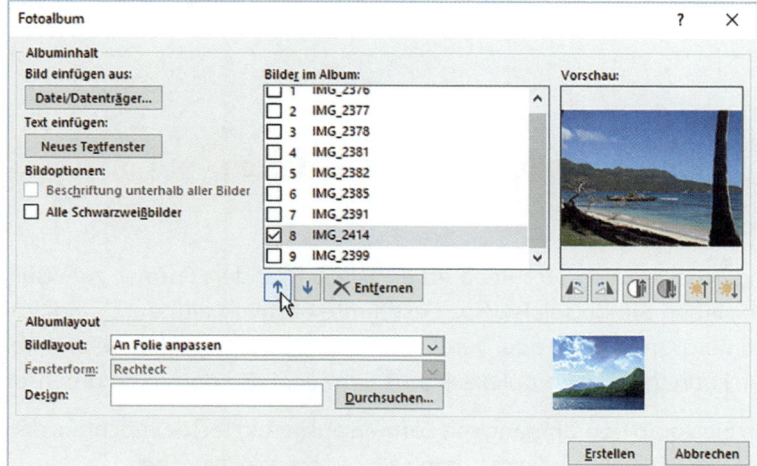

Bild 5.18 Einzelne Bilder auswählen und bearbeiten

5 Mit der Schaltfläche *Neues Textfenster* fügt PowerPoint, falls gewünscht, nach der Folie mit diesem Bild eine zusätzliche Folie mit einem Platzhalter für Text bzw. einem Textfeld ein, in das Sie nach Fertigstellung des Albums beliebigen Text eingeben können. Weitere Möglichkeiten erhalten Sie im Feld *Bildlayout*; wählen Sie hier zwischen einem oder mehreren Bildern je Folie oder einem Layout, das auch noch einen Titel enthält. Standardmäßig verwendet PowerPoint die Einstellung *An Folie anpassen*.

6 Auch das Design des Albums können Sie über die Schaltfläche *Durchsuchen...* auswählen. Falls Sie hier nichts angeben, erhält Ihr Fotoalbum mit dem Standarddesign einen schwarzen Hintergrund.

7 Klicken Sie zuletzt auf *Erstellen*. Sie erhalten anschließend eine komplette Präsentation einschließlich einer Titelfolie und brauchen nur noch den Präsentationstitel ändern und eventuell weitere Texte eingeben.

Bild 5.19 Das fertige Fotoalbum

Wenn Sie das Fotoalbum nachträglich bearbeiten möchten, beispielsweise um weitere Bilder hinzuzufügen, dann klicken Sie im Register *Einfügen* auf den Dropdown-Pfeil der Schaltfläche *Fotoalbum* und wählen *Fotoalbum bearbeiten...*. Darüber hinaus können Sie das Fotoalbum wie jede andere Präsentation nachträglich bearbeiten.

5.3 Formen zur Foliengestaltung einsetzen

Neben Bildern lassen sich auch Rechtecke, Pfeile und andere Formen zur Visualisierung einsetzen. Heben Sie beispielsweise bestimmte Sachverhalte durch einfache Rechtecke im Hintergrund hervor oder verdeutlichen Sie Zusammenhänge und Abläufe mit Pfeilen. Sie können sogar komplexe eigene Formen, z. B. Logos zusammensetzen.

Tipp: Wenn Sie vorab den Umgang mit Formen ausgiebig testen möchten, dann eignet sich dazu am besten eine Folie mit dem Layout *Leer* oder *Nur Titel*.

Form einfügen

PowerPoint verfügt, genau wie Word und Excel, über einen umfangreichen Formenkatalog, den Sie gleich an zwei Stellen finden.

▶ Klicken Sie im Register *Start*, Gruppe *Zeichnung*, auf das Symbol *Weitere* ⬇, um den gesamten Katalog anzuzeigen (Bild unten),

▶ oder öffnen Sie den Katalog im Register *Einfügen*, Gruppe *Illustrationen*, mit Klick auf den Dropdown-Pfeil der Schaltfläche *Formen*.

Bild 5.20 Formenkatalog öffnen

Klicken Sie auf die gewünschte Form, z. B. ein Rechteck. Der Mauszeiger nimmt in der Folie die Form eines Fadenkreuzes an, klicken Sie nun einfach an die gewünschte Stelle der Folie. Mit diese Methode wird die Form in ihrer Standgröße und ihren Standardproportionen eingefügt. Alternativ können Sie beim Einfügen die Form in beliebiger Größe und einem beliebigen Seitenverhältnis zeichnen. Dazu beginnen Sie an einem der Eckpunkte und ziehen mit gedrückter Maustaste, bis die Form die gewünschte Größe hat.

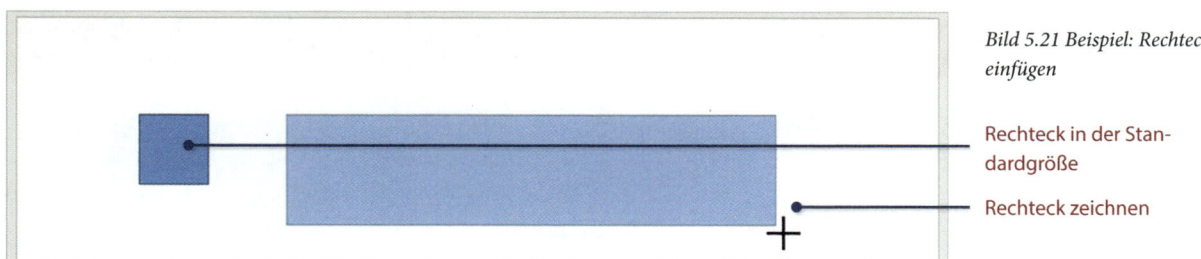

Bild 5.21 Beispiel: Rechteck einfügen

Rechteck in der Standardgröße

Rechteck zeichnen

Tipp: Damit auch beim Zeichnen das Seitenverhältnis der Form beibehalten wird, z. B. wenn Sie einen exakten Kreis anstatt einer Ellipse oder ein Quadrat benötigen, dann halten Sie während des Zeichnens zusätzlich die Umschalt-Taste (Shift) gedrückt.

Größe und Position ändern

Die Vorgehensweise beim Verschieben und der Größenänderung unterscheidet sich kaum von sonstigen PowerPoint-Objekten.

▶ Ein Mausklick markiert die Form und an den Ecken und in der Mitte jeder Seite werden Anfasspunkte sichtbar.

▶ Zum Verschieben zeigen Sie an eine beliebige Stelle der Form: Am Mauszeiger erscheinen vier Richtungspfeile und Sie können die Form an jede beliebige Stelle der Folie verschieben.

▶ Die Größenänderung nehmen Sie wieder über die Markierungs- bzw. Anfasspunkte vor. **Achtung:** Wenn das ursprüngliche Seitenverhältnis beibehalten werden soll, dann müssen Sie während des Ziehens mit der Maus die Umschalt-Taste gedrückt halten, dies gilt auch für die Eckpunkte!

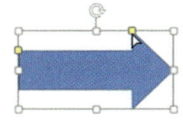

Einige Formen, z. B. Blockpfeile, verfügen über zusätzliche gelbe Markierungspunkte, an denen Sie durch Ziehen mit der Maus auch noch Winkel und Stärke des Pfeils ändern können.

Zusammen mit einer markierten Form ist im Menüband das Register *Zeichentools - Format verfügbar*. Die Möglichkeiten zur Größenänderung in diesem Register unterscheiden sich nicht vom Register *Bildtools*: Sie können entweder die genauen Maße in der Gruppe *Größe* eingeben oder über das Pfeilsymbol ⌐ dieser Gruppe den Aufgabenbereich *Form formatieren* öffnen.

Klicken Sie hier auf das Symbol *Größe und Eigenschaften* 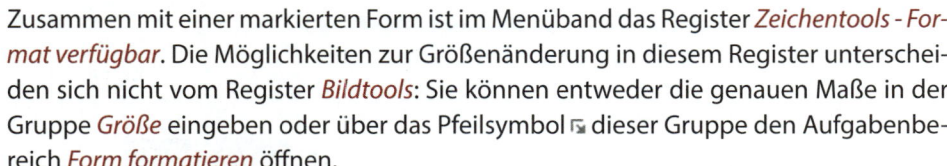. Im Abschnitt *Grösse* geben Sie die gewünschten Maße ein oder wählen eine prozentuale Skalierung.

> **Tipp:** Wenn Sie hier das Kontrollkästchen *Seitenverhältnis sperren* aktivieren, dann wird das Seitenverhältnis nicht geändert, dies gilt dann auch für die Größenänderung durch Ziehen mit der Maus.

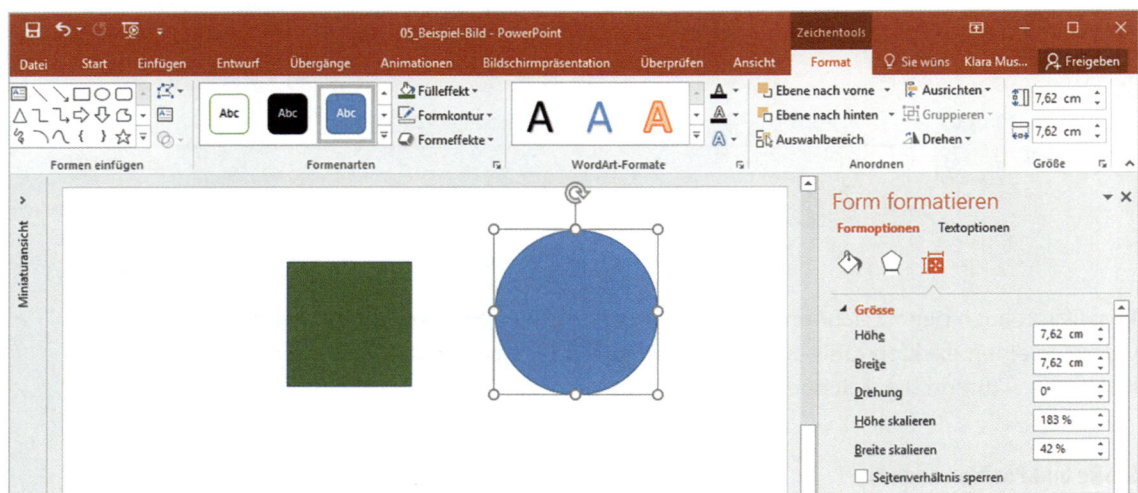

Bild 5.22 Form formatie-ren: Grösse

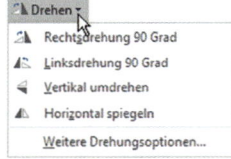

Form drehen und spiegeln

Wie jedes Objekt, können Sie auch eine Form über das Drehsymbol oberhalb der Markierung frei drehen. Für exaktes Drehen um 90 Grad oder horizontales bzw. vertikales Spiegeln klicken Sie im *Zeichentools* Register *Format* auf *Drehen* und wählen die gewünschte Einstellung. Der Befehl *Weitere Drehungsoptionen...* öffnet wieder den Aufgabenbereich *Form formatieren* (siehe oben) und Sie geben im Feld *Drehung* den gewünschten Winkel ein.

Text in eine Form einfügen

Der einzige Unterschied: die Größe der Form passt sich nicht automatisch an den Text an.

Siehe Kap. 4, Seite 95.

In vielen Fällen müssen Formen beschriftet werden, z. B. wenn es sich um eine Legende handelt. In solchen Fällen verhalten sich Formen genau wie Textfelder: Markieren Sie die Form mit einem Mausklick und tippen einfach über die Tastatur Ihren Text ein. Als Alternative klicken Sie mit der rechten Maustaste in die Form und auf *Text bearbeiten*. Für eventuelle spätere Änderungen am Text klicken Sie einfach mit der Maus in den Text; sofort erscheint an dieser Stelle wieder der Cursor.

Bild 5.23 Form beschriften, Beispiel Legende

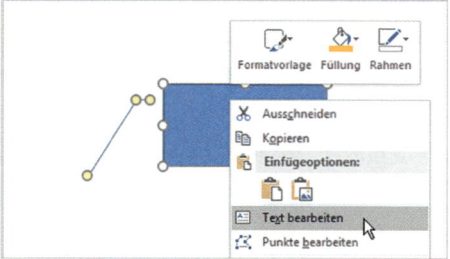 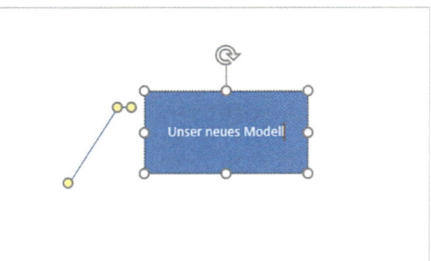

Das Aussehen des Textes in der Form richtet sich wieder nach der verwendeten Formatvorlage. Änderungen an der Formatierung nehmen Sie wie gewohnt über die Schaltflächen des Registers *Start* vor.

Weitere Ausrichtungsoptionen für Text finden Sie im Aufgabenbereich *Form formatieren*. Markieren Sie dazu die Form und klicken Sie auf das Pfeilsymbol ⌐ der Gruppe *Größe* (Register *Format*). Klicken Sie dann im Aufgabenbereich auf das Symbol *Größe und Eigenschaften* 🖾.

Blenden Sie den Abschnitt *Textfeld* ein. Neben der vertikalen Ausrichtung und Angabe der Ränder finden Sie hier auch Optionen zur automatischen Größenpassung.

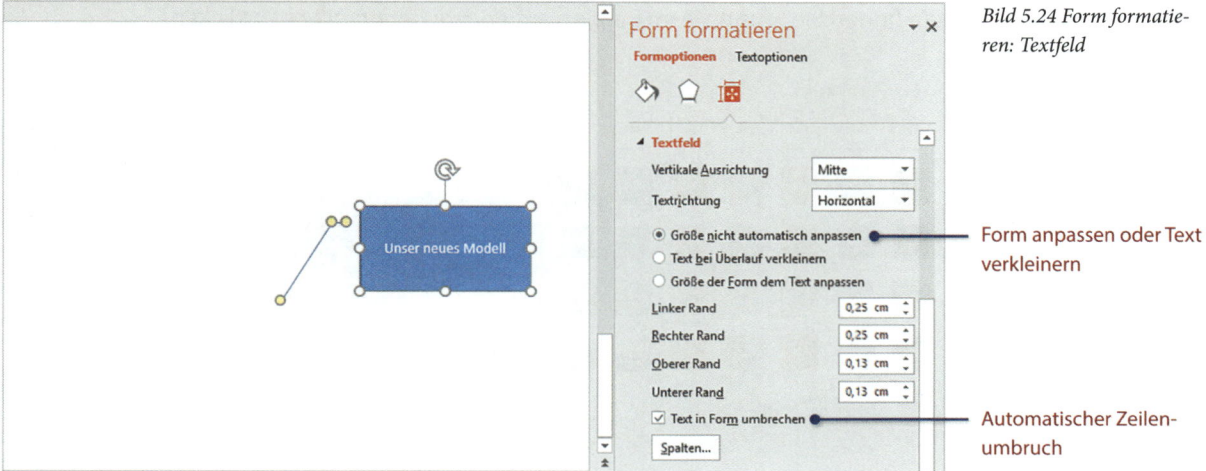

Bild 5.24 Form formatieren: Textfeld

5.4   Objekte mit Füllungen und Effekten versehen

Formen erhalten beim Einfügen automatisch eine Akzentfarbe des verwendeten Designs. Zahlreiche Gestaltungsmöglichkeiten, nicht nur für Formen, erhalten Sie im Menüband mit dem Register *Format* (*Zeichentools*), das beim Markieren einer Form automatisch erscheint.

> Die nachfolgend beschriebenen Gestaltungsmöglichkeiten beziehen sich nicht nur auf Formen sondern auch auf Textfelder und alle Platzhalterfelder der Folienlayouts. Für alle diese Objekte verwenden Sie zur Bearbeitung dasselbe Register *Format*, auch wenn nicht alle Möglichkeiten in jedem Fall sinnvoll sind.

Bild 5.25 Zeichentools - Format

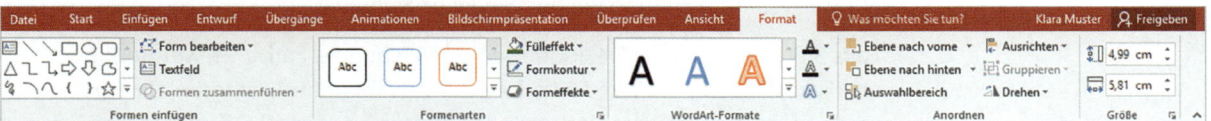

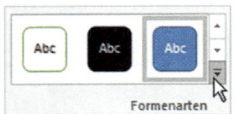

Formenarten

Bild 5.26 Eine Designfor-matvorlage wählen

Vorlagen verwenden

Die Gruppe *Formenarten* enthält verschiedene Vorlagen zur schnellen Gestaltung. Die Farben und weiterer Effekte, z. B. 3D und Schatten, sind abhängig vom Design. Ein Klick auf die Schaltfläche *Weitere* ⊡ öffnet den gesamten Katalog. Auch hier erhalten Sie in der Folie an der markierten Form eine Vorschau, wenn Sie mit der Maus auf eine Vorlage zeigen, erst mit einem Mausklick übernehmen Sie die Vorlage. Weitere Varianten finden Sie, wenn Sie im Katalog auf *Andere Designfüllungen* klicken.

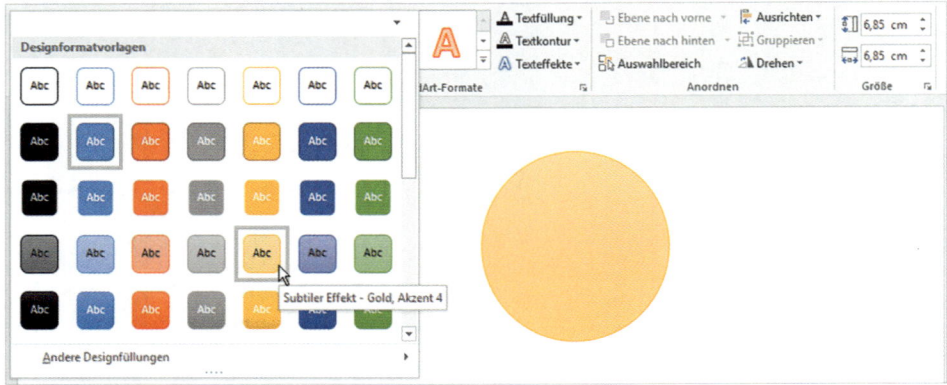

Tipp: Mit Hilfe dieser Vorlagen lässt sich beispielsweise eine Legende schnell ohne Füllfarbe und mit schwarzer Schrift formatieren. Auch Textfelder lassen sich hier mit Rahmen, Füllungen und sonstigen Effekten versehen. Transparente und Halbtransparente Füllungen in Verbindung mit farbiger Schrift, mit oder ohne Rahmen finden Sie unter *Voreinstellungen* weiter unten im Katalog.

Objekte individuell gestalten

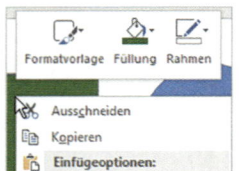

In derselben Gruppe *Formenarten* befinden sich auch die Schaltflächen *Fülleffekt*, *Formkontur* und *Formeffekt*, über die Sie einer Form nach Belieben individuelle Formate zuweisen können. Die Schaltflächen *Formatvorlage*, *Füllung* und *Rahmen* sind auch Bestandteil einer Minisymbolleiste, die in der Folie erscheint, wenn Sie mit der rechten Maustaste in eine Form klicken.

Fülleffekte einsetzen

Über die Schaltfläche *Fülleffekt* können Sie einer Form neben den üblichen Designfarben auch ein Bild oder verschiedene Farbverläufe als Füllung zuweisen.

▶ Für transparente Füllung wählen Sie *Keine Füllung*.

Falls Sie eine, von den Designfarben abweichende, Farbe verwenden möchten, so klicken Sie auf *Weitere Füllfarben…* und wählen im Dialogfenster *Farben* entweder eine der Standardfarben oder geben im Register *Benutzerdefiniert* den gewünschten Farbwert nach dem RGB Farbmodell ein. Unterhalb können Sie zusätzlich über einen Schieberegler die Transparenz ändern.

▶ Alternativ gibt Ihnen die Option *Pipette* die Möglichkeit eine, z. B. in einem Foto vorhandene Farbe, auszuwählen und anschließend die Form damit auszufüllen.

▶ Soll die Form mit einem Bild ausgefüllt werden, so klicken Sie auf *Bild…* und fügen anschließend das gewünschte Bild ein. Sie sollten dazu aber wissen, dass das Bild automatisch dem Seitenverhältnis der Form angepasst wird, dies kann zum Verzerren des Bildes führen.

Tipp: Im Gegensatz zu normalen Bildern kann ein, als Fülleffekt eingefügtes Bild, auch mit Transparenz versehen werden. Öffnen Sie dazu den Aufgabenbereich *Grafik formatieren* bzw. *Form formatieren* und klicken Sie auf das Symbol *Füllung und Linie* ⬙. Im Abschnitt *Füllung* können Sie nun in Verbindung mit der Option *Bild- oder Texturfüllung* den Schieberegler *Transparenz* betätigen.

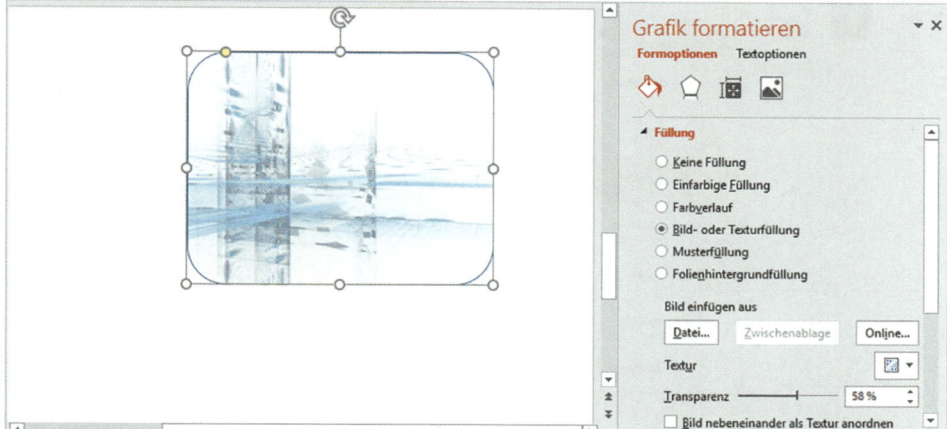

Bild 5.27 Bildfüllung mit Transparenz versehen

▶ Über die Auswahl *Farbverlauf* erhalten Sie verschiedene Farbverlaufsvarianten in der gewählten Farbe.

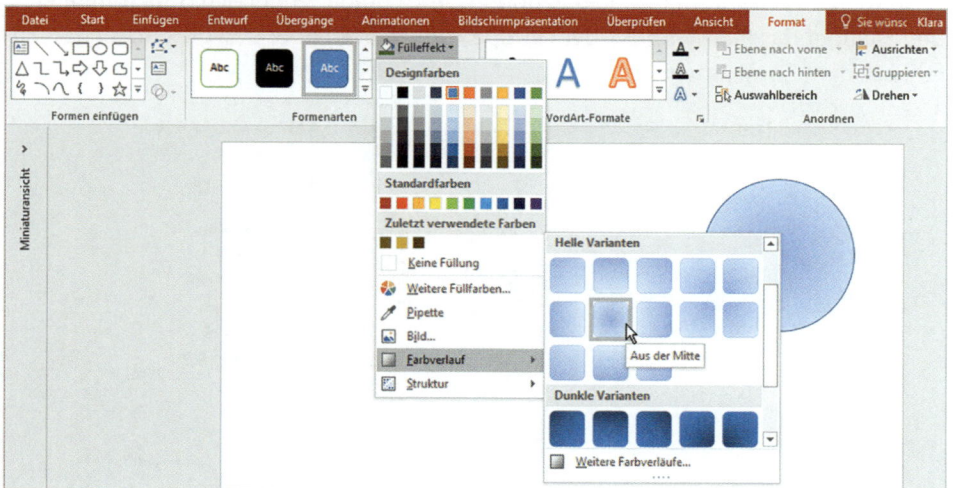

Bild 5.28 Beispiel Farbverlauf

Rahmen und 3D-Effekte

▶ Die Schaltfläche *Formkontur* ändert Farbe, Strichstärke und -art des Rahmens. Die Möglichkeiten der Farbauswahl unterscheiden sich nicht vom Fülleffekt. Um den Rahmen zu entfernen, wählen Sie die Einstellung *Keine Kontur*. Handelt es sich bei der Form um eine Linie, so legen Sie mit dieser Schaltfläche deren Aussehen fest.

▶ 3D-Effekte und Schatten erhalten Sie über die Schaltfläche *Formeffekte*. Auch hier sehen Sie in der Folie am markierten Objekt eine Vorschau, sobald Sie auf einen Effekt zeigen, erst mit einem Mausklick wird der Effekt übernommen. Ein Beispiel für Spiegelungseffekte sehen Sie im Bild unten.

Bild 5.29 Beispiel Spiegelung

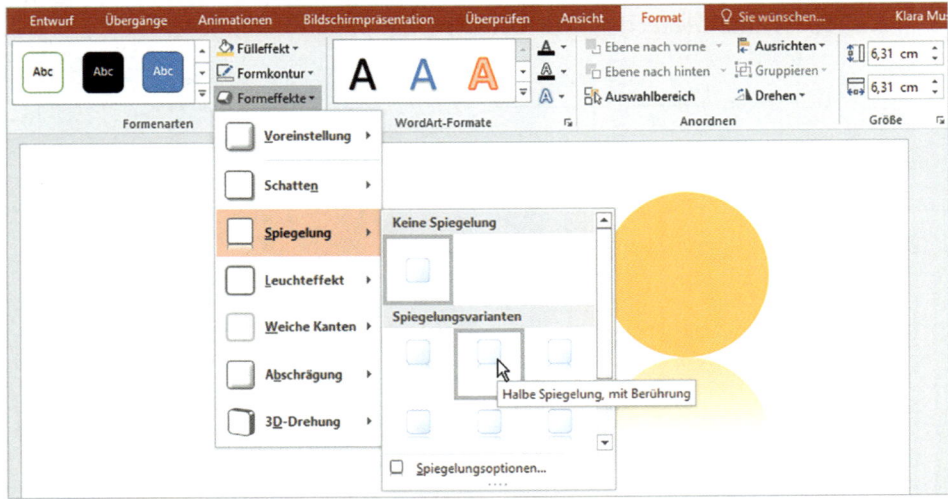

Der Aufgabenbereich Form formatieren

Bild 5.30 Form formatieren: Effekte

Weitergehende Effektmöglichkeiten finden Sie im Aufgabenbereich *Form formatieren*, den Sie über das Pfeilsymbol 🔲 der Gruppe *Formenarten* oder den gleichnamigen Befehl aus dem Kontextmenü öffnen.

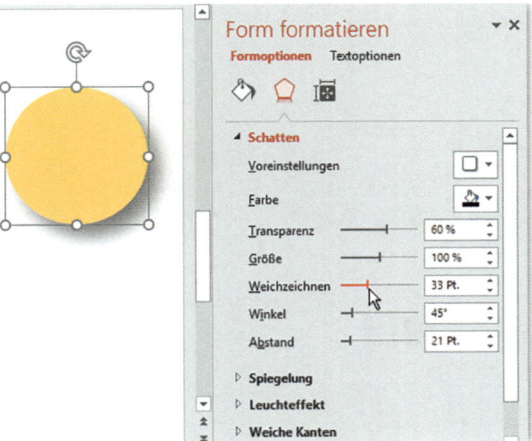

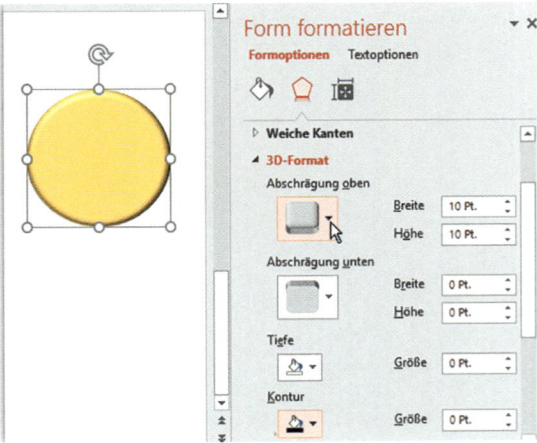

Klicken Sie hier auf das Symbol *Effekte*  und bearbeiten Sie die Einstellungen der Abschnitte *Schatten*, *Spiegelung*, *Leuchteffekt* usw.. Im Bild oben als Beispiel *Schatten* und *3D-Format*.

Workshop: Benutzerdefinierten Farbverlauf erstellen

Über die Schaltfläche *Fülleffekt* und die Auswahl *Farbverlauf* erhalten Sie verschiedene Verlaufsvarianten (siehe Seite 145). Sollten Ihnen diese Varianten und /oder Farben nicht zusagen, so stellen Sie im Aufgabenbereich *Form formatieren* einen eigenen Farbverlauf zusammen.

Video!

www.bildner-verlag.de/195_501

1. Markieren Sie das Objekt und öffnen Sie den Aufgabenbereich, entweder mit Klick auf das Pfeilsymbol ⌐ der Gruppe *Formenarten* oder Rechtsklick auf das Objekt und den Befehl *Form formatieren...* oder klicken Sie auf die Schaltfläche *Fülleffekt*, zeigen auf *Farbverlauf* und klicken dann auf *Weitere Farbverläufe...*.

2. Klicken Sie im Aufgabenbereich auf das Symbol *Füllung* ✧ und wählen Sie hier die Option *Farbverlauf*.

3. Eine Änderung der Farben erfolgt an den Farbverlaufstopps: Markieren Sie mit einem Klick den ersten Farbverlaufstopp. Diesem weisen Sie nun unterhalb über die Schaltfläche *Farbe* eine Farbe zu, bei Bedarf legen Sie über Schieberegler Transparenz und Helligkeit fest. Mit gedrückter Maustaste lässt sich der Farbverlaufstopp auch verschieben.

Bild 5.31 Aufgabenbereich Form formatieren

Bild 5.32 Farbverlaufstopp bearbeiten

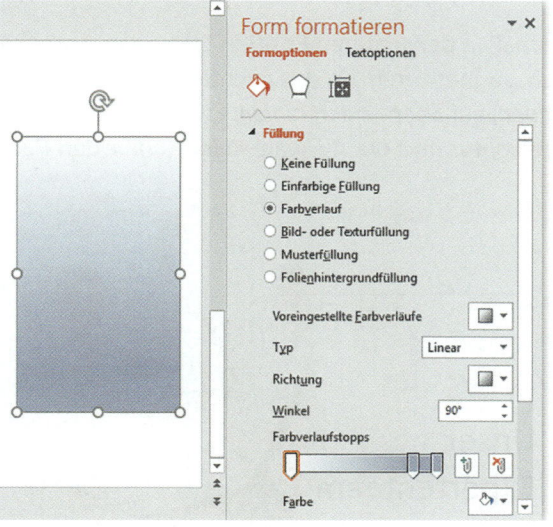
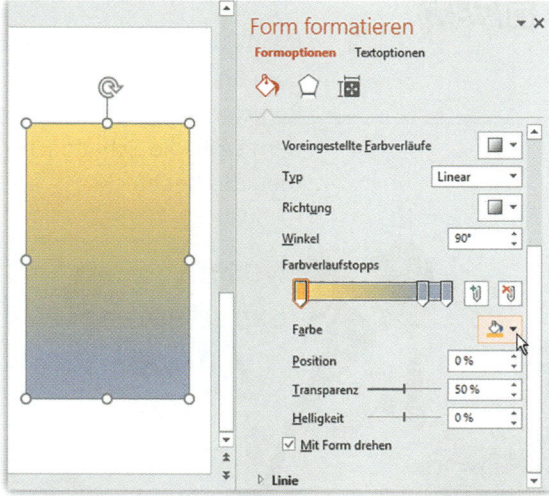

4. Auf diese Weise bearbeiten Sie alle Farbverlaufstopps nacheinander einzeln. Mit den Symbolen *Farbverlaufstopp hinzufügen* bzw. *Farbverlaufstopp entfernen* können Sie noch weitere hinzufügen oder den markierten Farbverlaufstopp löschen.

5. Oberhalb der Farbverlaufstopps finden Sie Schaltflächen, über die Sie Typ, Richtung und Winkel des gesamten Farbverlaufs ändern können (Bild 5.33).

Bild 5.33 Weitere Einstellungen

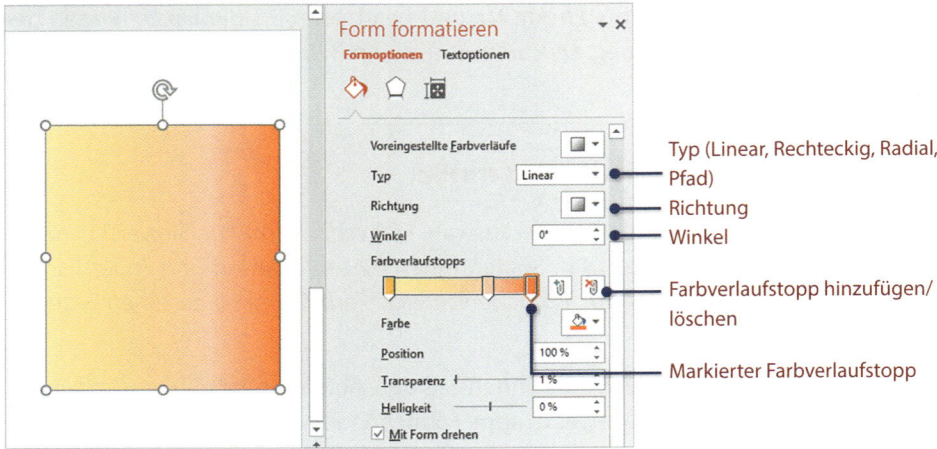

Typ (Linear, Rechteckig, Radial, Pfad)

Richtung

Winkel

Farbverlaufstopp hinzufügen/löschen

Markierter Farbverlaufstopp

Beispiel: Verlaufs- und Transparenzeffekte

Möchten Sie über ein Bild eine Beschriftung vor halbtransparentem Hintergrund legen? Dann setzen Sie dazu Transparenz ein, eventuell in Verbindung mit einem Farbverlauf. Im folgenden Beispiel soll in der unten abgebildeten Folie der Text so vor den Hintergrund gelegt werden, dass dieser problemlos lesbar ist.

Video!

www.bildner-verlag.
de/195_502

1   Im ersten Schritt fügen Sie an der entsprechenden Stelle der Folie eine Form in der gewünschten Größe ein, in unserem Beispiel ein Rechteck am linken Folienrand, das sich über die gesamte Höhe erstreckt.

2   Das Textfeld können Sie schon mal an der späteren Position platzieren. Sollte es vom Rechteck verdeckt werden, so markieren Sie das Rechteck und klicken im Register *Format*, Gruppe *Anordnen*, auf Ebene nach *hinten*. Entfernen Sie außerdem über die Schaltfläche *Formkontur* und die Auswahl *Keine Kontur* den Rahmen des Rechtecks.

Bild 5.34 Die Ausgangsfolie

Bild 5.35 Fügen Sie ein Rechteck ein und positionieren Sie den Text

3   Klicken Sie dann mit der rechten Maustaste in das Rechteck und öffnen Sie mit dem Befehl *Form formatieren...* den Aufgabenbereich. Wählen Sie hier die Option Farbverlauf. Da ein heller Hintergrund eigentlich nur unten, hinter dem Text benötigt wird, der obere Bereich dagegen transparent sein soll, wählen Sie den Typ *Linear* und als Richtung *Linear unten*.

4   Klicken Sie dann auf den ersten Farbverlaufstopp links (Farbe oben). Die Farbe, im unserem Beispiel weiß, kann hier beibehalten werden; ändern Sie nun die Transparenz an dieser Position bis das Bild im Hintergrund wieder sichtbar wird, z. B. auf 90%.

5   Der Farbverlaufstopp ganz rechts (Farbe unten) erhält über die Schaltfläche *Farbe* und dem Werkzeug *Pipette* eine aus dem Hintergrundbild, ein helles Blau, und den Transparenzwert 10%.

6   Die beiden anderen Farbverlaufstopps erhalten dieselbe Farbe und dazu 20% und 60% Transparenz. Verschieben Sie anschließend diese Farbverlaufstopps, bis Sie das gewünschte Ergebnis erhalten.

Bild 5.36 Bearbeiten Sie im Aufgabenbereich Farbverlaufstopps und Transparenz

5.5   Objekte anordnen und ausrichten

Hilfen zur Ausrichtung

Intelligente Führungslinien

Wenn sich bereits ein Objekt in der Folie befindet, dann erscheinen beim Verschieben und Vergrößern bzw. Verkleinern der weiteren Objekte automatisch intelligente Führungslinien zur Unterstützung bei Ausrichtung und Größenanpassung. Mit ihrer Hilfe lassen sich Objekte schnell unter- oder nebeneinander anordnen oder gleiche Abstände herstellen.

Dies gilt nicht nur für Bilder, wie im Bild unten, sondern für alle Folienobjekte, also auch für Formen oder Platzhalterfelder für Text.

Bild 5.37 Grafiken mit intelligenten Führungslinien ausrichten

Lineal, Raster und Führungslinien

Siehe Kap. 1, Anzeigeeinstellungen

Als weitere Hilfsmittel lassen sich Lineal, Gitternetz- und frei positionierbare Führungslinien einsetzen. Zum Einblenden aktivieren Sie im Register *Ansicht*, Gruppe *Anzeigen*, die entsprechenden Kontrollkästchen. Das Gitternetz erscheint in Form gepunkteter Linien, je eine horizontale und eine vertikale Führungslinie erscheinen standardmäßig in der Folienmitte. Nähere Einstellungen, z. B. den Abstand der Linien nehmen Sie im Fenster *Raster und Führungslinien* vor, das Sie mit Klick auf das Pfeilsymbol der Gruppe *Anzeigen* öffnen.

Bild 5.38 Lineal, Raster und Führungslinien

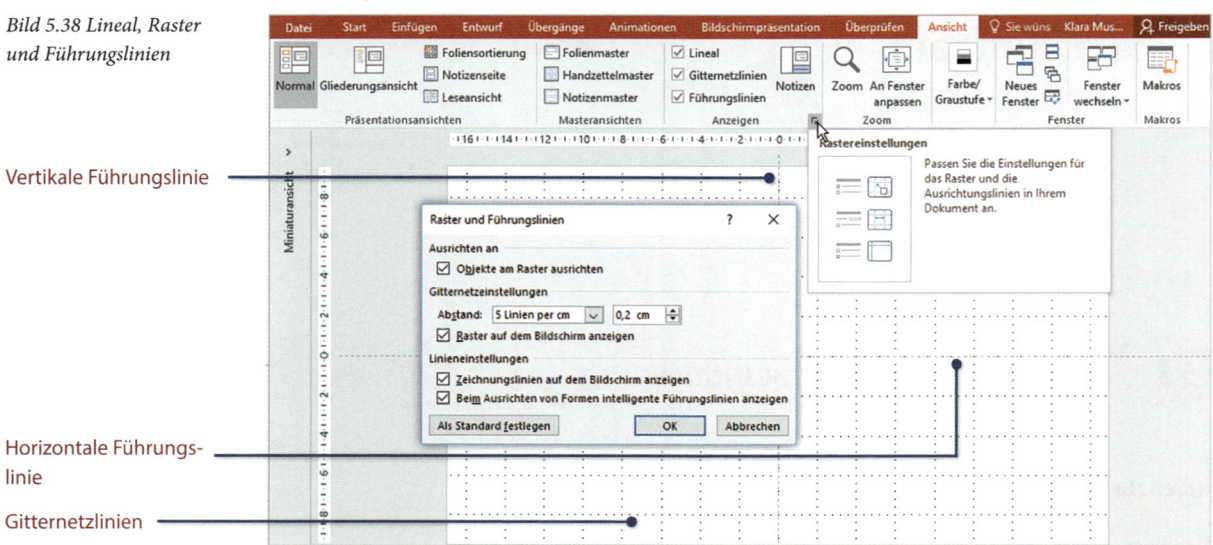

▶ Sind Führungslinien eingeblendet, so werden alle Objekte automatisch an diesen ausgerichtet; sie „rasten" ein, sobald Sie sich beim Verschieben oder Ändern der Größe einer Linie nähern.

▶ Wenn Sie im Fenster *Raster und Führungslinien* das Kontrollkästchen *Objekte am Raster ausrichten* aktivieren, dann werden künftig alle Objekte beim Verschieben zusätzlich an den Gitternetzlinien (Rasterlinien) ausgerichtet. **Achtung:** Diese Einstellung bleibt auch bei nicht sichtbaren Gitternetzlinien aktiv!

▶ Über das Kontrollkästchen *Beim Ausrichten von Formen intelligente Führungslinien anzeigen* lassen sich auf Wunsch die intelligenten Führungslinien deaktivieren. Standardmäßig sind diese aktiviert.

Weitere Führungslinien nutzen

Die Führungslinien lassen sich beliebig verschieben: Zeigen Sie im Folienbereich oder etwas außerhalb auf eine Linie, so verwandelt sich der Mauszeiger in einen Doppelpfeil und Sie können die Linie mit gedrückter Maustaste in die gewünschte Richtung verschieben. Während des Ziehens erscheint eine Maßangabe.

Falls Sie zusätzliche Führungslinien benötigen, so halten Sie während des Ziehens die Strg-Taste gedrückt, dadurch wird die Linie kopiert. Nicht benötigte Linien ziehen Sie einfach mit der Maus aus dem Folienbereich heraus. Auch über das Kontextmenü können Sie schnell weitere Führungslinien anzeigen. Klicken Sie mit der rechten Maustaste in die Folie, zeigen Sie auf *Raster und Führungslinien* und wählen Sie *Vertikale* oder *Horizontale Führungslinie hinzufügen*.

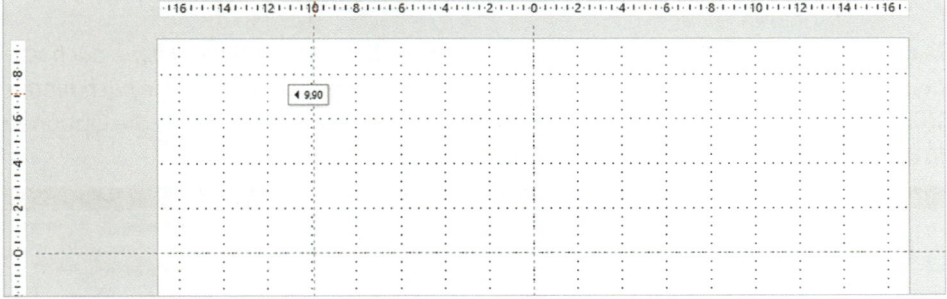

Bild 5.39 Führungslinie verschieben

Objekte duplizieren und markieren

Wenn Sie mehrere identische Formen benötigen, dann können Sie diese natürlich in die Zwischenablage kopieren, z. B. mit Strg+C und mit Strg+V an anderer Stelle wieder einfügen. Schneller geht es, wenn Sie die Form markieren und mit der Tastenkombination Strg+D duplizieren. Dadurch wird die Kopie sofort in die Folie eingefügt und kann anschließend platziert werden (Bild 5.40).

Bild 5.40 Duplizieren

Bild 5.41 Mehrere Objekte markieren

Bild 5.42 Markierungsrahmen zeichnen

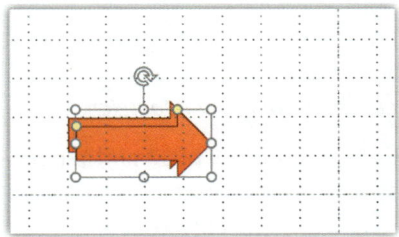
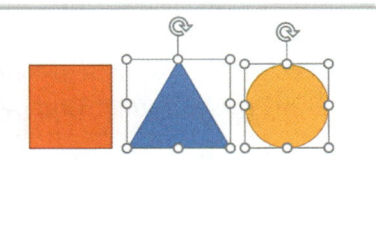
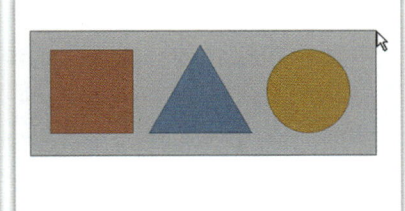

Zum gleichzeitigen Markieren mehrerer Objekte können Sie folgende Methoden benutzen:

▶ Klicken Sie die Objekte nacheinander mit gleichzeitig gedrückter Umschalt-Taste (Shift) an. Dies funktioniert auch mit gedrückter Strg-Taste, dann sollten Sie allerdings aufpassen, dass Sie nicht gleichzeitig die Maus bewegen, da sonst mit gedrückter Strg-Taste die Objekte kopiert werden.

▶ Oder beginnen Sie an einer freien Stelle neben den zu markierenden Objekten und ziehen Sie mit gedrückter Maustaste einen Markierungsrahmen um die Objekte. **Achtung:** es werden nur Objekte markiert, die sich vollständig innerhalb des Rahmens befinden (Bild 5.42).

Reihenfolge ändern

Überlagernde Objekte werden standardmäßig in derjenigen Reihenfolge angeordnet, in der Sie in die Folie eingefügt wurden. Diese Reihenfolge lässt sich jederzeit mit den Schaltflächen der Gruppe *Anordnen* (Register *Zeichentools - Format*) ändern. Dieselben Befehle erhalten Sie auch über die Schaltfläche *Anordnen* im Register *Start*, Gruppe *Zeichnung*, oder im Kontextmenü der rechten Maustaste.

Markieren Sie dazu das Objekt und klicken Sie auf die Schaltfläche *Ebene nach vorne*, wenn das Objekt in den Vordergrund gerückt werden soll oder *Ebene nach hinten*. Über den Dropdown-Pfeil der jeweiligen Schaltfläche erhalten Sie auch die Optionen *In den Vordergrund* (Bild 5.44) bzw. *In den Hintergrund*.

Bild 5.43 Ebene nach hinten

Bild 5.44 In den Vordergrund

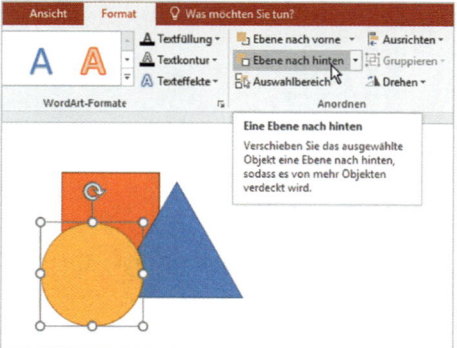
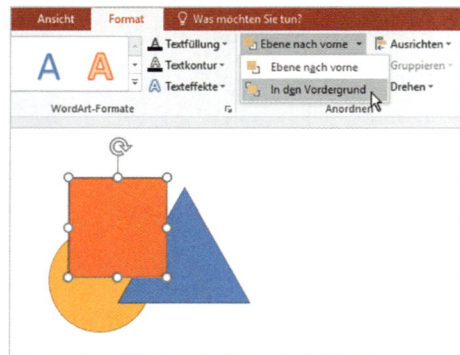

Objekte im Auswahlbereich anordnen/ausblenden

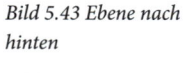
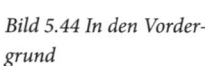
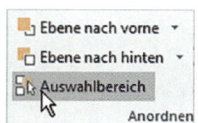

Enthält Ihre Folie eine Vielzahl von Objekten, so erhalten Sie einen besseren Überblick, wenn Sie die Reihenfolge im Auswahlbereich festlegen. Zum Anzeigen des Auswahlbereichs klicken Sie im Register *Format*, Gruppe *Anordnen*, auf *Auswahlbereich*.

Markieren Sie im Auswahlbereich mit einem Klick das betreffende Objekt und verwenden Sie die Pfeil-Schaltflächen, um es nach oben oder unten zu verschieben oder ziehen Sie das Objekt mit gedrückter Maustaste an die gewünschte Position.

Tipp: Mit den Augen-Symbolen können Sie einzelne Objekte vorübergehend ausblenden und so deren Wirkung testen.

Der Auswahlbereich zeigt auch Kopf- und Fußzeilenelemente, z. B. Foliennummer an, Sie können also auch diese in der Vordergrund oder Hintergrund rücken oder in einzelnen Folien einfach ausblenden.

Bild 5.45 Auswahlbereich

Nach oben / unten verschieben

Objekt aus- und ein blenden

Objekte ausrichten

Neben Raster und Führungslinien gibt es zwei weitere Möglichkeiten zur exakten Ausrichtung von Objekten, nämlich entweder an anderen Objekten oder an der Folie.

Objekte aneinander ausrichten

Markieren Sie alle Objekte, die Sie ausrichten möchten und klicken Sie im Register *Format*, *Anordnen* auf die Schaltfläche *Ausrichten*. Achten Sie darauf, dass die Einstellung *Ausgewählte Objekte ausrichten* aktiviert ist (Häkchen) und wählen Sie die gewünschte Ausrichtung, z. B. *Unten ausrichten*. Die Ausrichtung orientiert sich immer an demjenigen Objekt, das sich am weitesten unten (oben/rechts/links) befindet.

Achtung: Unter Umständen müssen Sie *Ausgewählte Objekte ausrichten* zuerst aktivieren!

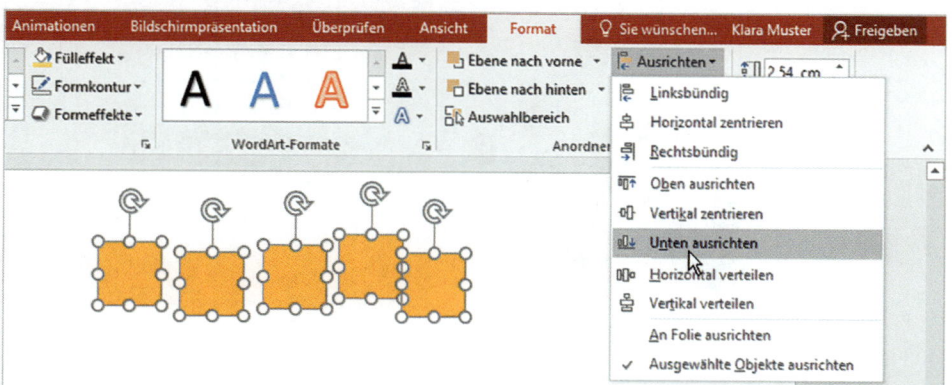

Bild 5.46 Beispiel: Ausgewählte Objekte ausrichten - Unten ausrichten

Dies funktioniert nicht nur mit Formen, wie im Bild, sondern auch mit Bildern und Textfeldern.

Wenn Sie im nächsten Schritt auch noch gleiche Abstände zwischen den Objekten benötigen, dann klicken Sie erneut auf *Ausrichten* und in unserem Beispiel auf *Horizontal verteilen*. Die Position der Objekte ganz rechts und links ändert sich nicht, die übrigen dazwischen werden so angeordnet, dass gleiche Abstände entstehen.

Bild 5.47 Gleiche Abstände

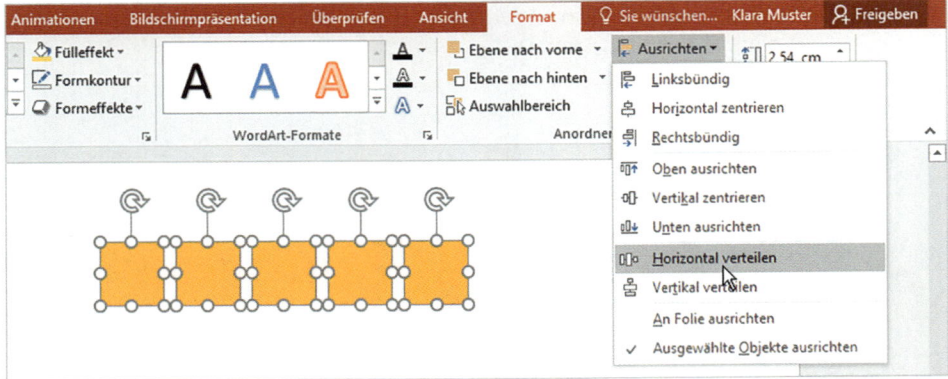

Objekt an der Folie ausrichten

Soll die Ausrichtung an der Folie erfolgen, z. B. wenn ein Bild exakt in der Mitte der Folie platziert werden soll, dann gehen Sie so vor:

1 Markieren Sie das Objekt, klicken Sie im Register *Format, Anordnen* auf die Schaltfläche *Ausrichten* und aktivieren Sie per Mausklick die Einstellung *An Folie ausrichten* (Häkchen).

2 Klicken Sie erneut auf *Ausrichten*. Wenn Sie nun *Linksbündig* wählen, dann wird das Objekt am linken Rand der Folie ausgerichtet. Um es zu zentrieren, klicken Sie nacheinander auf *Horizontal zentrieren* und auf *Vertikal zentrieren*.

Bild 5.48 Beipiel: Bild in der Folie zentrieren

Objekte gruppieren

Haben Sie mehrere Formen, Bilder oder Textfelder angeordnet und möchten Sie diese nachträglich verschieben, ohne dass dabei deren Anordnung und/oder Ausrichtung verlorengeht wird, dann sollten Sie die Objekte zuvor gruppieren. Gruppierte Objekte werden wie ein einziges Objekt behandelt, die Gruppierung kann aber jederzeit wieder aufgehoben werden.

▶ Markieren Sie alle zu gruppierenden Objekte und klicken Sie im Register *Format*, Gruppe *Anordnen*, auf die Schaltfläche *Gruppieren* und wählen Sie *Gruppieren*.

▶ Über dieselbe Schaltfläche und den Befehl *Gruppierung aufheben* lässt sich später die Gruppierung wieder aufheben. Mit dem Befehl *Gruppierung wiederherstellen* können Sie eine zuvor aufgehobene Gruppierung wiederherstellen.

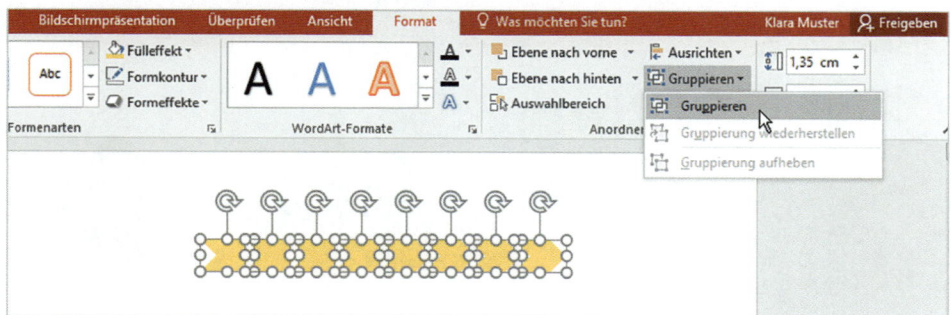

Bild 5.49 Markierte Formen gruppieren

Das gruppierte Objekt kann nun beliebig verschoben, kopiert oder gedreht werden. Auch Änderungen der Formatierung beziehen sich normalerweise auf das gesamte gruppierte Objekt.

Tipp: Wenn Sie trotzdem ohne Aufheben der Gruppierung nur ein einzelnes Element der Gruppe bearbeiten möchten, dann markieren Sie zunächst mit dem ersten Mausklick die gesamte Gruppe. Ein zweiter Klick auf ein einzelnes Element markiert dieses innerhalb der Gruppe und jede weitere Bearbeitung. z. B. Verwendung einer anderen Farbe bezieht sich ausschließlich auf das markierte Element.

Bild 5.50 Ein einzelnes Element der Gruppe markieren und bearbeiten

Objekte mit Linien verbinden

Über die Schaltfläche *Formen* (Register *Einfügen* oder Register *Start*) lassen sich auch Linien, mit oder ohne Pfeil und bei Bedarf auch gewinkelt einfügen. Diese Linien können Sie auch zum Verbinden von Objekten einsetzen. **Der Vorteil:** Verbindungslinien sind am Objekt verankert, so dass beim nachträglichen Verschieben des Objekts automatisch auch der Anfangs- oder Endpunkt der Linie mit verschoben wird und so die Verbindung erhalten bleibt.

1   Klicken Sie auf die Schaltfläche *Formen* (Register *Einfügen* oder Register *Start*) und wählen Sie die gewünschte Linienart, z. B. Gewinkelte Verbindung mit Pfeil.

Bild 5.51 Verbindungslinie auswählen

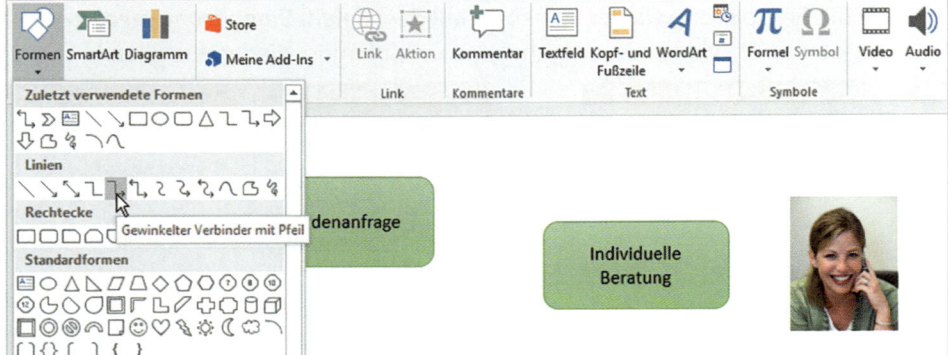

2   Zeigen Sie auf das erste zu verbindende Objekt, an diesem werden in der Mitte jeder Seite Ankerpunkte sichtbar an denen Sie die Linie verankern können.

3   Klicken Sie auf den gewünschten Ankerpunkt des ersten Objekts und ziehen Sie eine Linie auf das zweite Objekt. Auch hier werden nun die Ankerpunkte sichtbar, bewegen Sie die Maus zu einem dieser Punkte und lassen Sie die Maustaste los.

4   Die beiden Objekte sind nun über die Linie miteinander verbunden. Wenn Sie, wie im Bild unten, eines der Objekte verschieben, passt sich die Linie automatisch entsprechend an.

Bild 5.52 Objekte über Ankerpunkte verbinden

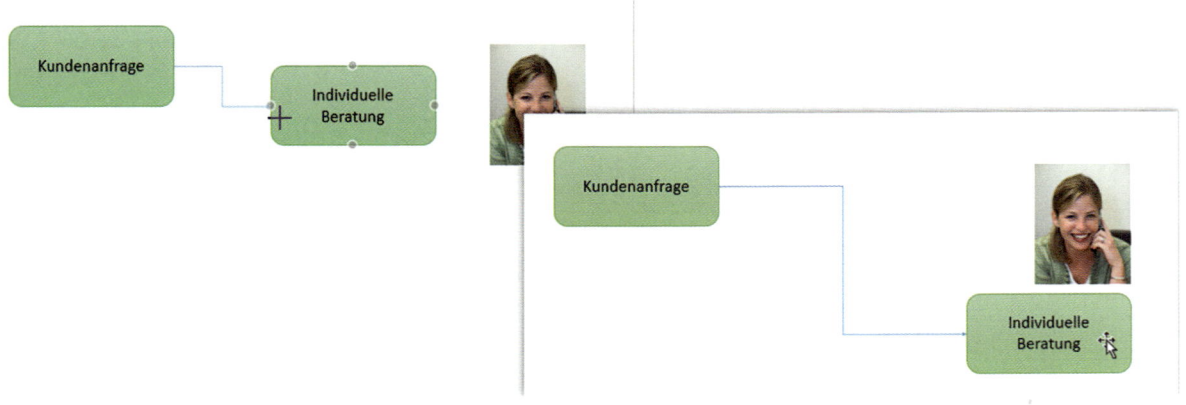

Die Linie lässt sich anschließend beliebig formatieren: Markieren Sie die Linie und klicken Sie im Register *Zeichentools - Format* auf die Schaltfläche *Formkontur*. Hier können Sie auch Linienart und Strichstärke sowie Aussehen und Richtung der Pfeile ändern.

5.6 Spezialthema: Eigene Formen erzeugen

Form in Freihandform konvertieren

Wenn Sie mit der Maus aus einer bestehende Form eine Freihandform erzeugen möchten, dann markieren Sie die Form und klicken im Register *Zeichentools - Format*, Gruppe *Formen einfügen*, auf *Form bearbeiten*. Wählen Sie hier auf *Punkte bearbeiten*, denselben Befehl finden Sie auch im Kontextmenü der rechten Maustaste.

Das Aussehen der Eckpunkte ändert sich und Sie können diese nun mit gedrückter linker Maustaste durch Ziehen verändern. Gleichzeitig wechselt PowerPoint in den Bearbeiten-Modus, das bedeutet, Sie können der Reihe nach alle Punkte bearbeiten. Zum Beenden des Bearbeiten-Modus klicken Sie an eine beliebige freie Stelle der Folie.

Zu jedem Eckpunkt gehören auch noch zwei weitere Punkte in Form eines Kästchens mit deren Hilfe Sie eine gerade Linie in eine Freihandlinie umwandeln können (Bild unten).

Bild 5.53 Form in Freihandform umwandeln

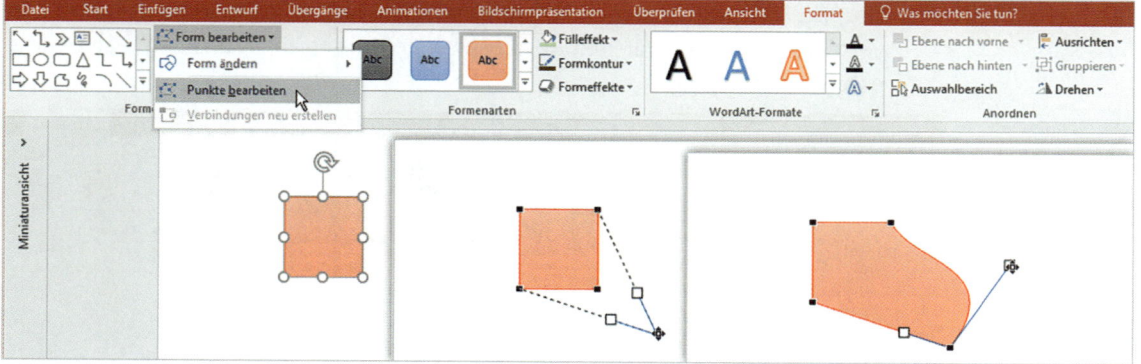

Neue Formen durch Zusammenführen erzeugen

Sie können auch eigene Formen durch Zusammenführung von Standardformen erzeugen. Im Gegensatz zum Gruppieren, bei dem die Formen ihre Eigenständigkeit behalten (siehe oben), verschmelzen die Formen beim Zusammenführen miteinander und bilden eine neue Form. Zur mehrfachen Verwendung kann eine benutzerdefinierte Form anschließend als Grafik gespeichert werden.

Im Gegensatz zum Gruppieren lassen sich zusammengeführte Formen nachträglich nicht mehr trennen.

Video!

www.bildner-verlag.
de/195_503

Als einfaches Beispiel soll eine stilisierte Figur erzeugt werden, die sich anschließend zu vielen Zwecken in Folien einsetzen lässt. Dazu benötigen Sie ein Dreieck, einen Kreis und eine Ellipse.

1   Im ersten Schritt fügen Sie die benötigten Formen in eine Folie ein und platzieren Sie diese wie gewünscht, achten Sie auch auf korrekte Ausrichtung.

Achtung: Vorheriges Formatieren ist unnötig, da beim Zusammenführen unterschiedliche Farben und sonstige Effekte ignoriert werden. Die neue Form erhält automatisch das Aussehen der Form, die zuerst markiert wurde. Weisen Sie also erst der fertigen Form Farbe und Effekte zu. Außerdem brauchen Sie dann nur eine einzige Form bearbeiten.

Bild 5.54 Fügen Sie die benötigten Formen in die Folie ein

Im ersten Bild links wurden die Formen zur Verdeutlichung bewusst nebeneinander angeordnet

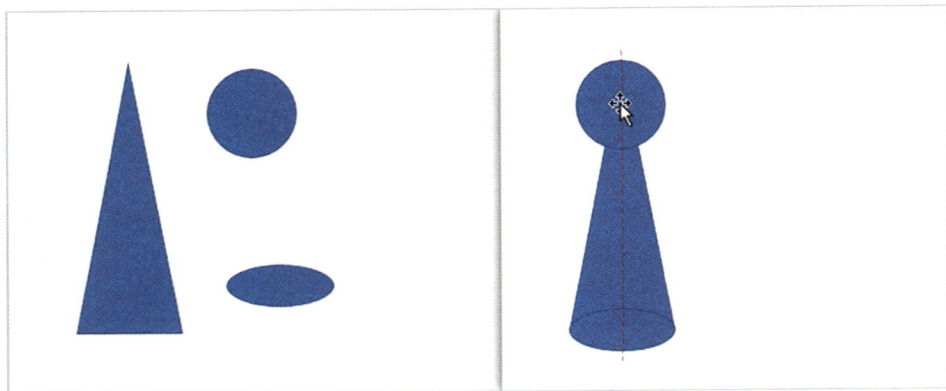

2   Im nächsten Schritt markieren Sie die Formen und klicken im Register *Format*, Gruppe *Formen einfügen*, auf *Formen zusammenführen*. PowerPoint bietet hier verschiedene Möglichkeiten des Zusammenführens an, in unserem Fall benötigen wir *Vereinigung*.

Bild 5.55 Die markierten Formen zusammenführen

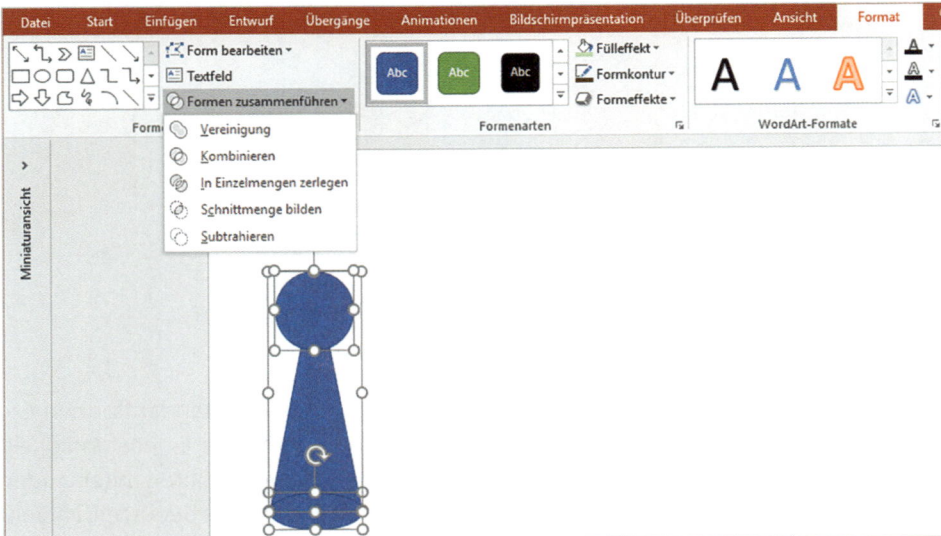

3 Zum Abschluss können Sie die Form beliebig gestalten, z. B. ohne Kontur, mit Farbverlauf und Schatteneffekt sowie vergrößern oder verkleinern. Das Ergebnis könnte aussehen wie im Bild unten.

Bild 5.56 Das Ergebnis - dupliziert

Form als Grafik speichern

Soll die neue Form auch in anderen Präsentationen oder Apps, z. B. Word, verfügbar sein, so speichern Sie diese als Grafik ab. Klicken Sie dazu mit der rechten Maustaste in die Form und wählen Sie *Als Grafik speichern* aus. **Achtung:** Verfügt die Form über transparente Bereiche (Hintergrund oder durch Kombinieren) und sollen diese erhalten bleiben, muss als Dateityp PNG ausgewählt werden. Verwenden Sie dagegen JPG, so werden transparente Flächen weiß.

Die Möglichkeiten der Zusammenführung

Option	Beschreibung	Beispiel
Vereinigung	Die markierten Objekte verschmelzen zu einem einzigen Objekt, siehe Beispiel oben.	
Kombinieren	Bereiche, die sich überschneiden, werden transparent. Die Formen werden zu einer einzigen zusammengefasst.	
In Einzelmengen zerlegen	Die Formen werden entsprechend ihrer Überschneidungen zerstückelt. Auch die Schnittmenge bildet ebenfalls eine neue Form. Die neuen Einzelteile können verschoben und neu angeordnet werden.	
Schnittmenge bilden	Hier bleibt nur die Schnittmenge zweier Formen als neue Form übrig. Achtung: Bei drei oder mehr sich überschneidenden Formen werden die Objekte entfernt und nichts angezeigt.	
Subtrahieren	Eine Form wird samt der Schnittmenge von der anderen Form abgezogen. Das Element, welches zuerst markiert wurde, bleibt bestehen, die übrigen verschwinden.	

5.7   Diagramme einfügen und bearbeiten

„Bilder sagen mehr als Worte oder Zahlen", dieses Motto gilt vor allem für die Darstellung von Zahlen in einer Präsentation. Viele Sachverhalte und Zusammenhänge lassen sich als Diagramm besser darstellen, als mit abstrakten Zahlen in Tabellenform. Wichtige Informationen werden schneller erfasst, da bei den meisten Menschen die visuelle Wahrnehmung stärker ausgeprägt ist.

Als Excel-Anwender können Sie zur Eingabe der Diagrammwerte auch Microsoft Excel einsetzen, vorausgesetzt Excel ist auf dem PC installiert.

Tipps zur Diagrammdarstellung

Der Zweck eines Diagramms besteht darin, abstrakte Zahlen zu verdeutlichen, dies gilt insbesondere für Diagramme in Präsentationen. Daher an dieser Stelle einige Tipps:

▶ **Beschränken Sie sich auf das Wesentliche**
Überfrachten Sie die Darstellung nicht mit Informationen, sondern beschränken Sie sich auf die wesentlichsten Aspekte. Überlegen Sie, ob Sie wirklich, wie im Beispiel unten fünf Produktgruppen und jeweils drei Säulen brauchen. Besser ist eine Darstellung, die entweder die Umsatzentwicklung ausgewählter Produktgruppen in den letzten drei Jahren zeigt oder die Umsatzentwicklung aller Produktgruppen im letzten Jahr.

Bild 5.57 Beschränken Sie sich auf das Wesentlichste

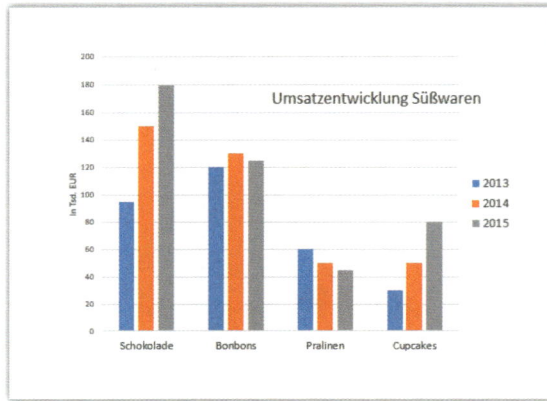
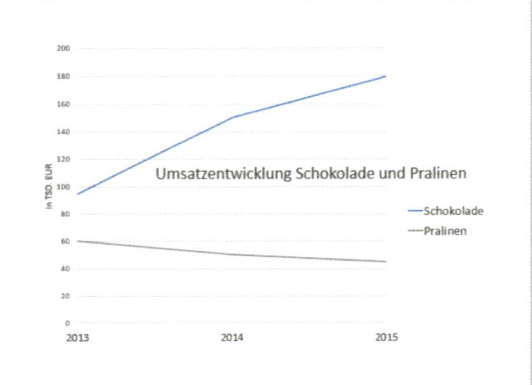

▶ **Welcher Diagrammtyp eignet sich am besten für Ihre Aussage?**
PowerPoint verfügt über dieselben Diagrammtypen wie Excel, dies bedeutet aber nicht, dass sich alle Diagrammtypen gleich gut für Präsentationen eignen. Gängige Typen wie z. B. Säulen- oder Liniendiagramm sind allgemein bekannt und deren Aussage entsprechend schnell erfasst, ein Histogramm oder ein Netzdiagramm sollten Sie dagegen nur für ein Fachpublikum einsetzen.

Ein Diagramm einfügen

Zum Erstellen eines Diagramms wählen Sie entweder eine neue Folie mit einem geeigneten Layout und klicken im Platzhalter auf das Symbol *Diagramm einfügen*. Oder wählen Sie ein beliebiges Layout, z. B. Leer und klicken Sie im Register *Einfügen* auf die Schaltfläche *Diagramm*.

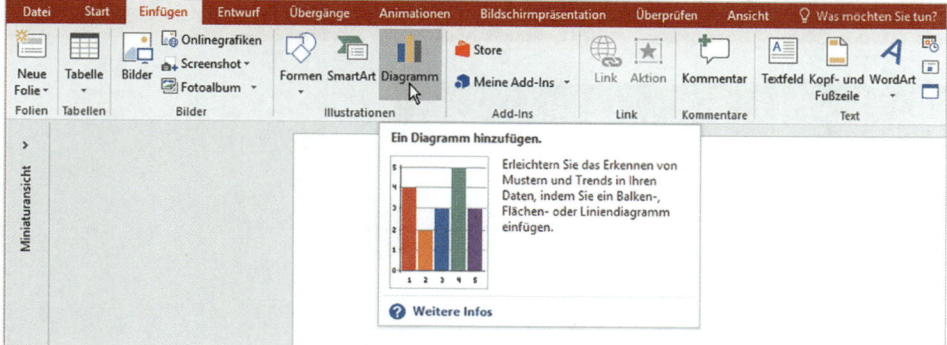

Bild 5.58 Diagramm einfügen

In beiden Fällen öffnet sich das Fenster *Diagramm einfügen* in dem Sie den Diagrammtyp wählen. Klicken Sie in der linken Spalte auf einen grundlegenden Diagrammtyp, z. B. Säule, Balken oder Kreis, so erscheinen rechts mehrere Untertypen zur Auswahl, unter anderem können Sie zwischen 2D und 3D wählen. Unterhalb sehen Sie eine Vorschau auf den markierten Diagrammtyp, dieser wird vergrößert, wenn Sie in die Vorschau zeigen. Mit Klick auf *OK* übernehmen Sie den ausgewählten Diagrammtyp.

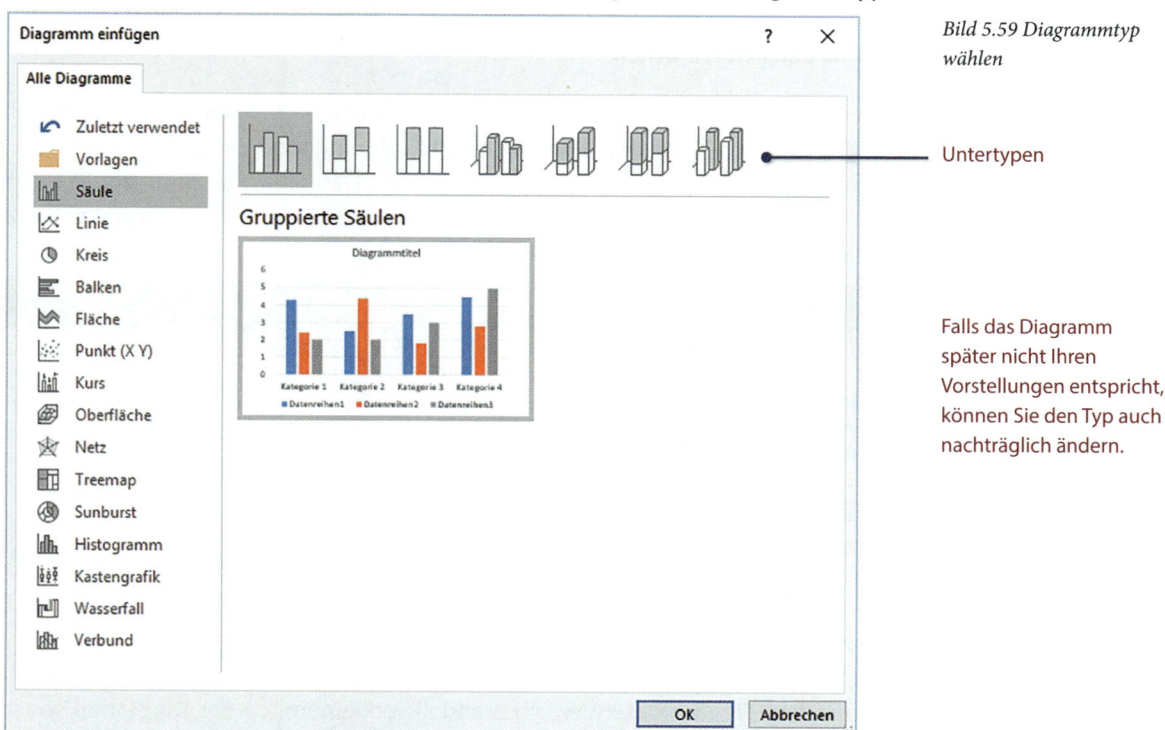

Bild 5.59 Diagrammtyp wählen

Untertypen

Falls das Diagramm später nicht Ihren Vorstellungen entspricht, können Sie den Typ auch nachträglich ändern.

161

Das Diagramm wird in die Folie eingefügt, gleichzeitig erscheint in einem gesonderten Fenster ein Tabellenblatt (Datenblatt) mit den im Diagramm verwendeten Beispieldaten (Bild 5.60). Diese Beispieldaten, einschließlich der Zeilen- und Spaltenüberschriften, überschreiben Sie nun einfach mit Ihren Werten. Das Diagramm in der Folie passt sich während der Eingabe automatisch an die neuen Daten an.

Bild 5.60 Diagramm mit Datenblatt

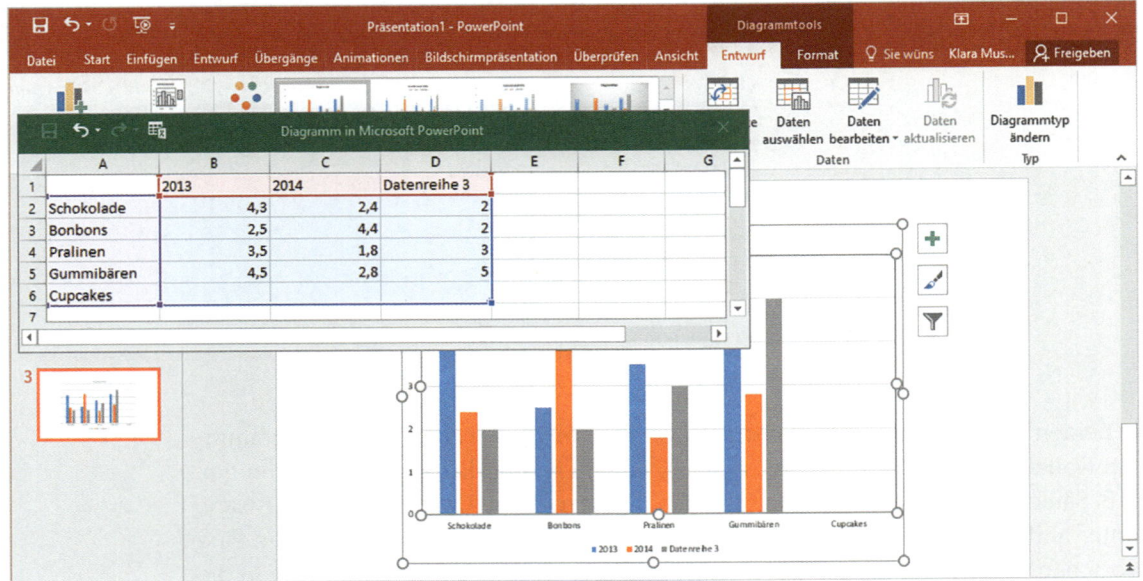

Mit dem Datenblatt arbeiten

Der Aufbau der Beispieltabelle ist abhängig vom gewählten Diagrammtyp.

Kein Problem, falls Sie mehr Spalten und/oder Zeilen benötigen als die Beispieltabelle umfasst, der Tabellenbereich wird während der Eingabe automatisch erweitert. Der im Diagramm verwendete Datenbereich ist im Datenblatt anhand der Markierung leicht zu erkennen. Sollte der Datenbereich nicht markiert sein, so genügt in der PowerPoint-Folie ein Klick in das Diagramm.

Bild 5.61 Dateneingabe im Datenblatt

▲	A	B	C	D	E	F	G
1		2013	2014	2015			
2	Schokolade	95	150	180			
3	Bonbons	120	130	125			
4	Pralinen	60	50	45			
5	Gummibären	150	140	100			
6	Cupcakes	30	50	80			
7							

Datenbereich vergrößern/verkleinern

Wenn Sie dagegen weniger Zeilen und/oder Spalten als die Beispieltabelle benötigen, dann sollten Sie den Datenbereich manuell verkleinern, da das Diagramm sonst unschöne Lücken aufweist. Dazu zeigen Sie im Datenblatt mit der Maus in die rechte untere Ecke des Datenbereichs, egal ob dieser markiert ist oder nicht. Der Mauszeiger verwandelt sich in einen Doppelpfeil und Sie können durch Ziehen mit gedrückter Maustaste den Bereich verkleinern bzw. erweitern. Auf diese Weise brauchen Sie nicht benötigte Daten der Beispieltabelle nicht extra löschen.

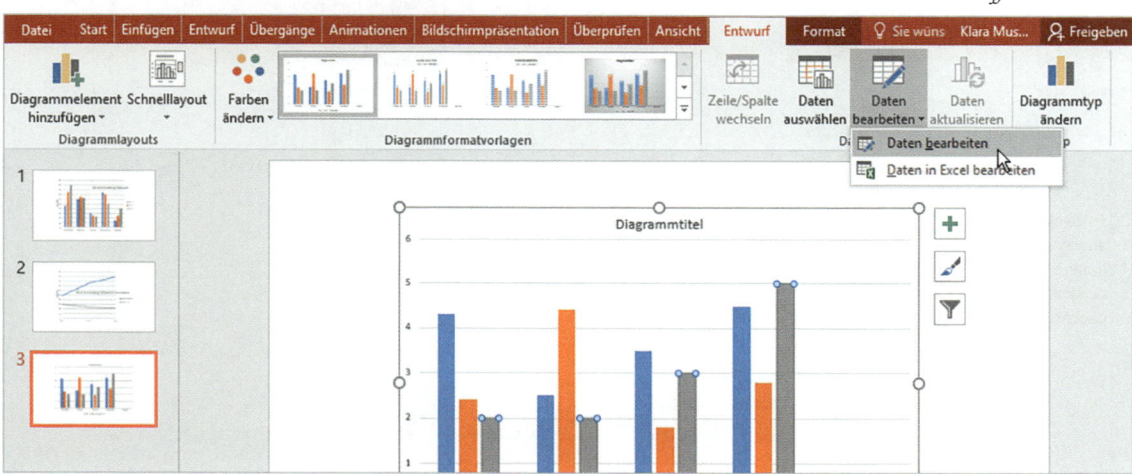

Achtung: Diese Methode funktioniert nicht bei allen Diagrammtypen. Als Alternative klicken Sie auf *Daten auswählen* (*Entwurf*) und legen hier den Datenbereich fest. Näheres hierzu auf Seite Seite 179.

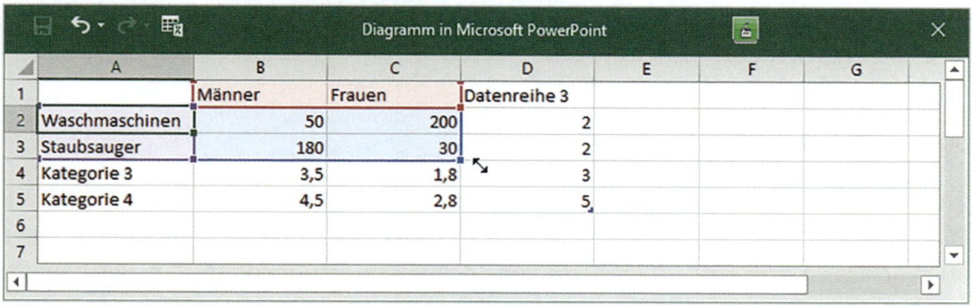

Bild 5.62 Datenbereich mit der Maus verkleinern

Datenblatt schließen

Wird das Datenblatt nicht mehr benötigt, dann schließen Sie es per Klick auf die Schließen-Schaltfläche in der rechten oberen Ecke.

> Das Fenster mit dem Datenblatt bleibt auch geöffnet, wenn Sie zu einer anderen Folie wechseln. Falls Sie in einer anderen Folie ein zweites Diagramm einfügen möchten, müssen Sie zuvor das erste Datenblatt schließen, sonst kann Power-Point kein neues Diagramm erstellen.

Daten erneut bearbeiten

Wenn Sie nachträglich die Werte eines Diagramms im Datenblatt ändern möchten, dann klicken Sie in das Diagramm. Im Menüband sind damit die beiden *Diagramm-tools*-Register *Entwurf* und *Format* verfügbar. Klicken Sie im Register *Entwurf*, Gruppe *Daten*, auf die Schaltfläche *Daten bearbeiten*.

Bild 5.63 Datenblatt öffnen

Tipp: Mit Klick auf den Dropdown-Pfeil dieser Schaltfläche haben Sie die Wahl zwischen dem einfachen Datenblatt (*Daten bearbeiten*) oder *Daten mit Excel bearbeiten*.

Daten über die Zwischenablage einfügen

Zwischenablage, siehe Kap. 2, Seite 64.

Falls die für das Diagramm benötigten Werte bereits in Tabellenform vorliegen, z. B. als Word-, PowerPoint- oder Excel-Tabelle können Sie diese kopieren und auf dem Weg über die Zwischenablage im Datenblatt einfügen.

Diagrammwerte mit Excel bearbeiten

Wenn Microsoft-Excel 2016 auf Ihrem Computer installiert ist, dann können Sie die Diagrammwerte auch mit Excel bearbeiten. Im Gegensatz zum Datenblatt sind hier auch Sortieren und die Verwendung von Formeln und Funktionen, z. B. zur Berechnung von Summen möglich. Dazu klicken Sie in der Titelleiste des geöffneten Datenblatt-Fensters auf das Symbol *Bearbeiten Sie Daten in Microsoft Excel*.

Bild 5.64 Excel öffnen

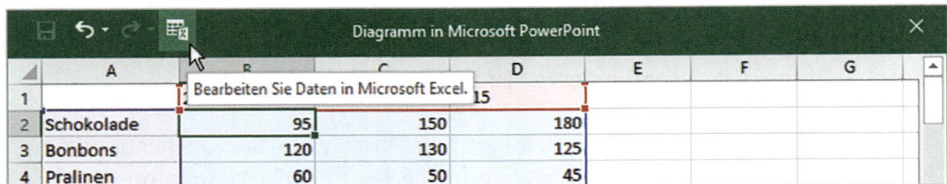

Sollte das Datenblatt geschlossen sein, dann klicken Sie im Register *Diagrammtools - Entwurf* auf den Dropdown-Pfeil der Schaltfläche *Daten bearbeiten* und wählen *Daten in Excel bearbeiten* (siehe Bild 5.63).

Bild 5.65 Diagrammwerte in Excel bearbeiten

Ihre Tabelle mit den Diagrammwerten wird nun mit Excel geöffnet und Sie können die Bearbeitung hier fortsetzen, das Diagramm in der Folie wird automatisch aktualisiert.

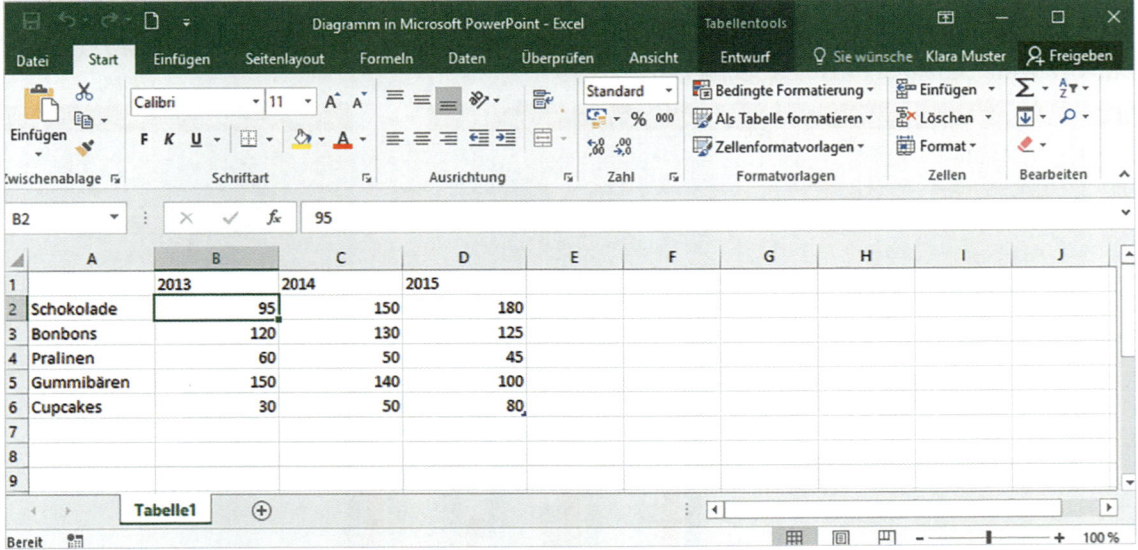

Da Excel im Gegensatz zum Datenblatt-Fenster eine eigenständige Anwendung darstellt, müssen Sie über die Taskleiste wieder zur PowerPoint-Präsentation wechseln. Klicken Sie in der Taskleiste am unteren Rand des Bildschirms auf das PowerPoint-Symbol bzw. auf das Excel-Symbol, wenn Sie wieder das Tabellenblatt anzeigen möchten. Excel mit dem Tabellenblatt bleibt solange geöffnet, bis Sie es mit der Schaltfläche Schließen beenden.

Bild 5.66 Über die Taskleiste zwischen Excel und PowerPoint wechseln

Egal, ob Sie die Diagrammdaten im Datenblatt-Fenster oder mit Microsoft-Excel bearbeiten: Die Werte werden zusammen mit der Präsentation gespeichert, aus diesem Grund erhalten Sie beim Schließen von Excel auch keine Rückfrage, ob Sie Änderungen speichern möchten.

Sie können zwar mit dem Befehl *Speichern unter* die Datentabelle als Excel-Arbeitsmappe speichern, allerdings wird dann nur eine Kopie gespeichert.

Wie Sie ein vorhandenes Excel-Diagramm als Verknüpfung in eine Präsentation einfügen, erfahren Sie am Ende dieses Kapitels.

Diagramm nachträglich umstellen

Manchmal stellen Sie erst nach Eingabe der Diagrammwerte fest, dass das Diagramm beispielsweise zu wenig Aussagekraft besitzt oder ein anderer Diagrammtyp besser geeignet wäre. In solchen Fällen lässt sich ein vorhandenes Diagramm meist auch ohne Änderungen im Datenblatt umstellen, Beschriftungen und bereits vorgenommene Formatänderungen bleiben erhalten. PowerPoint unterstützt folgende Änderungsmöglichkeiten:

▶ Diagrammtyp ändern

▶ Datenreihen wahlweise aus Spalten oder Zeilen bilden

▶ Datenreihen und Achsenelemente (Kategorien) aus- und einblenden

Diagrammtyp nachträglich ändern
Dazu markieren Sie mit einem Klick das Diagramm und klicken im Register *Diagrammtools ▸ Entwurf* auf *Diagrammtyp ändern*.

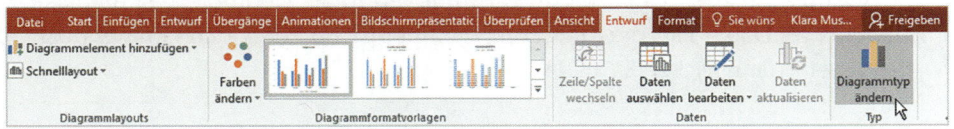

Bild 5.67 Diagrammtyp ändern

Das nachfolgende Fenster *Diagrammtyp ändern* unterscheidet sich nicht vom Fenster *Diagramm einfügen* (Bild 5.59), wählen Sie einen anderen Diagrammtyp bzw. Untertyp und klicken Sie zum Übernehmen auf *OK*. Vorhandene Formate werden beibehalten.

Datenreihe aus Spalten oder Zeilen bilden?

Einige Diagrammtypen, z. B. Säulen-, Balken- und Liniendiagramme können auch mehrere Datenreihen darstellen. Standardmäßig werden die Datenreihen aus den Spalten der Datentabelle gebildet und die Zeilenbeschriftungen dienen zur Einteilung bzw. Beschriftung der X-Achse (Kategorie). Möglicherweise stellen Sie erst nachträglich fest, dass eine Bildung der Datenreihen aus den Zeilen der Tabelle sinnvoller wäre. Auch bei einer nachträglichen Änderung des Diagrammtyps müssen manchmal die Datenreihen anders gebildet werden. Ein Ändern der Datentabelle ist dazu nicht erforderlich, Sie brauchen im Diagramm nur zwischen Zeilen und Spalten wechseln.

Beispiel: Sie haben zur Darstellung der Umsatzentwicklung in den letzten drei Jahren ein Säulendiagramm eingefügt. Nachträglich entscheiden Sie sich nun für ein Liniendiagramm zur zeitlichen Darstellung und ändern den Diagrammtyp entsprechend (siehe oben).

Bild 5.68 Dieselben Diagrammwerte als Säulen- und Liniendiagramm

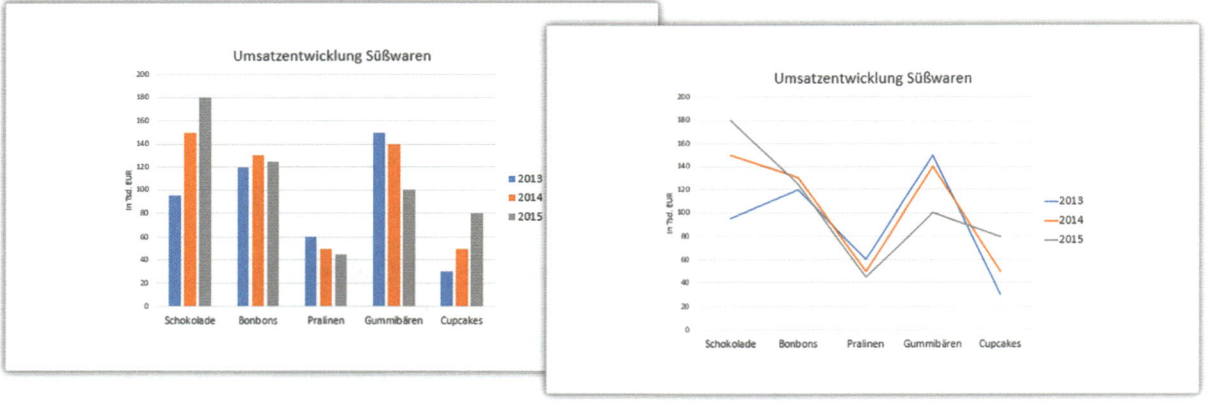

Allerdings werden die Datenreihen immer noch aus den Jahren gebildet. Sie benötigen jetzt aber die Produktgruppen als Datenreihen und die Jahre als Kategorie zur Einteilung der X-Achse. So nehmen Sie die Änderung vor:

1 Öffnen Sie das Datenblatt, falls nicht bereits geschehen.

2 Klicken Sie dann in der Folie auf das Diagramm und anschließend im Register *Entwurf*, Gruppe *Daten*, auf *Zeile/Spalte wechseln*.

> **Beachten Sie beim Wechsel zwischen Zeilen und Spalten**
> Die Schaltfläche *Zeile/Spalte wechseln* ist nur verfügbar, wenn die Datentabelle, entweder als Datenblatt oder mit Excel geöffnet ist. Sollte sie dann immer noch inaktiv sein, dann klicken Sie in das Diagramm.

Im Diagramm werden nun die Datenreihen aus den Produktgruppen gebildet und die Jahre erscheinen auf der X-Achse. Das Datenblatt selbst ändert sich dadurch nicht.

Bild 5.69 Zeile/Spalte wechseln

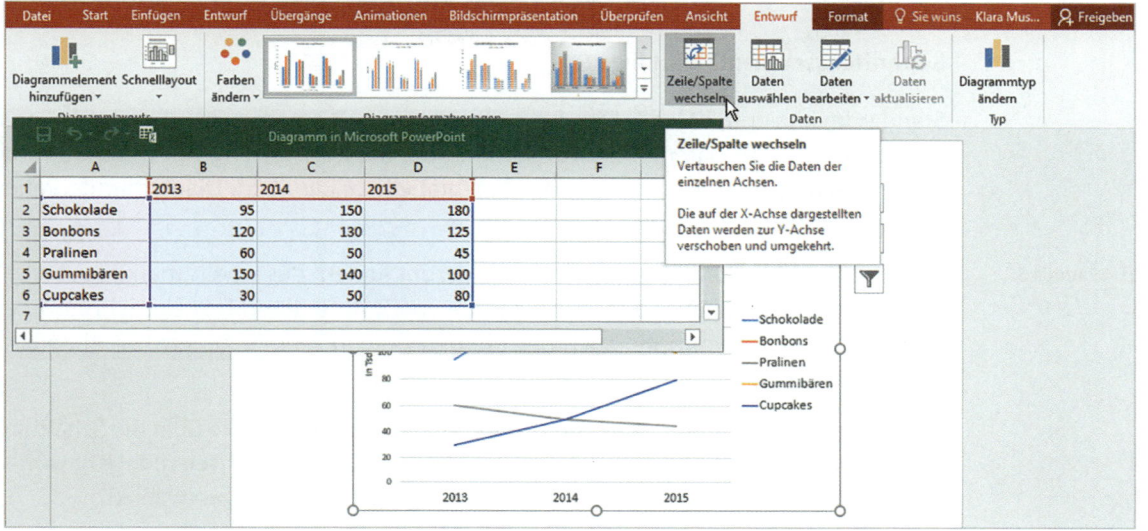

Datenreihen und Kategorien aus- und wieder einblenden

Enthält ein Diagramm zu viele Elemente, z. B. Datenreihen, dann blenden Sie einfach die nicht benötigten aus. Als Beispiel sollen im unten abgebildeten Diagramm nur zwei Produktgruppen miteinander verglichen werden.

1   Markieren Sie mit einem Klick das Diagramm und klicken Sie auf das Filtersymbol am rechten oberen Rand des Diagramms.

2   Deaktivieren Sie über die Kontrollkästchen die nicht benötigten Datenreihen und klicken Sie auf die Schaltfläche *Anwenden*.

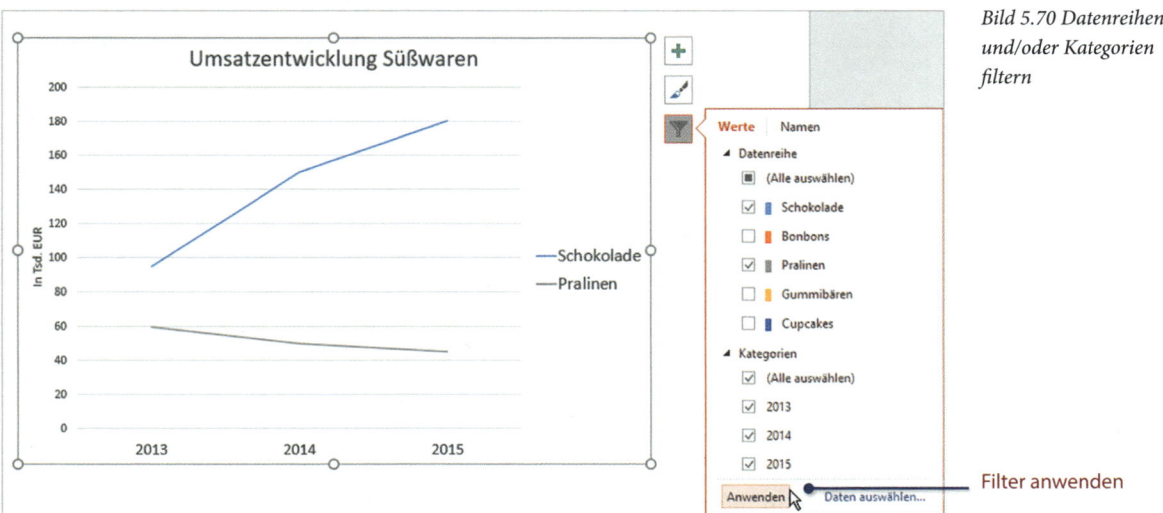

Bild 5.70 Datenreihen und/oder Kategorien filtern

Auf dieselbe Weise können Sie ausgeblendete Datenreihen auch wieder einblenden und bei Bedarf Elemente der X-Achse (Kategorien) ausblenden.

Beschriftungselemente hinzufügen

Standardmäßig enthält jedes Diagramm bereits einen Diagrammtitel und eine Legende, sofern mehrere Datenreihen vorhanden sind. Die Beschriftung der Legende wird automatisch aus der Beschriftung der Datentabelle gebildet, im Diagrammtitel fehlt dagegen noch der passende Text.

Siehe Kap. 4.2 und 4.3.

Der Diagrammtitel ist im Grunde ein Textfeld, zum Ändern des Inhalts markieren Sie es mit einem Klick und geben anschließend über die Tastatur Ihren Text ein. Schriftgröße und weitere Schriftattribute, auch der übrigen Beschriftungen ändern Sie ebenfalls wie gewohnt über die Schaltflächen des Registers *Start*.

Im *Register Diagrammtools - Entwurf ▶ Diagrammlayouts* können Sie über die Schaltfläche *Diagrammelement hinzufügen* nicht nur weitere Beschriftungselemente hinzufügen sondern in vielen Fällen auch zwischen mehreren Platzierungen wählen.

Beispiel Diagrammtitel

Der Diagrammtitel befindet sich ein der Standardeinstellung zentriert oberhalb des eigentlichen Diagramms. Wenn Sie bereits einen Folientitel verwenden, dann ist der Diagrammtitel häufig überflüssig. Vielleicht möchten Sie den Diagrammtitel aber auch lieber direkt im Diagramm an einer freien Stelle platzieren?

Dazu klicken Sie auf *Diagrammelement hinzufügen*, zeigen auf *Diagrammtitel* und wählen die gewünschte Position. Bereits beim Zeigen erhalten Sie im Diagramm eine Vorschau. Mit der Auswahl *Zentrierte Überlagerung* befindet sich der Titel innerhalb der Diagrammfläche und kann mit der Maus beliebig verschoben werden.

Bild 5.71 Diagrammtitel - Position

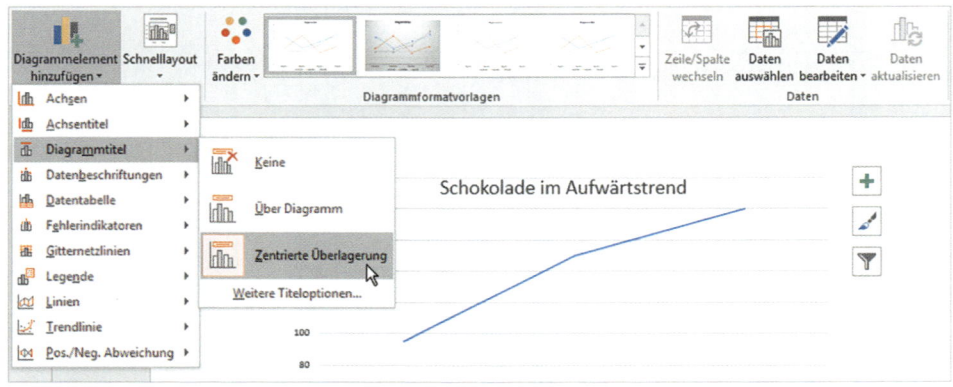

Natürlich können Sie statt der Auswahl *Keine* den Diagrammtitel auch einfach mit der Entf-Taste löschen oder einen Titel über dem Diagramm verschieben.

Weitere Beschriftungen

Auch die Legende können Sie an anderer Stelle platzieren oder mit der Entf-Taste aus dem Diagramm entfernen. Falls die verwendete Größeneinheit z. B. Stück, Gewicht oder Betrag nicht bereits aus der Überschrift ersichtlich ist, benötigen Sie auch noch eine Beschriftung der Größenachse (Y-Achse). Dazu klicken Sie ebenfalls auf *Diagrammelement hinzufügen*, zeigen auf *Achsentitel* und wählen zwischen horizontaler und vertikaler Achse. PowerPoint fügt ein Textfeld mit Platzhaltertext ein, den Sie anschließend durch Tastatureingabe überschreiben.

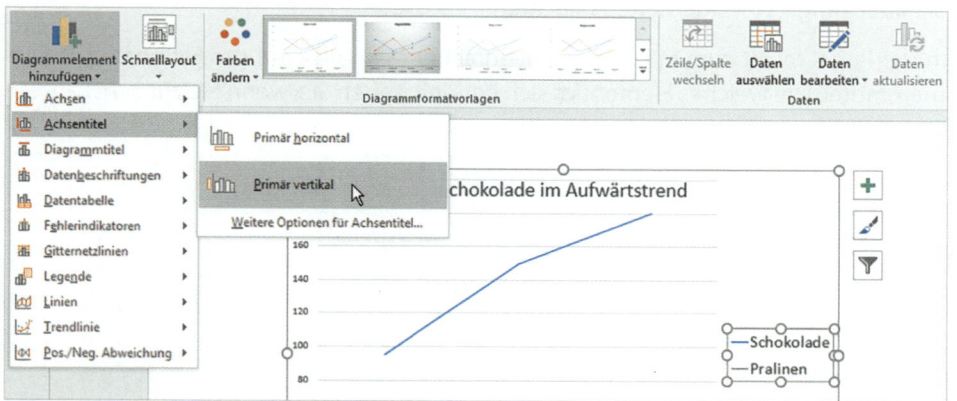

Bild 5.72 Achsentitel für Größenachse hinzufügen

Schnelllayouts

Im Register *Entwurf ▸ Diagrammlayouts* erhalten Sie über die Schaltfläche *Schnelllayout* eine Auswahl verschiedener kompletter Layouts, die Sie statt der oben beschriebenen Vorgehensweise zur schnellen Gestaltung ebenfalls nutzen können. Nachteilig ist der geringe Gestaltungsspielraum.

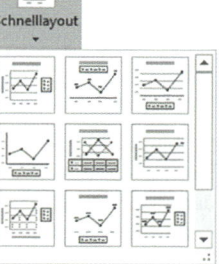

Diagramm formatieren

Vorlagen verwenden, Farben ändern

Wie alle Folienobjekte erhält auch ein Diagramm beim Erstellen die Farben des verwendeten Designs. Weitere Farbvarianten erhalten Sie über die Schaltfläche *Farben ändern* (*Entwurf ▸ Diagrammformatvorlagen*). In derselben Gruppe erhalten Sie daneben mit Klick auf den Pfeil *Weitere* ⥥ einen Katalog von Vorlagen zur Formatierung des gesamten Diagramms.

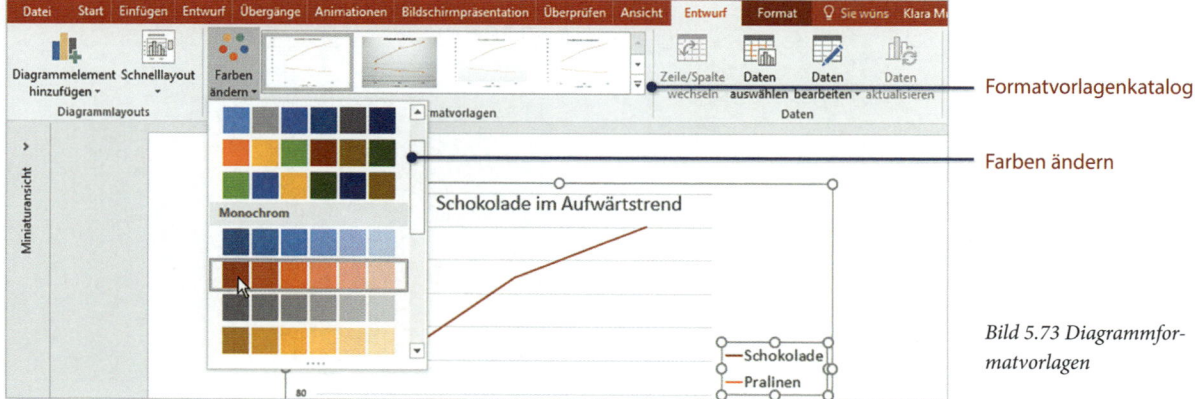

Bild 5.73 Diagrammformatvorlagen

Einzelne Diagrammelemente formatieren

Siehe Kap. 5.4.

Die individuelle Formatierung einzelner Diagrammelemente, z. B. des Hintergrunds unterscheidet sich nicht von Formen, auf eine Beschreibung wird daher an dieser Stelle verzichtet. Da Sie zuvor das jeweilige Diagrammelement markieren müssen, sollten Sie aber einige Besonderheiten beachten.

In der Regel reicht zum Markieren ein einfacher Mausklick auf das Element, z. B. Diagrammtitel. Um welches Element es sich handelt, sehen Sie, wenn Sie zunächst auf ein Element zeigen und es erst dann anklicken.

Bild 5.74 Element markieren

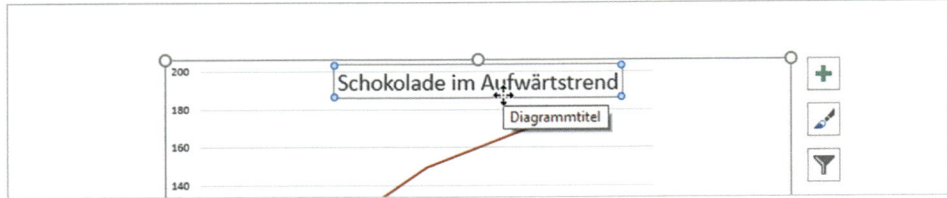

Beim Hintergrund unterscheiden Diagramme zwischen Diagrammbereich und Zeichnungsfläche. Zur Verdeutlichung wurde im Bild unten das jeweilige Element mit gelber Füllfarbe versehen:

Soll ein etwaiger Folienhintergrund auch hinter dem Diagramm sichtbar sein, dann müssen Sie den Diagrammbereich ohne Füllung formatieren.

▶ Der Diagrammbereich schließt das gesamte Diagramm, einschließlich Titel und Legende, mit ein. Wenn Sie diesen Bereich z. B. mit einer Füllfarbe versehen, dann erhält das gesamte Diagramm diesen Hintergrund. Zum Vergrößern oder Verkleinern des gesamten Diagramms verwenden Sie, wie bei allen Objekten, die Ziehpunkte des Markierungsrahmens.

▶ Die Zeichnungsfläche umfasst dagegen nur das eigentliche Diagramm, also die beispielsweise die Säulen-, oder Liniendarstellung. Standardmäßig ändert sich die Größe der Zeichnungsfläche automatisch, sobald Sie das gesamte Diagramm oder ein Beschriftungselement vergrößern bzw. verkleinern. Sie können aber auch die Größe der Zeichnungsfläche unabhängig vom Diagrammbereich mit der Maus ändern. Auf diese Weise lässt sich die Legende in den Diagrammbereich legen oder Platz schaffen für zusätzliche Elemente.

Bild 5.75 Diagrammbereich

Bild 5.76 Zeichnungsfläche

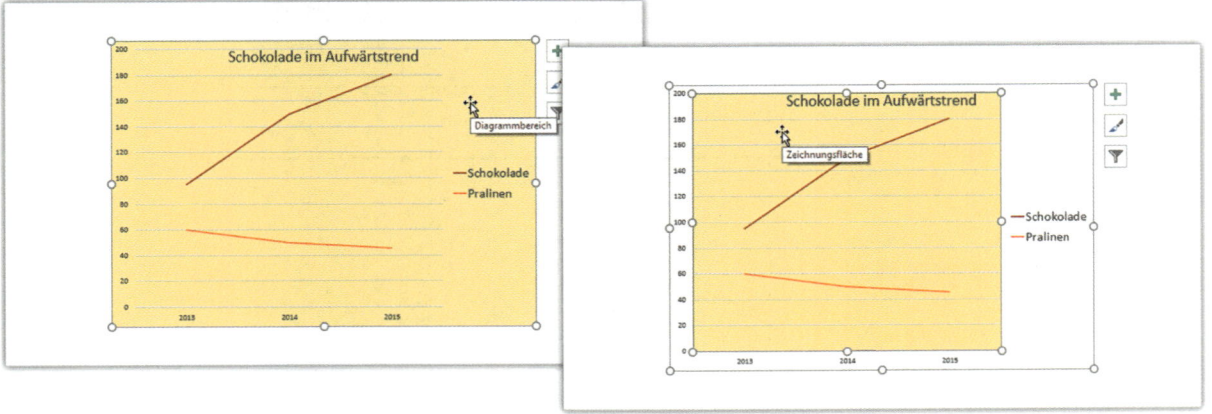

Außerdem müssen Sie beim Markieren zwischen Datenreihe und Datenpunkt unterscheiden:

▷ Der jeweils erste Mausklick auf eine beliebige Säule oder beliebige Stelle von Kreis oder Linie markiert immer die gesamte Datenreihe, erkennbar an den Markierungspunkten.

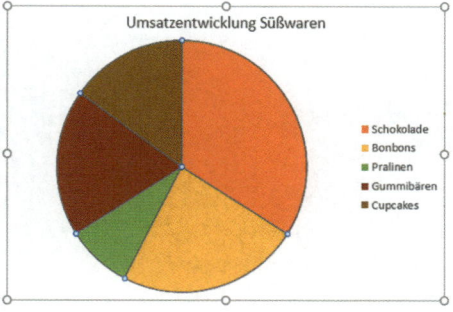 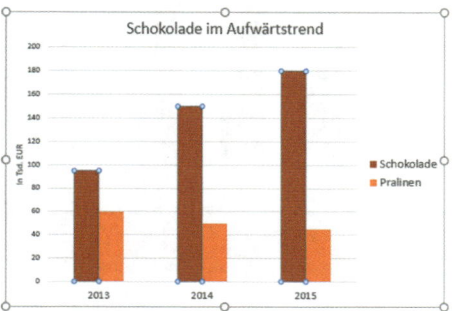

Bild 5.77 Markierte Datenreihe

▷ Ist die Datenreihe bereits markiert, so markiert ein weiterer gezielter Mausklick innerhalb dieser Datenreihe einen einzelnen Datenpunkt.

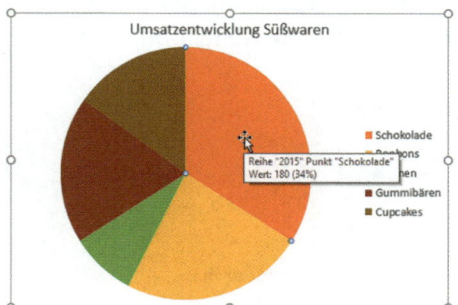 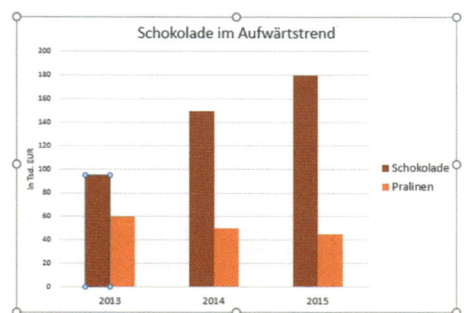

Bild 5.78 Markierter Datenpunkt

3D-Darstellung bearbeiten

Haben Sie als Diagrammtyp Säulen in 3D-Darstellung gewählt, so entspricht das Ergebnis nicht immer den Wünschen. Die Säulen werden standardmäßig mit einer Drehung dargestellt, sodass das Ergebnis optisch verzerrt wird. Wenn Sie dies korrigieren möchten, dann markieren Sie das Diagramm und klicken im Register *Format ▸ Formenarten* auf *Formeffekte*. Zeigen Sie auf *3D-Drehung* und wählen Sie eine Darstellung aus dem Bereich *Parallel*.

▷ Der Befehl *Weitere 3D-Einstellungen...* öffnet den Aufgabenbereich *Diagramm formatieren*, Symbol *Effekte* ⬠ und im Abschnitt 3D-Drehung. Um eine waagrechte x-Achse zu erhalten, brauchen Sie hier eigentlich nur das Kontrollkästchen *Rechtwinklige Achsen aktivieren*.

▷ Alternativ öffnen Sie den Aufgabenbereich per Rechtsklick in das Diagramm und den Befehl *3D-Drehung*.

*Bild 5.79 3D-Säulen-
diagramm: 3D-Drehung
bearbeiten*

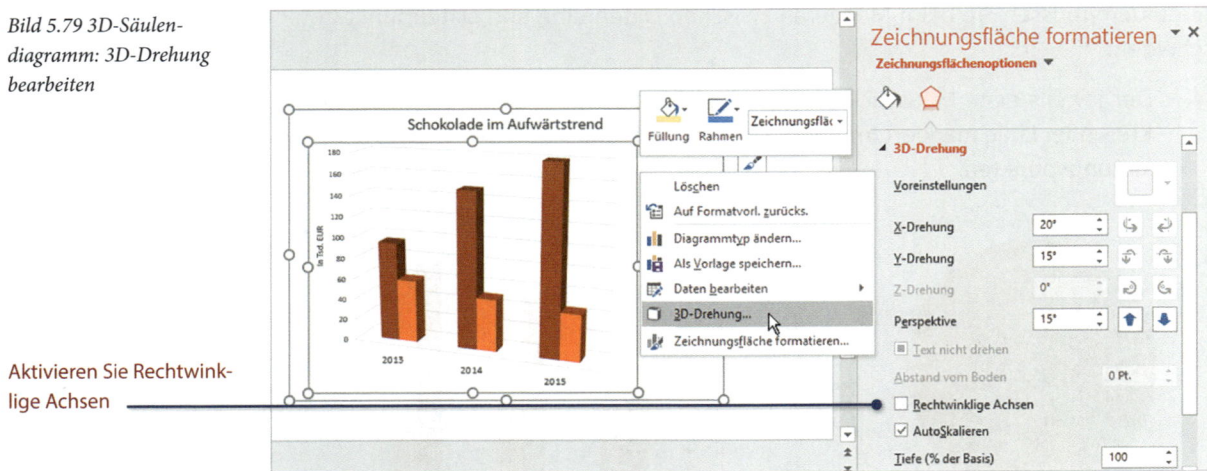

Aktivieren Sie Rechtwink-
lige Achsen

Praxisbeispiel: Diagramm mit Bildern visualisieren

Das in diesem Punkt (Bild 5.70 auf Seite 167) erstellte Liniendiagramm über die Umsatzentwicklung von Schokolade und Pralinen, lässt sich noch weiter optimieren.

Video!

www.bildner-verlag.
de/195_504

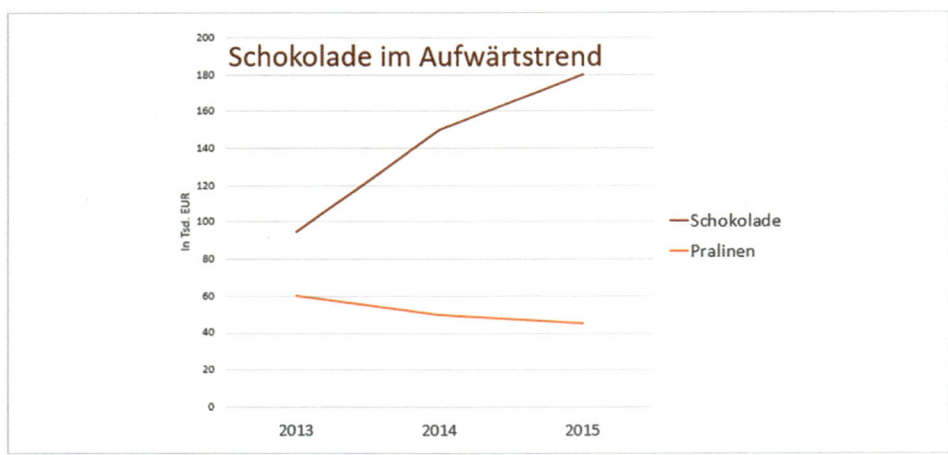

*Bild 5.80 Das Ausgangs-
diagramm*

Linien bis zur Größenachse verlängern

Standardmäßig enden in Liniendiagrammen die Linien bereits vor der Größenachse.
Die Ursache liegt darin, dass der Schnittpunkt der Y-Achse mit der X-Achse zwischen
den (meist nicht sichtbaren) Teilstrichen der X-Achse liegt. Um die Linien bis zur Y-Achse zu verlängern, müssen Sie daher eigentlich nur diesen Schnittpunkt ändern.

1 Klicken Sie dazu mit der rechten Maustaste auf die waagrechte Achse und auf
Achse formatieren....

2 Im Aufgabenbereich *Achse formatieren* wählen Sie nun im Abschnitt *Achsenopti-
onen* als Achsenposition *Auf Teilstrichen* statt *Zwischen Teilstrichen*.

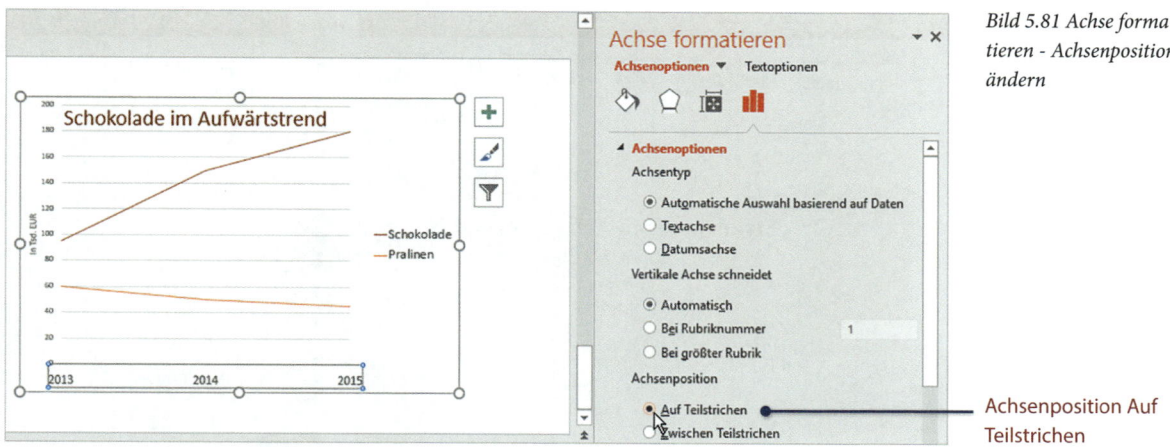

Achsenposition Auf
Teilstrichen

Legende durch Bilder ersetzen oder ergänzen

Eine Legende ist nicht immer optimal, da die Daten erst zugeordnet werden müssen. Visualisieren Sie stattdessen die Datenreihe mit Bildern.

Sie können die Bilder entweder im Diagramm an geeigneter Stelle positionieren oder, wie im Beispiel unten außerhalb des Diagrammbereichs einfügen. Falls Sie noch eine zusätzliche Beschriftung benötigen, so fügen Sie diese in Form von Textfeldern hinzu. Diagramme unterstützen zwar verschiedene Möglichkeiten, Datenbeschriftungen anzuzeigen, nicht aber in dieser Form.

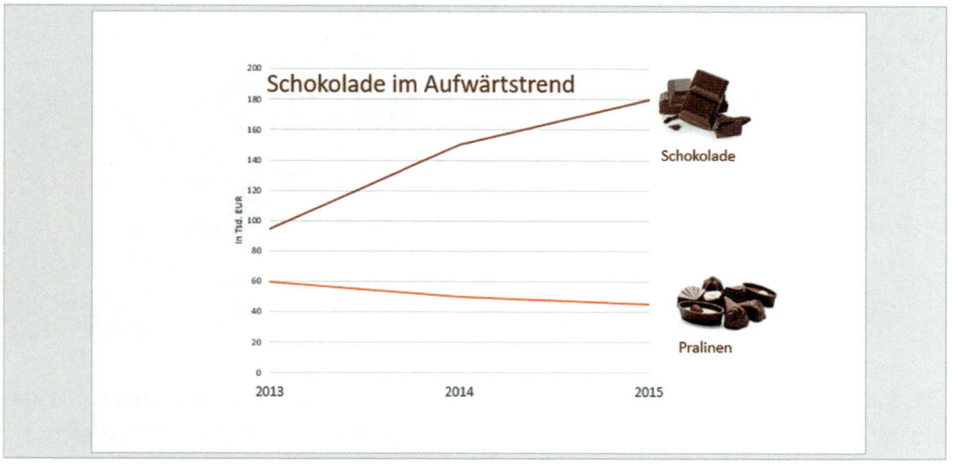

Bild 5.82 Bilder und Textfelder statt einer Legende

Transparenter Bildhintergrund

Bei einem weißen Diagrammhintergrund stellen Bilder mit ebenfalls weißem Hintergrund kein Problem dar, häufig wird jedoch in der Präsentation ein Folienhintergrund verwendet. Um zu verhindern, dass sich die Bilder optisch zu sehr in der Vordergrund drängen, entfernen Sie deren Hintergrund mit Hilfe des Freistellen-Werkzeugs. Markieren Sie das Bild und klicken Sie dazu im Register *Format ▶ Anpassen* auf *Freistellen*.

Bild 5.83 Bildhintergrund entfernen

Linien bearbeiten und Datenpunkte hervorheben

Linienfarbe und -stärke ändern Sie, indem Sie eine Datenreihe markieren und im Register *Format* auf *Formkontur* klicken.

Bild 5.84 Linien über Formkontur bearbeiten

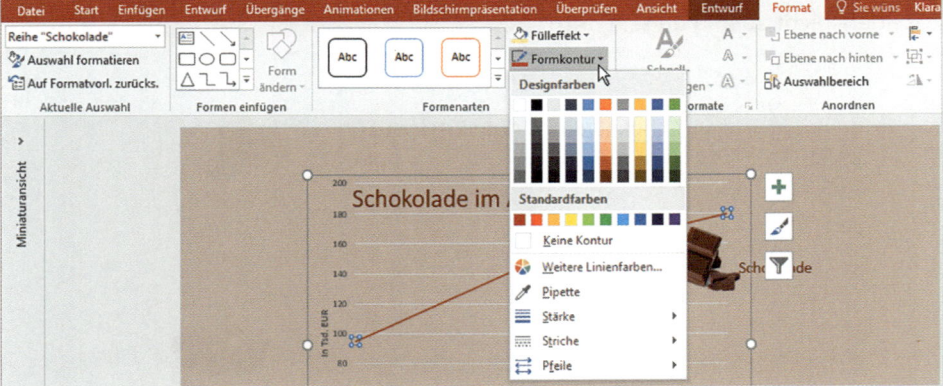

Die Datenpunkte hervorheben können Sie dagegen nur im Aufgabenbereich. Klicken Sie mit der rechten Maustaste auf die Datenreihe und auf *Datenreihen formatieren...*.

1   Klicken Sie dann im gleichnamigen Aufgabenbereich auf das Symbol *Füllung und Linie* ◊ und wählen Sie hier *Markierung*.

2   Öffnen Sie den Abschnitt *Markierungsoptionen* und wählen Sie die Option *Integriert*. Anschließend können Sie Typ und Größe festlegen.

3   Im Abschnitt *Füllung* legen Sie die Art der Füllung, in der Regel einfarbig, und etwas unterhalb die Farbe fest.

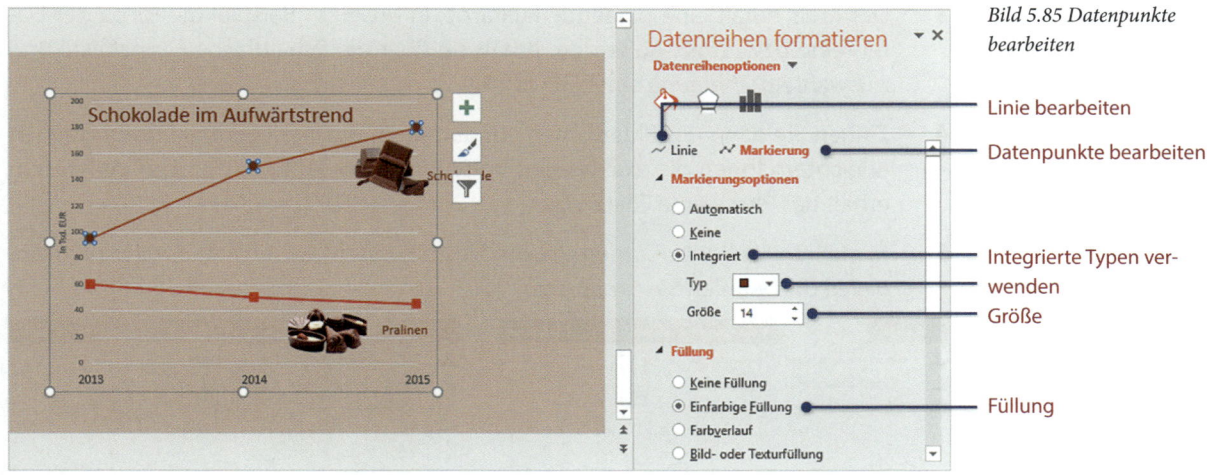

Bild 5.85 Datenpunkte
bearbeiten

Praxisbeispiel: Bild als Markierungspunkt in Liniendiagrammen

Statt der integrierten Markierungstypen kann in Liniendiagrammen auch ein Bild, z. B. ein Logo zur Darstellung der Datenpunkte verwendet werden. Als Beispiel soll die Datenreihe Schokolade ein Pluszeichen erhalten und die Datenreihe Pralinen ein Minuszeichen. So gehen Sie dabei vor:

Ein Bild als Form erzeugen

Im ersten Schritt benötigen Sie geeignete Grafiken. Einfache klare Formen eignen sich dazu besser als Fotos; falls Sie kein Bild zur Hand haben, erzeugen Sie schnell in PowerPoint eigene Formen.

1   Am besten geschieht dies in einer gesonderten leeren Folie, diese kann wieder gelöscht werden, nachdem die Form als Grafik gespeichert wurde.

2   Fügen Sie einen Kreis und ein Pluszeichen ein, dieses ist ebenfalls im Formenkatalog verfügbar. Achten Sie darauf, dass beim Einfügen, Vergrößern oder Verkleinern das Seitenverhältnis beibehalten wird; entweder indem Sie beim Ziehen mit der Maus und Umschalt-Taste gedrückt halten oder im Aufgabenbereich *Form formatieren ▸ Grösse* das Kontrollkästchen *Seitenverhältnis sperren* aktivieren.

Video!

www.bildner-verlag. de/195_505

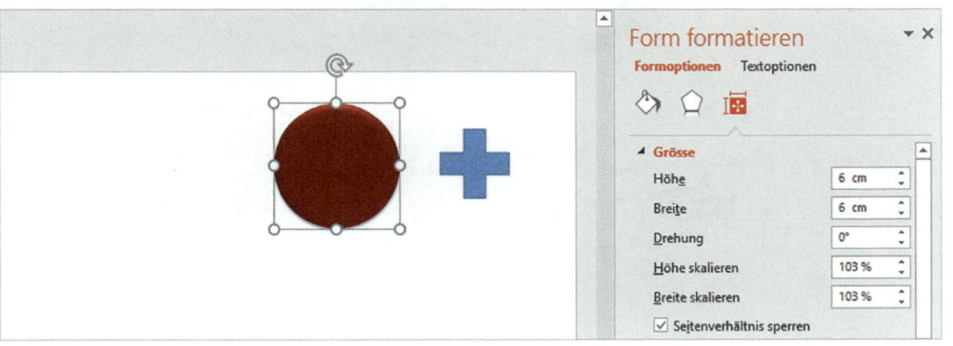

Bild 5.86 Formen einfügen
und formatieren

3 Der Kreis erhält eine passende Füllfarbe, in unserem Beispiel die Farbe der Datenreihe bzw. Linie. Außerdem erhält sie über die Schaltfläche *Formeffekte* und Auswahl *Abschrägung* einen 3D-Effekt.

4 Ziehen Sie dann das Pluszeichen auf den Kreis, die intelligenten Führungslinien erleichtern Ihnen die exakte Positionierung in der Mitte des Kreises. Außerdem erhält das Plus weiße Füllfarbe.

5 Markieren Sie beide Formen, klicken Sie im Register *Format* ▶ *Anordnen* auf *Gruppieren* und wählen Sie *Gruppieren*.

Bild 5.87 Richten Sie die Formen mit den Führungslinien aus

Bild 5.88 Formen gruppieren

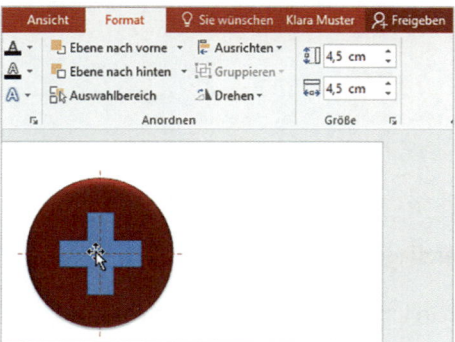

6 Klicken Sie mit der rechten Maustaste auf die gruppierte Form und klicken Sie auf *Als Grafik speichern*…. Wählen Sie den Dateityp PNG und speichern Sie die Grafik.

7 Wiederholen Sie dann diese Schritte und erzeugen Sie diesmal eine Grafik mit einem Minuszeichen, auch dieses ist im Formenkatalog enthalten.

Grafik als Markierungspunkt verwenden

1 Nun können Sie im nächsten Schritt die Grafiken als Markierungspunkte auswählen. Klicken Sie im Diagramm mit der rechten Maustaste auf die Datenreihe und auf den Befehl *Datenreihen formatieren*….

Bild 5.89 Bild als Markierung auswählen

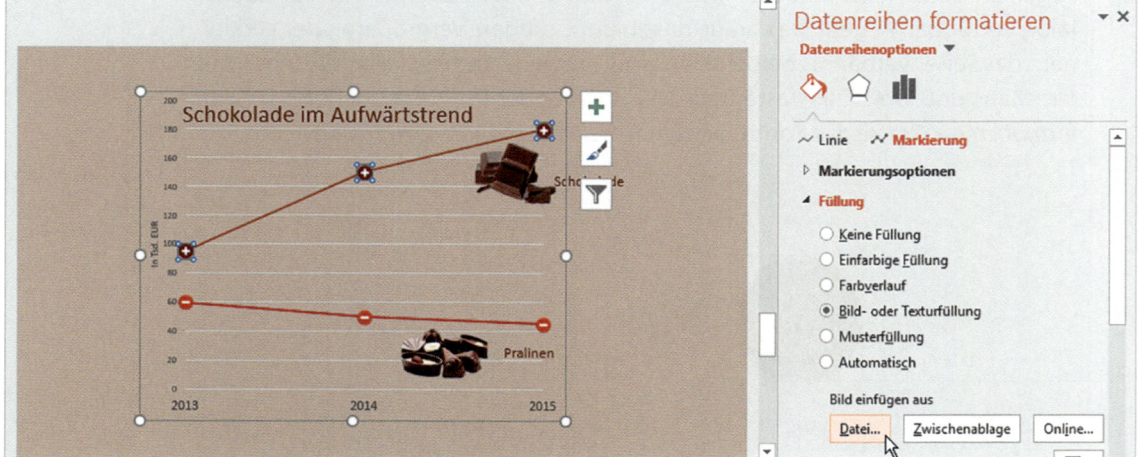

2   Klicken Sie im Aufgabenbereich auf das Symbol *Füllung* 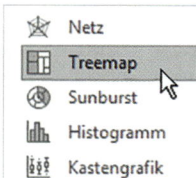 und hier auf *Markierung*.

3   Aktivieren Sie im Abschnitt *Füllung* die Option *Bild- oder Texturfüllung*. Zum Einfügen der zuvor gespeicherten Grafik klicken Sie darunter auf die Schaltfläche *Datei...*. Falls Sie anschließend noch die Größe ändern möchten, so erledigen Sie dies im Abschnitt *Markierungsoptionen*.

Größenvergleiche mit dem Diagrammtyp Treemap

Neu in PowerPoint 2016 ist der Diagrammtyp Treemap, auch als Hierarchie-Diagramm bezeichnet. Dieser gliedert die Daten hierarchisch und eignet sich besonders für den Vergleich von Größenverhältnissen innerhalb einer Hierarchie.

Falls Sie mehrere Kategorien verwenden, werden diese farbig unterschieden und die einzelnen Werte als Rechtecke nach Nähe angeordnet. Auf diese Weise lassen sich schnell Größenverhältnisse vergleichen.

> Der Diagrammtyp Treemap unterstützt nur eine einzige Datenreihe, dafür lassen sich die Werte hierarchisch untergliedern.

1   Wählen Sie im Fenster *Diagramm einfügen* den Diagrammtyp *Treemap*.

2   Im Datenblatt erhalten Sie die Möglichkeit, drei Hierarchien zu nutzen. Die Verzweigungen bilden die oberste Ebene und entsprechen etwa den Kategorien. In der Ebene Blatt geben Sie die Beschriftungen ein und die dazugehörigen Einzelwerte in der Spalte Datenreihe.

Bild 5.90 Datenblatt

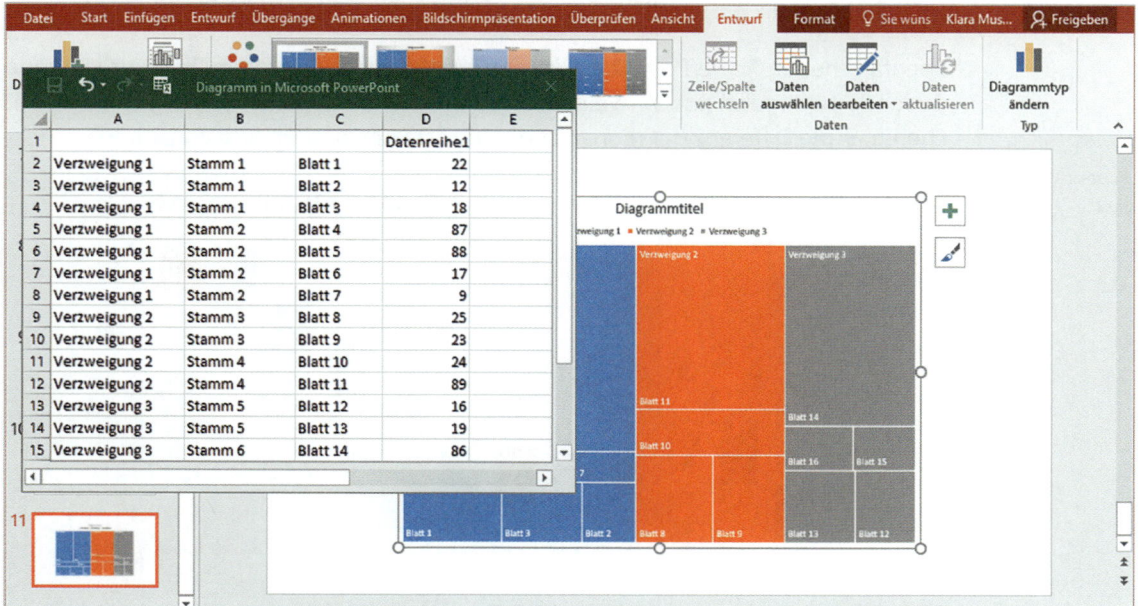

3 Als einfaches Beispiel sollen die Umsätze von Damen- und Herrenkleidung dargestellt werden. Diese bilden die Verzweigungen und werden in unterschiedlichen Farben dargestellt. Falls Sie Unterkategorien benötigen, so tragen Sie diese in Spalte B des Datenblattes ein.

Wenn keine Unterkategorien (Stamm) benötigt werden, dann sollten Sie den Inhalt dieser Spalte. löschen

Bild 5.91 Beispiel Damen-und Herrenkleidung

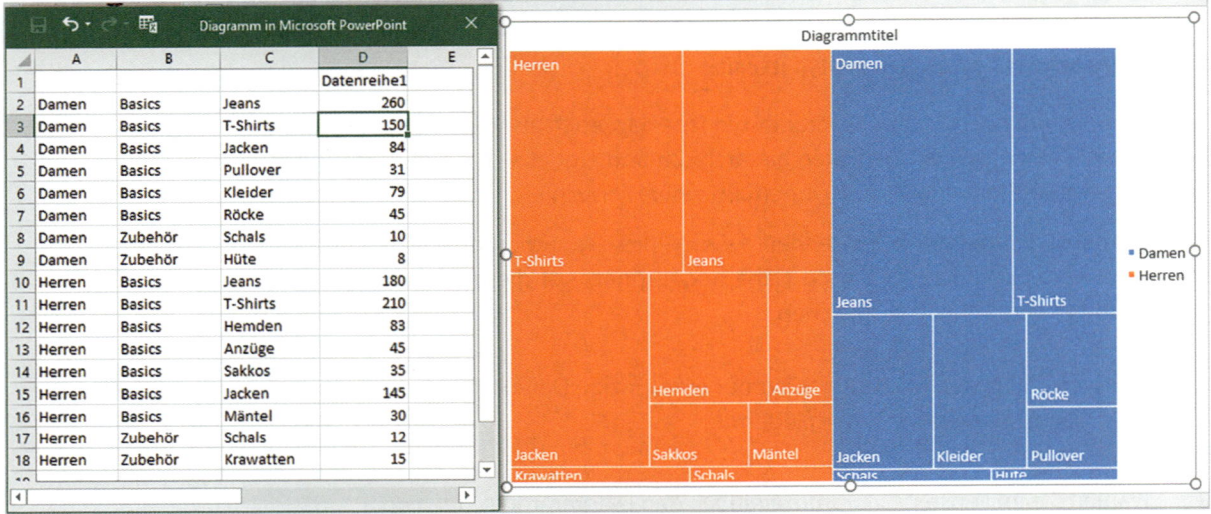

Tipp: Alternativ können Sie den Diagrammtyp Sunburst einsetzen. Dieser basiert auf einem ähnlichen Aufbau, ordnet aber die Werte kreisförmig an.

Veränderungen als Wasserfalldiagramm darstellen

Ebenfalls neu in PowerPoint 2016 ist der Typ Wasserfalldiagramm. Es zeigt laufende Zu- und Abgänge an und wird eingesetzt, um eine zeitliche Entwicklung zu verdeutlichen, z. B. die Differenz der monatlichen Umsätze gegenüber dem Vorjahr.

Bild 5.92 Beispiel Wasser-falldiagramm

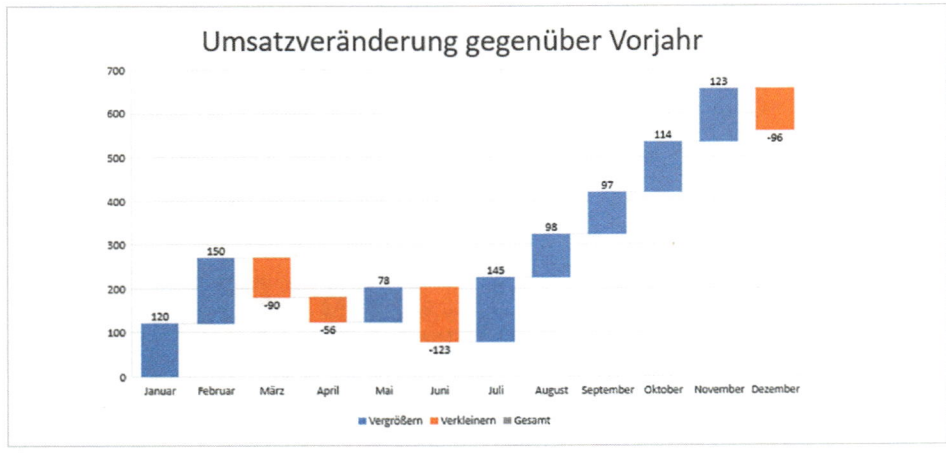

So gehen Sie vor:

1   Wählen Sie beim Einfügen den Diagrammtyp Wasserfall.

2   Auch dieser Diagrammtyp unterstützt nur eine einzige Datenreihe. Geben Sie Ihre Werte in Spalte A (Datenreihe1) ein. Da auch noch die Monate als Beschriftung der X-Achse benötigt werden, geben Sie diese daneben in Spalte B ein.

3   Leider wird in diesem Fall der im Diagramm verwendete Datenbereich nicht automatisch erweitert. Daher müssen Sie dies manuell vornehmen. Klicken Sie daher im Register *Entwurf ▶ Daten* auf *Daten auswählen*.

Video!

www.bildner-verlag.de/195_506

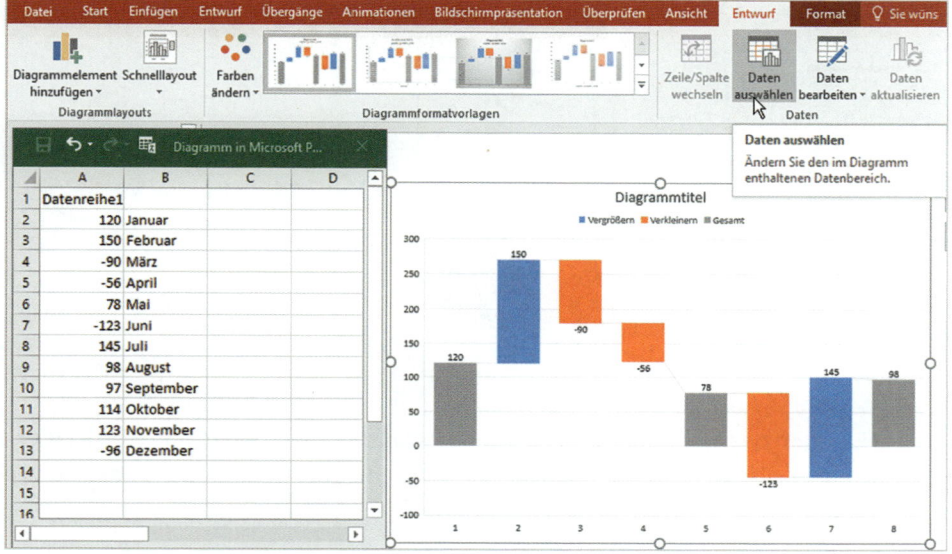

Bild 5.93 Datenbereich festlegen

4   Es öffnet sich das Fenster *Datenquelle auswählen*. Hier können Sie links unter *Legendeneinträge (Reihen)* festlegen, aus welchem Bereich die Datenreihen gebildet werden und rechts unter *Horizontale Achsenbeschriftungen* angeben, welcher Bereich zur Beschriftung verwendet werden soll. Markieren Sie links mit einem Klick die *Datenreihe1* und klicken Sie auf die Schaltfläche *Bearbeiten*.

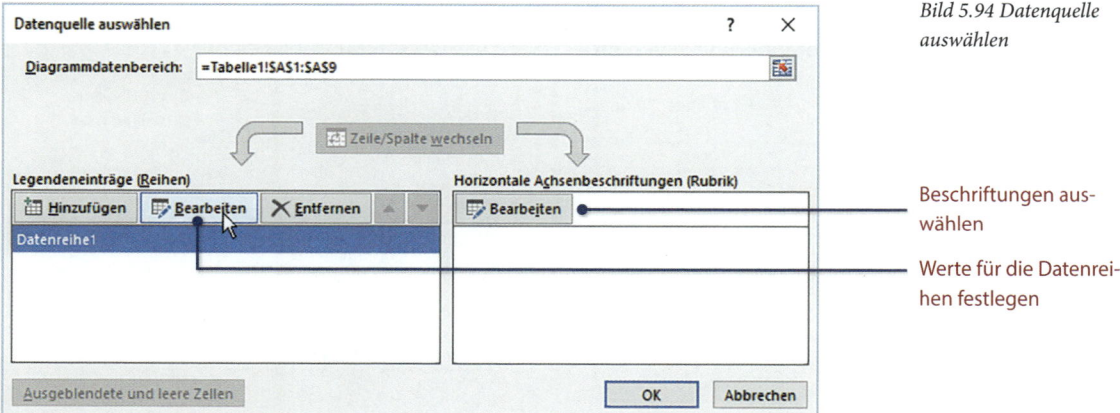

Bild 5.94 Datenquelle auswählen

Beschriftungen auswählen

Werte für die Datenreihen festlegen

5 Der Reihenname in A1 kann beibehalten werden (Bild 5.95), klicken Sie in das Feld *Reihenwerte*, löschen Sie hier den Inhalt und markieren Sie dann mit gedrückter Maustaste im Datenblatt den gewünschten Zellbereich. Zum Übernehmen klicken Sie auf *OK*.

6 Klicken Sie dann im Fenster *Datenquelle festlegen* unter *Horizontale Achsenbeschriftungen* auf *Bearbeiten* (Bild 5.94) und markieren Sie im Datenblatt die benötigten Beschriftungen, in diesem Beispiel die Monate in Spalte B.

Bild 5.95 Datenbereich für Datenreihe und Beschriftung festlegen

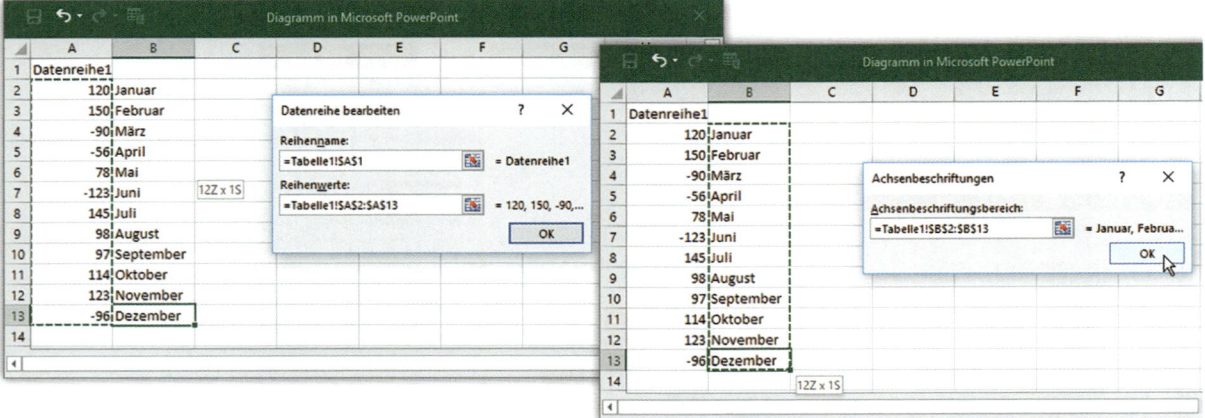

7 Nun sieht das Ergebnis schon besser aus. Allerdings wurden einige Werte fälschlich als Zwischensummen interpretiert und entsprechend grau dargestellt, wie Sie anhand der Legende feststellen können.

8 Da es sich aber nicht um Summen sondern um monatliche Zu- oder Abgänge handelt, müssen Sie dies korrigieren. Markieren Sie im Diagramm die Datenreihe per Mausklick und markieren Sie mit dem nächsten Mausklick die erste Summe als Datenpunkt.

9 Klicken Sie mit der rechten Maustaste auf diesen Datenpunkt und auf den Befehl *Summe löschen*. Genauso verfahren Sie mit den übrigen Summen.

Bild 5.96 Summe löschen

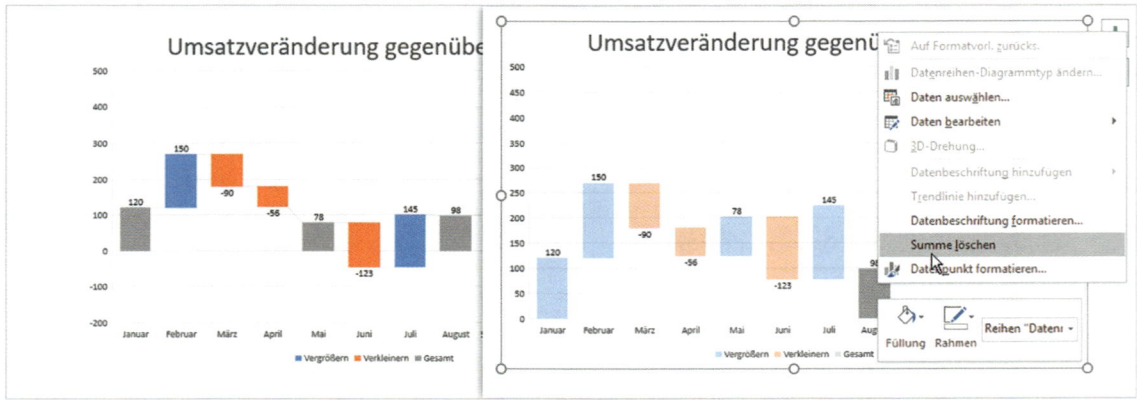

Tipps zur Farbgestaltung

Falls Sie andere Farben verwenden möchten, ist dies bei diesem Diagrammtyp nur auf zwei Wegen möglich: Wählen Sie entweder über die Schaltfläche *Farben ändern* (Register *Entwurf*) eine andere Farbzusammenstellung oder ändern Sie Akzentfarbe1 und Akzentfarbe2 Ihres Designs.

Eine Änderung über *Datenreihen formatieren* bzw. *Fülleffekt* unterscheidet dagegen nicht zwischen positiven und negativen Zahlen und manuelles Formatieren der einzelnen Datenpunkte wirkt sich nicht auf die Legende aus. In diesem Fall müssen Sie auf die automatische Legende verzichten.

Designfarben ändern

Meist möchten Sie nun im fertigen Wasserfalldiagramm die Zu- und Abgänge auch durch die entsprechenden Farben verdeutlichen. Eine Änderung der Designfarben wirkt sich leider auf die gesamte Präsentation aus und dies ist nur in seltenen Fällen erwünscht. Abhilfe schafft ein zweiter Folienmaster, dem Sie anschließend entweder völlig andere Designfarben zuweisen oder die dieselben Farben verwenden und hier nur Akzentfarbe1 und Akzentfarbe2 ändern.

Siehe Kap. 4, „Weitere Folienmaster hinzufügen" auf Seite 116 und Kap. 3.3, Design und Farben der Präsentation anpassen.

Anschließend brauchen Sie nur noch im Register *Start ▸ Folien* auf *Layout* klicken und hier der aktuellen Folie dasselbe Layout, aber basierend auf dem zweiten Folienmaster zuweisen.

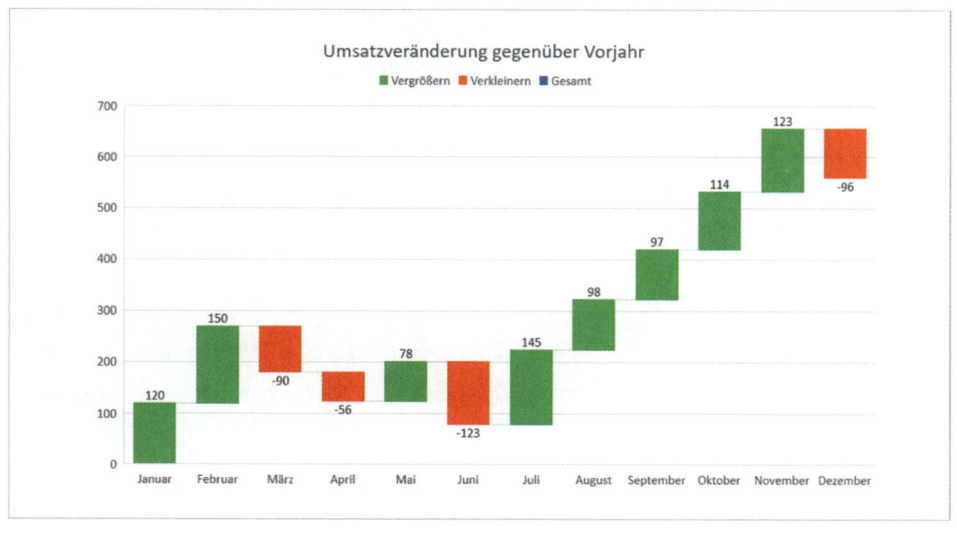

Bild 5.97 Das Ergebnis mit geänderten Farben

Symbole statt Legende

Eine zweite Möglichkeit besteht darin, dass Sie die Legende entfernen und stattdessen Symbole verwenden. Dazu formatieren Sie die gesamte Datenreihe zunächst mit grüner Füllfarbe. Markieren Sie anschließend nacheinander die Datenpunkte mit negativen Werten, diese erhalten eine rote Füllung. Nun fügen Sie für negative Werte ein geeignetes Symbol als Bild ein und platzieren es über oder unter den Säulen mit negativen Werten. Ein Pluszeichen über den grünen Säulen ist auf diesem Weg natürlich ebenfalls möglich.

Bild 5.98 Zu- und Abgänge durch Farben und Symbole hervorheben

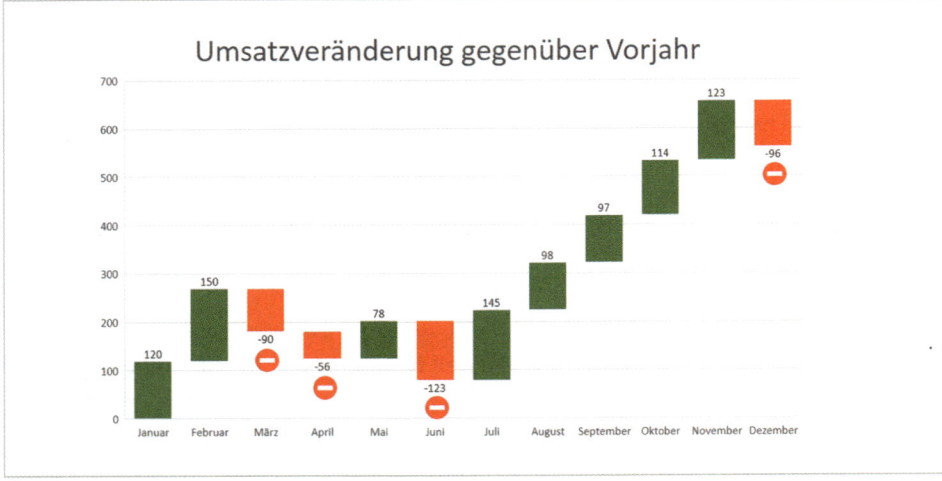

Ein Excel-Diagramm einfügen

Siehe Kap. 6.3.

Ist ein Diagramm bereits fertig in einer Excel-Arbeitsmappe vorhanden, dann verwenden Sie zum Einfügen in eine PowerPoint-Päsentation die Zwischenablage. Die Vorgehensweise unterscheidet sich nur wenig von Excel-Tabellen:

1   Öffnen Sie die Arbeitsmappe, die das benötigte Diagramm enthält, markieren Sie das Diagramm und kopieren Sie es in die Zwischenablage.

2   Wechseln Sie dann zur PowerPoint-Folie und fügen Sie das Diagramm entweder über den Dropdown-Pfeil der *Einfügen*-Schaltfläche (*Start ▸ Zwischenablage*) ein oder verwenden Sie zum Einfügen die Tasten Strg+V und klicken dann in der Folie auf das Symbol *Einfügeoptionen*. Wählen Sie eine der folgenden Optionen:

Option	Beschreibung
Zieldesign verwenden und Arbeitsmappe einbetten	Das Diagramm erhält Farben und Schriften des Präsentationsdesigns und die Arbeitsmappe wird als Kopie zusammen mit der Präsentation gespeichert.
Ursprüngliche Formatierung beibehalten und Arbeitsmappe einbetten	Eine Kopie der Arbeitsmappe wird mit der Präsentation gespeichert, das Aussehen des Diagramms wird beibehalten.
Zieldesign verwenden und Daten verknüpfen	Das Aussehen des Diagramms wird an das Design der Präsentation angepasst, Änderungen am Diagramm erfolgen in der Originaldatei. Die Arbeitsmappe wird nicht mit der Präsentation gespeichert. Dies ist gleichzeitig die Standardeinstellung.

Option	Beschreibung
Ursprüngliche Formatierung beibehalten und Daten verknüpfen	Das Diagramm behält sein ursprüngliches Aussehen. Änderungen werden in der Originaldatei vorgenommen und die Arbeitsmappe wird nicht mit der Präsentation gespeichert.
Grafik	Das Diagramm wird als Bild eingefügt und in PowerPoint als solches behandelt. Änderungen am Diagramm sind nicht mehr möglich.

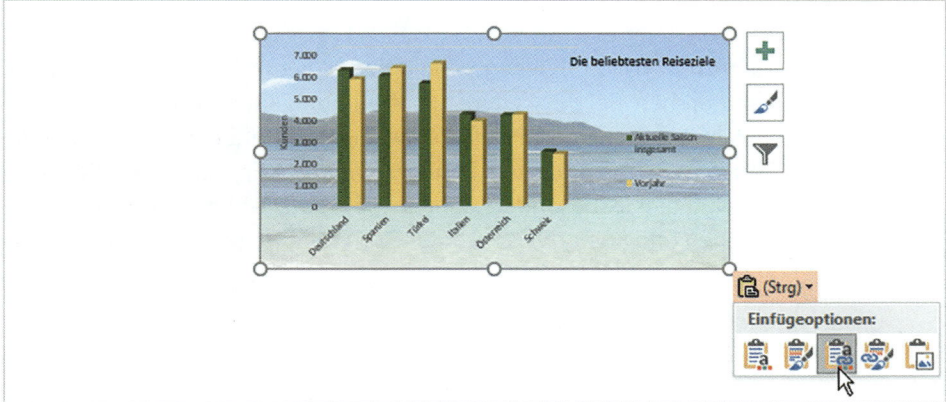

Bild 5.99 Einfügeoptionen

Zum Einfügen als Verknüpfung, können Sie auch in der Gruppe *Zwischenablage* auf den Dropdown-Pfeil der Schaltfläche *Einfügen* und auf *Inhalte einfügen...* klicken. Das Fenster *Inhalte einfügen* öffnet sich: Wählen Sie hier wieder zwischen *Einfügen* (=einbetten) und *Verknüpfung einfügen*.

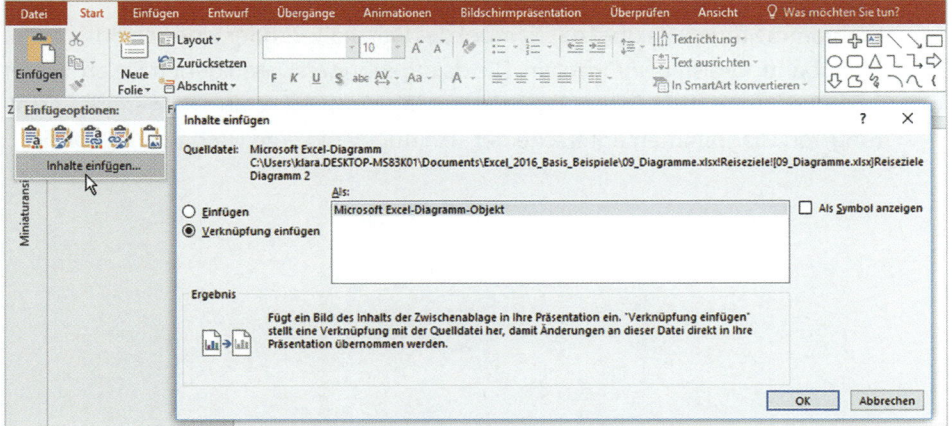

Bild 5.100 Inhalte einfügen

> Die PowerPoint Präsentation speichert nur die Verknüpfung, d.h. einen Verweis zur Originaldatei und alle Änderungen erfolgen ausschließlich in dieser. PowerPoint enthält somit auch bei Änderungen immer die aktuellen Daten.

5.8   Zusammenfassung

▶ Bilder sind wichtige Mittel zur Visualisierung von Aussagen. Am einfachsten fügen Sie eine Grafik in eine Folie ein, indem Sie auf das entsprechende Symbol des Platzhalters klicken. PowerPoint unterscheidet zwischen Bildern, die als Datei auf Ihrem Computer gespeichert sind und Onlinegrafik. Beachten Sie aber bei Verwendung von Bildern aus dem Web, dass diese in der Regel dem Urheberrecht unterliegen.

▶ Bilder lassen sich in Folien beliebig positionieren, vergrößern, verkleinern, zuschneiden und drehen. Bei der weiteren Formatierung können Sie zwischen verschiedenen Rahmenarten und Bildeffekten wählen, das Bild selbst kann über die Schaltflächen der Gruppe *Anpassen*, Register *Bildtools ▶ Format*, bearbeitet werden. Nützlich sind hier insbesondere die Befehle *Freistellen*, mit dem Sie Bildteile entfernen können und *Komprimieren*, mit dessen Hilfe Sie Speicherplatz sparen.

▶ PowerPoint verfügt über einen umfangreichen Formenkatalog, aus dem Sie über die Schaltfläche *Formen* Elemente einfügen können. Auch Formen können beliebig vergrößert, verkleinert und verschoben sowie mit verschiedenen Fülleffekten, Schatten- und 3D-Einstellungen versehen werden.

▶ Zur Ausrichtung von Bildern, Formen und sonstigen Objekten stellt PowerPoint verschiedene Hilfen zur Verfügung. Dazu zählen neben den automatisch erscheinenden intelligenten Führungslinien auch Gitternetz- und Führungslinien. Außerdem können Sie Objekte ebenenweise nach vorne bzw. nach hinten rücken, automatisch ausrichten und gruppieren.

▶ Diagramme fügen Sie über das Symbol des Platzhalters oder eine Schaltfläche im Menüband, Register *Einfügen* ein. Die dazugehörigen Daten geben Sie entweder in einem integrierten Datenblatt oder mit Microsoft Excel ein. Die weitere Gestaltung von Diagrammen unterscheidet sich nur wenig vom Umgang mit Formen.

6 Grafische Layouts einsetzen

In diesem Kapitel lernen Sie...

- Textlayouts mit SmartArt
- Tabellen einfügen und gestalten
- Word- und Excel-Tabellen einfügen, einbetten und verknüpfen

Das sollten Sie bereits wissen

- Text eingeben und formatieren
- Umgang mit Folienlayouts
- Design und Farben anpassen
- Folienmaster und Masterlayouts in der Masteransicht bearbeiten

6.1   SmartArt statt langweiliger Textlayouts

Unter der Bezeichnung SmartArt bzw. SmartArt-Grafik steht Ihnen in Office 2016 und somit auch in PowerPoint eine Sammlung grafischer Textlayouts zur Verfügung, z. B. zur Visualisierung von Prozessen oder Hierarchien. Diese können Sie anstelle von normalem Text in die Platzhalter der meisten Folienlayouts einfügen und anschließend beschriften oder zur Anordnung von Bildern benutzen.

SmartArt einfügen

Layout auswählen

1   Am einfachsten fügen Sie eine SmartArt-Grafik per Mausklick auf das entsprechende Symbol eines Platzhalters ein.

Wenn Sie ein leeres Folienlayout ohne Platzhalterfelder verwenden, dann klicken Sie im Register *Einfügen*, Gruppe *Illustrationen*, auf *SmartArt*.

Bild 6.1 SmartArt einfügen

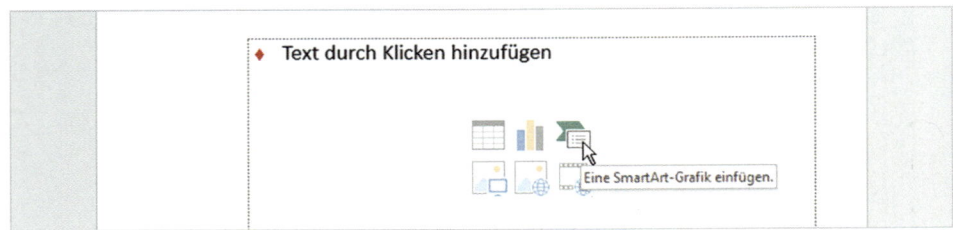

2   Anschließend wählen Sie im Fenster *SmartArt-Grafik auswählen* das gewünschte Layout. Klicken Sie dazu links auf eine Kategorie, z. B. *Liste* oder *Alle*, wenn Sie einen ersten Überblick erhalten möchten.

Bild 6.2 Wählen Sie ein Layout

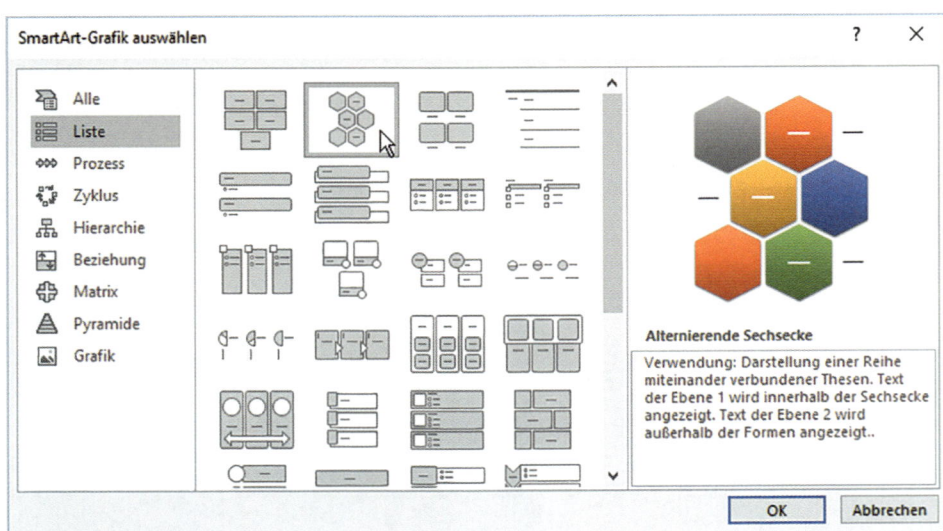

3   Der mittlere Bereich zeigt alle Layouts der ausgewählten Kategorie an. Wenn Sie
hier auf ein Layout klicken, so erhalten Sie rechts daneben eine Vorschau zusammen mit einer kurzen Beschreibung. Klicken Sie auf *OK*, um das markierte Layout
in die Folie einzufügen.

Tipp: Sie können das gewählte Layout auch nachträglich noch ändern, Ihre Wahl ist also
nicht endgültig.

Text eingeben

Die Texteingabe erfolgt entweder direkt in das Feld - klicken Sie auf die betreffende
Form und geben Sie hier Ihren Text ein - oder verwenden Sie zur Texteingabe den
gesonderten Textbereich. Dieser Textbereich öffnet sich, wenn Sie am linken Rand des
Markierungsrahmens auf das kleine Symbol klicken, zum Schließen verwenden Sie das
Schließen-Symbol. Oder benutzen Sie zum Anzeigen und Schließen des Textbereichs
die Schaltfläche *Textbereich* im Register *SmartArt-Tools - Entwurf*.

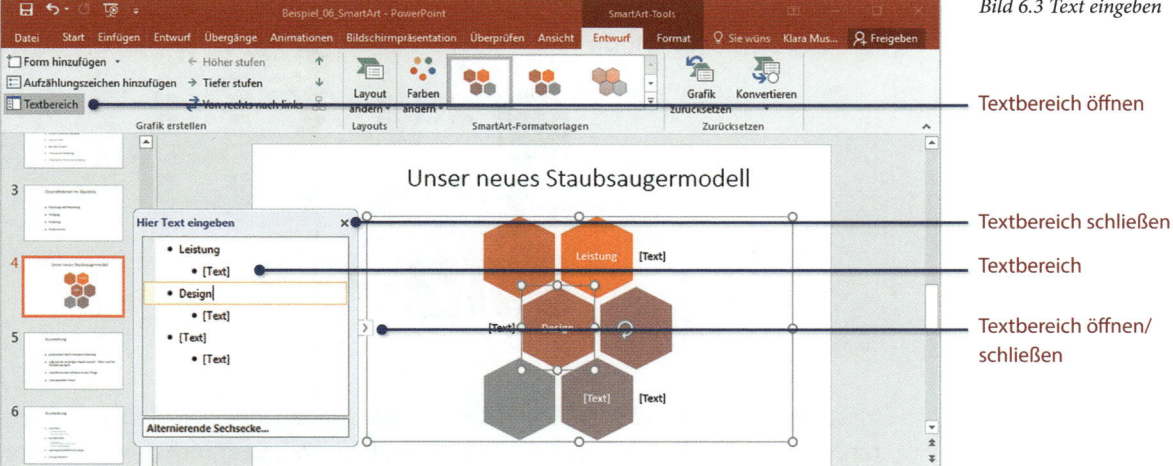

Bild 6.3 Text eingeben

Textbereich öffnen

Textbereich schließen

Textbereich

Textbereich öffnen/
schließen

Die Schriftgröße passt sich automatisch an die Größe der Form an, beschränken
Sie sich also auf kurze Stichworte.

▶   Wie am Beispiel im Bild oben zu sehen ist, verfügen einige SmartArt-Layouts
über mehrere Ebenen, in unserem Beispiel zwei. Text der untergeordneten Ebene befindet sich hier außerhalb der Formen.

▶   In diesem Beispiel werden außerdem nicht alle Formen im Textbereich berücksichtigt. Falls Sie hier trotzdem Text eingeben möchten, so klicken Sie einfach auf
die Form und geben den Text über die Tastatur ein.

▶   Wenn in eine Form kein Text eingegeben wird, so ist der Platzhaltertext während
der Bildschirmpräsentation - wie bei allen Platzhaltern - nicht sichtbar.

SmartArt formatieren

Schnelle Gestaltung mit Vorlagen

Zur Textformatierung können Sie, falls nötig, alle bekannten Formate anwenden, z. B. Fett oder Kursiv. Schnelle Formatierungsmöglichkeiten für die Formen selbst erhalten Sie mit Vorlagen, zu finden im Register *SmartArt-Tools - Format*.

▶ Zur Farbgestaltung bietet PowerPoint über die Schaltfläche *Farben ändern* (Register *SmartArt-Tools - Format*) weitere Farbvarianten aus den Designfarben an. Bereits beim Zeigen erhalten Sie in der Folie eine Vorschau, mit einem Klick wird die Änderung übernommen.

Bild 6.4 Farben ändern

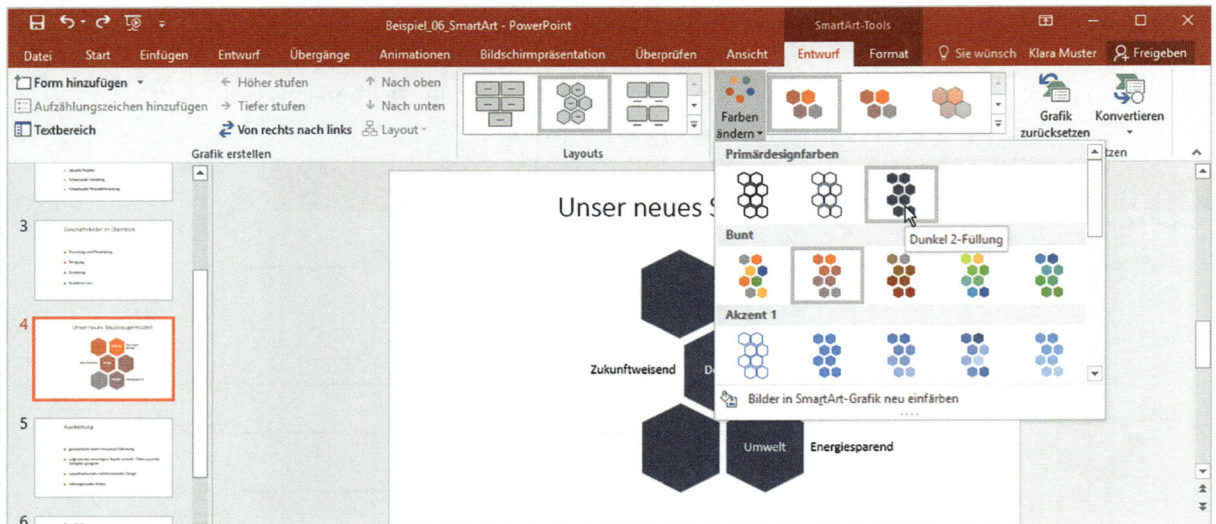

▶ Im selben Register finden Sie SmartArt-Formatvorlagen mit verschiedenen Effekten, darunter auch in 3D. Klicken Sie auf den Pfeil *Weitere*, um den gesamten Katalog zu öffnen (siehe Bild unten).

Bild 6.5 Formatvorlage auswählen

Für alle SmartArt-Vorlagen und den Farbenkatalog gilt: Es genügt, wenn das gesamte SmartArt-Objekt markiert ist, Sie brauchen also die einzelnen Formen nicht markieren!

Tipp: Die Schaltfläche Grafik *zurücksetzen* entfernt alle nachträglich vorgenommenen Formatierungen und stellt das ursprüngliche Aussehen wieder her.

Einzelne Formen bearbeiten

Falls Sie statt der Vorlagen lieber einzelne Formen individuell gestalten möchten, dann verwenden Sie dazu im Register *SmartArt-Tools - Format* die Schaltflächen *Fülleffekt*, *Formkontur* und *Formeffekte* oder wählen aus dem Katalog *Formenarten*. In diesem Fall müssen zuvor die betreffende Form markieren.

Die Formatierungsmöglichkeiten selbst unterscheiden sich nicht von den Formen, diese wurden in Kapitel 5.3 bereits ausführlich beschrieben.

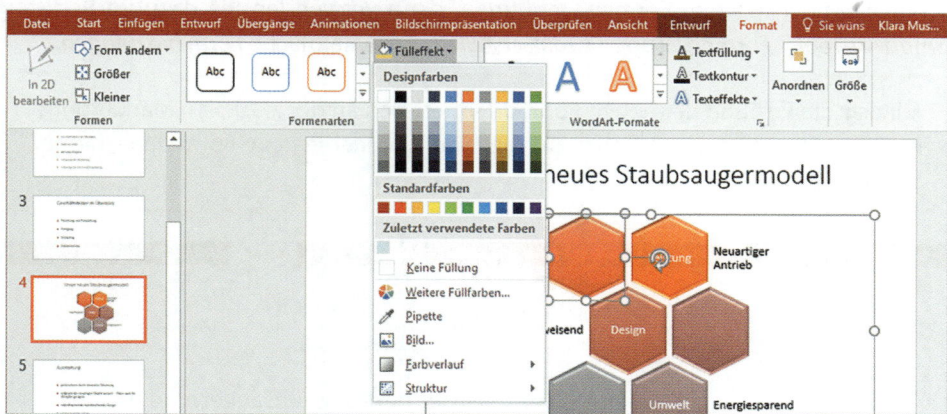

Bild 6.6 Markierte Form formatieren: Beispiel Fülleffekt

Einzelne Formen vergrößern/verkleinern

In manchen Fällen kann es sinnvoll sein, eine bestimmte Form nicht nur durch eine andere Farbe sondern auch durch ihre Größe besonders hervorzuheben. So ist im Beispiel unten im Bild links die kostenlose Erstberatung nicht sofort auf den ersten Blick ersichtlich. Wenn Sie diese Form etwas vergrößern möchten, dann markieren Sie die Form und klicken im Register *SmartArt-Tools - Format* mehrmals auf die Schaltfläche *Größer* (Gruppe *Formen*), jeder Klick vergrößert um eine Stufe. Zum Verkleinern benutzen Sie die Schaltfläche *Kleiner*. Die Größe der übrigen Formen passt sich automatisch entsprechend an.

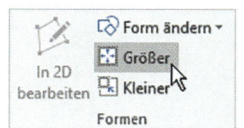

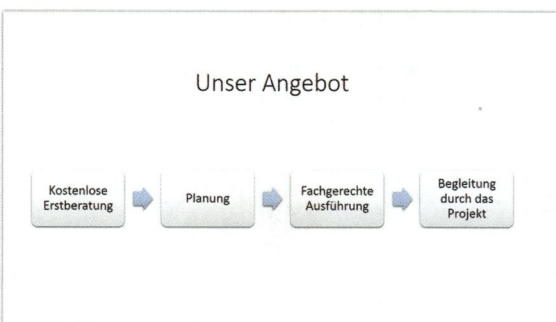
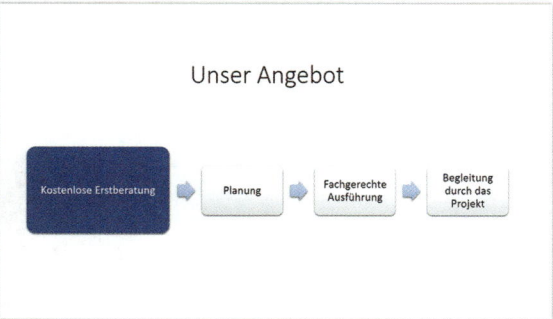

Bild 6.7 Einzelne Formen bearbeiten

SmartArt in einzelne Formen konvertieren

Möchten Sie anschließend jede Form einzeln noch weiter bearbeiten, dann können Sie die SmartArt-Grafik auch in einzelne Formen zerlegen bzw. konvertieren. Dazu ver-

wenden Sie im Register *SmartArt-Tools - Entwurf*, Gruppe *Zurücksetzen* die Schaltfläche *Konvertieren* und wählen hier *In Formen konvertieren*. Ein vorheriges Markieren einzelner Formen ist nicht erforderlich, da immer die gesamte Grafik umgewandelt wird. Formatierungen und Textinhalte bleiben erhalten.

Weitere Formen hinzufügen

Wenn Sie noch weitere Formen benötigen, dann verwenden Sie dazu im Register *SmartArt-Tools - Format*, Gruppe *Grafik erstellen*, die Schaltfläche *Form hinzufügen*.

Achtung: die Position der neuen Form orientiert sich an der aktuellen Markierung! Im Beispiel im Bild unten haben Sie die Möglichkeit, die neue Form danach oder davor einzufügen.

Bild 6.8 Form hinzufügen

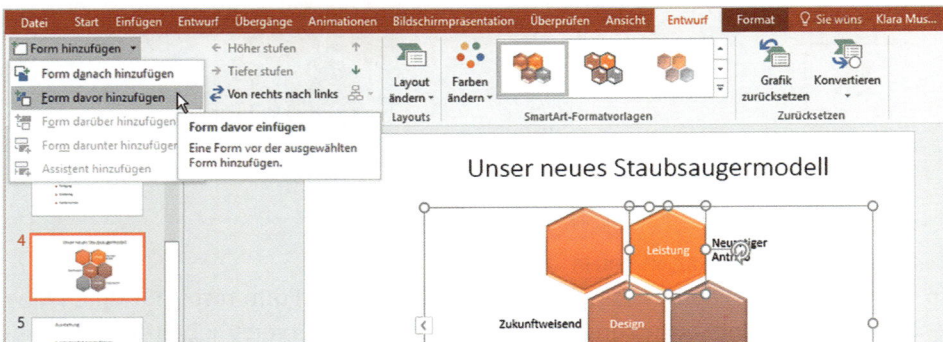

Mit dem Hinzufügen weiterer Formen wird die Größe des gesamten SmartArt-Objekts nicht automatisch angepasst, sondern die einzelnen Formen samt Schriftgröße entsprechend verkleinert. Um bei einer Vielzahl von Formen zu vermeiden, dass die Schrift zu klein gerät, sollten Sie überlegen, ob Sie in der Folie wirklich auch noch einen Folientitel benötigen bzw. ob nicht eine entsprechende Beschriftung in Form eines Textfeldes ausreichend ist. Ein Beispiel finden Sie im Bild unten.

Zudem können Sie das gesamte SmartArt-Objekt vergrößern, indem Sie an den Ziehpunkten mit gedrückter Maustaste in die gewünschte Richtung ziehen.

Bild 6.9 Weitere Formen

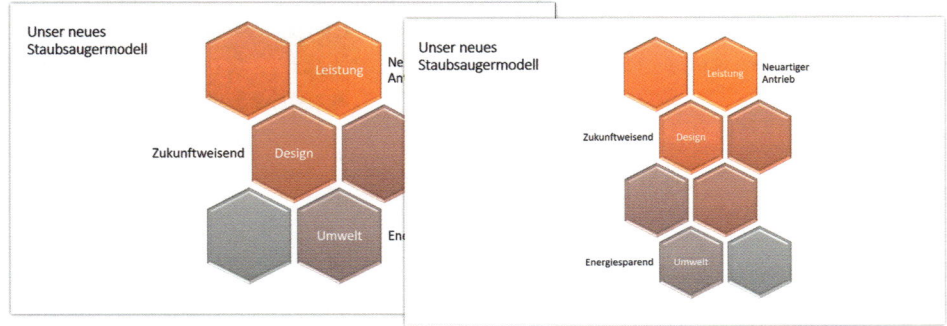

Beispiel: Ein Organisationsdiagramm einfügen

Damit für diesen Typ der SmartArt-Grafik ausreichend Platz zur Verfügung steht, verwenden Sie am besten das Folienlayout *Leer*. Klicken Sie im Register *Einfügen* auf die Schaltfläche *SmartArt*, markieren Sie die Kategorie *Hierarchie* und wählen eine SmartArt-Grafik, die Ihren Vorstellungen am nächsten kommt. Für das folgende Beispiel wurde *Organigramm mit Name und Titel* verwendet. Geben Sie zunächst Namen und Titel bzw. Funktion in die vorhandenen Platzhalter ein.

Video!

www.bildner-verlag.
de/195_601

1 Mitarbeiter hinzufügen

Nun benötigen Sie für die IT-Abteilung eine weitere Form rechts von der Produktionsleiterin Sandra Paul. Markieren Sie diese Form, klicken Sie auf *Form hinzufügen* und wählen Sie *Form danach hinzufügen*.

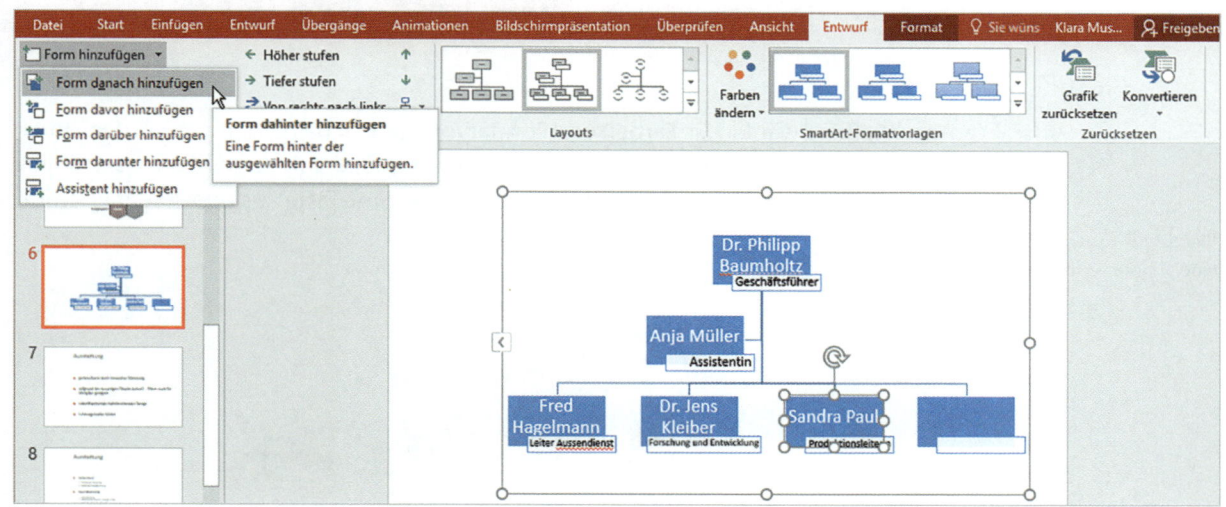

Bild 6.10 Form danach
einfügen

Tipp: Verbreitern Sie das SmartArt-Objekt, um wieder eine etwas größere Schrift zu erhalten.

2 Weitere Formen für die Mitarbeiter der Abteilungen hinzufügen

Markieren Sie den Leiter der ersten Abteilung und klicken Sie erneut auf *Form hinzufügen*. Wählen Sie diesmal *Form darunter einfügen*. Um derselben Abteilung noch einen weiteren Mitarbeiter hinzuzufügen, müssen Sie erneut den Leiter markieren und wieder *Form darunter einfügen* wählen.

3 Anordnung bzw. Organigrammlayout ändern

In jeder weiteren Ebene werden die Mitarbeiter nebeneinander angeordnet. Hier lässt sich Platz sparen, indem Sie die Mitarbeiter der untersten Ebene unter- statt nebeneinander anordnen. Dazu markieren Sie den jeweiligen Leiter und klicken in der Gruppe *Grafik erstellen* auf die Schaltfläche *Layout*. Wählen Sie dann *Links hängend* oder *Rechts hängend* (Bild 6.11).

*Bild 6.11 Anordnung der
untergeordneten Ebene
ändern*

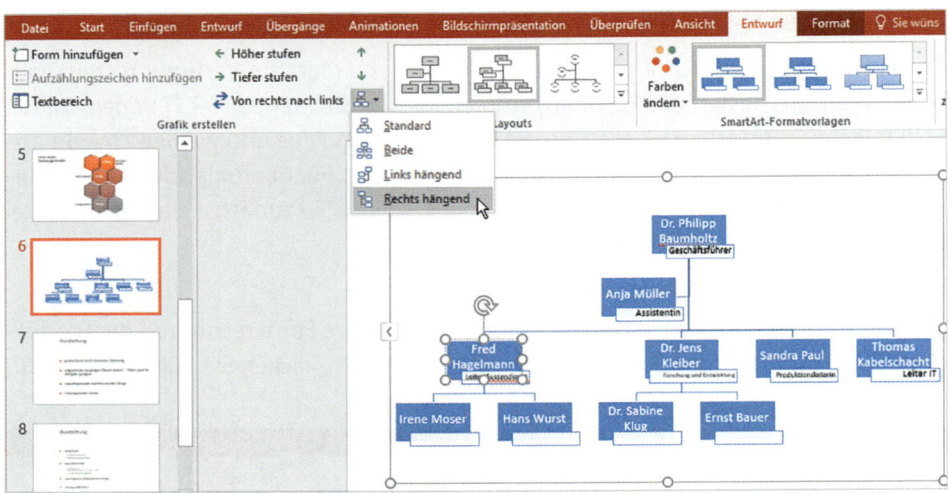

Anschließend wählen Sie Farben und Formatvorlagen für das Organigramm nach Ihren Vorstellungen, das Ergebnis könnte aussehen wie im Bild unten. Eventuell überzählige Formen markieren Sie und entfernen diese mit der Entf-Taste aus dem Organigramm.

*Bild 6.12 Farben und For-
matvorlagen verwenden*

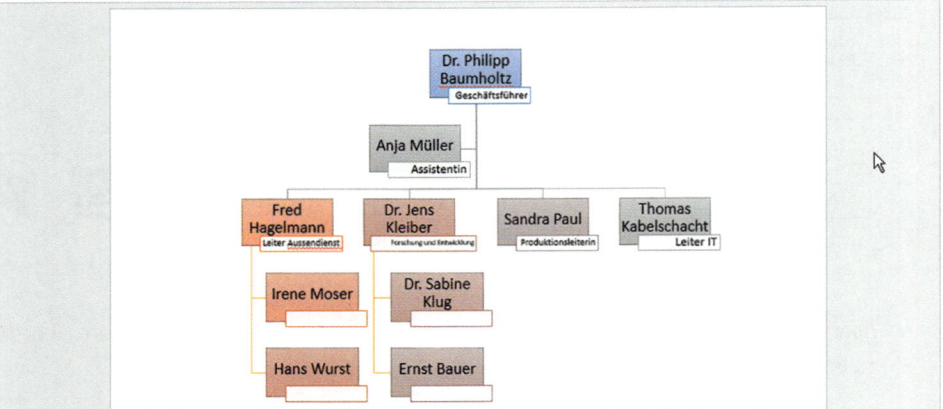

Die Anordnung der Formen ändern

Versehentlich in der falschen Ebene oder Reihenfolge angesiedelte Formen lassen sich nachträglich umstellen. Markieren Sie dazu die betreffende Form und benutzen Sie die Schaltflächen der Gruppe *Grafik umstellen* (Register *SmartArt-Tools - Entwurf*).

▶ In hierarchisch angeordneten Layouts, z. B. Organigramm, verwenden Sie die Schaltflächen *Höher stufen* und *Tiefer stufen*, um das markierte Element um jeweils um eine Ebene höher oder tiefer zu stufen.

▶ Mit den Schaltflächen *Nach oben* und *Nach unten* können Sie dagegen die angezeigte Reihenfolge innerhalb einer Ebene ändern. Benutzen Sie diese Schaltflächen auch, um in einem Organigramm eine Form innerhalb einer Ebene nach rechts oder links zu verschieben.

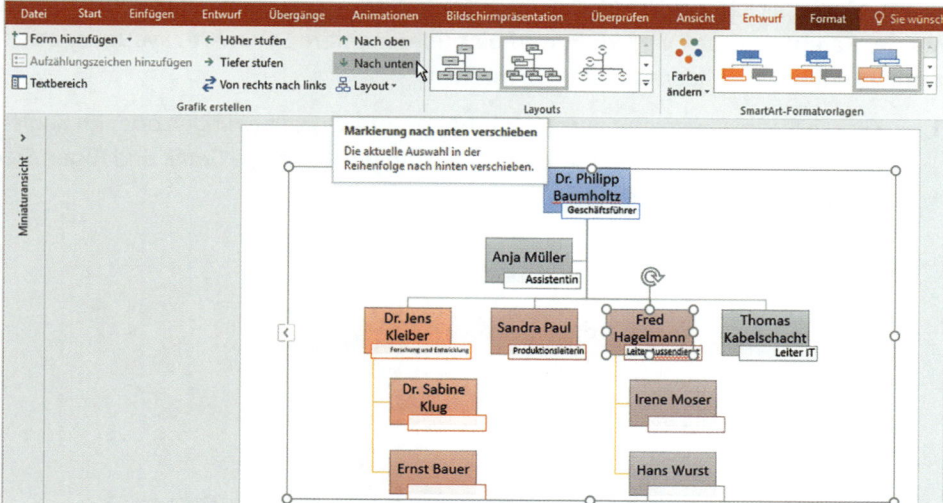

Bild 6.13 Markierte Form verschieben

Ein anderes Layout wählen

Um das Layout zu ändern, klicken Sie im Register *SmartArt-Tools - Entwurf* in der Gruppe *Layouts* auf *Weitere* ⊡ und wählen das gewünschte Layout. Alle Inhalte und bereits vorgenommene Formatänderungen, z. B. Farben, werden in das neue Layout übernommen.

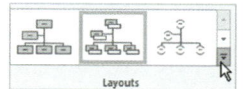

Tipp: Text in SmartArt umwandeln

Sie können auch nachträglich Text im Standardlayout in eine SmartArt-Grafik umwandeln. Markieren Sie dazu den gesamten Textplatzhalter und klicken Sie im Register *Start*, Gruppe *Absatz* auf *In SmartArt konvertieren*. Zunächst sehen Sie hier nur eine Auswahl, der gesamte Katalog erscheint, wenn Sie auf *Weitere SmartArt-Grafiken...* klicken.

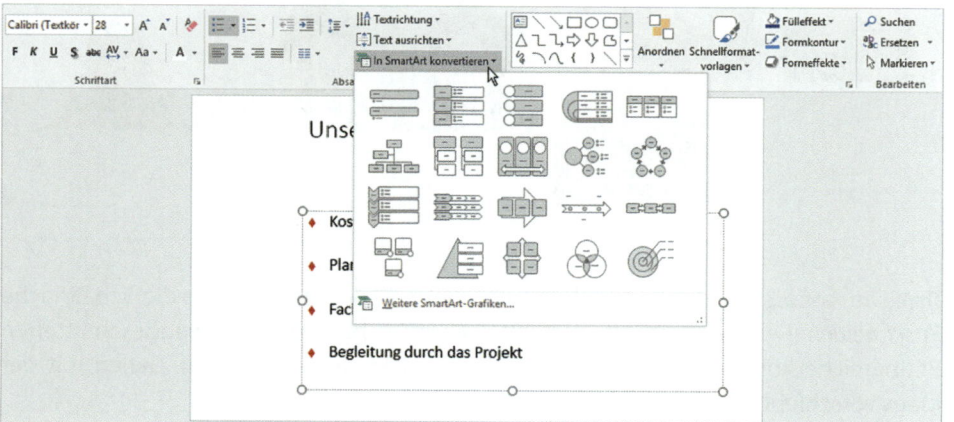

Bild 6.14 Text in SmartArt umwandeln

Bilder mit SmartArt anordnen

SmartArt-Layout für Bilder verwenden

Mit der Kategorie *Grafik* verfügt PowerPoint über mehrere SmartArt-Layouts, speziell zum Anordnen von Bildern zusammen mit Text.

1 Klicken Sie im Platzhalter auf das Symbol *SmartArt-Grafik einfügen* oder im Register *Einfügen* auf *SmartArt*. Markieren Sie dann die Kategorie *Grafik* und fügen Sie das gewünschte Layout ein.

Bild 6.15 SmartArt für Grafik wählen

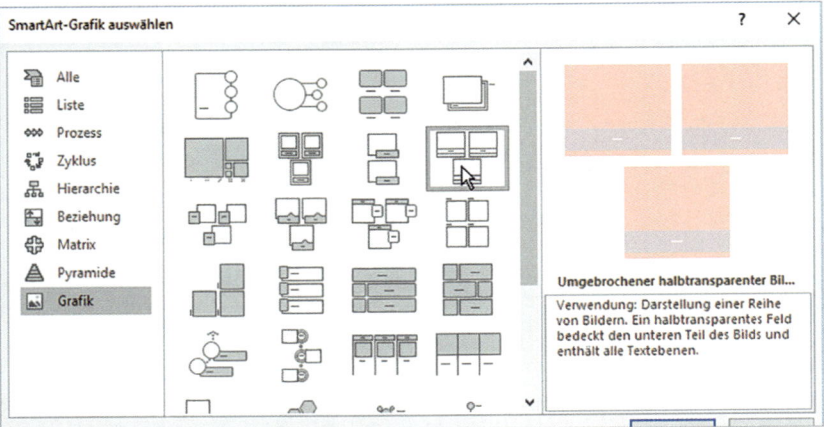

2 Zum Einfügen eines Bildes klicken Sie im Platzhalterfeld auf das Symbol *Grafik einfügen* und wählen das gewünschte Bild aus. In die Textfelder können Sie beliebigen Text dazu eingeben.

Bild 6.16 SmartArt-Layout Grafik

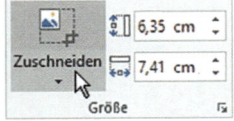

Tipp: Die Anpassung der Bildgröße erfolgt durch Zuschneiden. Über die Schaltfläche *Zuschneiden* (Register *Bildtools - Format*) können Sie bei Bedarf die weggeschnittenen Bildbereiche kontrollieren und den sichtbaren Bildausschnitt durch Ziehen mit der Maus verschieben (siehe Bild oben).

Bild in eine Form einfügen

Auch einzelne Formen eines beliebigen Layouts können Sie mit einem Bild anstelle
einer Füllfarbe ausfüllen. Dazu markieren Sie die betreffende Form, klicken im *Smart-
Art-Tools* Register *Format* auf *Fülleffekt* und wählen hier *Bild*.... Ist das gewünschte Bild
als Datei gespeichert, so klicken Sie neben *Aus einer Datei* auf *Durchsuchen*.

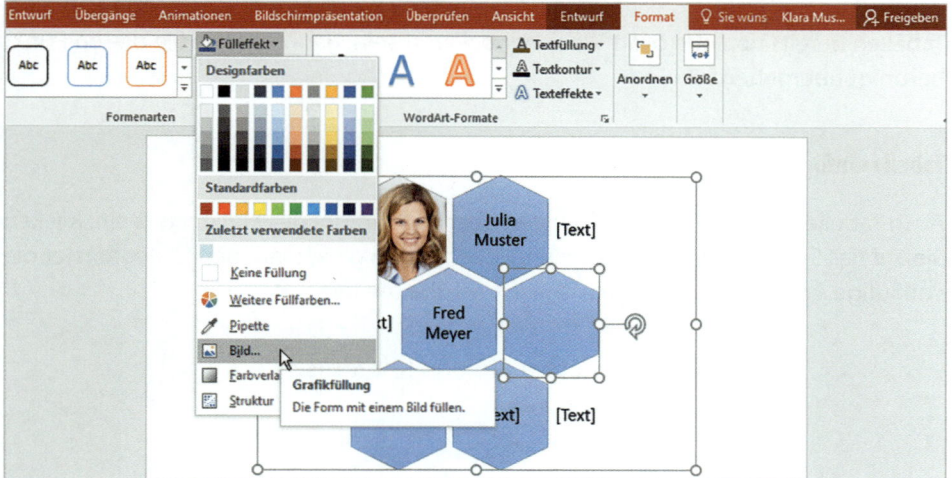

Bild 6.17 Bild als Fülleffekt

Nachteil: Bei dieser Methode wird das Bild an das Seitenverhältnis der Form angepasst,
daher müssen Sie, um ein Verzerren zu vermeiden, unter Umständen im Aufgabenbereich *Grafik formatieren* die Skalierung anpassen. Den Aufgabenbereich öffnen Sie
entweder per Rechtsklick in das Bild und den Befehl *Form formatieren*. Oder klicken Sie
im *SmartArt-Tools* Register *Format* auf den Pfeil ⌐ der Gruppe *Formenarten*.

Klicken Sie dann im Aufgabenbereich auf das Symbol *Füllung und Linie* und aktivieren
Sie das Kontrollkästchen *Bild nebeneinander als Textur anordnen*. Damit wird das Sei-
tenverhältnis beibehalten und in den Feldern *X-Skalierung* und *Y-Skalierung* können
Sie nun eine Skalierung (max. 100%) angeben, um die Bildgröße der Form anzupassen.

Diese Methode eignet
sich leider nur zum Ver-
kleinern von Bildern.

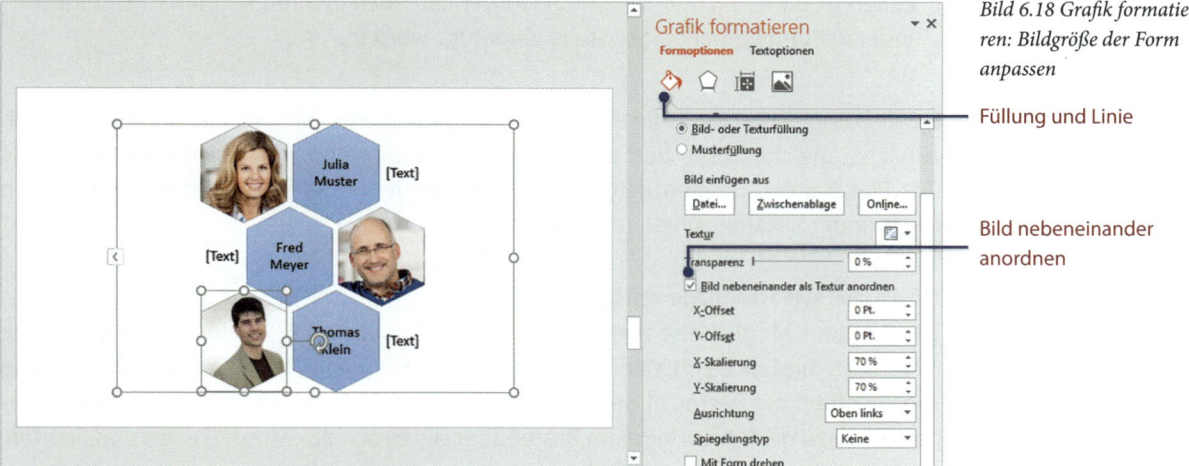

*Bild 6.18 Grafik formatie-
ren: Bildgröße der Form
anpassen*

Füllung und Linie

Bild nebeneinander
anordnen

6.2 Inhalte in Tabellen darstellen

Tabellen müssen nicht ausschließlich Zahlen enthalten, auch Text lässt sich manchmal in Tabellenform übersichtlicher darstellen. Vielen Anwendern dürfte der Umgang mit Tabellen bereits von Microsoft Word her bekannt sein, dann können Sie diesen Punkt beruhigt übergehen.

Tabelle einfügen

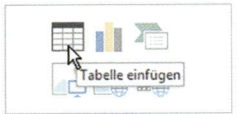

Auch Tabellen fügen Sie am einfachsten über das Symbol des Platzhalters ein. Klicken Sie auf das Symbol *Tabelle einfügen* und legen Sie im gleichnamigen Dialogfenster die vorläufige Anzahl der benötigten Zeilen und Spalten fest.

Bild 6.19 Tabelle einfügen und Anzahl Zeilen und Spalten eingeben

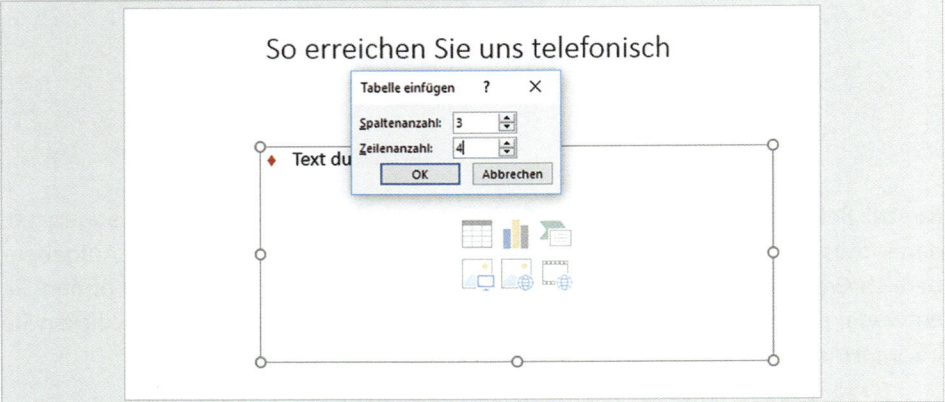

Weitere Tabellenzeilen werden während der Eingabe automatisch hinzugefügt, wenn Sie am Ende der Tabelle die Tab-Taste betätigen. Die genaue Anzahl der Zeilen ist daher nicht unbedingt erforderlich. Auch Spalten können nachträglich jederzeit und an beliebiger Stelle eingefügt werden.

PowerPoint fügt in die Folie eine bereits formatierte Tabelle ein, alle Spalten erhalten zunächst gleiche Breite und die gesamte Tabellenbreite richtet sich nach der Größe des Platzhalters. Spaltenbreite und Aussehen der Tabelle lassen sich nachträglich leicht ändern, Näheres hierzu weiter unten.

Tabelle über eine Schaltfläche einfügen

Eine weitere Möglichkeit zum Einfügen einer Tabelle, z. B. in eine leere Folie ohne Platzhalter, finden Sie im Menüband im Register *Einfügen*. Ein Klick auf die Schaltfläche *Tabelle* öffnet ein Raster, in dem Sie mit der Maus die Tabellengröße festlegen. Bewegen Sie dazu den Mauszeiger im Raster über die benötigte Anzahl Zeilen und Spalten, gleichzeitig erhalten Sie in der Folie eine Vorschau auf die Tabelle. Zum Übernehmen klicken Sie im Raster in die rechte untere Ecke.

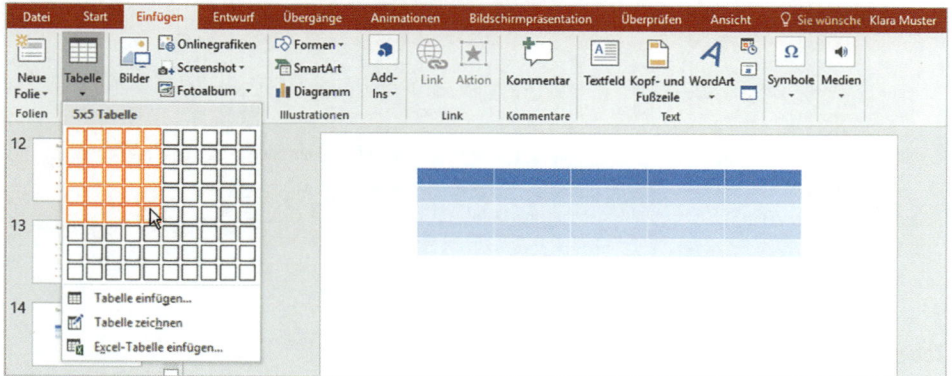

Bild 6.20 Zeilen und Spalten über ein Raster festlegen

Die Position der Tabelle richtet sich bei dieser Methode nach dem Folienlayout. Ist ein Inhaltsbereich bzw. entsprechender Platzhalter vorhanden, so wird die Tabelle hier eingefügt. Enthält die Folie dagegen nur einen Titel, so wird dieser ignoriert und die Tabelle am oberen Rand eingefügt. Dies gilt auch für leere Folien.

Texteingabe in Tabellen

Klicken Sie mit der Maus in die erste Zelle der Tabelle und geben Sie Ihren Text über die Tastatur ein. Mit der Tabulator-Taste bewegen Sie den Cursor in die nächste Zelle nach rechts bzw. in die erste Zelle der nächsten Zeile. Per Mausklick in eine Zelle können Sie auch eine bestimmte Zelle zur Texteingabe auswählen. Als Alternative benutzen Sie die Pfeiltasten der Tastatur.

Achtung: mit Drücken der Enter (Eingabe)-Taste erzeugen Sie innerhalb der Tabellenzelle einen Absatzumbruch!

Sollte der Text länger sein, als es die Breite der Spalte zulässt, dann erfolgt in der Zelle ein automatischer Zeilenumbruch. Sie können aber auch durch Drücken der Einga-be-Taste innerhalb einer Zelle eine neue Zeile bzw. einen neuen Absatz beginnen.

Wenn sich der Cursor in der letzten Zelle der letzten Tabellenzeile befindet, dann kön-nen Sie während der Eingabe durch Drücken der Tab-Taste noch weitere Zeilen an die Tabelle anfügen.

So bewegen Sie sich in Tabellen

Sie möchten...	Taste
Cursor in die nächste Zelle rechts	Tab-Taste (Tabulator) oder Pfeiltaste rechts
Cursor in die nächste Zelle links	Umschalt+Tab oder Pfeiltaste links
Zeile nach oben	Pfeiltaste oben

Sie möchten...	Taste
Zeile nach unten	Pfeiltaste unten
An den Beginn der nächsten Zeile	Tab-Taste (nur wenn sich der Cursor am Ende einer Zeile befindet).
Neue Zeile an die Tabelle anfügen	Tab-Taste (nur wenn sich der Cursor am Ende der letzten Zeile befindet).
Neuer Absatz in der Zelle	Eingabe-Taste

Tabellenlayout bearbeiten

Tabellenposition

Die gesamte Tabelle verhält sich wie ein Objekt, leicht zu erkennen an den Ziehpunkten des Markierungsrahmens. Sie können daher nicht nur die Größe des Objekts ändern sondern auch die Tabelle mit der Maus verschieben. Dazu zeigen Sie an eine beliebige Stelle des Markierungsrahmens, ausgenommen die Ziehpunkte, bis am Mauszeiger vier Richtungspfeile erscheinen. Verschieben Sie anschließend die Tabelle mit gedrückter Maustaste an die gewünschte Position.

Bild 6.21 Tabelle verschieben

Spaltenbreite und Zeilenhöhe anpassen

Spaltenbreite und Zeilenhöhe ändern Sie am einfachsten wieder mit der Maus und achten dabei auf den Mauszeiger. Sobald ein Doppelpfeil sichtbar wird, können Sie mit gedrückter Maustaste Änderungen vornehmen

▶ **Spaltenbreite**
Zeigen Sie auf die rechte Begrenzungslinie der Spalte und ziehen Sie dann nach rechts oder links. Dies funktioniert nur innerhalb der Tabelle und die Gesamtbreite der Tabelle ändert sich dadurch nicht.

▶ **Zeilenhöhe**
Zeigen Sie innerhalb der Tabelle auf die untere Begrenzungslinie der Zeile und ziehen Sie dann zum Verbreitern nach unten oder zum Verkleinern nach oben.

▶ **Größe der gesamten Tabelle ändern**

Möchten Sie Höhe und/oder Breite der gesamten Tabelle ändern, dann benutzen Sie dazu die Ziehpunkte am Markierungsrahmen. Spaltenbreite und Zeilenhöhe werden proportional beibehalten, d. h. wenn Sie auf diese Weise die Tabellenhöhe ändern, dann ändert sich dadurch automatisch die Höhe aller Zeilen.

Bild 6.22 Größe der gesamten Tabelle proportional ändern

So erreichen Sie uns telefonisch

Abteilung	Ihr Ansprechpartner	Durchwahl
Bestellungen	Paula Schulz	08777-12345-66
Kundendienst	Fred Meyer	08777-12345-72
Reklamationen	Sabine Schlau	08777-12345-43
Fragen zu unseren Produkten	Thomas Klein	08777-12455-51

▶ **Genaue Maße verwenden**

Möchten Sie genaue Maße für Zeilen und Spalten angeben, dann benutzen Sie dazu im Register *Tabellentools - Format* die Felder der Gruppe *Zellengröße*.

Die genaue Tabellengröße legen Sie dagegen im selben Register über die Felder der Gruppe *Tabellengröße* fest. Falls gewünscht, können Sie hier auch das Seitenverhältnis sperren.

Bild 6.23 Zellengröße und Textausrichtung

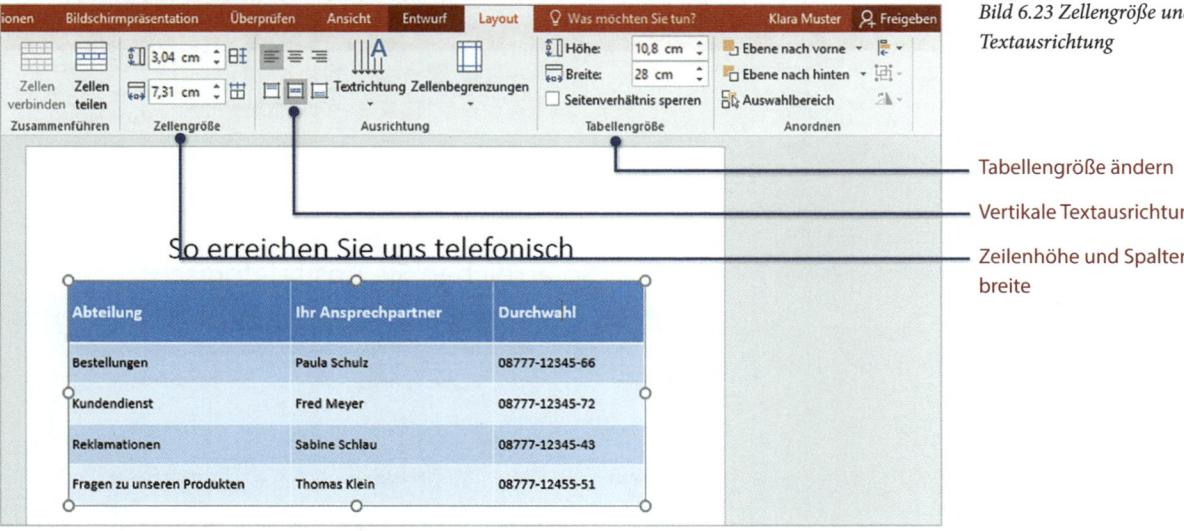

Tabellengröße ändern

Vertikale Textausrichtung

Zeilenhöhe und Spaltenbreite

Tipp: Standardmäßig wird in Tabellen der Zellinhalt oben ausgerichtet. Falls Sie die vertikale Textausrichtung ändern möchten, dann markieren Sie die Tabelle oder die betreffenden Zeilen und benutzen die Symbole der Gruppe *Ausrichtung* im Register *Layout* (Bild oben).

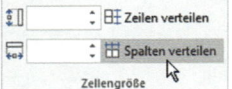

▶ **Gleiche Spaltenbreite/Zeilenhöhe**
Sollen mehrere Spalten exakt die gleiche Breite erhalten, dann markieren Sie die betreffenden Spalten oder die gesamte Tabelle und klicken im Register *Layout*, Gruppe *Zellengröße* auf das Symbol *Spalten verteilen*. Dadurch wird der verfügbare Platz gleichmäßig auf die Spalten aufgeteilt. Für die Zeilenhöhe verwenden Sie das Symbol *Zeilen verteilen*.

Zeilen und Spalten hinzufügen

Wie Sie während der Eingabe und auch später weitere Zeilen am Ende der Tabelle einfügen, haben Sie bereits in Zusammenhang mit der Texteingabe kennengelernt. PowerPoint verfügt aber noch über weitere Möglichkeiten, die Sie im *Tabellentools* - Register *Layout* finden.

Bild 6.24 Register Layout

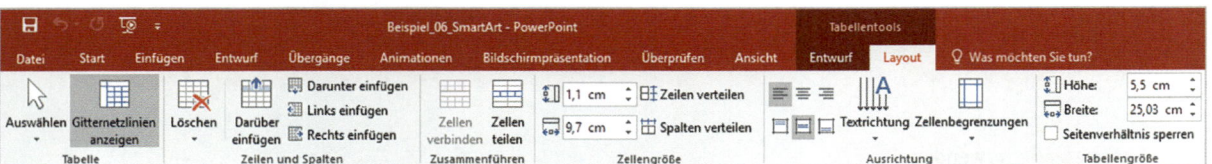

Um Zeilen oder Spalten an beliebiger Stelle in die Tabelle einzufügen, verwenden Sie im Register *Layout* die Schaltflächen der Gruppe *Zeilen und Spalten*. Eine neue Spalte kann entweder links oder rechts von derjenigen Spalte eingefügt werden, in der sich der Cursor gerade befindet, Gleiches gilt auch für das Einfügen von Zeilen. Das Beispiel im Bild unten fügt eine neue Spalte rechts von der Spalte Durchwahl ein.

Bild 6.25 Beispiel: Spalte rechts einfügen

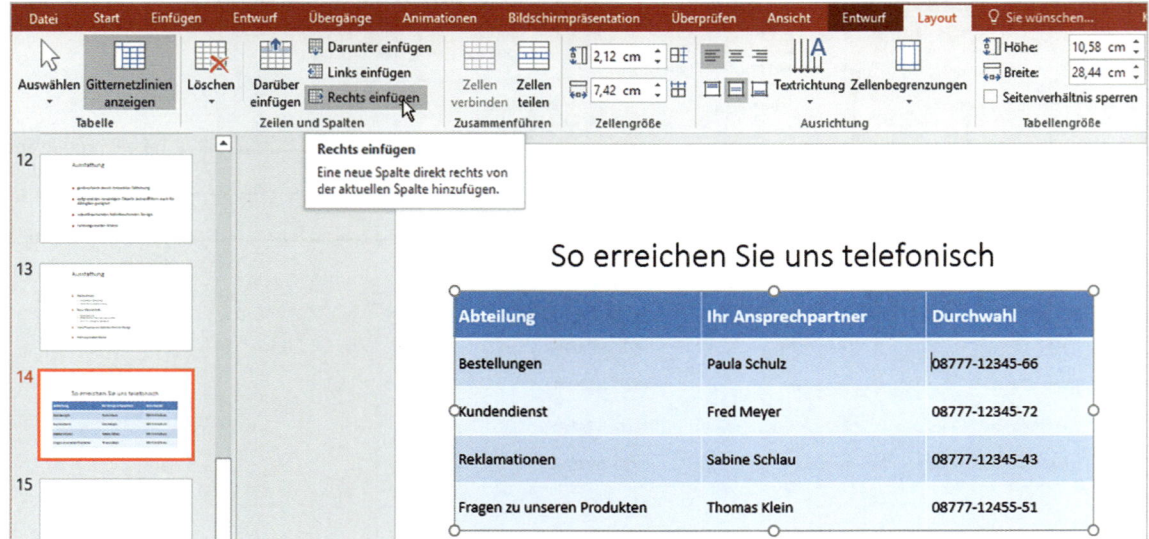

Beachten Sie, dass eine Spalte beim Einfügen automatisch das Aussehen der aktuellen Spalte erhält, z. B. rechtsbündige Ausrichtung. Dasselbe gilt auch beim Einfügen von Zeilen. Eine Ausnahme bilden abwechselnde Zeilenfarben von Formatvorlagen. Wurde die Tabelle mit einer solchen Vorlage formatiert, so passen sich die Farben beim Einfügen weiterer Zeilen automatisch an.

Spalten, Zeilen oder Tabelle löschen

Klicken Sie im Register *Layout* auf die Schaltfläche *Löschen*. Es erscheint ein Menü und Sie können wählen, ob Sie eine Zeile, Spalte oder die gesamte Tabelle löschen möchten. Die zu löschende Zeile oder Spalte muss dazu nicht markiert sein, es genügt, wenn sich der Cursor in einer beliebigen Zelle dieser Zeile bzw. Spalte befindet.

Tipp: Die gesamte Tabelle können Sie außerdem löschen, wenn Sie auf eine beliebige Stelle des Markierungsrahmens klicken und anschließend auf der Tastatur die Entf-Taste oder die Korrektur-Taste betätigen.

Zellen verbinden und teilen

Mit der Schaltfläche *Zellen verbinden*, die Sie im Register *Layout* unter *Zusammenführen* finden, können Sie mehrere neben- oder übereinander liegende Zellen zu einer einzigen verbinden, beispielsweise wenn Sie über mehrere Spalten eine gemeinsame Überschrift oder Platz für Anmerkungen benötigen. Die Schaltfläche ist nur verfügbar, wenn mindestens zwei Zellen einer Tabelle markiert sind.

Mit der Schaltfläche *Zellen teilen* teilen Sie die aktuelle Zelle in die gewünschte Anzahl Spalten oder Zeilen auf. Diese erhalten automatisch gleiche Breite bzw. Höhe.

Bild 6.27 Markierte Zellen verbinden

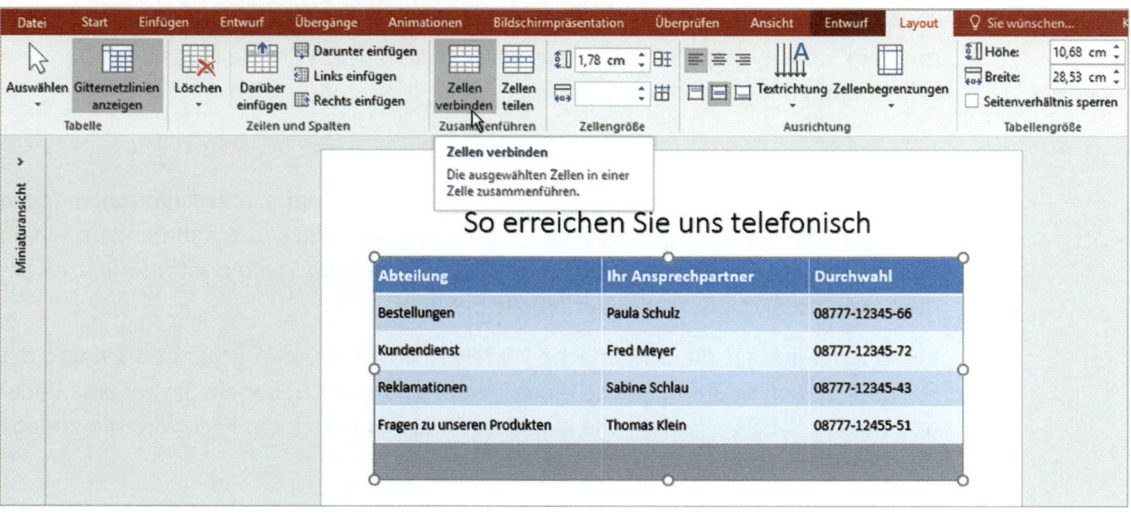

Tabelle formatieren

Zeilen und Spalten markieren

Zum Formatieren einer Tabelle können Sie alle bereits bekannten Möglichkeiten der Zeichen- und Absatzformatierung verwenden. Hier einige Techniken, wie Sie in einer Tabelle schnell Zeilen und Spalten markieren.

▶ **Gesamte Spalte markieren**

Zeigen Sie mit der Maus an eine Stelle oberhalb der betreffenden Spalte. Als Mauszeiger erscheint ein, nach unten weisender, Pfeil und ein Klick markiert die gesamte Spalte.

▶ **Gesamte Zeile markieren**

Zeigen Sie mit der Maus in den Rand, links von der Zeile. Als Mauszeiger erscheint ein waagrechter Pfeil.

▶ **Eine einzelne Zelle markieren**

Zeigen Sie an den linken Rand der Zelle. Hier erhalten Sie als Mauszeiger einen schräg nach oben weisenden Pfeil.

Haben Sie nur eine einzelne Zelle oder Text in einer Zelle markiert, erscheint in der Folie automatisch eine Minisymbolleiste mit den wichtigsten Schrift- und Ausrichtungsformaten.

Bild 6.28 Zelle markieren

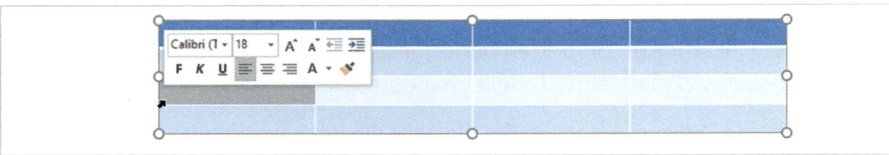

Als Alternative benutzen Sie im Register *Layout* die Schaltfläche *Auswählen*. Um gleich mehrere Spalten oder Zeilen zu markieren, positionieren Sie die Maus wie oben und ziehen dann mit gedrückter Maustaste.

Formatvorlagen nutzen

Im Register *Tabellentools - Entwurf* finden Sie in der Gruppe *Tabellenformatvorlagen* einige Vorlagen in den Designfarben, die Sie per Mausklick übernehmen können. In diesem Fall ist kein vorheriges Markieren von Zeilen und Spalten erforderlich, es genügt, wenn sich der Cursor in der Tabelle befindet.

Mit einem Klick auf die Schaltfläche *Weitere* ⊽ öffnen Sie den gesamten Katalog der Formatvorlagen und erhalten so einen besseren Überblick. Sobald Sie auf eine Vorlage zeigen, sehen Sie in der Folie eine Vorschau, erst mit einem Klick wird die Vorlage übernommen.

Im selben Register *Entwurf* können Sie anschließend mit den Kontrollkästchen der Gruppe *Optionen für Tabellenformat* steuern, ob Sie Sonderformate, z. B. für die Überschrift- oder Ergebniszeile, in Ihre Tabelle übernehmen möchten.

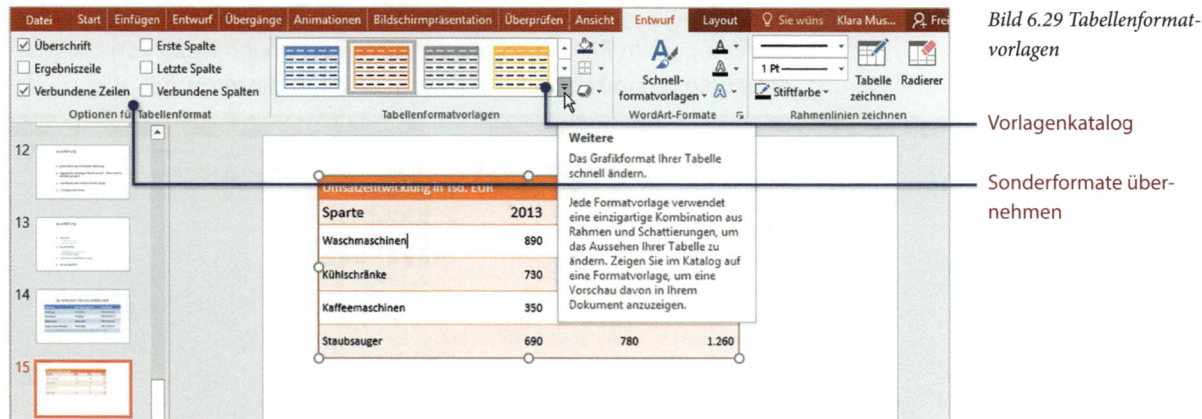

Bild 6.29 Tabellenformat-vorlagen

Vorlagenkatalog

Sonderformate über-nehmen

Tipp: Falls Sie eine Tabelle ausschließlich zum Ausrichten von Text, aber ohne Formate benötigen, weisen Sie der Tabelle aus dem Vorlagenkatalog die erste Vorlage oben links, *Keine Formatvorlage*, zu. Damit zur Bearbeitung trotzdem die Zellbegrenzungen auf dem Bildschirm sichtbar sind, sollten Sie im *Tabellentools* - Register *Layout* die Gitternetzlinien einblenden.

Gitternetzlinien anzeigen

Im Register *Tabellentools - Layout ▶ Tabelle*, finden Sie die Schaltfläche *Gitternetzlinien anzeigen*. Verwechseln Sie diese nicht mit den Rahmenlinien der Tabelle! Als Gitternetzlinien bezeichnet PowerPoint Hilfslinien, welche die Begrenzung von Spalten und Zeilen der Tabelle anzeigen, diese sind in der Bildschirmpräsentation und auf dem Ausdruck nicht sichtbar. Auch in der Ansicht *Normal* erscheinen die Gitternetzlinien nur, wenn die Tabelle ohne Rahmen formatiert wurde und Sie Zellen markiert haben.

Bild 6.30 Tabelle ohne Rahmenlinien mit ausge-blendeten Gitternetzlinien

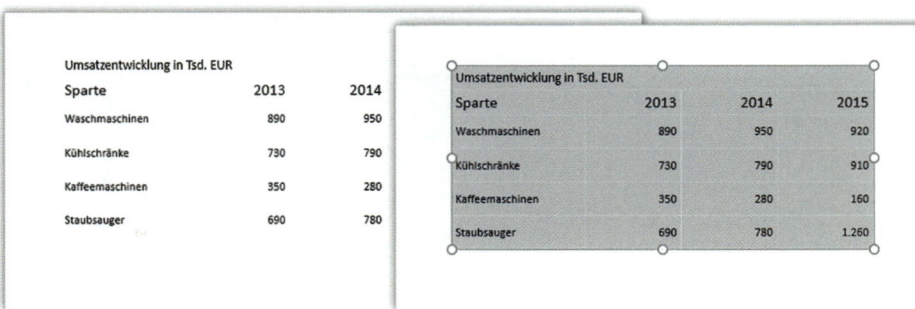

Individuelle Formate zusammenstellen

Zusätzlich oder anstatt der Vorlagen können Sie die markierten Zeilen, Spalten oder Zellen auch mit den Schaltflächen *Schattierung*, *Rahmen* und *Tabelleneffekte* (Gruppe *Tabellenformatvorlagen*) individuell gestalten.

▶ Die Schaltfläche *Schattierung* erlaubt neben der Auswahl einer Farbe, eines Farb-verlaufs oder Bildes als Hintergrund der markierten Zellen, auch die Gestaltung

Vorsicht: Bilder werden automatisch den Abmessungen der Zelle oder Tabelle angepasst und dadurch möglicherweise verzerrt.

des gesamten Tabellenhintergrunds. Wenn Sie auf *Tabellenhintergrund* klicken und eine Farbe oder ein Bild auswählen, dann erhält unabhängig von der Markierung immer die gesamte Tabelle den ausgewählten Hintergrund.

Bild 6.31 Zellhintergrund formatieren

▶ Mit der Schaltfläche *Tabelleneffekte* können Sie der Tabelle oder den markierten Zellen Schatten- und Spiegelungseffekte zuweisen.

▶ Die verschiedenen Linienvarianten, z. B. Rahmenlinie oben, beziehen sich immer auf die markierten Zellen. Die Linienfarbe wird über die Schaltfläche *Stiftfarbe* (Gruppe *Rahmenlinien zeichnen*) festgelegt. Alternativ kann die Gestaltung mit Rahmenlinien kann auch durch Ziehen bzw. Zeichnen der Linien mit der Maus erfolgen, wie Sie dabei vorgehen, erfahren Sie unten.

Bild 6.32 Rahmenlinien

Bild 6.33 Tabelleneffekte

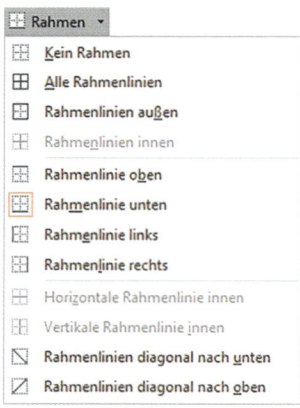

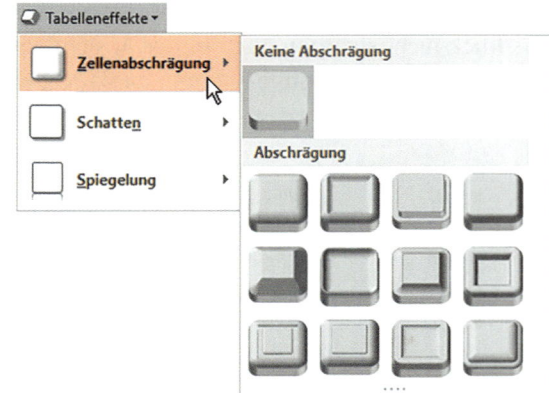

Rahmenlinien und Tabelle zeichnen

Einzelne Rahmenlinien können auch durch Zeichnen mit der Maus gestaltet werden. Die Werkzeuge dazu finden Sie im Register *Entwurf* in der Gruppe *Rahmenlinien zeichnen*. So gehen Sie vor:

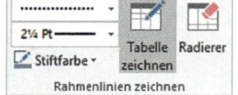

1 Wählen Sie in der Gruppe *Rahmenlinien zeichnen* eine Stiftart (z. B. gestrichelt), darunter die Stiftstärke und die Stiftfarbe aus.

2   Die Schaltfläche *Tabelle zeichnen* wird durch diese Auswahl automatisch aktiviert und Sie erhalten als Mauszeiger einen Stift. Sollte dies nicht der Fall sein, müssen Sie die Schaltfläche per Mausklick aktivieren.

3   Nun können Sie entweder einzelne Rahmenlinien anklicken oder mit gedrückter linker Maustaste Rahmenlinien zeichnen.

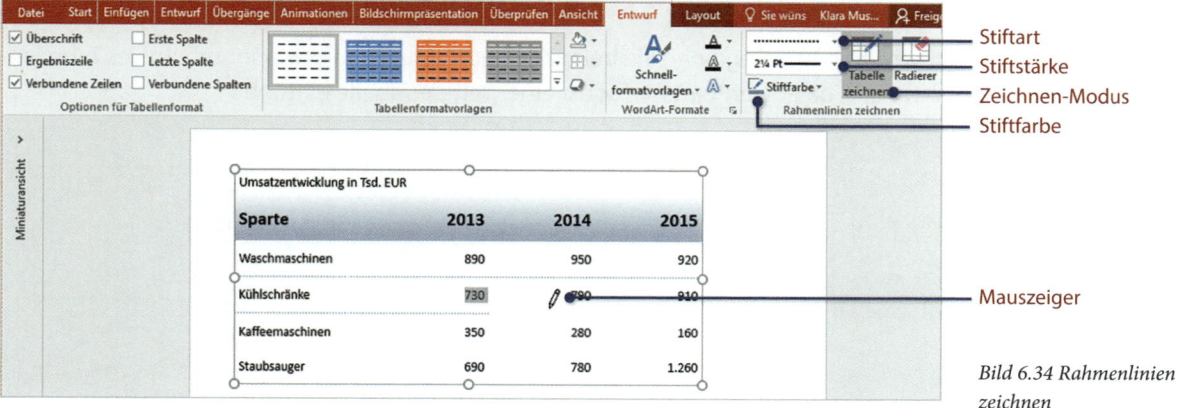

Stiftart
Stiftstärke
Zeichnen-Modus
Stiftfarbe

Mauszeiger

Bild 6.34 Rahmenlinien zeichnen

4   Den Zeichnen-Modus beenden Sie anschließend entweder durch Drücken der Esc-Taste oder deaktivieren Sie die Schaltfläche *Tabelle zeichnen* per Mausklick.

> **Achtung:** In dieser Gruppe finden Sie auch die Schaltfläche *Radierer*. Dieser entfernt allerdings nicht nur Linien, sondern verbindet auch gleichzeitig Zellen miteinander. Wie Sie nur Rahmenlinien entfernen, lesen Sie im nächsten Punkt.

Rahmenlinien entfernen

Um einzelne Rahmenlinien zu entfernen, müssen Sie die Stiftart *Ohne Rahmen* auswählen und anschließend die betreffenden Linien, wie oben beschrieben, anklicken oder nochmals nachzeichnen. Von der gesamten Tabelle entfernen Sie die Rahmenlinien am einfachsten, indem Sie die Tabelle oder die Zellen markieren und im Register *Entwurf* über die Schaltfläche *Rahmen* die Einstellung *Kein Rahmen* wählen (siehe Bild 6.32).

Tabelle zeichnen

Mit der hier beschriebenen Methode können Sie auch eine komplette Tabelle durch Zeichnen neu erstellen. Dazu klicken Sie im Register *Einfügen* auf die Schaltfläche *Tabelle* und wählen *Tabelle zeichnen*. Im Bereich der Folie verwandelt sich der Mauszeiger wieder in einen Stift und Sie können die Tabelle zeichnen. Beachten Sie dabei die folgende Vorgehensweise:

▶   Beginnen Sie immer mit der äußeren Umrandung der Tabelle, die Einteilung in Spalten und/oder Zeilen nehmen Sie erst im nächsten Schritt vor.

▶ Sollten Sie zuvor bereits Rahmenlinien gezeichnet haben, so verwendet Power-Point zum Zeichnen automatisch die zuletzt verwendete Stift- bzw. Linienart.

▶ Gleichzeitig mit der erstellten Tabellenumrandung erscheint im Menüband das Register *Tabellentools - Entwurf*. Für die nächsten Schritte, die Aufteilung in Spalten und Zeilen verwenden Sie, wie oben beschrieben, die Schaltflächen der Gruppe *Rahmenlinien zeichnen*.

Und noch ein Tipp: Beginnen Sie beim Zeichnen einer Linie etwas innerhalb des Tabellenrahmens, da PowerPoint hier sonst eine weitere Tabelle einfügt!

Bild 6.35 Tabelle zeichnen: beginnen Sie mit der äußeren Umrandung!

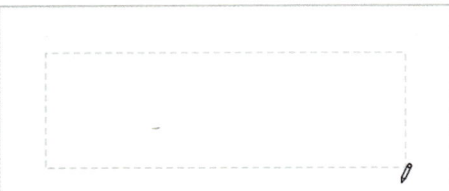 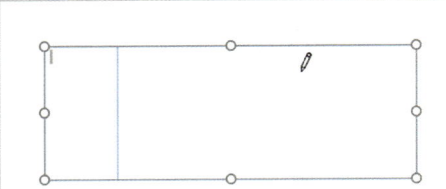

6.3   Tabellen aus Excel- oder Word einfügen

Nur möglich, wenn die entsprechende Anwendung auf dem PC installiert ist.

In vielen Fällen liegen die benötigten Tabellen bereits in einer Microsoft Excel-Arbeitsmappe oder einem Microsoft Word-Dokument vor. Aus beiden Anwendungen lassen sich Tabellen problemlos über die Zwischenablage entweder als einfache Kopie oder als eingebettetes oder verknüpftes Objekt (OLE - Object Linking and Embedding) in eine PowerPoint-Folie einfügen. In der Folge erfahren Sie die genaue Vorgehensweise am Beispiel einer Excel-Tabelle.

Tabellen als Kopie einfügen

Siehe Kapitel 2.8.

Die Verwendung der Zwischenablage dürfte den meisten Anwendern bekannt sein, Einsteiger finden in Kapitel 2.8 dieses Buches Erläuterungen zu diesem Thema.

> Wenn Sie die Zwischenablage zum Datenaustausch zwischen zwei Anwendungen oder zwei Dateien benutzen möchten, dann müssen Quell- und Zieldatei, also die PowerPoint-Präsentation geöffnet sein.

1 Öffnen Sie die Excel-Arbeitsmappe oder das Word-Dokument mit den benötigten Daten.

Kopieren Sie die Tabelle in die Zwischen-ablage

2 Anschließend markieren Sie den Zellbereich, den Sie übernehmen möchten, und kopieren ihn in die Zwischenablage. Dazu können Sie entweder die Schaltfläche

Kopieren der Gruppe *Zwischenablage* im Register *Start*, den Befehl aus dem Kontextmenü oder die Tastenkombination Strg + C verwenden.

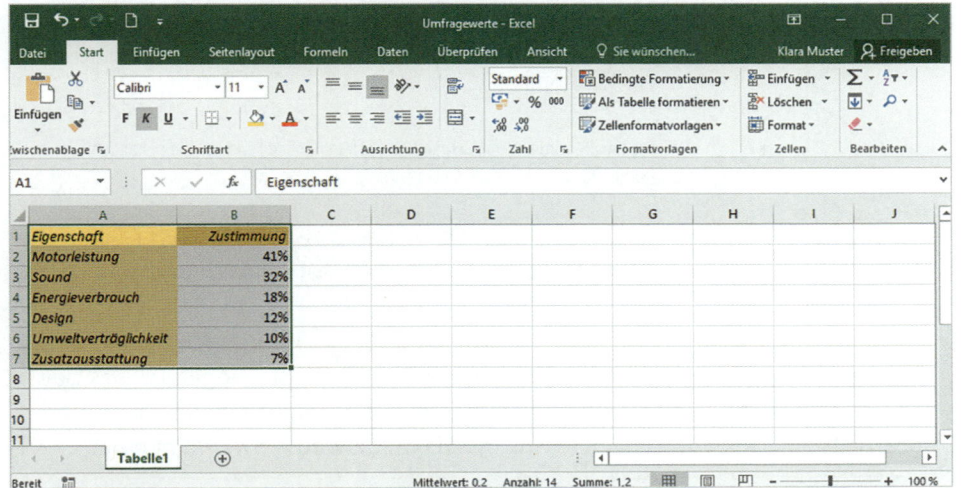

Bild 6.36 Markieren und kopieren Sie den Zellbereich

3 Anschließend wechseln Sie über die Taskleiste zur PowerPoint-Folie, klicken in die Folie bzw. in ein Platzhalterfeld der Folie und fügen den Inhalt der Zwischenablage ein, entweder mit der Schaltfläche *Einfügen* (*Start*, Gruppe *Zwischenablage*), den Tasten Strg + V oder dem Befehl *Einfügen* aus dem Kontextmenü.

4 Zusammen mit der Tabelle erscheint in der Folie an der Einfügestelle die Schaltfläche *Einfügeoptionen*. Klicken Sie hier, um die einzelnen Optionen anzuzeigen. In allen Fällen erhalten Sie in der Folie eine Vorschau, wenn Sie auf eine Option zeigen.

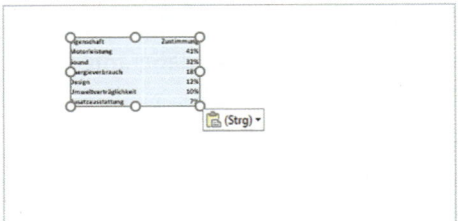 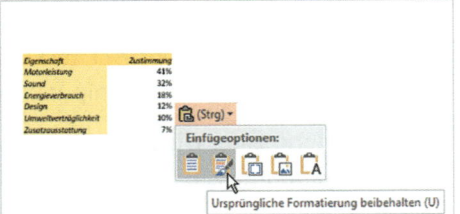

Bild 6.37 Einfügeoptionen

Option	Beschreibung
Zielformatvorlagen verwenden	Die eingefügte Tabelle erhält die Standardschriftart der PowerPoint-Präsentation, aber keine Rahmenlinien und nur einen einfachen Hintergrund, abhängig vom Design. Die Tabelle kann mit PowerPoint weiter formatiert werden.
Ursprüngliche Formatierung beibehalten	Schriftart und -größe, Rahmenlinien und Schattierung sowie Spaltenbreite und Zeilenhöhe der Excel-Tabelle werden beibehalten. Jedoch erfolgt die weitere Bearbeitung mit PowerPoint.

Option	Beschreibung
Einbetten	Eine Kopie der Tabelle wird als Excel-Objekt eingefügt und zusammen mit der Präsentation gespeichert. Das bedeutet, jede weitere Bearbeitung erfolgt nach wie vor mit Excel, siehe unten.
Grafik	Die Tabelle wird als Grafik eingefügt und anschließend wie ein Bild behandelt (siehe Lektion 5).
Nur den Text übernehmen	Mit dieser Option werden aus der Tabelle nur Text und Zahlen, durch Tabstopps getrennt, eingefügt. Der Text erhält die Standardschrift der Präsentation.

> In jedem Fall wird der Inhalt der Zwischenablage als Kopie eingefügt, das bedeutet, es besteht keine direkte Beziehung mehr zur Originaltabelle. Die weitere Bearbeitung erfolgt ausschließlich in PowerPoint bzw. aus PowerPoint heraus.

Unabhängig von der gewählten Einfügeoption wird die Tabelle in ihrer Originalgröße und der ursprünglichen Schriftgröße eingefügt. Da Excel meist 10 oder 11 Punkt als Standardschriftgröße verwendet, in PowerPoint-Folien aber mindestens 18 Punkt erforderlich sind, sollten Sie anschließend Tabelle und Schrift anschließend vergrößern.

Tabelle als OLE-Objekt einfügen

OLE = Object Linking and Embedding, dt. Objekt verknüpfen und einbetten

Eine andere Möglichkeit besteht darin, Tabellen aus anderen Dateien oder Anwendungen entweder als verknüpftes oder als eingebettetes Objekt einzufügen. Die Bearbeitung von verknüpften oder eingebetteten Objekten erfolgt ausschließlich mit derjenigen Anwendung, mit der sie erstellt wurden, z. B. Microsoft Excel, daher muss diese Anwendung auch auf Ihrem Computer installiert sein.

Doppelklick startet die Anwendung

Zur Bearbeitung eines Objekts genügt ein Doppelklick in das Objekt und die dazugehörige Anwendung, z. B. Excel, wird gestartet. Mit einem einfachen Mausklick in die Folie außerhalb des Objektbereichs, beenden Sie die Bearbeitung und kehren zu PowerPoint zurück.

Der Unterschied zwischen den verknüpften und eingebetteten Objekten besteht im Speicherort und in der Art und Weise, wie die Objekte aktualisiert werden.

Verknüpfte Objekte

Siehe auch Kap. 5.7, Diagramme einfügen

Verknüpfte Objekte werden in einer eigenen Quelldatei erstellt und gespeichert, die PowerPoint Präsentation speichert nur die Verknüpfung, d.h. einen Verweis zur Quelldatei. Alle Änderungen erfolgen ausschließlich in der Quelldatei, die PowerPoint-Folie enthält somit auch bei nachträglichen Änderungen immer die aktuellen Daten. Da die Verknüpfung eigentlich nur den Suchpfad zur Quelldatei enthält, sollte die Quelldatei weder verschoben, gelöscht oder umbenannt werden.

Nachteil: Die Excel-Originaldaten müssen im Aussehen, insbesondere in Bezug auf Schriftgröße an die PowerPoint-Präsentation angepasst werden.

> **Achtung:** Wenn Sie ein verknüpftes Objekt einfügen, dann sollte die Arbeitsmappe im selben Ordner wie Ihre Präsentation gespeichert sein. Vorsicht auch beim Umbenennen und Verschieben der Quelldatei. Beim Kopieren der Präsentation müssen verknüpfte Dateien ebenfalls kopiert werden.

Eingebettete Objekte

Eingebettete Objekte werden zwar ebenfalls in einer eigenen Quelldatei erstellt, anschließend jedoch als Kopie eingefügt und zusammen mit der PowerPoint Präsentation in einer einzigen Datei gespeichert.

Nachteil: Bei nachträglichen Änderungen am Original wird die Tabelle in der PowerPoint-Folie nicht aktualisiert.

Als verknüpftes oder eingebettetes Objekt einfügen

Beide Objektarten werden auf dieselbe Weise eingefügt, so gehen Sie vor:

1   Öffnen Sie die Quelldatei, in unserem Beispiel wieder die Excel-Arbeitsmappe, markieren Sie den gewünschten Zellbereich und kopieren Sie im ersten Schritt den Bereich, wie zuvor beschrieben, in die Zwischenablage. Anschließend wechseln Sie zur PowerPoint-Folie.

2   Im Gegensatz zur oben beschriebenen Vorgehensweise müssen Sie anschließend zum Einfügen einen etwas anderen Weg gehen. Anstelle der Tastenkombination Strg + V oder dem Befehl aus dem Kontextmenü, klicken Sie im Register Start in der Gruppe Zwischenablage auf den Dropdown-Pfeil der Schaltfläche *Einfügen* und dann auf *Inhalte einfügen*....

3   Im Dialogfenster *Inhalte einfügen* wählen Sie nun zwischen den Optionen *Einfügen* (=Einbetten) und *Verknüpfung einfügen*.

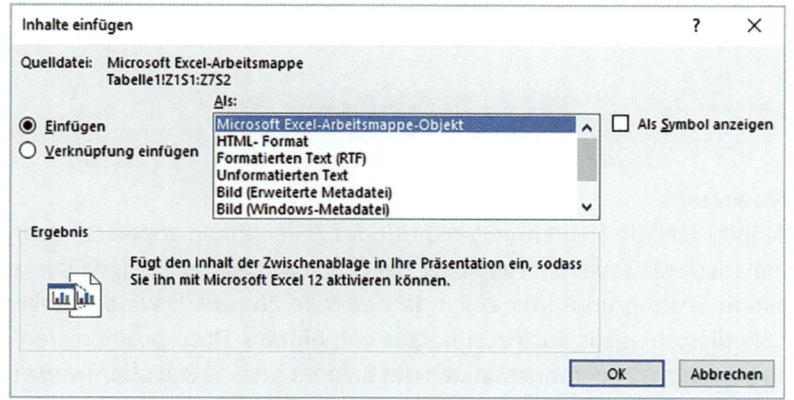

Bild 6.38 Inhalte einfügen

- *Einfügen* bedeutet, die Tabelle wird als eingebettetes Objekt eingefügt und zusammen mit der PowerPoint-Präsentation als Kopie gespeichert.

- Wenn Sie die Option *Verknüpfung einfügen* wählen, dann wird die Tabelle als verknüpftes Objekt eingefügt. Alle Änderungen erfolgen ausschließlich in der Quelldatei, die unbedingt zuvor gespeichert werden muss.

Verknüpfte und eingebettete Objekte bearbeiten

Zwischen PowerPoint und der Anwendung wechseln

Zur weiteren Bearbeitung einer verknüpften oder eingebetteten Tabelle, klicken Sie doppelt in die Tabelle. Damit wird die jeweilige Anwendung, in unserem Beispiel Microsoft Excel, gestartet und statt des Menübands von PowerPoint erscheinen die Register von Excel. Nun erfolgt die gesamte Tabellenbearbeitung in Excel. Um wieder zu PowerPoint zurückzukehren, genügt ein einfacher Mausklick außerhalb des Tabellenbereichs. Alle Änderungen wie Schriftgröße, Hintergrundfarbe, Rahmenlinien sowie Anpassen von Spaltenbreite und Zeilenhöhe erfolgen mit Excel, daher ist auch die Eingabe von Formeln möglich.

Das Menüband mit den Excel-Registern und Befehlen

Eingebettete Excel-Tabelle

Tabelle vergrößern

PowerPoint-Folie

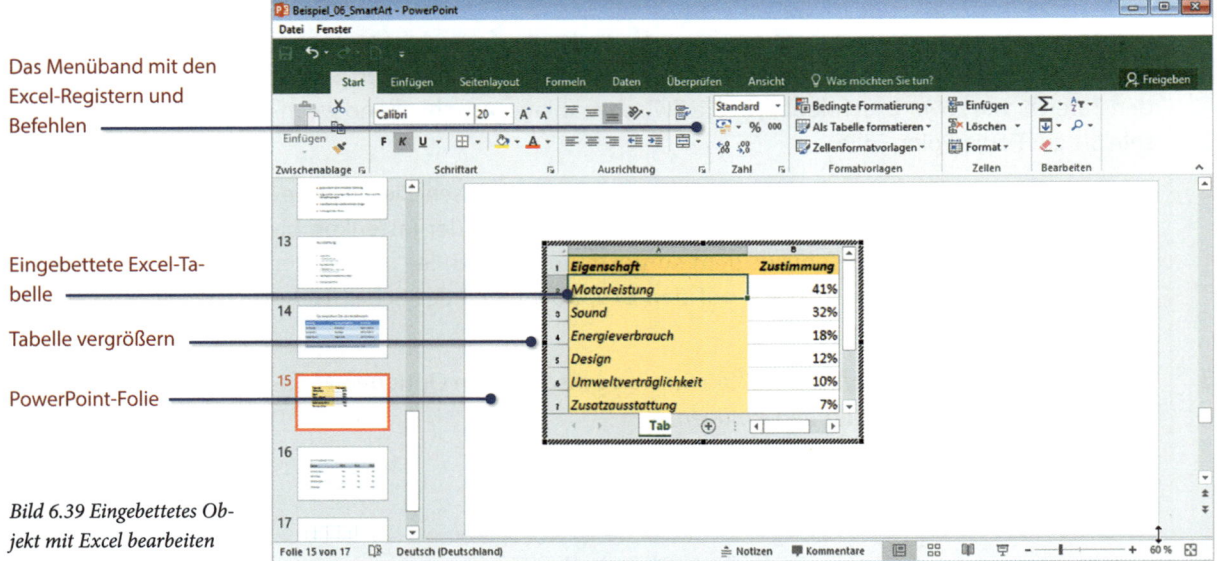

Bild 6.39 Eingebettetes Objekt mit Excel bearbeiten

Objektgröße ändern

Wenn Sie mit Excel die Spaltenbreiten und/oder Zeilenhöhen anpassen, dann ändert sich automatisch die Tabellengröße bzw. die Größe des eingebetteten Objekts. Wenn noch weitere Spalten und/oder Zeilen in der Folie angezeigt werden sollen, dann müssen Sie dies ebenfalls aus Excel heraus vornehmen. Dazu positionieren Sie den Mauszeiger an den Markierungspunkten des Rahmens (siehe Bild oben) und erweitern durch Ziehen mit gedrückter linker Maustaste die Tabelle um die benötigte Anzahl Spalten und Zeilen.

Wenn Sie dagegen das eingebettete Tabellenobjekt einfach in der PowerPoint-Folie an den Ziehpunkten mit gedrückter Maustaste vergrößern oder verkleinern, so wird die Tabelle wie ein Grafikobjekt behandelt, dadurch kann das Seitenverhältnis verändert und die Tabelle verzerrt werden.

Bild 6.40 Bitte nicht so vergrößern!

Eine neue Tabelle als Excel-Objekt einfügen

Sie können auch eine neue Tabelle als Excel-Objekt in eine Folie einfügen. Klicken Sie dazu im Register *Einfügen*, Gruppe *Tabellen*, auf die Schaltfläche *Tabelle* und wählen Sie den Befehl *Excel-Tabelle einfügen*....

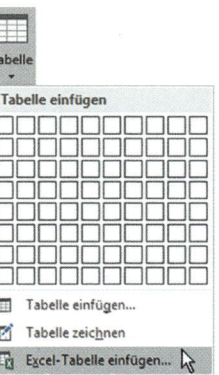

Excel wird gestartet und in der Folie erscheint ein Tabellenbereich mit zwei Spalten und zwei Zeilen. Ziehen Sie mit der Maus an den Markierungspunkten, um die Tabelle um die benötigten Spalten und Zeilen zu erweitern (Bild unten). Wie bereits beschrieben, erfolgt die weitere Bearbeitung mit Excel, zum Beenden des Excel-Modus genügt ein einfacher Klick in den Folienbereich außerhalb der Excel-Tabelle und mit Doppelklick auf das eingebettete Objekt wechseln Sie wieder zu Excel. Die Excel-Tabelle wird zusammen mit der PowerPoint-Präsentation gespeichert.

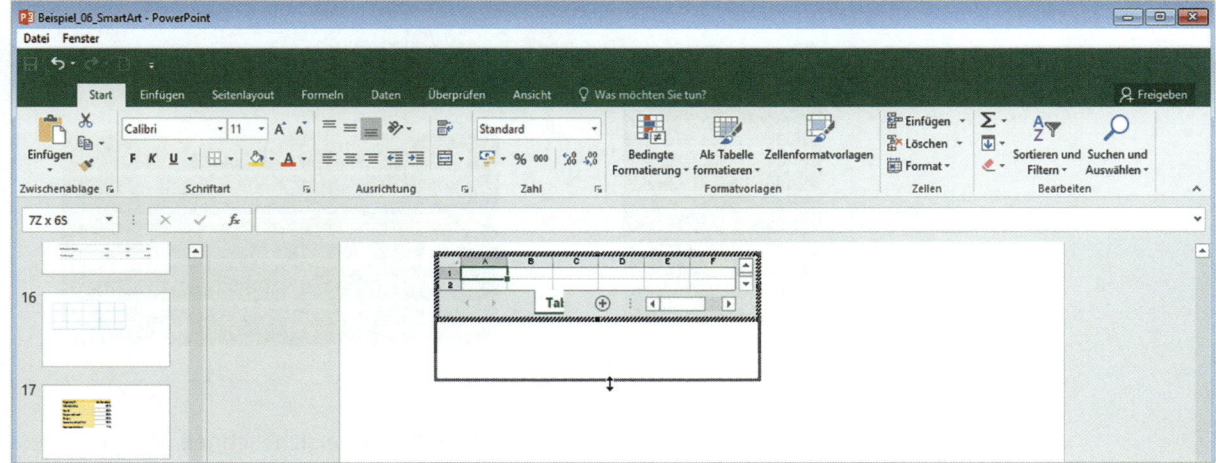

Bild 6.41 Tabellenbereich vergrößern

6.4 Übung Beispielpräsentation

So behalten Ihre Zuschauer den Überblick

Mit Hilfe von SmartArt-Layouts lässt sich auch eine langweilige Inhaltsübersicht attraktiver gestalten. Falls bereits eine Folie mit einer Inhaltsübersicht existiert, so wandeln Sie den Text in eine SmartArt-Grafik um, am besten in Form einer Liste.

Bild 6.42 Text in Smart-Art-Grafik konvertieren

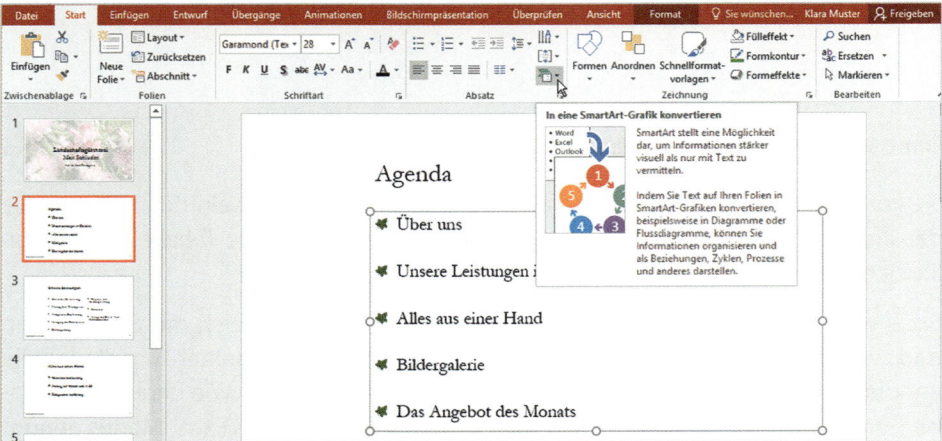

Im nächsten Schritt passen Sie das Aussehen der SmartArt-Grafik Ihren Vorstellungen und Wünschen an.

Bild 6.43 Beispiel Smart-Art-Grafik mit hervorgehobenem Punkt.

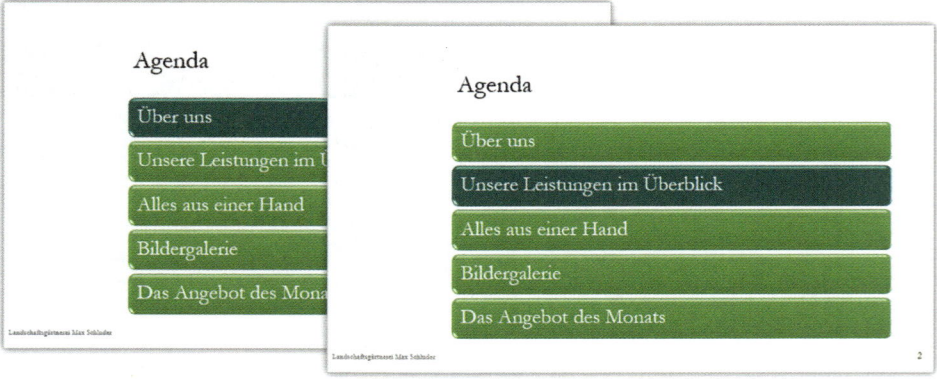

Da eine, zu Beginn der Präsentation gezeigte, Inhaltsübersicht schnell wieder vergessen wird, ist es eine gute Idee, wenn Sie Ihren Zuschauern auch während der Präsentation entsprechende Zwischeninformationen liefern. Zu diesem Zweck duplizieren Sie diese Folie mehrmals und fügen Sie an den entsprechenden Stellen ein. Anschließend heben Sie, wie im Bild oben, den jeweils aktuellen Punkt farblich hervor.

Eine kleine Inhaltsübersicht in jeder Folie

Eine andere, etwas aufwändigere Methode besteht darin, auch in die einzelnen Präsentationsfolien eine kleine Inhaltsübersicht einzufügen. So erkennen Ihre Zuschauer auf den ersten Blick, an welchem Punkt der Präsentation Sie sich gerade befinden.

Video!

www.bildner-verlag.de/195_602

Bild 6.44 Eine Inhaltsübersicht in jeder Folie

Wenn zusätzlich der aktuelle Punkt, wie oben hervorgehoben werden soll, dann funktioniert dies leider nicht in Verbindung mit dem Masterlayout bzw. dem Folienmaster. Tipps zur Vorgehensweise:

▶ Ihre Inhaltsübersicht sollte sich auf wenige Punkte bzw. wenig Text beschränken.

▶ Am besten gestalten Sie die Inhaltsübersicht zunächst anhand einer Beispielfolie. Die Übersicht sollte sich optisch nicht in den Vordergrund drängen, wählen Sie daher eine zurückhaltendere SmartArt-Grafik. Im Beispiel oben wurde das Layout *Liste mit Linien* zusammen mit heller Schrift (Schaltfläche *Farben ändern*) verwendet, außerdem wurde hinter die SmartArt-Grafik ein Rechteck mit dunkler Füllung als Hintergrund gelegt.

Bild 6.45 Rechteck und SmartArt gruppieren und einzelnen Punkt hervorheben

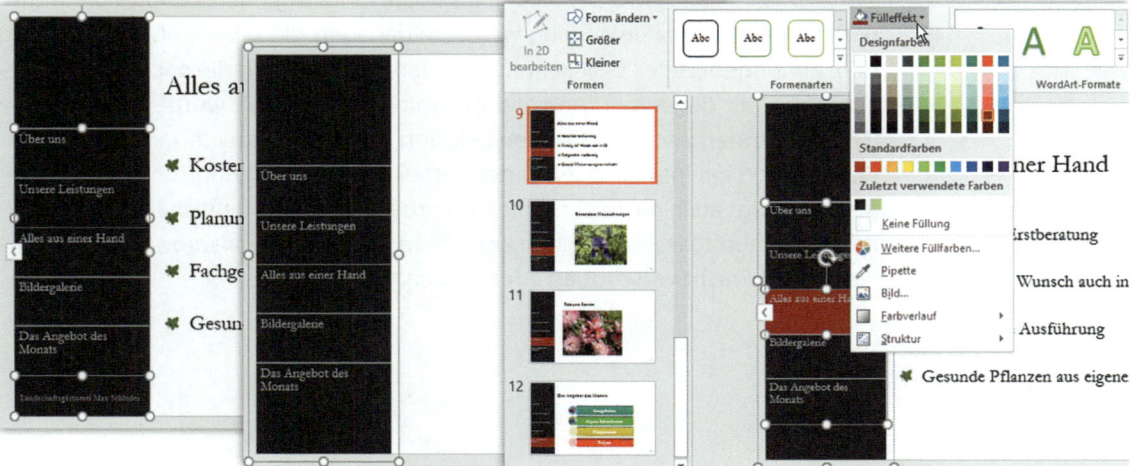

▶ Fassen Sie dann beide Objekte mit dem Befehl *Gruppieren* zu einer Gruppe zusammen, kopieren Sie die Gruppe in die Zwischenablage und fügen Sie sie nacheinander in die einzelnen Folien ein.

Tipp: Mit Strg+V wird die Gruppe automatisch an der Originalposition in die Folie eingefügt.

▶ Zuletzt markieren Sie in der ersten Folie den aktuellen Punkt und weisen ihm eine abweichende Füllfarbe zu. Genauso gehen Sie in den übrigen Folien vor.

6.5 Zusammenfassung

▶ Mit SmartArt lassen sich anstelle normaler Absätze grafische Textlayouts, z. B. zur Visualisierung von Hierarchien und Prozessen, in eine Folie einfügen und beschriften. Weitere Bearbeitungsmöglichkeiten hierzu erhalten Sie im Menüband mit den SmartArt-Tools. Auch Bilder können in speziellen SmartArt-Layouts angeordnet werden und die Erstellung von Organigrammen wird ebenfalls mit entsprechenden Layouts unterstützt.

▶ Tabellen werden mit einem Mausklick auf das Tabellensymbol des Platzhalters oder über die entsprechende Schaltfläche im Menüband, Register *Einfügen* eingefügt. Die auf diese Weise erstellten Tabellen sind bereits entsprechend dem verwendeten Design formatiert, weitere Formate stehen mit den Tabellenformatvorlagen zur Verfügung. Sie können aber auch alle bekannten Formate zur Formatierung von Tabellen einsetzen.

▶ Als Alternative fügen Sie eine Tabelle aus Microsoft Excel oder Word in eine Präsentationsfolie ein. Wird die Tabelle als Kopie eingefügt, dann erfolgt die weitere Bearbeitung mit PowerPoint, wenn Sie dagegen die Tabelle als Verknüpfung oder als eingebettetes Objekt einfügen, dann erfolgt auch die nachträgliche Bearbeitung mit derjenigen Anwendung, mit der sie erstellt wurde. Eingebettete Objekte werden zwar mit Excel erstellt und bearbeitet, aber zusammen mit der Präsentation in einer einzigen Datei gespeichert. Bei verknüpften Objekten dagegen erfolgt auch die nachträgliche Bearbeitung ausschließlich in der Originaldatei. Verknüpfte Dateien sollten am besten im Präsentationsordner gespeichert werden und nicht verschoben oder umbenannt werden.

7 Animationen und Multimedia

In diesem Kapitel lernen Sie...

- Bildschirmpräsentation mit Folienübergängen gestalten
- Folienelemente mit Animationseffekten versehen
- Text animieren
- Zeitlichen Ablauf steuern
- Interaktive Schaltflächen einsetzen
- Video- und Audiodateien einfügen

Das sollten Sie bereits wissen

- Text eingeben und formatieren
- Umgang mit Folienlayouts
- Design und Farben einsetzen
- Grafische Elemente einfügen und gestalten
- Folienmaster und Masterlayouts in der Masteransicht bearbeiten

PowerPoint bringt umfangreiche Möglichkeiten zur Animation von Folien und Folienelementen mit. Trotzdem gilt auch hier: Weniger ist Mehr! Setzen Sie also Animationen mit Vorsicht und gezielt ein. Vermeiden Sie außerdem Effekte, die vom eigentlichen Inhalt der Präsentation ablenken.

7.1   Folienübergänge gestalten

Mit Folienübergängen gestalten Sie den Wechsel zur nächsten Folie. Diese kann entweder auf einen Mausklick hin erscheinen oder, falls ein automatischer Ablauf gewünscht ist, nach einer bestimmten Anzeigedauer. Auch die Geschwindigkeit des Effekts selbst lässt sich steuern. Sämtliche Einstellungen zu den Folienübergängen finden Sie im Register *Übergänge*.

Bild 7.1 Das Register Übergänge

Wenn Sie Folienübergänge einsetzen möchten, dann sollten Sie auf natürliche Effekte achten, z. B. Schieben, Wischen oder Aufdecken und in der gesamten Präsentation denselben Übergangseffekt verwenden. Außerdem sollten Folienübergänge schnell und nicht im Schneckentempo ablaufen.

Übergangseffekte zuweisen

In der Gruppe *Übergang zu dieser Folie* finden Sie verschiedene Übergangseffekte, ein Klick auf die Schaltfläche *Weitere* ⯆ öffnet den gesamten Katalog auf einen Blick.

Bild 7.2 Katalog der Übergangseffekte

So gehen Sie vor

Am besten beginnen Sie zunächst nur mit einer Folie, weisen dieser einen Übergangseffekt zu und legen bei Bedarf weitere Einstellungen zu Richtung und Dauer fest. Effekt und Einstellungen lassen sich anschließend schnell für alle Folien der Präsentation übernehmen.

1 Der ausgewählte Übergangseffekt gilt automatisch zunächst für die aktuelle Folie und zwar für das Erscheinen dieser Folie. Wählen Sie also im ersten Schritt die gewünschte Folie aus.

2 Klicken Sie dann auf den gewünschten Übergangseffekt. Gleichzeitig erhalten Sie in der Folie eine Vorschau auf diesen Effekt.

3 Falls Sie die Vorschau erneut wiederholen möchten, so klicken Sie im Register *Übergänge* ganz links auf die Schaltfläche *Vorschau*.

4 Wenn Ihnen der gewählte Effekt nicht zusagt, dann klicken Sie einfach auf einen anderen. Mit der Auswahl *Ohne* entfernen Sie einen Übergangseffekt.

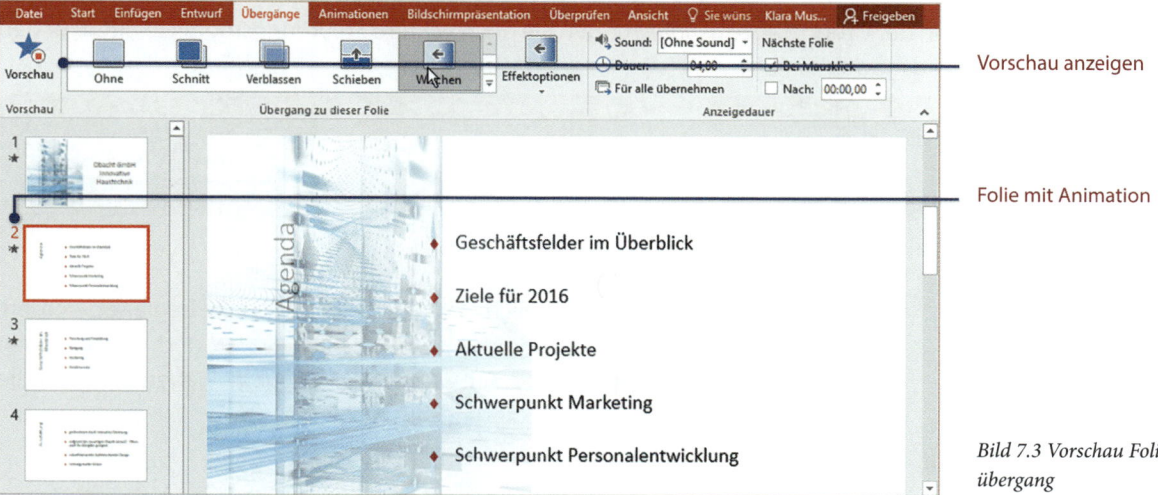

Bild 7.3 Vorschau Folienübergang

> Im Navigationsbereich erkennen Sie animierte Folien am Stern. Allerdings ist nicht ersichtlich, um welche Art der Animation es sich handelt, es kann sich dabei um einen Folienübergang und/oder um animierte Elemente in der Folie handeln.

Richtung und Übergangsdauer steuern

Nachdem Sie einen Übergangseffekt ausgewählt haben, können Sie in der Gruppe *Übergang zu dieser Folie* über die Schaltfläche *Effektoptionen* weitere Einstellungen vornehmen. Bei den meisten Effekten lässt sich hier die Richtung festlegen, allerdings sind diese abhängig vom gewählten Effekt und auch nicht für alle verfügbar. Mit der

Schaltfläche *Vorschau* testen Sie wieder die Wirkung. Im Bild unten sehen Sie einige Beispiele.

Bild 7.4 Effektoptionen (Form, Schieben, Verblassen)

In der Gruppe *Anzeigedauer* finden Sie noch weitere Steuerungsmöglichkeiten für den ausgewählten Effekt.

Bild 7.5 Anzeigedauer

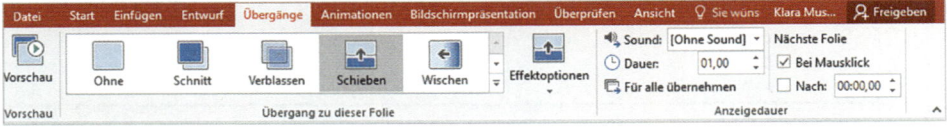

▶ **Sound**

Vorsicht: Soundeffekte zu Folienübergängen wirken unprofessionell!

Soll der Folienübergang zusätzlich von einem Soundeffekt begleitet werden, dann klicken Sie auf den Dropdown-Pfeil des Feldes *Sound* und wählen einen der integrierten Effekte. Über die Auswahl *Anderer Sound…* haben Sie auch die Möglichkeit, eine bestimmte Audiodatei auszuwählen.

▶ **Dauer**

Über das Feld *Dauer* steuern Sie die Dauer des Effekts, genauer gesagt die Übergangsgeschwindigkeit. Welcher Wert hier standardmäßig eingetragen ist, hängt vom jeweiligen Übergangseffekt ab.

▶ **Nächste Folie**

Unter *Nächste Folie* geben Sie an, wann die nächste Folie erscheinen soll. Standardeinstellung ist hier *Bei Mausklick*, d.h. die nächste Folie wird eingeblendet, wenn Sie mit der Maus klicken oder die Eingabe-Taste oder die Pfeiltaste rechts betätigen.

Soll dagegen der Wechsel zur nächsten Folie automatisch erfolgen, dann aktivieren Sie das Kästchen *Nach* und geben im Feld daneben die Anzeigedauer der aktuellen Folie ein. **Hinweis:** Lassen Sie bei dieser Einstellung das Kontrollkästchen *Bei Mausklick* trotzdem aktiviert, so können Sie jederzeit auch per Mausklick zur nächsten Folie wechseln.

Folienübergang und zusätzliche Einstellungen auf alle Folien übernehmen

Wenn Sie zum Abschluss den ausgewählten Übergangseffekt einschließlich aller weiteren Einstellungen auf alle Folien der Präsentation möchten, dann klicken Sie in der Gruppe Anzeigedauer auf *Für alle übernehmen*.

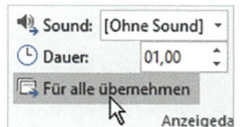

Einen automatischen Präsentationsablauf erstellen

Mit der oben beschriebenen Methode, mit *Nächste Folie ▶ Nach* und Angabe der Anzeigedauer automatisch zur nächsten Folie zu wechseln, könnten Sie theoretisch für die gesamte Präsentation einen automatischen Ablauf erstellen. Allerdings ist dies in der Praxis nur für einzelne Folien geeignet, da Sie vermutlich für jede Folie eine individuelle Anzeigedauer benötigen.

In diesem Fall sollten Sie besser Sie die Präsentation in einem Probelauf vorführen und gleichzeitig die Anzeigedauer jeder Folie aufzeichnen lassen. Zu diesem Zweck finden Sie im Register *Bildschirmpräsentation ▶ Einrichten* gleich zwei Möglichkeiten:

▶ Ein Klick auf die Schaltfläche *Neue Anzeigedauern testen* startet sofort die Bildschirmpräsentation mit der ersten Folie und gleichzeitig die Aufzeichnung der Anzeigedauer.

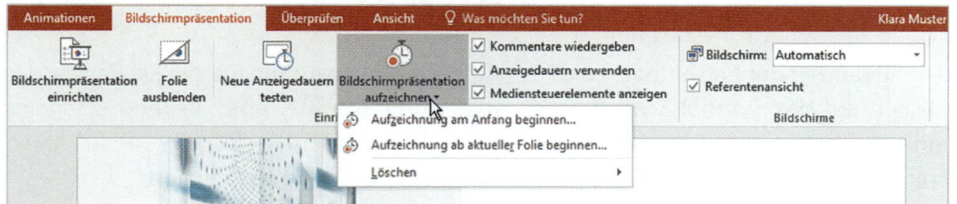

Bild 7.6 Bildschirmpräsentation aufzeichnen

▶ Die Schaltfläche *Bildschirmpräsentation aufzeichnen* dagegen bietet Ihnen die zusätzliche Möglichkeit, mit der Aufzeichnung auch ab der aktuellen Folie zu beginnen. Dadurch können Sie auch nur die Anzeigedauer der aktuellen Folie aufzeichnen oder bereits aufgezeichnete Zeiten neu aufzeichnen. Ein weiterer Vorteil: Unabhängig davon, mit welcher Folie Sie beginnen, erscheint im nächsten Schritt ein Fenster (Bild unten) und Sie können wählen, ob Sie die Anzeigedauer für Folien und Animationen und/oder auch Kommentare und Laserpointer Aktionen aufzeichnen möchten.

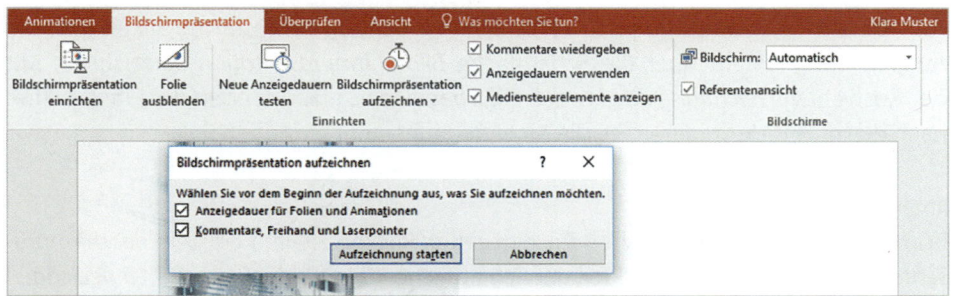

Bild 7.7 Bildschirmpräsentation aufzeichnen - Aktionen wählen

Unabhängig davon, wie Sie die Aufzeichnung gestartet haben, erscheint beim Start der Bildschirmpräsentation in der linken oberen Ecke eine Leiste. Sie zeigt die Anzeigedauer der aktuellen Folie und der gesamten Präsentation an. Testen Sie nun die benötigte Anzeigedauer für die aktuelle Folie und klicken Sie im passenden Moment auf das Symbol *Weiter* oder wechseln Sie über die Tastatur zur nächsten Folie.

▶ Mit dem Symbol *Aufzeichnung anhalten* können Sie die Aufzeichnung vorübergehend unterbrechen, vor dem Hintergrund der Präsentation erscheint eine entsprechende Meldung und mit einem Mausklick auf die Schaltfläche *Aufzeichnung fortsetzen* setzen Sie die Aufzeichnung fort.

▶ Wenn Sie die Aufzeichnung der aktuellen Folie wiederholen möchten, dann klicken Sie auf das Symbol *Wiederholen*. Die Präsentation wird ebenfalls zunächst angehalten, mit Klick auf *Aufzeichnung fortsetzen* wird die Anzeigedauer der Folie auf Null zurückgesetzt.

Weiter ——————

Anhalten ——————

Wiederholen ——————

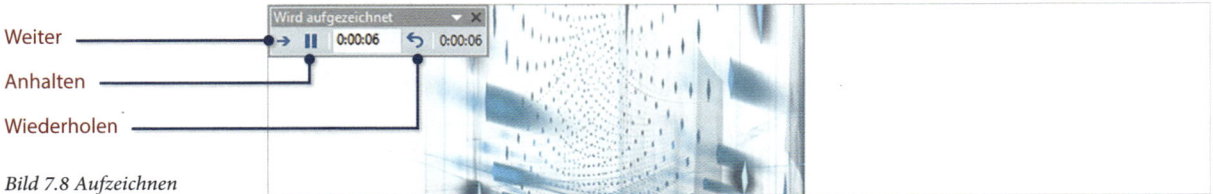

Bild 7.8 Aufzeichnen

Zum Beenden der Präsentation und der Aufzeichnung drücken Sie die Esc-Taste oder klicken auf das Symbol *Schließen* der Aufzeichnungsleiste. Anschließend erscheint eine Meldung, ob Sie die Anzeigedauern speichern möchten. Klicken Sie auf *Ja*, so werden diese Zeiten für Ihre Präsentation übernommen und gespeichert

Bild 7.9 Anzeigedauern speichern

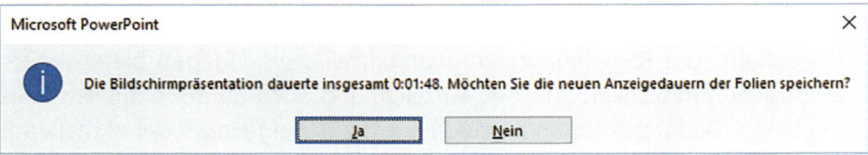

Anzeigedauer ändern

Die gespeicherte Einblendezeit der aktuellen Folie ist im Register *Übergänge ▶ Anzeigedauer* unter *Nächste Folie Nach* ersichtlich und kann jederzeit geändert werden.

Falls Sie die Einblendezeiten neu aufzeichnen möchten, dann starten Sie einfach die Aufzeichnung erneut über die Schaltfläche *Bildschirmpräsentation aufzeichnen*. Mit der Auswahl *Aufzeichnung ab aktueller Folie beginnen...* und Beenden der Präsentation nach dieser Folie korrigieren Sie die Anzeigedauer einer einzelnen Folie.

Anzeigedauern löschen

Zum Löschen von gespeicherten Anzeigezeiten klicken Sie im Register *Bildschirmpräsentation* auf den Dropdown-Pfeil der Schaltfläche *Bildschirmpräsentation aufzeichnen* und zeigen auf *Löschen*. Wählen Sie hier zwischen *Anzeigedauer für aktuelle Folie lö-*

schen und *Anzeigedauer für alle Folien löschen*. Aufgezeichnete Kommentare können Sie an dieser Stelle ebenfalls löschen.

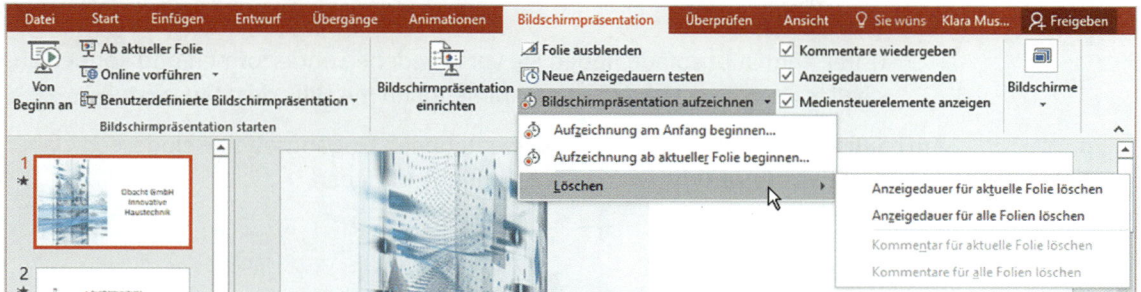

Bild 7.10 Anzeigedauer löschen

7.2 Folienelemente animieren

Sie können jedes Element einer Folie mit einem oder mehreren Animationseffekten versehen, unabhängig davon, ob es sich um ein Textelement bzw. ein Platzhalterfeld oder ein grafisches Objekt handelt. So können Sie beispielsweise Text nacheinander in der Folie erscheinen lassen, während der Präsentation hervorheben und anschließend wieder ausblenden. PowerPoint verfügt zu diesem Zweck über einen umfangreichen Katalog an Animationseffekten, die Sie einfach den Elementen zuweisen. Sämtliche Animationseffekte mit weiteren Einstellungen finden Sie im Register *Animationen*.

Bild 7.11 Das Register Animationen

Animationseffekt auswählen

Markieren Sie das Objekt, das Sie mit einer Animation versehen möchten und klicken Sie im Register *Animationen* ▶ *Animation* auf den Pfeil *Weitere* ⊽, um den gesamten Katalog von Effekten zu öffnen.

PowerPoint unterscheidet die Animationseffekte nach folgenden Grundtypen

▷ **Eingang**
   Eingangseffekte sind Effekte, mit denen das Objekt in der Folie erscheint.

▷ **Betont**
   Betont erlaubt das Hervorheben von Objekten während der Anzeige, z. B. durch Vergrößern oder Ändern der Farbe.

> ▶ **Ausgang**
> Ausgangseffekte lassen einzelne Objekte wieder aus der Folie verschwinden.

> ▶ **Animationspfade**
> Unter Animationspfade finden Sie verschiedene Sonderformen und können zusätzlich auch benutzerdefinierte Animationen mit Hilfe der Maus erstellen.

Am häufigsten werden in Bildschirmpräsentationen Eingangseffekte eingesetzt, daher wird zunächst dieser Typ etwas ausführlicher beschrieben.

Bild 7.12 Katalog Animationseffekte

Bild 7.13 Beispiel weitere Eingangseffekte

Weitere Effekte der jeweiligen Kategorie erhalten Sie zur Auswahl, wenn Sie am Ende des Katalogs auf *Weitere ...effekte...* klicken.

Effekt zuweisen und Vorschau anzeigen

Mit einem Mausklick weisen Sie dem markierten Objekt, z. B. in der Titelfolie dem Platzhalter für den Präsentationstitel einen Effekt zu. Gleichzeitig erhalten Sie in der Folie eine Vorschau.

Vorschau anzeigen

Animationsreihenfolge

Bild 7.14 Animierte Folienelemente

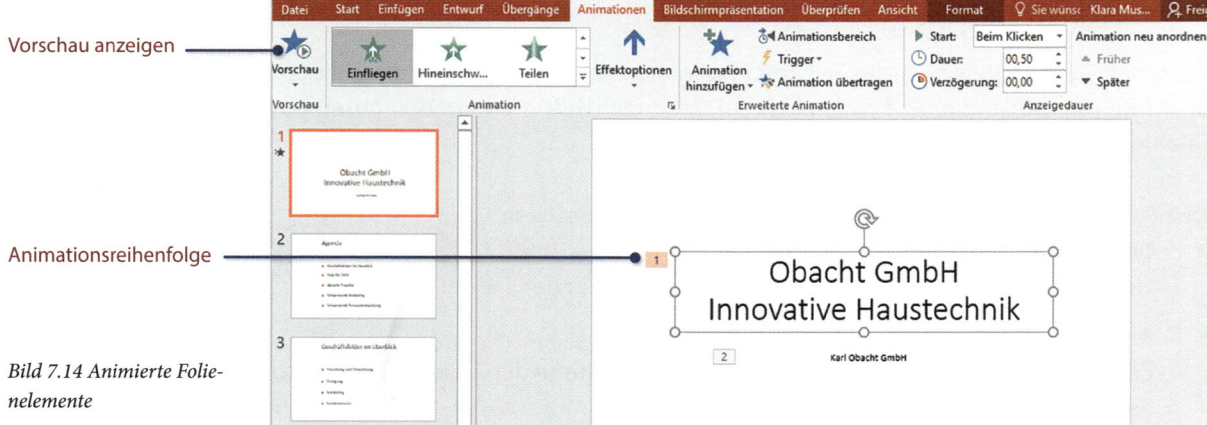

Folienelemente denen ein Animationseffekt zugewiesen wurde, erhalten eine Nummer, an der Sie den zeitlichen Ablauf ersehen können. **Achtung:** Diese sind nur zusammen mit dem Register *Animationen* sichtbar. Eine Ausnahme bildet außerdem der automatische Animationsablauf, Näheres hierzu weiter unten.

Mit Klick auf die Schaltfläche *Vorschau* erhalten Sie eine Vorschau auf sämtliche Animationen der aktuellen Folie.

Animation ändern oder entfernen

Durch Auswahl eines anderen Animationseffekts wird ein bereits vorhandener Effekt automatisch ersetzt, Sie können also nach Belieben die verschiedenen Effekte nacheinander testen. Um einen Effekt wieder zu entfernen, markieren Sie das betreffende Objekt und wählen aus dem Animationskatalog *Keine*.

Reihenfolge ändern

Enthält eine Folie mehrere Objekte mit Animationseffekten, dann werden diese in der Vorschau und später in der Bildschirmpräsentation automatisch in der Reihenfolge animiert, in der die Effekte zugewiesen wurden.

Zum Ändern der Reihenfolge markieren Sie das betreffende Objekt und klicken im Register *Animationen* ▸ *Anzeigedauer* unter *Animation neu anordnen* auf *Früher* oder *Später*.

Bild 7.15 Animationsreihenfolge ändern

Richtung und weitere Details festlegen

Weitere Einstellungen zum ausgewählten Effekt nehmen Sie über die Schaltfläche *Effektoptionen* vor. Im Detail sind diese abhängig vom jeweiligen Effekt und auch nicht für jeden Effekt verfügbar. Haben Sie z. B. *Hineinschweben* als Eingangseffekt ausgewählt, dann können Sie hier zwischen den Richtungen *Aufwärts* und *Abwärts* wählen. Dasselbe gilt auch für Ausgangseffekte. Bei Betonungs-, also Hervorhebungseffekten können Sie, abhängig vom Effekt beispielsweise Farben oder Vergrößerungs- bzw. Verkleinerungsfaktor wählen.

Bild 7.16 Effektoptionen: Beispiel Hineinschweben

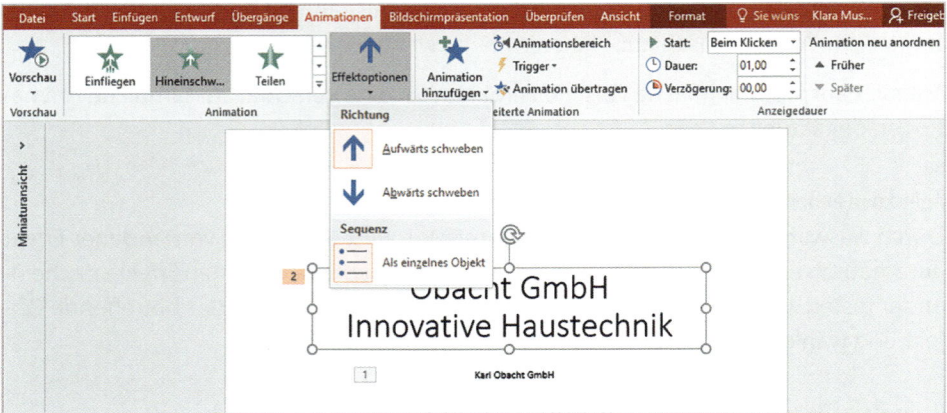

Tipp: die umfangreichsten Richtungsmöglichkeiten bringen die Effekte *Einfliegen* und *Hinausfliegen* mit. Achten Sie aber bei mehreren Animationen darauf, möglichst immer dieselbe Richtung zu verwenden.

Textspezifische Animationsmöglichkeiten

Handelt es sich beim animierten Element um ein Platzhalterfeld mit Text bzw. mehreren Absätzen mit Aufzählung, dann werden die Absätze normalerweise automatisch nacheinander animiert. Dies erkennen Sie auch an der Nummerierung, siehe Bild.

Details zur Textanimation erhalten Sie ebenfalls über die Schaltfläche *Effektoptionen* und zwar im Abschnitt *Sequenz*. Hier bietet PowerPoint drei Möglichkeiten.

Bild 7.17 Effektoptionen - Text animieren

▶ Mit der Auswahl *Als einzelnes Objekt* wird das gesamte Textfeld als Objekt animiert. Dies ist gleichzeitig Standard für alle Textfelder, die nur einem einzigen Absatz enthalten, z. B. Folientitel.

▶ *Alle gleichzeitig* bedeutet, alle Absätze des Textfeldes werden gleichzeitig animiert.

▶ *Nach Absatz* animiert die Absätze nacheinander. Dies ist die Standardeinstellung für Textfelder mit mehreren Absätzen und zusammen mit *Alle gleichzeitig* nur für diese verfügbar.

> Die oben genannten Möglichkeiten sind nur verfügbar, wenn Sie vor der Auswahl eines Animationseffekts entweder das gesamte Textfeld per Mausklick markiert haben oder sich der Cursor im Textfeld bzw. Platzhalter befindet.
>
> Haben Sie dagegen innerhalb des Textfeldes einen einzelnen Absatz markiert, so erhält nur dieser die ausgewählte Animation.

Animation per Mausklick oder automatisch starten

Ob eine Animation per Mausklick oder automatisch startet, legen Sie im Menüband in der Gruppe *Anzeigedauer* fest. Klicken Sie im Feld *Start* auf den Dropdown-Pfeil und wählen Sie eine der folgenden Möglichkeiten:

▶ Standardmäßig finden Sie hier die Einstellung *Beim Klicken*, d.h. die Animation startet, wenn Sie mit der Maus klicken oder eine Taste (Eingabe-, Leer- oder Pfeiltaste) betätigen.

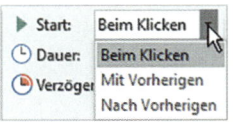

▶ *Mit Vorherigen* bedeutet, die Animation startet automatisch und zeitgleich mit der vorhergehenden Animation. Handelt es sich z. B. um das erste Objekt der Folie, so erscheint dieses gleichzeitig mit Einblenden der Folie.

▶ Mit der Auswahl *Nach vorherigen* startet die Animation ebenfalls automatisch, aber zeitverzögert nach der vorherigen Animation. In diesem Fall müssen Sie im Feld *Verzögerung* angeben, wie viele Sekunden später.

Bild 7.18 Automatische Animation mit Verzögerung

Bei automatischem Animationsablauf ist das dazugehörigen Objekt in der Folie anstelle der Nummerierung mit einer 0 versehen.

Animationsgeschwindigkeit

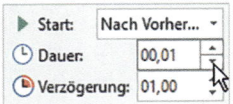

In der Gruppe *Anzeigedauer* können Sie außerdem im Feld *Dauer* die Animationsgeschwindigkeit ändern. **Achtung:** Strapazieren Sie die Geduld Ihres Publikums nicht zu sehr. Im Schneckentempo in die Folie „hineinkriechende" Texte haben eine eher abschreckende Wirkung!

Animationseffekt „kopieren"

Wenn Sie in einer Präsentation Animationseffekte verwenden, dann sollen in der Regel meist gleich mehrere Objekte denselben Effekt erhalten. Mit der Schaltfläche *Animation übertragen* können Sie einen Effekt kopieren und anschließend mehreren Objekten zuweisen. So gehen Sie vor:

1   Markieren Sie in der Folie das Objekt, dessen Animationseffekt Sie kopieren möchten.

2   Klicken Sie im Menüband, Register *Animationen* ▸ *Erweiterte Animation* auf *Animation* übertragen.

3   Am Mauszeiger wird ein Pinselsymbol sichtbar, klicken Sie damit in der Folie auf das Objekt, das die ausgewählte Animation erhalten soll. Mit dieser Methode kopieren Sie Effekte auch über Folien hinweg.

> Auf dem oben beschriebenen Weg wird eine Animation immer nur auf ein zweites Objekt übertragen. Ein Doppelklick auf *Animation übertragen* dagegen aktiviert diesen Modus dauerhaft und Sie können die Animation nacheinander auf mehrere Objekte übertragen. Erst die Esc-Taste oder ein weiterer Klick auf *Animation übertragen* beendet den Modus wieder.

Bild 7.19 Animation übertragen

Übertragen aktivieren

Pinsel

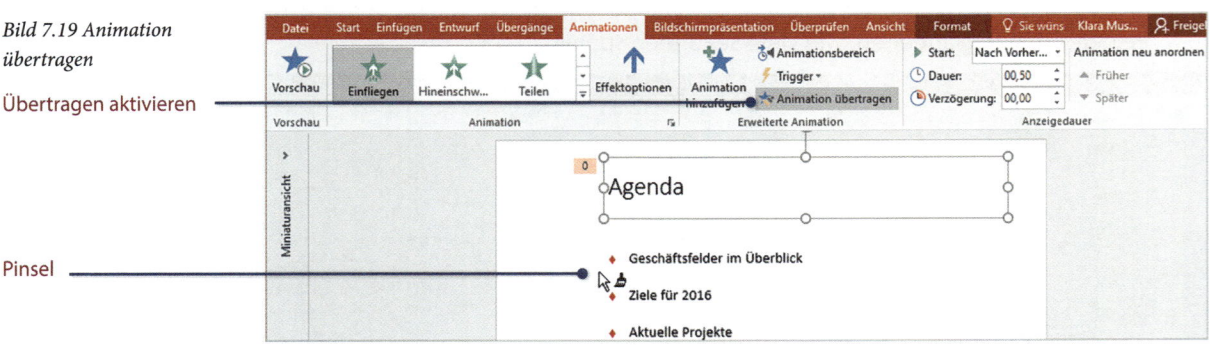

Zeitlichen Ablauf im Animationsbereich steuern

Um bei einer Vielzahl von Animationen den Überblick zu behalten, sollten Sie den Animationsbereich verwenden. Dieser wird mit der gleichnamigen Schaltfläche der Gruppe *Erweiterte Animationen* geöffnet und listet alle Animationen der aktuellen Folie auf.

▶ Im Animationsbereich erkennen Sie am Symbol (Maus oder Uhr) auf den ersten Blick, ob eine Animation per Mausklick oder automatisch startet. Handelt es sich um eine Gruppe, wie im Bild unten die Absätze des Inhaltsplatzhalters, so können Sie mit Klick auf den Doppelpfeil die Animation jedes einzelnen Absatzes einblenden.

▶ Die Farbe ist kennzeichnet den Animationstyp, grün wie im Beispiel unten bedeutet Eingangseffekt. Details dazu werden eingeblendet, wenn Sie kurz mit der Maus auf einen Effekt zeigen.

▶ An der Länge des farbigen Balkens erkennen Sie außerdem Anzeigedauer und den zeitlichen Ablauf, sofern es sich um einen automatischen Ablauf handelt.

Bild 7.20 Der Animationsbereich

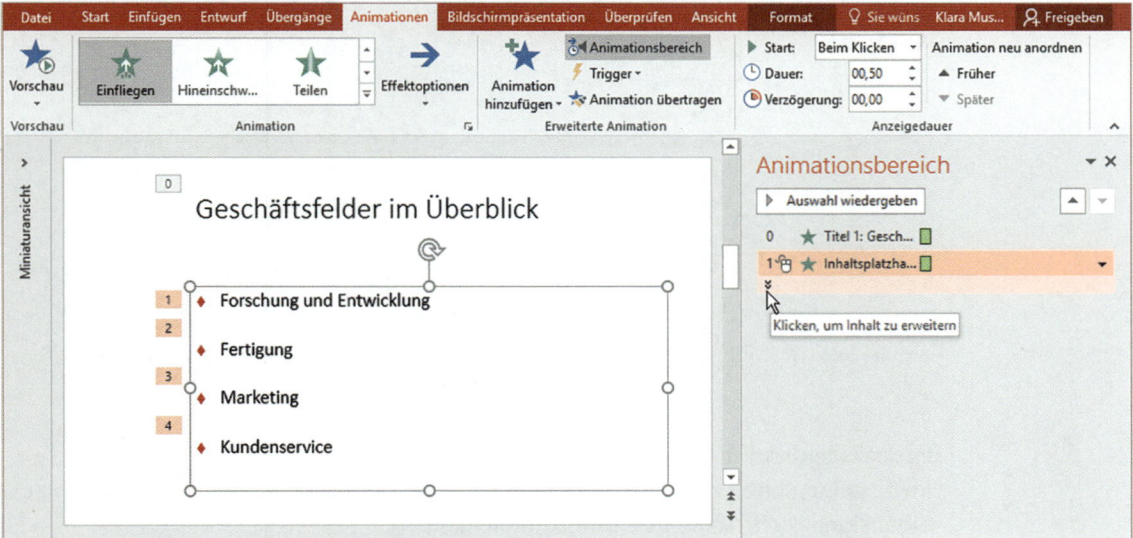

Tipp: Der Animationsbereich erlaubt auch die gezielte Vorschau bzw. Wiedergabe ab einem bestimmten Punkt: Markieren Sie dazu im Animationsbereich diesen Effekt mit einem Klick und klicken Sie auf die Schaltfläche *Wiedergeben ab* bzw. *Auswahl wiedergeben*.

Reihenfolge ändern

Zum Ändern der Reihenfolge benutzen Sie im Animationsbereich die Pfeilschaltflächen. Damit verschieben Sie den markierten Effekt nach oben oder unten. Alternativ verschieben Sie hier einen Effekt einfach mit gedrückter Maustaste an die gewünschte Position.

Zeitliche Abfolge und Dauer anhand einer Zeitleiste kontrollieren

Im Animationsbereich können Sie den markierten Effekt ebenfalls über die Gruppe *Anzeigedauer* bearbeiten. Diese und weitere Optionen erhalten Sie auch, wenn Sie mit der Maus auf einen Effekt zeigen und anschließend auf den dazugehörigen Dropdown-Pfeil klicken (Bild 7.21).

Haben Sie statt *Bei Klicken beginnen* einen automatischen Ablauf gewählt, so sind aus Position und Länge des farbigen Balkens die zeitliche Abfolge und Effektdauer ersichtlich (Bild 7.22). Zudem erhalten Sie im unteren Bereich des Animationsbereichs eine Zeitleiste, in der Sie auch während der Vorschau die Zeiten kontrollieren können.

Bild 7.21 Effekt bearbeiten

Bild 7.22 Automatischen Ablauf anhand einer Zeitleiste bearbeiten

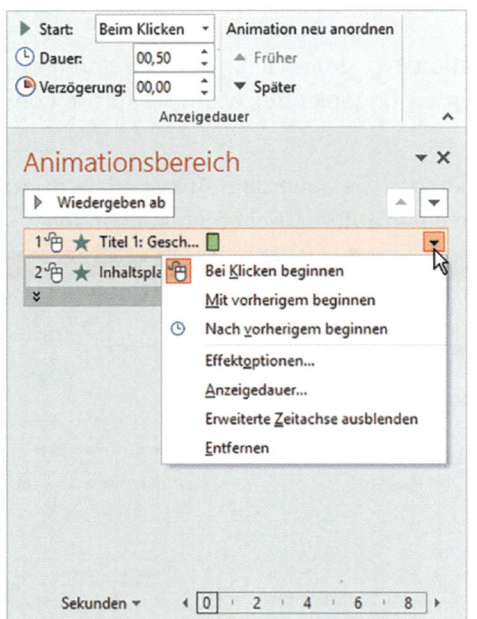
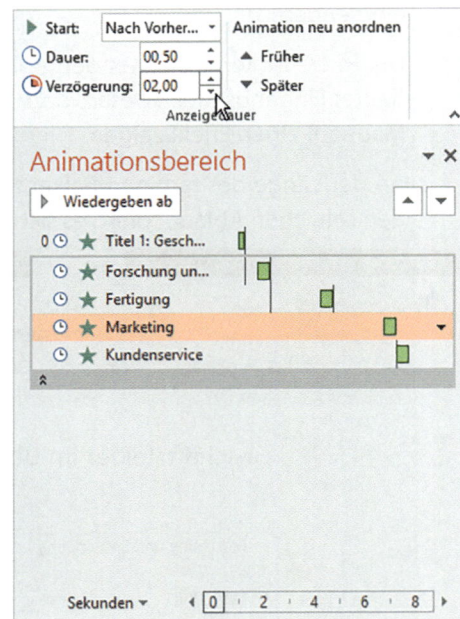

Einzelne Zeiten bearbeiten

Um einzelne Zeiten zu bearbeiten, zeigen Sie mit der Maus auf den Balken, der Mauszeiger signalisiert die Bearbeitungsmöglichkeit:

▶   Ein waagrechter Doppelpfeil bedeutet, Sie können den Startzeitpunkt bzw. die Verzögerung der Animation mit der Maus verschieben (Bild 7.23).

▶   Erscheint als Mauszeiger dagegen ein senkrechter Doppelpfeil (Bild 7.24), so ändern Sie durch Ziehen die Effektdauer.

Bild 7.23 Startzeitpunkt ändern

Bild 7.24 Effektdauer

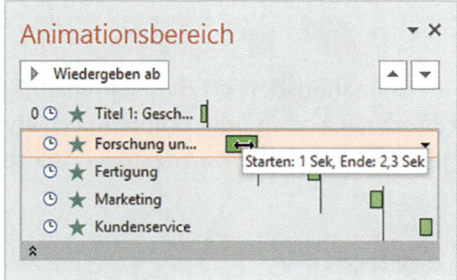
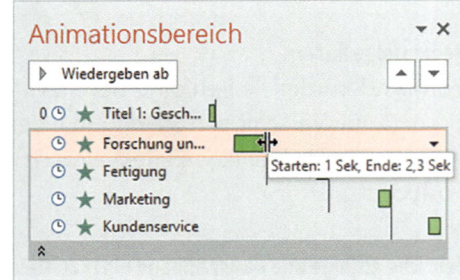

Ein Objekt mit mehreren Animationseffekten versehen

Sie können einem Objekt auch mehrere Animationseffekte zuweisen. So kann ein Objekt beispielsweise erst in der Folie erscheinen, später mit einem Betonungseffekt hervorgehoben werden und zuletzt per Ausgangseffekt aus der Folie verschwinden. Bevor Sie allerdings eine Folie mit zahlreichen Animationseffekten überfrachten, sollten Sie überlegen, ob sich nicht der gleiche Effekt erzielen lässt, wenn Sie einfach die Inhalte auf mehrere Folien aufteilen und keinen Folienübergang einsetzen.

Für den Fall, dass Sie trotzdem für ein Objekt mehrere Effekte benötigen, hier die Vorgehensweise:

1   Markieren Sie das Objekt und weisen Sie ihm, wie oben beschrieben den ersten Effekt, z. B. einen Eingangseffekt zu.

2   Achten Sie darauf, dass das Objekt nach wie vor markiert ist, klicken Sie in der Gruppe *Erweiterte Animation* auf *Animation hinzufügen* und wählen Sie hier den zweiten Effekt aus.

3   Wiederholen Sie diesen Schritt für alle weiteren Animationen, die Sie noch hinzufügen möchten.

4   Zur weiteren Bearbeitung sollten Sie den Animationsbereich einblenden und hier die genaue Abfolge kontrollieren bzw. im Bedarfsfall ändern.

Für das unten abgebildete Beispiel erhielten Folientitel und Platzhalterfeld nacheinander den Eingangseffekt *Einfliegen*. Die Grafik erscheint später ebenfalls mit einem Eingangseffekt. Außerdem erhielt diese zusätzlich den Betonungseffekt *Vergrößern/Verkleinern*. Da die Grafik zuletzt wieder aus der Folie verschwinden soll, wurde noch der Ausgangseffekt *Verblassen* hinzugefügt.

Bild 7.25 Beispiel: Mehrere Animationseffekte

Bild 7.26 Die Effekte im Animationsbereich kontrollieren

Der Animationsbereich liefert einen guten Überblick über die eingesetzten Effekte, zudem können Sie in der Vorschau die zeitliche Abfolge überprüfen und bei Bedarf ändern. Im Bild unten wurde die Grafik absichtlich etwas verschoben, damit Sie das ansonsten dahinter liegende Inhaltsplatzhalterfeld sehen.

Beispiel: Absätze nacheinander mit Animationseffekt hervorheben

In diesem Beispiel sollen mit Betonungseffekten die Absätze einer Folie nacheinander durch rote Schriftfarbe hervorgehoben werden. Dabei soll per Mausklick immer nur ein Absatz hervorgehoben werden, dieser erhält die ursprüngliche Schriftfarbe wieder zurück, sobald der nächste Absatz rot wird. Auf Eingangseffekte wird in diesem Beispiel verzichtet.

Video!

www.bildner-verlag.de/195_701

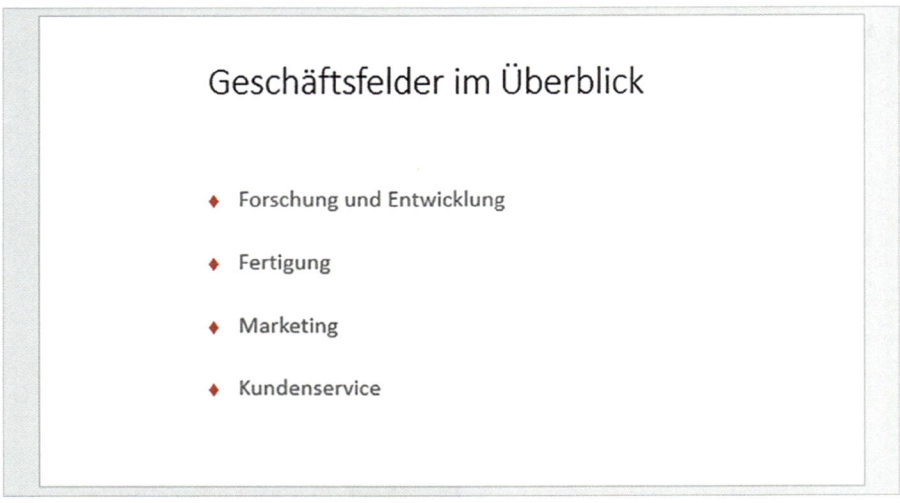

Bild 7.27 Die Ausgangsfolie

1 Im ersten Schritt erhält das gesamte Inhaltsplatzhalterfeld den Betonungseffekt *Schriftfarbe*; die gewünschte Farbe, im Beispiel rot wählen Sie über die Schaltfläche *Effektoptionen* aus. Die Sequenzeinstellung *Nach Absatz* sollte standardmäßig bereits aktiv sein und kann beibehalten werden.

2 Klicken Sie dann auf *Animation hinzufügen* und weisen Sie dem gesamten Platzhalterfeld als zweite Animation erneut den Betonungseffekt *Schriftfarbe* zu, diesmal wählen Sie wieder die ursprüngliche Schriftfarbe.

3 Da alle Effekte auf Mausklick gestartet werden sollen, wird im Feld *Verzögerung* keine Zeitangabe benötigt, Sie sollten aber die Effektdauer in der Vorschau oder in der Bildschirmpräsentation testen und ggfs. beschleunigen.

4 Beim Test in der Ansicht *Bildschirmpräsentation* werden Sie anschließend bemerken, dass die Effekte noch nicht in der gewünschten zeitlichen Reihenfolge starten. Zur weiteren Bearbeitung bzw. zum Ändern der Abfolge benötigen Sie den Animationsbereich. Öffnen Sie hier mit Klick auf den Doppelpfeil die Gruppe, so dass die Effekte der einzelnen Absätze sichtbar werden.

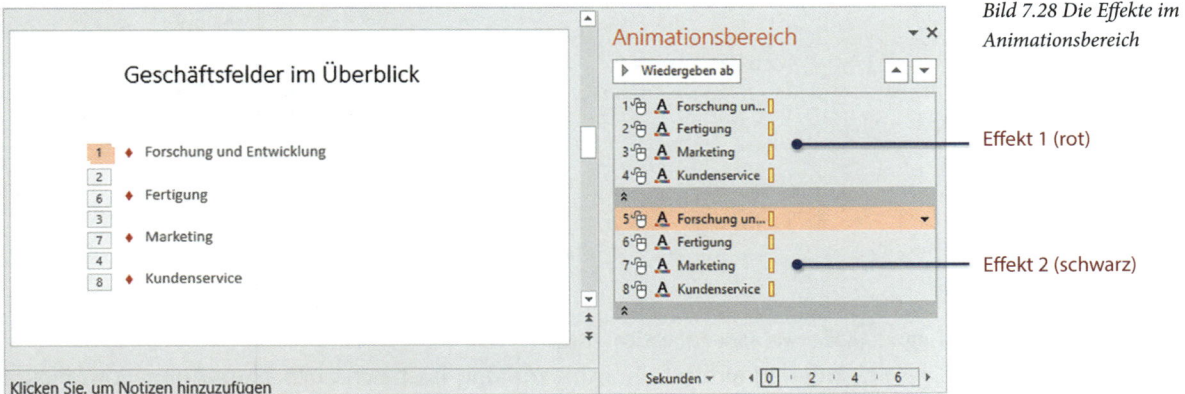

Bild 7.28 Die Effekte im Animationsbereich

5 Im nächsten Schritt müssen Sie nun die Effekte nach Absätzen anordnen. Klicken Sie dazu im Inhaltsbereich auf Effekt zwei (schwarze Schrift) des ersten Absatzes, im Bild oben ist dies die Nummer 5 und verschieben Sie diesen an die zweite Position nach Effekt eins desselben Absatzes. Dazu benutzen Sie entweder die Maus oder Pfeilschaltflächen des Animationsbereichs. Ordnen Sie nun alle Effekte in dieser Reihenfolge an.

6 Testen Sie anschließend wieder das Ergebnis, entweder in der Vorschau oder in der Ansicht *Bildschirmpräsentation*.

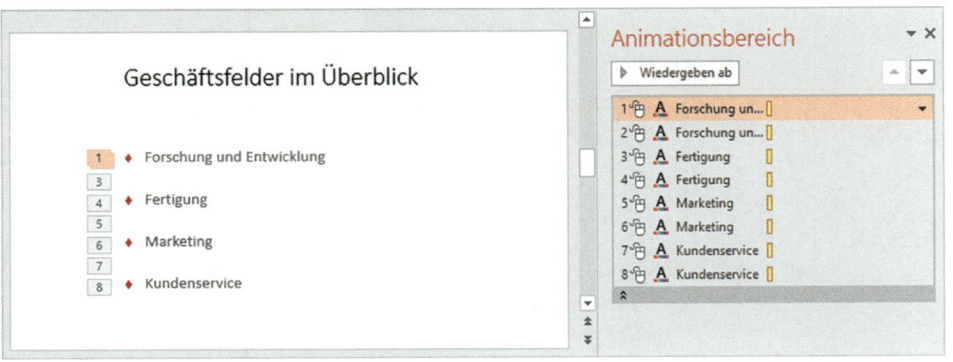

Bild 7.29 Die Animationseffekte in der richtigen Reihenfolge

7 Die Animationen laufen nun in der richtigen Reihenfolge ab, jetzt müssen Sie zum Abschluss nur noch dafür sorgen, dass ab dem zweiten Absatz der Wechsel zur roten Farbe automatisch erfolgt, und zwar dann, wenn der vorherige Absatz seine ursprüngliche Farbe wieder erhält.

Markieren Sie dazu den ersten Effekt des zweiten Absatzes, klicken Sie auf den Dropdown-Pfeil und wählen Sie *Mit vorherigem beginnen*, im Feld *Verzögerung* muss 0 eingestellt sein. Dies wiederholen Sie für den jeweils ersten Effekt aller nachfolgenden Absätze und fertig ist die Animation. Falls der letzte Absatz rot bleiben soll, so entfernen Sie einfach hier den zweiten Effekt

Bild 7.30 Wählen Sie Mit vorherigem beginnen

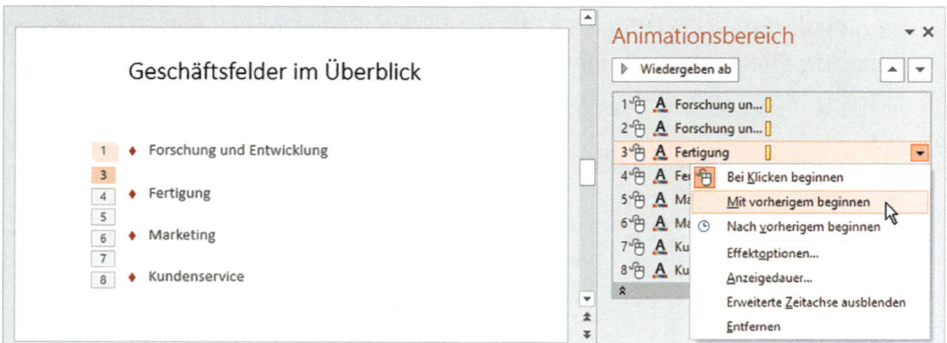

Tipp: Methode zwei ohne Animationseffekt
Dieselbe oder zumindest ähnliche Wirkung lässt sich auch ohne Animationseffekte erzielen. Dazu brauchen Sie nur die Folie entsprechend der Anzahl der Absätze duplizieren und in den einzelnen Folien nacheinander die Absätze hervorheben. Denkbar wäre bei dieser Methode auch eine Hervorhebung mit farbigem Balken im Hintergrund wie im Bild unten. Um einen animationsähnlichen Effekt zu erzielen, sollten Sie aber zumindest bei diesen Folien auf Folienübergangseffekte verzichten.

Bild 7.31 Das Beispiel in der Ansicht Foliensortierung

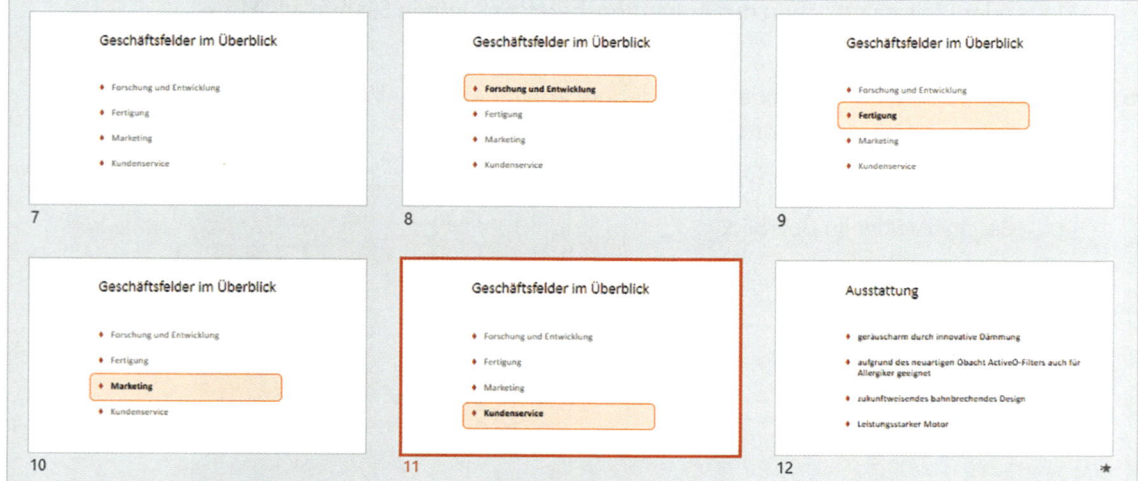

Animationspfade einsetzen

Mit dem Typ *Animationspfade* haben Sie die Möglichkeit, insbesondere für grafische Objekte benutzerdefinierte Wege zur Animation zu erstellen. Als Beispiel soll in der unten abgebildeten Folie der rote Punkt so animiert werden, dass er durch die Folie „springt". Markieren Sie die Form und öffnen Sie mit Klick auf *Weitere* den Katalog der Animationseffekte. Ganz am Ende der Zusammenstellung finden Sie einige Animationspfade oder klicken Sie auf *Weitere Animationspfade...* um alle anzuzeigen.

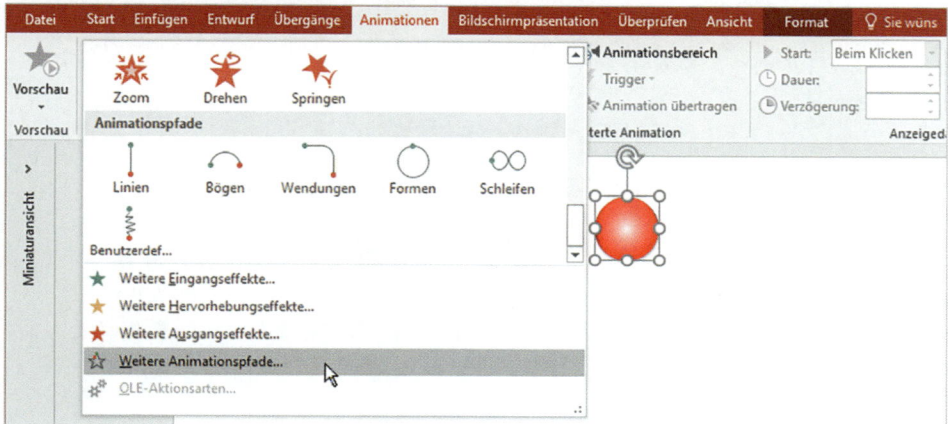

Bild 7.32 Form mit Animationspfad versehen

Für das abgebildete Beispiel eignen sich z. B. *Abnehmende Welle* oder *Links aufprallen*. Weitere Möglichkeiten erhalten Sie wieder über die *Effektoptionen*. Hier können Sie, je nach Effekt etwa die Pfadrichtung umkehren oder einzelne Punkte bearbeiten.

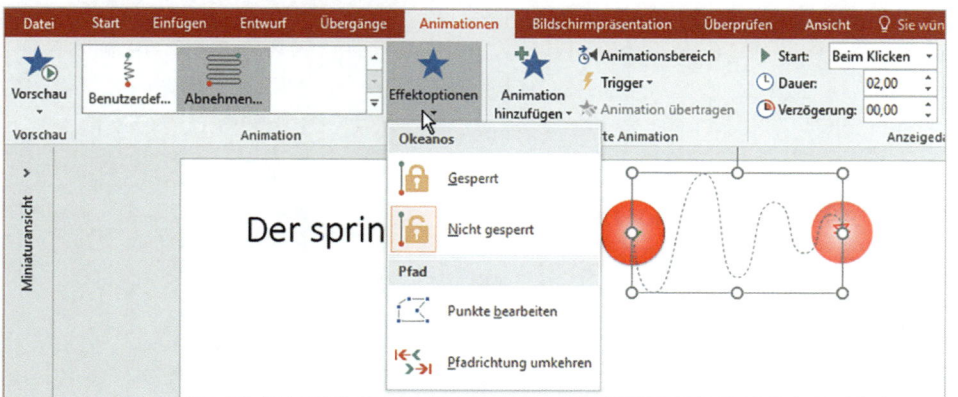

Bild 7.33 Beispiel: Form mit Animationspfad

Alternativ können Sie mit der Auswahl *Benutzerdefinierter Pfad* eigene Pfade mit der Maus zeichnen.

SmartArt-Grafik animieren

Auch SmartArt-Grafiken können Sie mit Animationseffekten versehen. Ähnlich wie bei Text in Absätzen haben Sie auch hier die Möglichkeit, die gesamte SmartArt-Grafik als Gesamtobjekt zu behandeln oder die einzelnen Elemente entweder alle gleichzeitig oder nacheinander zu animieren.

Bild 7.34 SmartArt animieren

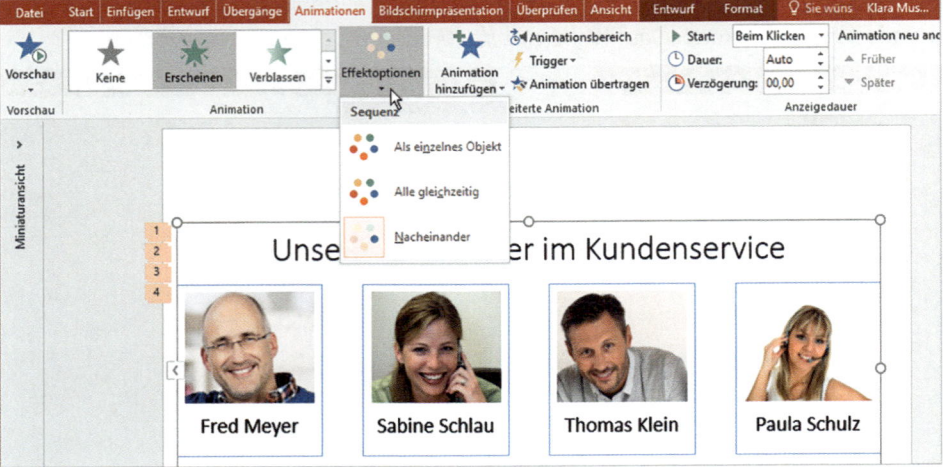

Falls Sie die Animationseffekte im Animationsbereich weiter bearbeiten möchten, so finden Sie hier gleich mehrere Einzelelemente. Die SmartArt-Grafik im Bild unten besteht z. B. jeweils aus dem Bild (Rechteck), einem Rahmen und der Beschriftung. Sie können also genau wie im Beispiel auf Seite 230 zusätzlich die Elemente hervorheben und/oder den zeitlichen Ablauf ändern.

Bild 7.35 Animationseffekte einer SmartArt-Grafik im Animationsbereich

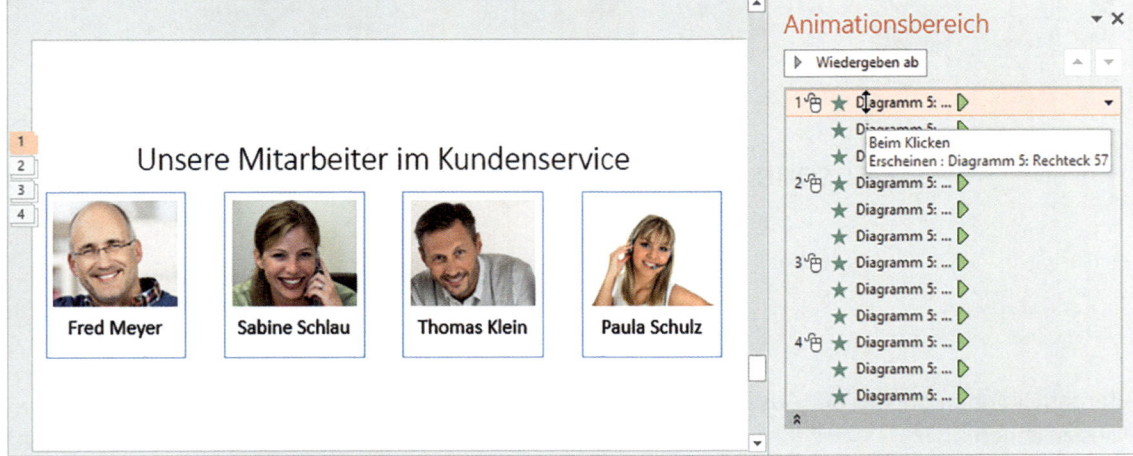

Diagramme mit Animationseffekten

Diagramme werden standardmäßig als Gesamtobjekt animiert. Abweichend davon lassen sich die Diagrammelemente einzeln animieren, so dass beispielsweise in einem Säulendiagramm mit mehreren Datenreihen die Reihen nacheinander erscheinen oder in einem Tortendiagramm ein einzelnes Segment besonders hervorgehoben wird. Die Animation von Diagrammelementen funktioniert auch bei verknüpften Excel-Diagrammen, nicht aber, wenn das Diagramm als Bild eingefügt wurde. Beachten Sie außerdem, dass für Diagramme nicht alle Effekte verfügbar sind. Die Vorgehensweise:

1 Markieren Sie das Diagramm mit einem Mausklick und wählen Sie einen Effekt aus, z. B. den Eingangseffekt *Erscheinen*.

2 Klicken Sie dann auf *Effektoptionen* und wählen Sie die gewünschte Sequenz.

Bild 7.36 Diagramm animieren: Animationssequenz wählen

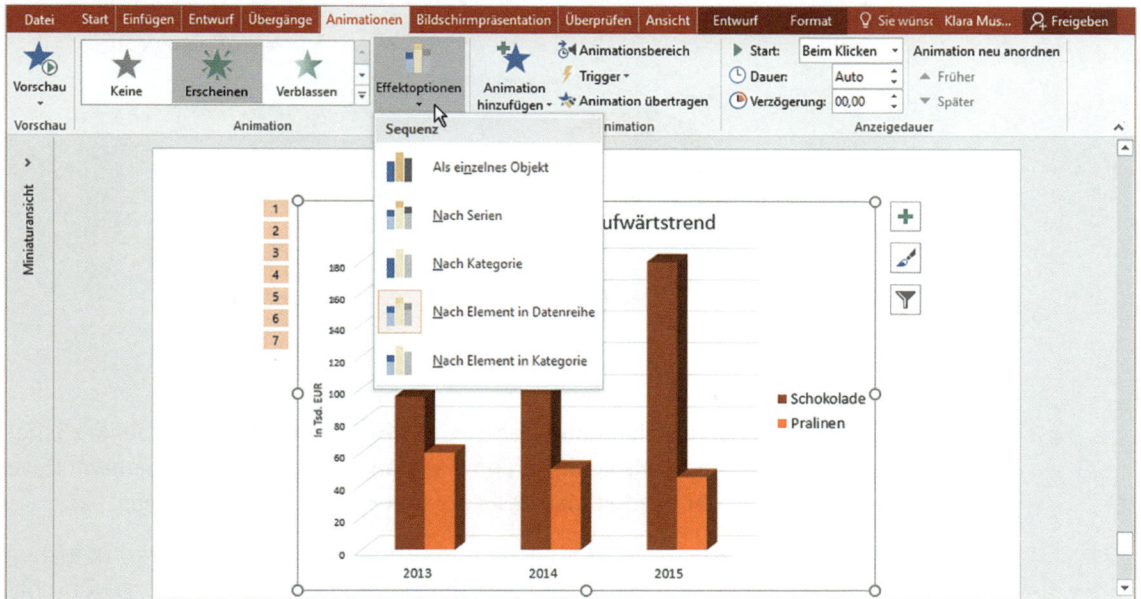

Neben der Option *Als einzelnes Objekt* stehen folgende Möglichkeiten zur Auswahl:

▶ **Nach Serien**
Diagrammfläche und Datenreihen werden nacheinander animiert.

▶ **Nach Kategorie**
Diagrammfläche und die Kategorien der X-Achse werden nacheinander animiert.

▶ **Nach Element in Datenreihe**
Nach der Diagrammfläche werden die Einzelelemente je Datenreihe animiert.

▶ **Nach Element in Kategorie**
Nach der Diagrammfläche werden die Einzelelemente je Kategorie der X-Achse animiert.

Tipp: Einen bestimmten Datenpunkt animieren

Wenn Sie nur einen bestimmten Datenpunkt, zum Beispiel ein Segment eines Kreis-diagramms, animieren möchten, dann müssen Sie ebenfalls zunächst den Effekt dem gesamten Diagramm zuweisen. Als Beispiel soll mit einer Animation bei einem Kreis-diagramm nur ein einzelnes Segment herausgezogen werden.

1   Markieren Sie das Diagramm und wählen Sie einen Effekt. Zum Herausstellen der Produktgruppe, eignet sich der Animationspfad *Diagonal nach oben rechts*. Kli-cken Sie dann auf *Effektoptionen* und wählen Sie die Animationssequenz *Nach Kategorie*.

2   Öffnen Sie den Animationsbereich und klicken Sie auf den Doppelpfeil, um die Animationseffekte der Elemente einzublenden. Anhand der Vorschau können Sie sehen, in welcher Reihenfolge die Elemente animiert werden.

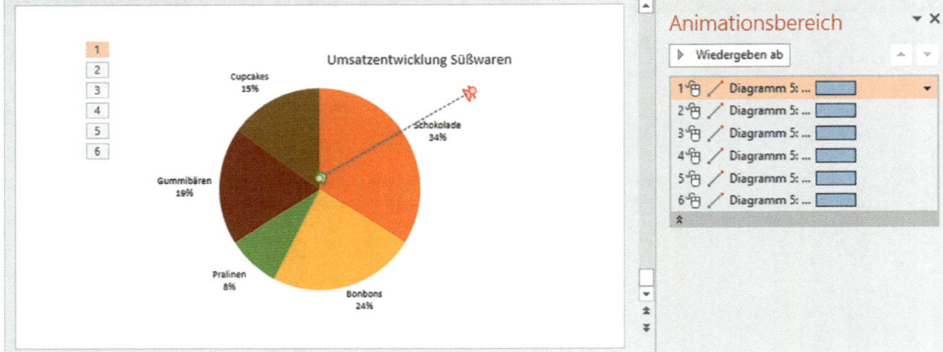

Bild 7.37 Kreisdiagramm: die Animationseffekte aller Segmente

3   Löschen Sie nun alle Animationseffekte mit Ausnahme des Datenpunkts Scho-kolade, in unserem Beispiel nach dem Diagrammtitel das zweite Element. Dazu klicken Sie mit der rechten Maustaste auf den Effekt und auf *Entfernen*.

4   Falls der Datenpunkt zu weit nach oben rechts herausgezogen, wird brauchen Sie den Endpunkt des Animationspfades nur mit der Maus in die gewünschte Richtung verschieben. **Achtung:** dieser bezieht sich auf den Diagrammmittelpunkt!

Bild 7.38 Das Ergebnis

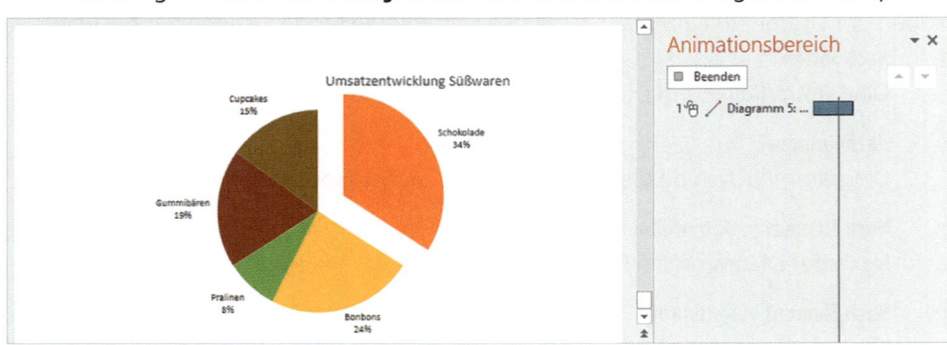

Tabellen animieren

Tabellen können ebenfalls mit Animationseffekten versehen werden, allerdings wird eine Tabelle immer als Gesamtobjekt behandelt. Zeilen- oder spaltenweise Animationseffekte sind mit Hilfe von Animationen nicht möglich.

Wünschen Sie trotzdem beispielsweise zeilenweise Hervorhebung, dann können Sie sich mit mehreren Folien behelfen. Als Beispiel soll in der unten abgebildeten Folie jede Zeile nacheinander fett und mit gelbem Hintergrund hervorgehoben werden.

1   Im ersten Schritt duplizieren Sie die Folie entsprechend der hervorzuhebenden Zeilen, im Beispiel viermal.

2   Markieren Sie dann in der zweiten Folie die erste Tabellenzeile und formatieren Sie diese mit fetter Schrift und der gewünschten Füllfarbe. Genauso verfahren Sie mit Folie drei, hier formatieren Sie Zeile zwei usw.

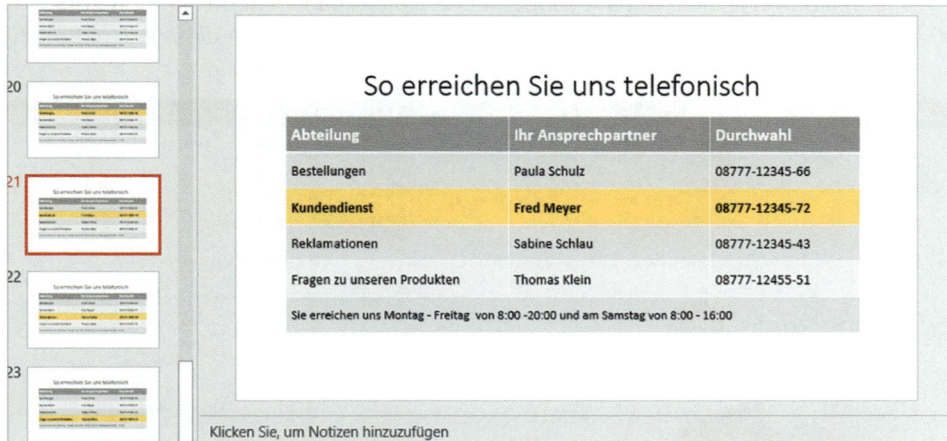

Bild 7.39 Mit mehreren Folien einen Hervorhebungseffekt erzielen

> Um auf diese Weise eine animationsähnliche Wirkung zu erzielen, sollten Sie bei diesen Folien auf Folienübergangseffekte verzichten.

Erweiterte Effektoptionen

Animation unabhängig von der Reihenfolge starten

Neben den Startereignissen *Beim Klicken*, *Mit vorherigen* und *Nach vorherigen* unterstützt PowerPoint mit der Schaltfläche *Trigger* (*Animationen ▶ Erweiterte Animation*) die Möglichkeit, eine Animation unabhängig von der Reihenfolge beim Klick auf ein bestimmtes Objekt zu starten.

Als Beispiel soll in der unten abgebildeten Folie das Bild mit der Schokolade nur erscheinen, wenn auf den roten Kreis geklickt wird.

1 Im ersten Schritt weisen Sie dem Bild die gewünschte Animation zu. Im Beispiel erhält es den Eingangseffekt *Form*.

Bild 7.40 Animation für das Objekt festlegen

2 Markieren Sie dann dieses Objekt in der Folie bzw. den Effekt im Animationsbereich und klicken Sie auf *Trigger*. Zeigen Sie auf *Beim Klicken auf* und wählen Sie aus, welches Objekt später angeklickt werden muss, um diese Animation zu starten. Im Beispiel ist dies der Kreis, klicken Sie daher auf *Ellipse*.

Bild 7.41 Ereignis auswählen

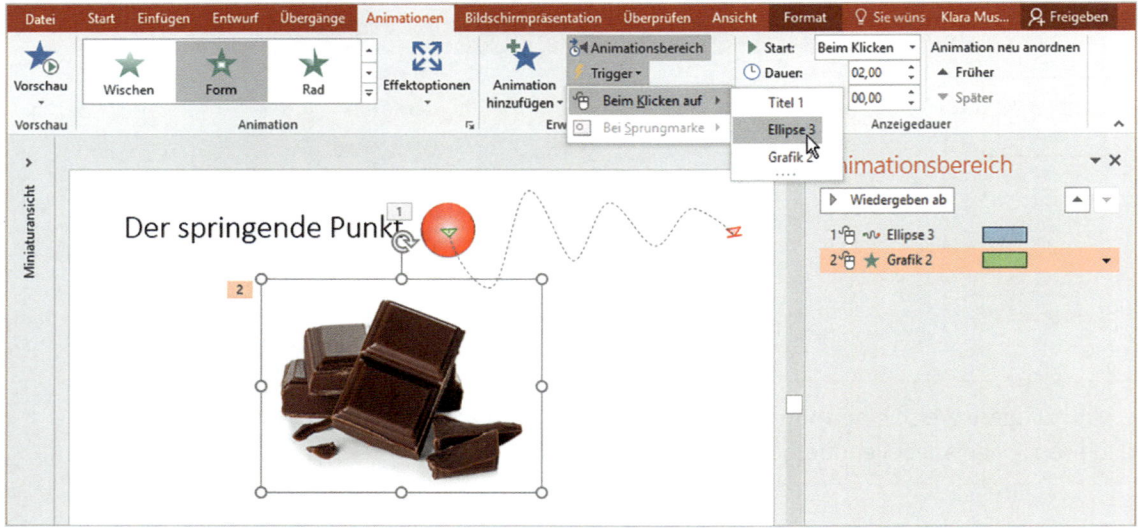

Effektoptionen

Weitere Bearbeitungsmöglichkeiten erhalten Sie für den markierten Animationseffekt in einem gesonderten Fenster. Dazu klicken Sie im Animationsbereich auf den Dropdown-Pfeil und den Befehl *Effektoptionen...*. Je nach Effekt können Sie hier in verschiedenen Registern detaillierte Einstellungen zum Effekt, zur Anzeigedauer und zur Textanimation vornehmen.

▶ Im Register *Anzeigedauer* haben Sie die Möglichkeit, die Anzahl der Wiederholungen festzulegen und/oder können im Bedarfsfall den Effekt nach der Wiedergabe zurückspulen lassen.

▶ Im Register *Effekt* können Sie bei manchen Effekten im Feld *Text animieren*, den Text auch Wortweise oder Zeichenweise animieren. Ihr Publikum dürfte sich allerdings eher langweilen, während beispielsweise der Folientitel Buchstabe für Buchstabe nacheinander erscheint.

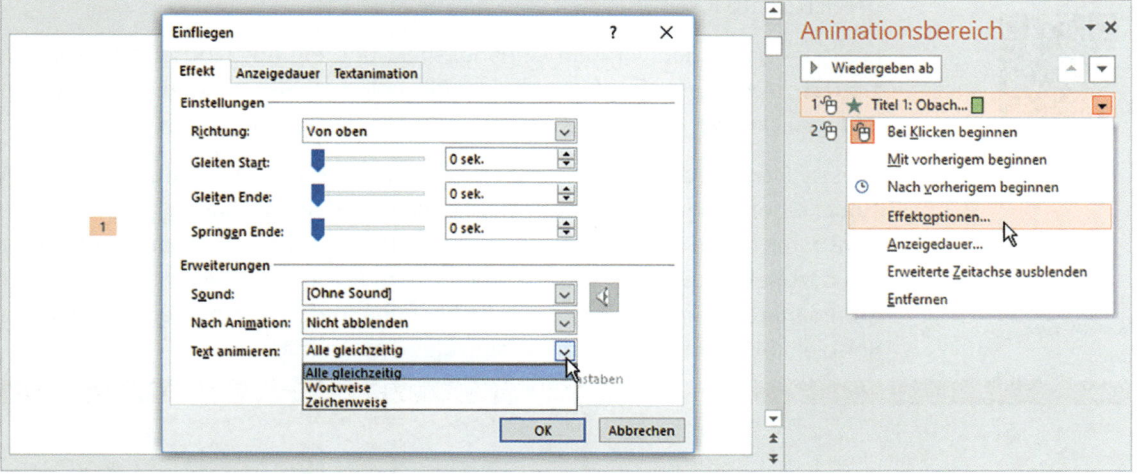

Bild 7.42 Das Fenster Effektoptionen

Triggergesteuerte Effekte: Bilder auf Mausklick vergrößern und verkleinern

Befinden sich in einer Folie mehrere Bilder, dann bietet es sich an, jedes einzelnes Bild auf Mausklick zu vergrößern und anschließend wieder zu verkleinern. Der Betonungseffekt Vergrößern/Verkleinern ließe sich dazu theoretisch einsetzen, zumal Sie im Fenster *Effektoptionen* auch den Vergrößerungs- und Verkleinerungsfaktor in Prozent angeben können. Leider können aber bei dieser Methode einzelne Bildbereiche überlagert werden, da sich die Reihenfolge der Bilder bzw. die Ebenen nicht über Animationseffekte verändern lassen.

Als zweite Lösung bietet sich daher an, Eingangs- und Ausgangseffekte zu benutzen und ein Bild per Mausklick vergrößert einzublenden und wieder auszublenden. Als Beispiel die unten abgebildete Folie mit vier Bildern.

Bild 7.43 Beispielfolie

Video!

www.bildner-verlag.
de/195_702

1 Zunächst einmal benötigen Sie jedes Bild zweimal: einmal verkleinert als Vorschau und das zweite in der gewünschten Endgröße. Die Anordnung der Bilder in der Folie spielt fürs erste keine Rolle; ordnen Sie daher die Bilder am besten so an, dass Sie einen guten Überblick haben. Außerdem sollte der Animationsbereich sichtbar sein.

Für jedes große Bild wird ein Eingangseffekt und ein Ausgangseffekt benötigt, z. B. *Erscheinen* und *Verschwinden*. Das Bild soll erscheinen, wenn auf das kleine Bild geklickt wird und beim Klick auf das große Bild verschwinden.

2 Weisen Sie nun dem ersten großen Bild, in der Abbildung unten der gelben Tulpe, einen Eingangseffekt zu. Markieren Sie diesen anschließend im Animationsbereich und klicken Sie auf die Schaltfläche *Trigger*. Hier wählen Sie nun das dazugehörige kleine Bild aus. Leider zeigt PowerPoint hier die Grafiken nur nummeriert an, entsprechend der Reihenfolge in der sie eingefügt wurden. Im Beispiel unten entspricht Grafik 2 dem kleinen Vorschaubild.

Bild 7.44 Eingangseffekt beim Klicken auf ein Objekt starten

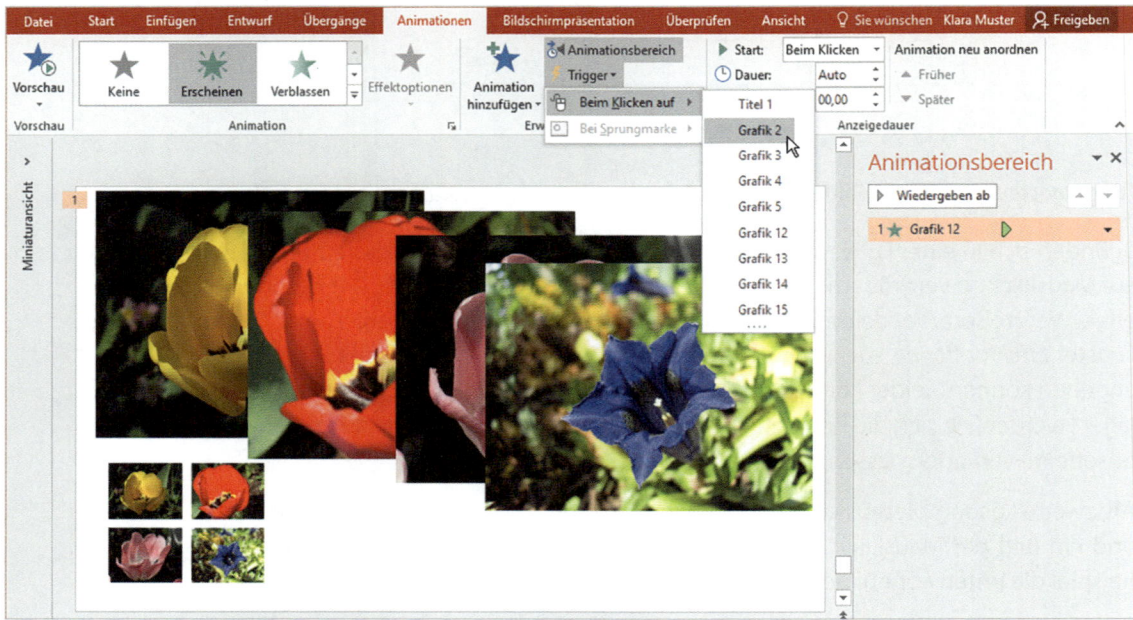

3 Im nächsten Schritt weisen Sie demselben großen Bild über die Schaltfläche *Animation hinzufügen* einen Ausgangseffekt zu. Markieren Sie diesen wieder im Animationsbereich, klicken Sie auf *Trigger* und wählen Sie jetzt das große Bild aus (in der Abbildung ist dies Grafik 12).

Lassen Sie sich diese Folie in der Ansicht *Bildschirmpräsentation* anzeigen und testen Sie den Effekt. Beim Klick in das kleine Bild sollte nun das große erscheinen und beim nächsten Klick in die Vergrößerung wieder verschwinden.

4 Wiederholen Sie nun die Schritte zwei und drei für jedes der übrigen großen Bilder und kontrollieren Sie die Effekte im Animationsbereich (Bild 7.45). Achten

Sie darauf, dass Eingangseffekt und Ausgangseffekt in der richtigen Reihenfolge angeordnet sind!

Bild 7.45 Die Effekte im Animationsbereich

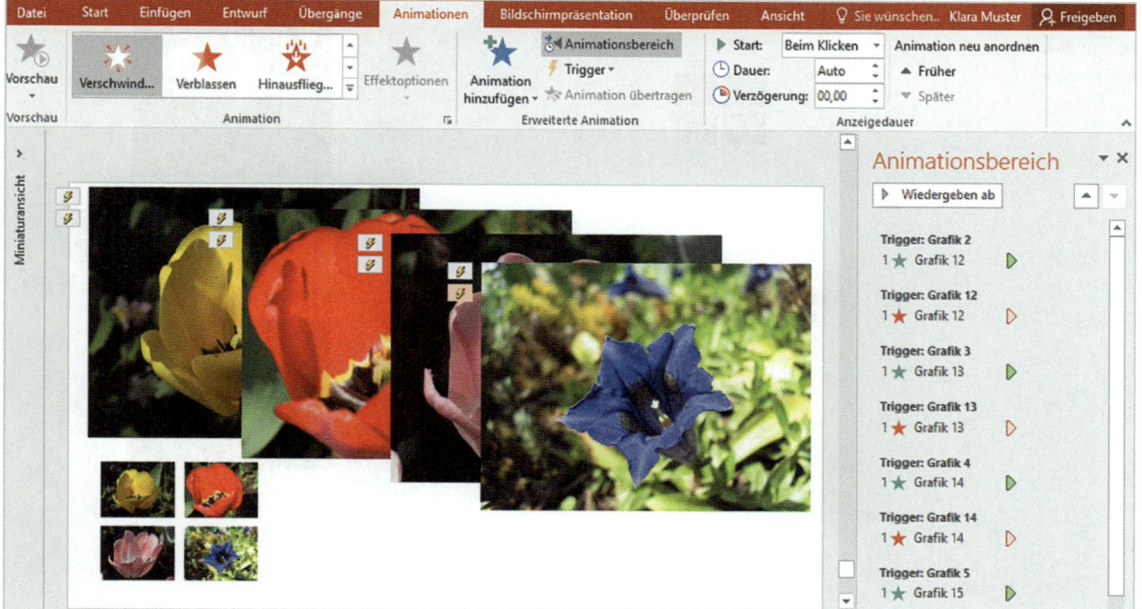

5   Im letzten Schritt platzieren Sie nun die Bilder in der Folie an ihrer endgültigen Position. Zuerst werden die kleinen Vorschaubilder in der Folienmitte zentriert. Die großen Bilder legen Sie dann über die Vorschau und exakt übereinander. Die Reihenfolge spielt keine Rolle.

Bild 7.46 Ordnen Sie die Bilder in der Folie an

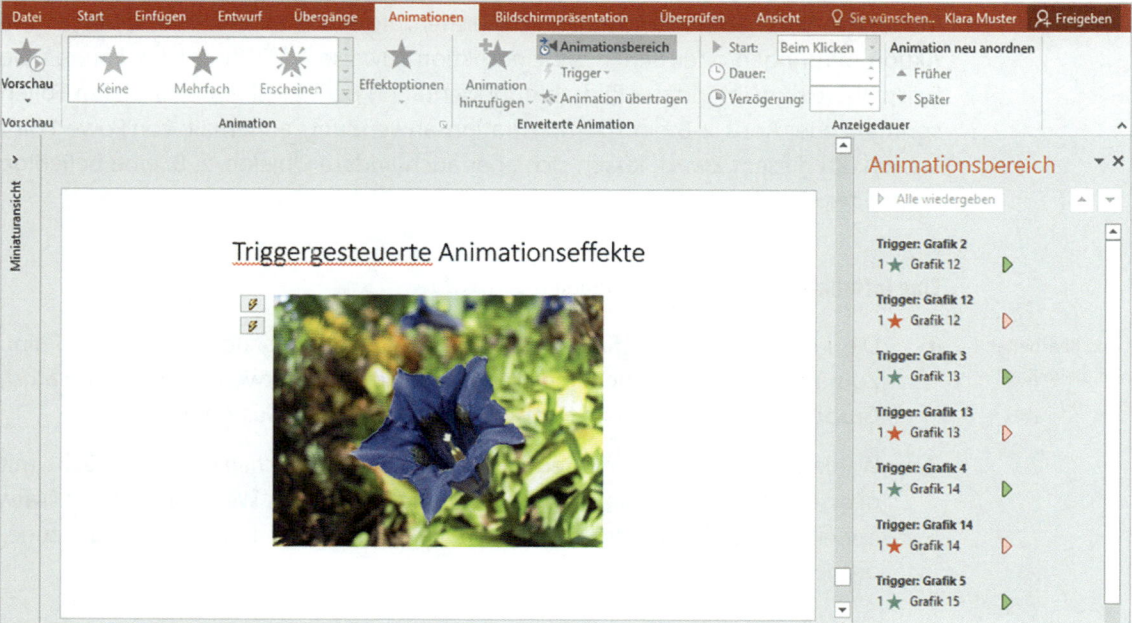

So könnte zuletzt das Ergebnis in der Bildschirmpräsentation aussehen:

Bild 7.47 Das Ergebnis: Bild per Mausklick vergrößern und wieder verschwinden lassen

7.3 Interaktive Schaltflächen

Interaktive Schaltflächen sind eigentlich Formen, die entweder bereits eine bestimmte Aktion mitbringen oder denen Sie eine Aktion zuweisen. Mit ihrer Hilfe können Sie beispielsweise während der Bildschirmpräsentation per Mausklick zu anderen Folien springen oder Apps, z. B. eine Demonstrationsanwendung, außerhalb von PowerPoint starten. Zu diesem Zweck lassen sich aber auch andere Objekte, z. B. eine beliebige Form oder ein Bild, einsetzen.

Eine interaktive Schaltfläche einfügen

Einfügen und Bearbeiten von Formen, siehe Kap. 5.3 auf Seite 140

1 Die interaktiven Schaltflächen sind Teil des Formenkatalogs von PowerPoint. Zum Einfügen öffnen Sie daher den Formenkatalog entweder im Register *Start*, Gruppe *Zeichnung*, oder im Register *Einfügen*, Gruppe *Illustrationen*.

2 Wählen Sie dann aus der Kategorie *Interaktive Schaltflächen* die Schaltfläche mit der gewünschten Aktion, z. B. *Weiter zur nächsten Folie*. Wenn Sie mit der Maus auf eine Schaltfläche zeigen, erhalten Sie einen kurzen Infotext über die zugeordnete Aktion.

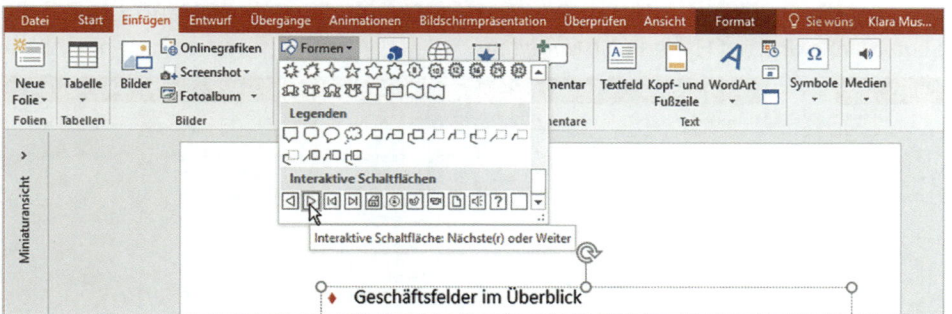

*Bild 7.48 Formen - inter-
aktive Schaltflächen*

3   Die ausgewählte Schaltfläche fügen Sie wie jede andere Form in die Folie ein,
entweder mit einem Klick an die gewünschte Stelle oder zeichnen Sie die Form
durch Ziehen mit der Maus.

4   Unmittelbar nach dem Einfügen öffnet sich automatisch das Dialogfenster *Aktionseinstellungen* und zeigt die dazugehörige Aktion an. Im unten abgebildeten
Beispiel ist dies die Option *Hyperlink zu* und die Auswahl *Nächste Folie*. Zum Übernehmen der Aktion klicken Sie auf *OK*.

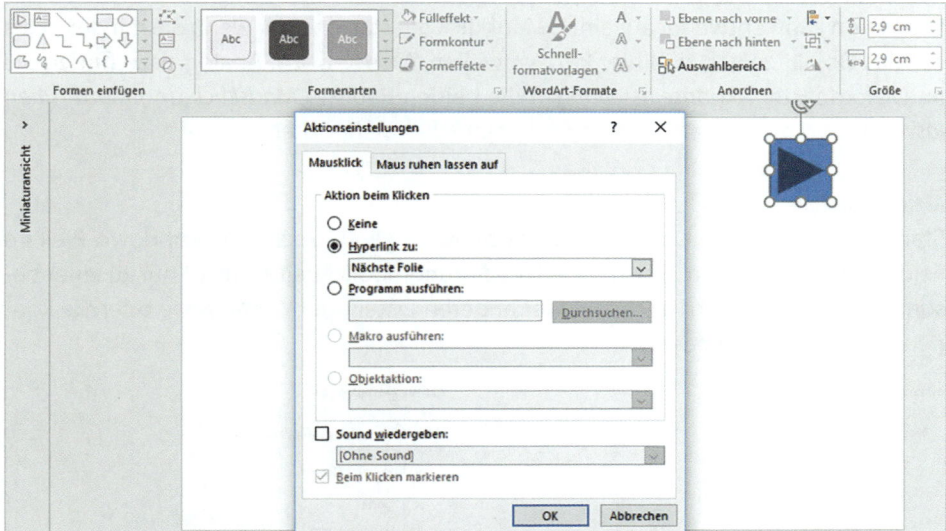

*Bild 7.49 Aktionseinstel-
lungen*

*Bild 7.50 Hyperlink zu
auswählen*

> Unabhängig von den Aktionseinstellungen können interaktive Schaltflächen wie
> alle Formen beliebig vergrößert, verkleinert, verschoben und formatiert werden.

Aktionseinstellungen ändern

Aktionseinstellungen anzeigen

Falls Sie die Aktionseinstellungen nachträglich kontrollieren oder ändern möchten, so
markieren Sie die Schaltfläche bzw. Form und klicken im Register *Einfügen*, Gruppe

Link, auf die Schaltfläche *Aktion*. Oder klicken Sie mit der rechten Maustaste auf die Schaltfläche und auf Hyperlink *bearbeiten*....

Bild 7.51 Aktionseinstellungen öffnen

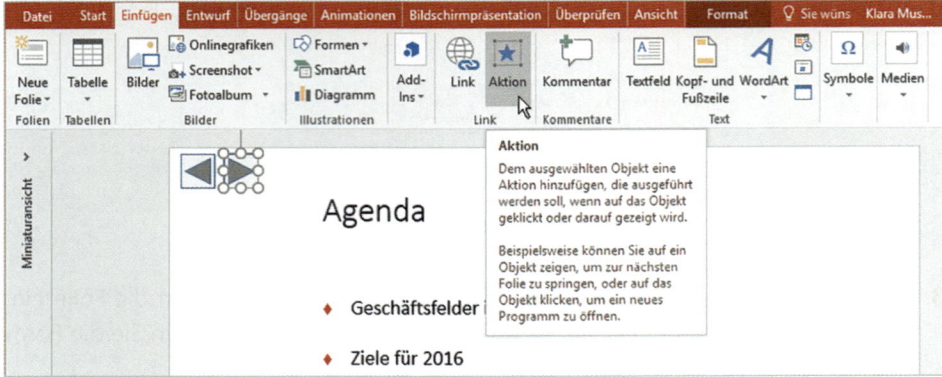

Das Fenster *Aktionseinstellungen* wird erneut geöffnet und Sie können Änderungen vornehmen. Folgende Möglichkeiten stehen Ihnen offen:

Wann soll die Aktion starten?
Die Aktion kann entweder auf einen Mausklick hin starten oder wenn Sie mit der Maus auf das Objekt zeigen und hier kurz verweilen (Mouse over). Analog dazu finden Sie im Dialogfenster *Aktionseinstellungen* die beiden Register *Mausklick* und *Maus ruhen lassen* auf. Wählen Sie also zuerst das entsprechende Register.

Aktion auswählen
Standardmäßig ist die Option *Hyperlink zu* ausgewählt. Über den Dropdown-Pfeil im Feld unterhalb erhalten Sie verschiedene Sprungmöglichkeiten, nicht nur zu einer bestimmten Folie sondern auch zu einer anderen Datei oder Webadresse oder Sie können die Präsentation beenden.

Bild 7.52 Aktionseinstellungen: Hyperlink auswählen

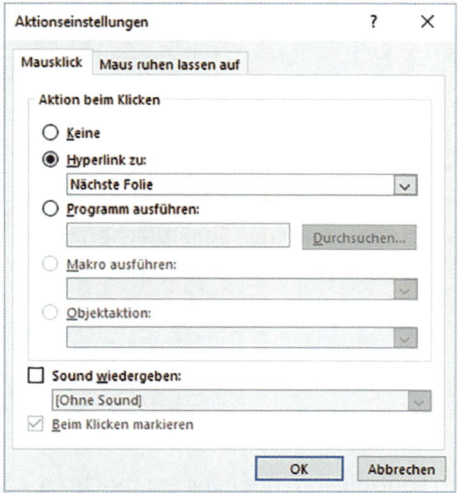 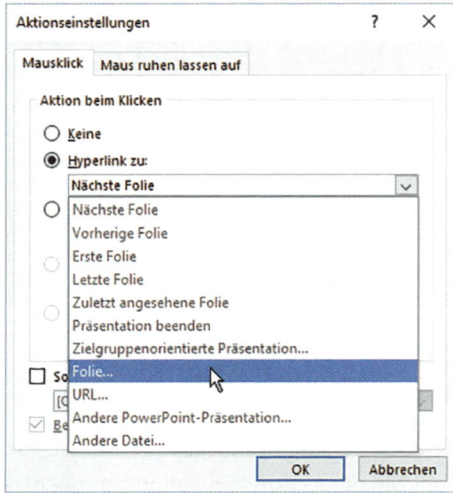

Option	Beschreibung
Folie...	Mit dieser Auswahl steuern Sie eine bestimmte Folie an. Es öffnet sich anschließend das Link zur Folie und Sie können die gewünschte Folie auswählen.
URL...	Mit dieser Auswahl können Sie eine Webadresse angeben, die mit dem Standardbrowser, z. B. Microsoft Edge, angezeigt werden soll.
Andere Datei...	Wählen Sie die Datei aus, die geöffnet werden, beispielsweise eine Excel-Arbeitsmappe
Andere PowerPoint Präsentation...	Eine zweite Präsentation starten

Tipp: Wenn Sie anstelle *Hyperlink zu* die Option *Programm ausführen* wählen, dann können Sie eine bestimmte Anwendung starten: Diese wählen Sie über die Schaltfläche *Durchsuchen…* aus.

Optional können Sie auch beim Klicken auf die Schaltfläche eine Soundwiedergabe starten, aktivieren Sie dazu das Kontrollkästchen *Sound wiedergeben* und wählen Sie unterhalb entweder einen Standardsound oder über die Auswahl *Anderer Sound...* die gewünschte Sounddatei aus.

Einem Objekt eine Aktion zuweisen

Der Formenkatalog enthält in der Kategorie *Interaktive Schaltflächen* auch die Schaltfläche *Anpassen*. Dieser ist standardmäßig zunächst keine Aktion zugeordnet, Sie können also wie oben beschrieben eine beliebige Aktion auswählen.

Darüber hinaus können Sie einem beliebigen Folienobjekt, z. B. einer normalen Form oder Grafik eine Aktion zuweisen. Dazu markieren Sie das Objekt und klicken im Register *Einfügen* ▶ *Link* auf die Schaltfläche *Aktion*. Das oben beschriebene Fenster *Aktionseinstellungen* öffnet sich und Sie können nun die gewünschte Aktion auswählen.

Bei einem Textfeld bzw. Platzhalter mit Text ist dies ebenfalls möglich, am besten markieren Sie dazu vorher die Textstelle. **Nachteil:** der Text wird auch als Hyperlink gekennzeichnet, d.h. in der Standardeinstellung mit blauer Schriftfarbe und unterstrichen formatiert und in der Ansicht *Bildschirmpräsentation* verwandelt sich der Mauszeiger beim Zeigen in eine Hand.

7.4   Video und Sound einfügen

Filme und Sound werden ebenfalls als Objekte in eine Präsentationsfolie eingefügt. Wie bereits im Zusammenhang mit Microsoft Excel-Tabellen und Diagrammen beschrieben, ist auch beim Einfügen von Videos und Sounddateien zwischen verknüpften und eingebetteten Objekten zu unterscheiden.

Verknüpfen oder einbetten?

Achtung: Dateigröße!

In PowerPoint-Präsentationen lassen sich sämtliche Audio- und Videodateien einfügen bzw. einbetten, die mit dem Windows Media Player auf Ihrem Betriebssystem abgespielt werden können, beispielsweise Dateien mit den Dateinamenserweiterungen .mp3, .m4a, .mpg, .avi. Beachten Sie aber, dass diese Dateitypen meist sehr viel Speicherplatz benötigen und die Dateigröße der Präsentation entsprechend ansteigt.

Wenn Sie die Dateigröße Ihrer PowerPoint-Präsentation klein halten möchten, dann können Sie die Audio- oder Videodateien auch als Verknüpfung einfügen.

> Verknüpfte Video- und Audiodateien sollten Sie vor dem Einfügen in den Ordner kopieren, in dem auch die Präsentation gespeichert ist. Solange sich eine verknüpfte Datei im selben Ordner wie die Präsentation befindet, wird die Datei auch dann gefunden, wenn Sie den Ordner verschieben. Zudem dürfen Sie verknüpfte Dateien beim Kopieren auf einen Datenträger oder anderen Computer nicht vergessen!

Ein Video einfügen

swf (Adobe Flash Media) ist nicht auf einem Windows RT Gerät verfügbar.

Videodateien mit folgenden Dateinamenerweiterungen lassen sich problemlos verwenden: .asf .avi, .mpeg, .mp4, .swf und .wmv. Zum Einfügen klicken Sie entweder in einem Platzhalterfeld auf das Symbol *Video einfügen* oder Sie verwenden die Schaltfläche *Video* im Register *Einfügen*, Gruppe *Medien*. In beiden Fällen wählen Sie anschließend, ob Sie ein auf dem Computer gespeichertes Video einfügen möchten oder ein Online-Video, das z. B. auf einer Videoplattform zur Verfügung steht.

Bild 7.53 Video einfügen

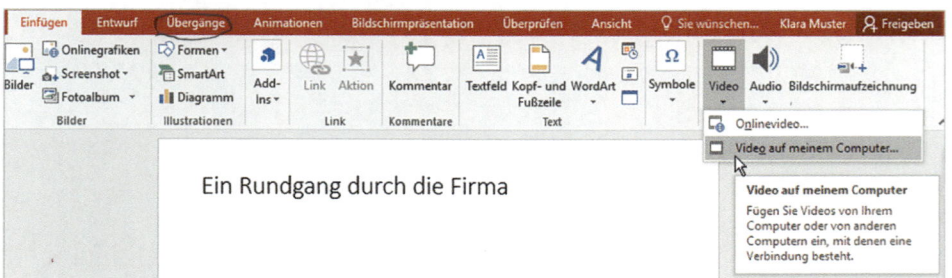

Videodatei einfügen

Um eine auf Ihrem Computer gespeicherte Videodatei in eine Folie einzufügen, gehen Sie folgendermaßen vor:

1 Klicken Sie im Platzhalter der Folie auf das Symbol *Video einfügen* und verwenden Sie im nachfolgenden Fenster unter *Aus einer Datei* die Schaltfläche *Durchsuchen*, um das Video auszuwählen.

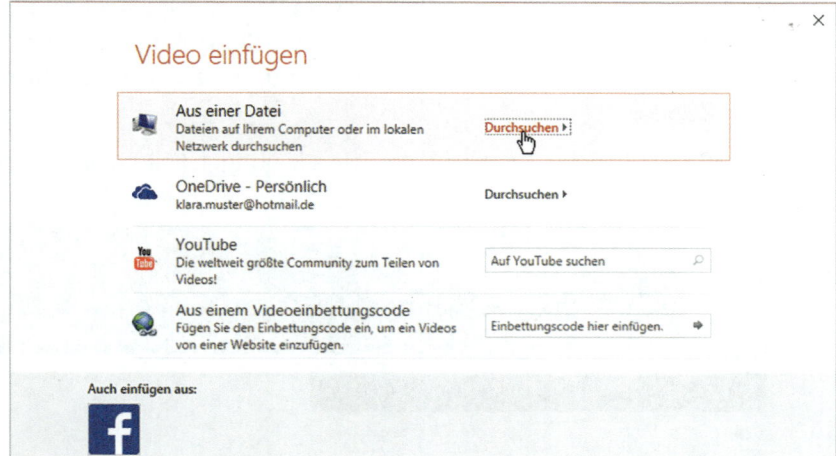

Bild 7.54 Video aus einer Datei einfügen

Wenn Sie im Menüband, Register *Einfügen*, die Schaltfläche *Video* verwenden, dann wählen Sie *Video auf meinem Computer...*, das Dialogfenster *Video einfügen* zur Auswahl der Datei öffnet sich anschließend automatisch.

2 Markieren Sie die Videodatei, die Sie einfügen möchten und klicken Sie auf die Schaltfläche *Einfügen*.

Achtung: Mit dieser Vorgehensweise wird das Video eingebettet, also zusammen mit der Präsentation gespeichert. Zum Einfügen einer Verknüpfung, klicken Sie im Dialogfenster *Video einfügen* auf den Dropdown-Pfeil der Schaltfläche *Einfügen* und wählen *Verknüpfung mit Datei*.

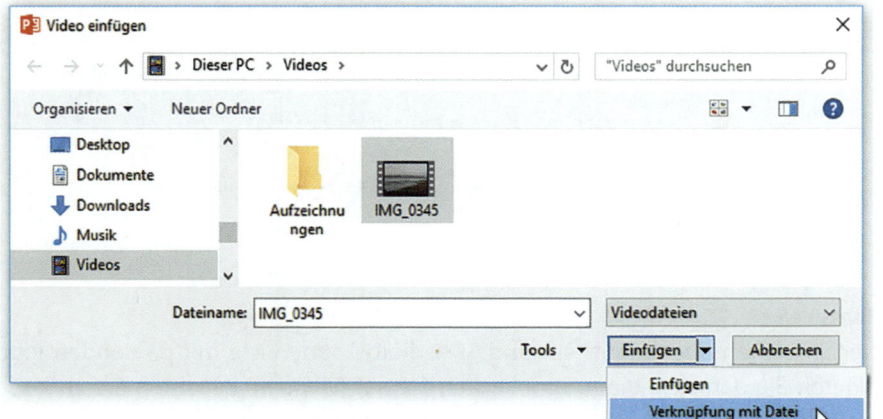

Bild 7.55 Verknüpfung einfügen

Mit derselben Vorgehensweise fügen Sie auch ein, auf OneDrive gespeichertes Video ein. Navigieren im Dialogfenster *Video einfügen* zu OneDrive oder verwenden Sie im Fenster *Video einfügen* (Bild 7.54) neben OneDrive die Schaltfläche *Durchsuchen*.

Sie können das Video auch in der Ansicht Normal abspielen.

Die Videodatei oder die Verknüpfung wird zusammen mit einer Leiste und mit den Videosteuerelementen *Start/Pause*, *Vorwärts*, *Rückwärts*, *Lautstärke* und *Wiedergabeposition* in die Folie eingefügt. Meist erscheint die Leiste erst, wenn Sie mit der Maus in das Video zeigen, das genaue Aussehen ist abhängig vom Dateityp des Videos und kann daher von der Abbildung unten abweichen. Während der Bildschirmpräsentation sind dagegen nur die Schaltflächen *Start* und *Lautstärke* verfügbar, auch hier erscheint die Leiste erst beim Zeigen.

In Bezug auf Größe und Position kann ein Video wie alle übrigen Folienobjekte behandelt werden.

Bild 7.56 Videosteuerung in der Ansicht Normal und in der Ansicht Bildschirmpräsentation

Onlinevideos einfügen

Mit der Auswahl *Onlinevideo* können Sie im nachfolgenden Fenster zwischen YouTube und einem Videoeinbettungscode wählen.

> Genau wie beim Einfügen von Bildern aus dem Web, ist auch bei der Verwendung von Online-Videos unbedingt das geltende Urheberrecht zu beachten!

Bild 7.57 Onlinevideo einfügen

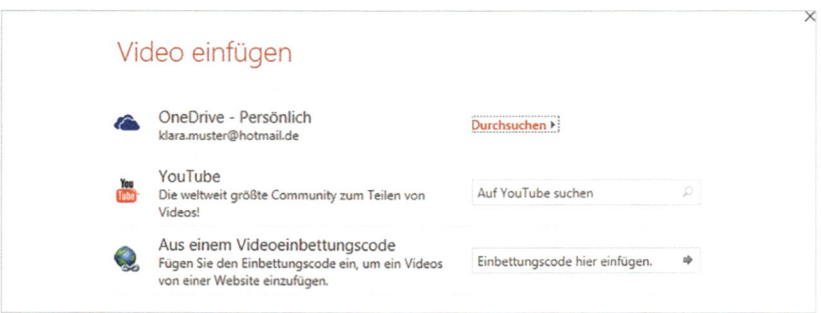

YouTube

Geben Sie einen Suchbegriff ein und Sie erhalten eine Liste mit passenden Videos. Markieren Sie dann ein Video und klicken Sie auf *Einfügen*. Beachten Sie außerdem, dass während der Präsentation eine Internetverbindung erforderlich ist.

Videoeinbettungscode

Vereinzelt kann es bei YouTube-Videos zu Problemen kommen, dann verwenden Sie einen Videoeinbettungscode. Allerdings wird hierbei ein Video nicht wirklich einge-bettet, sondern verknüpft. Bei YouTube-Videos verfahren Sie wie folgt:

1 Rufen Sie das Video im Browser, z. B. Microsoft Edge, auf, klicken Sie auf *Teilen* und dann auf *Einbetten*.

2 Normalerweise wird daraufhin der Einbettungscode im Feld unterhalb automa-tisch markiert, bzw. blau hinterlegt. Sollte dies nicht der Fall sein, so klicken Sie in das Feld mit dem Code und drücken Strg+A (Alles markieren).

3 Drücken Sie anschließend die Tastenkombination Strg+C, um den Code in die Zwischenablage zu kopieren oder klicken Sie mit der rechten Maustaste in den markierten Code und verwenden den Befehl *Kopieren*.

Bild 7.58 Der markierte Einbettungscode

4 Wechseln Sie dann zur PowerPoint-Folie, klicken Sie auf *Einfügen ▶ Video ▶ On-linevideo* und klicken Sie in das Feld *Videoeinbettungscode hier einfügen*. Drücken Sie die Tastenkombination Strg+V und klicken Sie dann im Feld rechts auf den Pfeil *Einfügen*.

Bild 7.59 Videoeinbet-tungscode einfügen

Zuletzt noch ein Tipp: PowerPoint unterstützt nicht alle Videoformate. Um ein Video den-noch in der Präsentation zu verwenden, fügen Sie eine interaktive Schaltfläche ein, über die Sie mit einem Mausklick das entsprechende Abspielprogramm mit dem Vi-deo starten.

Videosteuerung und Optionen

Sobald Sie ein Video markiert haben, werden im Menüband die kontextbezogenen Register *Videotools - Format* und *Wiedergabe* sichtbar.

Im Register *Format* formatieren Sie Ihr Video wie ein Grafikobjekt. Hebt sich beispielsweise das Video nur schlecht vom Folienhintergrund ab, so hilft ein Rahmen, den Sie in der Gruppe *Videoeffekte* über die Schaltfläche *Videorahmen* hinzufügen.

Bild 7.60 Register Format

Bild 7.61 Register Wiedergabe

Im Register *Wiedergabe* haben Sie die Möglichkeit, das Video zu bearbeiten.

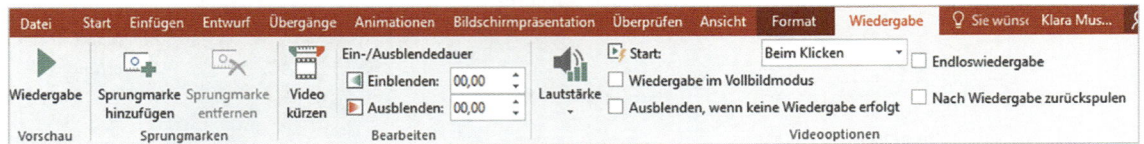

▶ **Sprungmarke**

Eine Sprungmarke kann während der Wiedergabe eines Videos per Mausklick angesteuert werden, um einen Teil des Videos zu überspringen. Zum Setzen einer Marke spielen Sie das Video in der Ansicht *Normal* ab und klicken an der gewünschten Stelle der Wiedergabe auf die Schaltfläche *Sprungmarke hinzufügen*.

▶ **Video kürzen**

Durch Anklicken der Schaltfläche *Video kürzen* öffnen Sie das gleichnamige Dialogfenster und können hier durch Ziehen am roten bzw. grünen Balken den Start- bzw. Endzeitpunkt verändern und so das Video kürzen.

Bild 7.62 Sprungmarke

Bild 7.63 Video kürzen

▶ **Ein- bzw. Ausblendeffekt**

Vereinbaren Sie bei Einblenden und/oder Ausblenden eine Dauer und fügen Sie so dem Video einen Aufhellungs- bzw. Abblendeffekt hinzu.

▶ **Lautstärke**

Legen Sie die Lautstärke fest oder schalten Sie den Ton aus.

▶ **Videooptionen**

Mit dem Auswahlfeld *Start* wählen Sie, ob das Video erst beim Klicken auf die Wiedergabeschaltfläche startet oder mit der Einstellung *Automatisch* sofort nach dem Erscheinen der Folie. Hier legen Sie auch fest, ob die Wiedergabe im Vollbildmodus erfolgt und was nach dem Ende der Wiedergabe passieren soll.

Beachten Sie, dass für Onlinevideos nicht alle oben genannten Optionen zur Verfügung stehen.

Audio einfügen

Eine Audiodatei einfügen

Abgesehen von den kurzen Soundeffekten, die Sie zusammen mit Folienübergängen oder Animationen verwenden können, lassen sich auch längere Audiodateien in die Präsentation einfügen. PowerPoint 2016 unterstützt folgende Audioformate: .aiff, .au, .mid oder .midi, .mp3, .m4a oder .mp4, .wav, .wma.

Genau wie bei Videos haben Sie auch hier die Wahl zwischen Einbetten, d.h. zusammen mit der Präsentation speichern und einer Verknüpfung, siehe Seite 246.

1 Zum Einfügen von Audiodateien steht im Inhaltsplatzhalter kein Symbol zur Verfügung. Klicken Sie daher im Register *Einfügen*, Gruppe *Medien*, auf die Schaltfläche *Audio*. Um eine auf dem Computer gespeicherte Audiodatei einzufügen, wählen Sie *Audio auf meinem Computer....*

Bild 7.64 Audiodatei einfügen

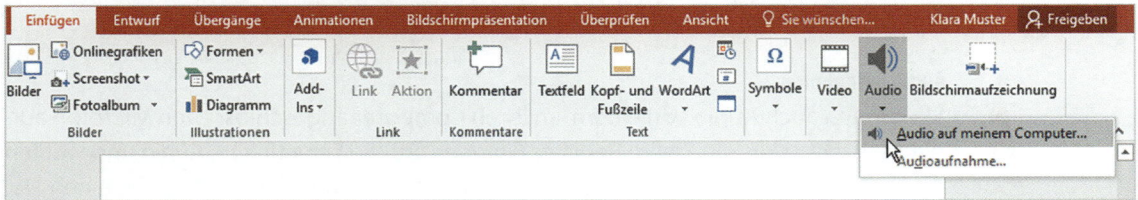

2 Das Dialogfenster *Audio einfügen* wird geöffnet: Wählen Sie den Ordner, in dem sich die gewünschte Datei befindet, markieren Sie diese und klicken Sie auf die Schaltfläche *Einfügen*.

Um die Audiodatei als Verknüpfung einzufügen, klicken Sie auf den Dropdown-Pfeil der Schaltfläche *Einfügen* und hier auf den Befehl *Verknüpfung mit Datei*.

Bild 7.65 Audiodatei einfügen

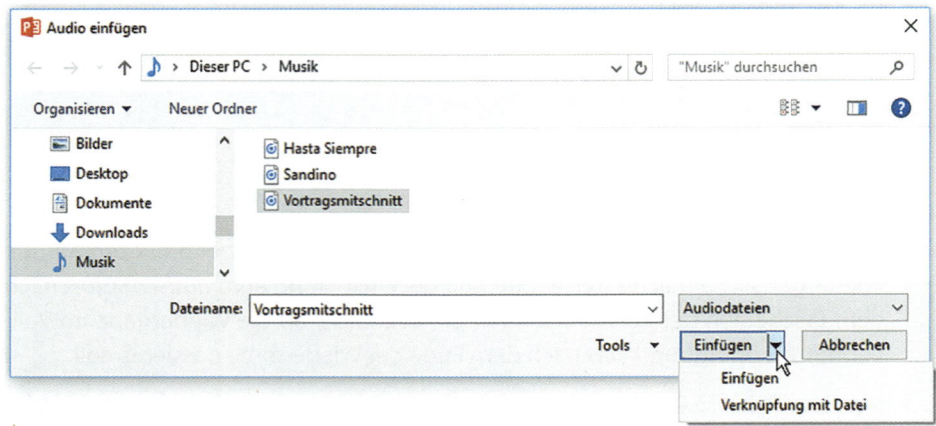

Nach dem Einfügen der Audiodatei erscheint in der Folie ein Lautsprechersymbol zusammen mit den Audiosteuerelementen für *Wiedergabe/Pause*, Rückwärts, Vorwärts, *Wiedergabeposition* und *Lautstärke*. Diese verwenden Sie wie bei Videos zur Wiedergabe. Die Darstellung in der Ansicht *Normal* weicht etwas ab von der Ansicht *Bildschirmpräsentation*. Das Symbol wird behandelt wie ein Objekt und kann mit der Maus an eine beliebige Position verschoben werden.

Bild 7.66 Audioobjekt in der Ansicht Normal

Bild 7.67 Audioobjekt in der Ansicht Bildschirmpräsentation

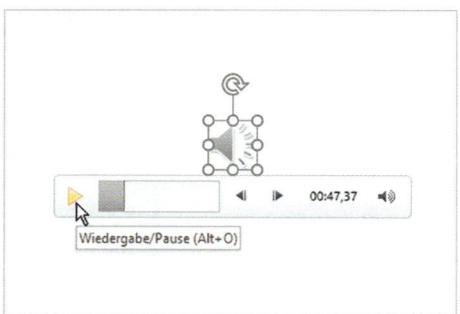
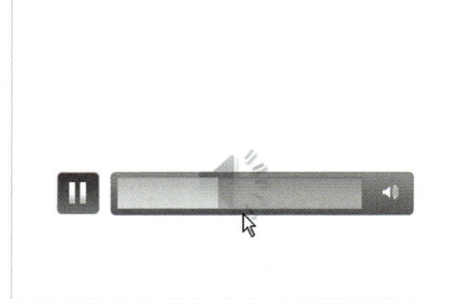

Audio aufnehmen

Sie können auch Audio von einem, an Ihren Computer angeschlossenen Mikrofon aufnehmen. Dazu klicken Sie im Register *Einfügen* auf die Schaltfläche *Audio* und wählen *Audioaufnahme...*. Das Fenster *Sound aufzeichnen* wird geöffnet: Geben Sie einen Namen für die Aufzeichnung ein und klicken Sie auf das Aufnahmesymbol (Bild 7.68), um die Aufnahme zu starten. Mit Klick auf das Stoppsymbol (Bild 7.69) beenden Sie die Aufnahme. Bestätigen Sie zuletzt mit *OK*, um die Aufnahme in die Präsentation zu übernehmen.

Bild 7.68 Aufnahme starten

Bild 7.69 Aufnahme beenden

Bild 7.70 Wiedergabe

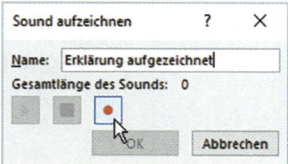
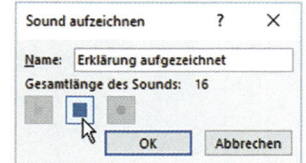

Audiosteuerung und Optionen

Sobald Sie ein Audioobjekt markiert haben, erscheinen die beiden Register *Audiotools - Format* und *Wiedergabe*, die Ihnen verschiedene Audiooptionen zur Verfügung stellen. Mit den Schaltflächen des Registers *Format* formatieren Sie das Symbol wie ein Grafikobjekt, zur Wiedergabesteuerung verwenden Sie die Schaltflächen und Einstellungen des Registers *Wiedergabe*. Die Funktionen sind zum größten Teil identisch mit der Wiedergabesteuerung von Videos, daher hier nur einige wichtige und nützliche Einstellungen.

Bild 7.71 Audiotools - Wiedergabe

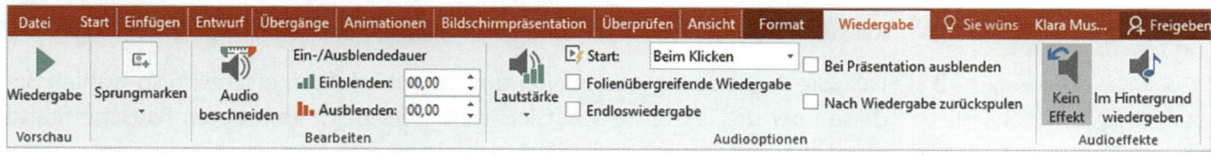

Audio über mehrere Folien hinweg wiedergeben

Standardmäßig endet die Audiowiedergabe mit dem Wechsel zur nächsten Folie. Soll die Wiedergabe über mehrere Folien hinweg erfolgen, dann aktivieren Sie im Register *Wiedergabe*, Gruppe *Audiooptionen*, das Kontrollkästchen *Folienübergreifende Wiedergabe*.

Audiosymbol ausblenden

Wenn Sie in der Gruppe *Audiooptionen* im Feld *Start* anstatt *Beim Klicken* die automatische Wiedergabe gewählt haben, dann wird das Audiosymbol in der Folie nicht mehr unbedingt benötigt. Falls Sie es ausblenden möchten, dann aktivieren Sie das Kontrollkästchen *Bei Präsentation ausblenden*. Damit erscheint das Symbol nur noch in der Ansicht *Normal*, nicht aber während der Bildschirmpräsentation.

Im Hintergrund wiedergeben

Mit Anklicken bzw. Aktivieren der Schaltfläche *Im Hintergrund wiedergeben*, legen Sie gleich mehrere Einstellungen gleichzeitig fest und zwar: Automatischer Start, Folienübergreifende Wiedergabe, Endloswiedergabe und Ausblenden des Audiosymbols. Mit Klick auf die Schaltfläche *Kein Effekt*, entfernen Sie die genannten Einstellungen wieder.

Abspielprogramm festlegen

Tipp: Falls das gewünschte Audioformat von PowerPoint nicht unterstützt wird, verwenden Sie eine interaktive Schaltfläche, über die Sie das entsprechende Abspielprogramm starten.

So zeichnen Sie Ihren Bildschirm auf

Sie können zu Demonstrationszwecken auch Ihren Computerbildschirm einschließlich Ton aufzeichnen und als Video in eine Folie einfügen. Auch dazu ist ein Mikrofon erforderlich. Als einfaches Beispiel soll die Vorgehensweise aufgezeichnet werden, wie in eine PowerPoint-Präsentation eine neue Folie eingefügt wird.

1 Im ersten Schritt öffnen Sie die Datei bzw. starten Sie die Anwendung, die Sie aufzeichnen möchten, im Beispiel PowerPoint mit einer neuen leeren Präsentation.

2 Klicken Sie dann im Register *Einfügen* ▶ *Medien* auf *Bildschirmaufzeichnung*.

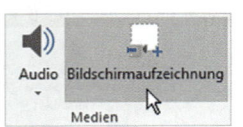

3 Falls die Anwendung anschließend nicht automatisch erscheint, so wählen Sie diese über die Taskleiste aus. Gleichzeitig erscheint am oberen Bildschirmrand eine Leiste zur Steuerung der Aufzeichnung.

Bild 7.72 Bildschirm-aufzeichnung: Bereich festlegen

4 Klicken Sie in der Steuerungsleiste auf *Bereich auswählen*; als Mauszeiger erscheint ein Fadenkreuz und Sie können durch Ziehen mit der Maus den Bereich festlegen, der aufgezeichnet werden soll.

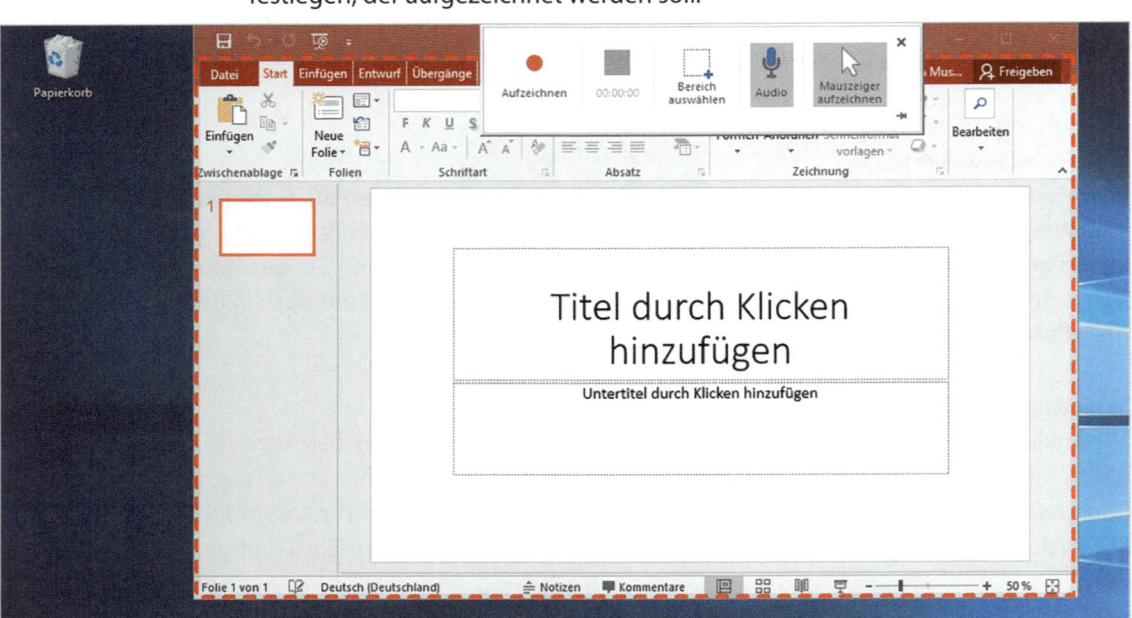

5 PowerPoint zeichnet in der Standardeinstellung automatisch Mauszeiger und Audio auf, d.h. Ihre Kommentare. Wenn Sie dies nicht möchten, dann deaktivieren Sie die Schaltflächen *Audio* und/oder *Mauszeiger aufzeichnen*.

Bild 7.73 Steuerungsleiste

Steuerungsleiste anheften

6   Zum Start der Aufzeichnung klicken Sie auf *Aufzeichnen*. Während der Aufzeichnung können Sie über das Symbol *Pause* die Aufzeichnung vorübergehend anhalten und dann wieder fortsetzen bzw. mit Klick auf *Beenden* die Aufzeichnung beenden.

Falls die Steuerungsleiste ausgeblendet ist, so beenden Sie die Aufzeichnung mit der Tastenkombination Windows+Umschalt+Q.

Bild 7.74 Aufzeichnung anhalten/beenden

Aufgezeichnetes Video als Datei speichern

Die Bildschirmaufzeichnung wird automatisch eingebettet, d.h. zusammen mit der Präsentation gespeichert. Wenn Sie das aufgezeichnete Video als gesonderte Datei speichern und später als Verknüpfung einfügen möchten, dann klicken Sie in der Ansicht *Normal* mit der rechten Maustaste in das Video und auf *Medien speichern unter...*. Wählen Sie dann einen Ordner aus und speichern Sie die Datei unter einem frei gewählten Dateinamen. Die Datei erhält automatisch den Dateityp *Mediendatei*.

Anschließend können Sie das ursprüngliche Video aus der Folie entfernen und als Verknüpfung neu einfügen, siehe Bild 7.55 auf Seite 247.

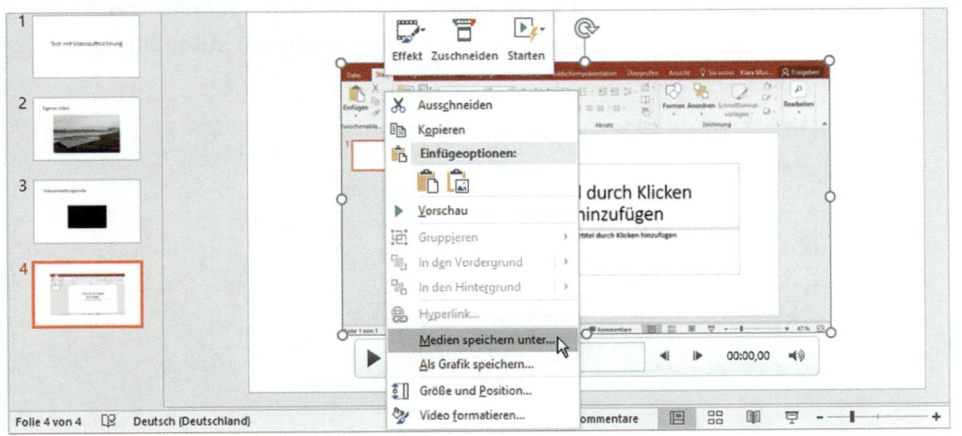

Bild 7.75 Video als Datei speichern

Mögliche Wiedergabeprobleme beheben

Video und Audio können unter Umständen bei der Wiedergabe zu Problemen führen. Wenn Ihre Präsentation Video- und/oder Audioelemente enthält, dann zeigt Power-Point im Register *Datei* unter *Informationen* entsprechende Hinweise und Lösungsvorschläge an.

Bild 7.76 Mögliche Wiedergabeprobleme

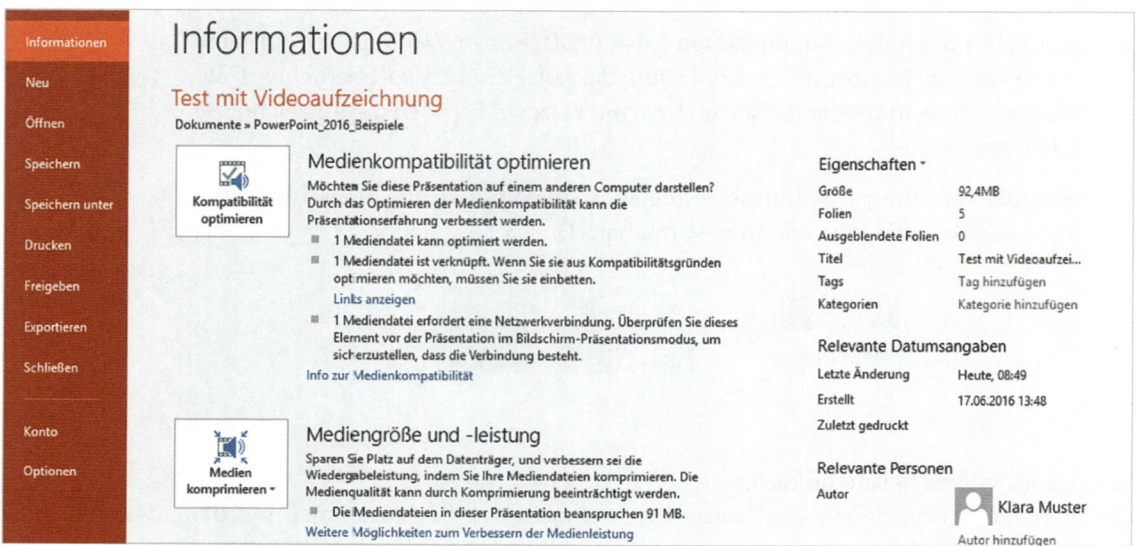

Medienkompatibilität optimieren

▶ Falls die Präsentation Medien in einem Dateiformat enthält, das bei der Wiedergabe auf einem anderen Gerät möglicherweise Probleme verursacht, dann erhalten Sie hier die Info *Mediendatei kann optimiert werden*. Gleichzeitig ist die Schaltfläche *Kompatibilität optimieren* verfügbar. Um dieses Problem zu beheben, klicken Sie auf *Kompatibilität optimieren*. Im nachfolgenden Fenster listet PowerPoint alle fraglichen Mediendateien auf und beginnt automatisch mit der Optimierung (Bild unten).

Bild 7.77 Medienkompatibilität optimieren

Medienkompatibilität optimieren		? ✕
Folie Name	Status	
5 IMG_0345	Verarbeiten... 52%	

Die Optimierung wird ausgeführt. verarbeitet 'IMG_0345'...

Abbrechen

▶ Wenn die Präsentation verknüpfte Mediendateien enthält, dann erhalten Sie hier ebenfalls eine entsprechende Info zusammen mit der Anzahl der Verknüpfungen. PowerPoint empfiehlt, dass Sie stattdessen die Dateien einbetten; um die Verknüpfungen zu kontrollieren klicken Sie auf *Links anzeigen*.

- Falls Sie eine Datei einbetten möchten, so markieren Sie im nachfolgenden Fenster diesen Link und klicken auf *Verknüpfung aufheben*.

- Handelt es sich um ein Onlinevideo, so steht nur die Schaltfläche *Quelle öffnen* zur Verfügung und Sie können damit das Video im Browser anzeigen.

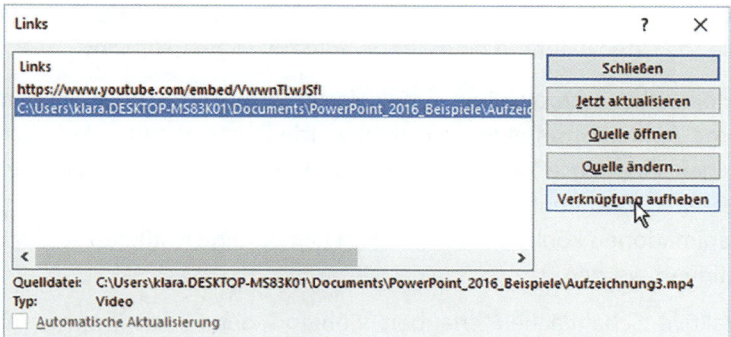

Bild 7.78 Verknüpfung aufheben

Medien komprimieren

Wie bereits mehrfach erwähnt, beanspruchen Präsentationen mit eingebetteten Medien, insbesondere Videos, erheblich mehr Speicherplatz. Im Register *Datei ▶ Informationen* bietet PowerPoint in solchen Fällen mit der Schaltfläche *Medien komprimieren* an, die Dateigröße durch Komprimieren zu verringern, macht Sie aber gleichzeitig darauf aufmerksam, dass dadurch die Medienqualität beeinträchtigt werden kann.

Beim Klick auf die Schaltfläche *Medien komprimieren* erhalten Sie die unten abgebildeten Möglichkeiten zur Auswahl.

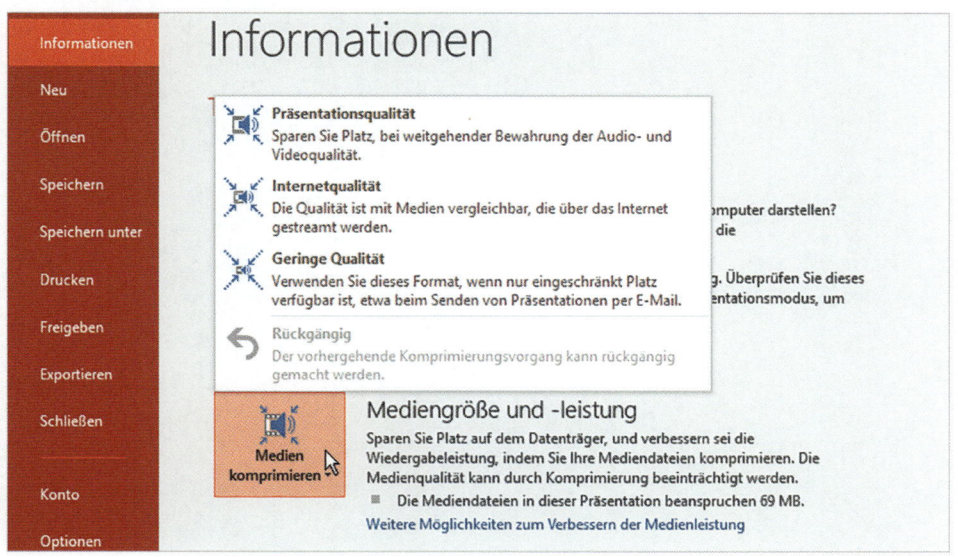

Bild 7.79 Medien komprimieren

7.5 Zusammenfassung

▶ Folienübergänge sind Überblendeffekte, mit denen Sie den Wechsel zur nächsten Folie gestalten. Gleichzeitig können Sie festlegen, ob der Wechsel automatisch oder nach einem Mausklick bzw. Tastendruck erfolgen soll. Soll die gesamte Präsentation automatisch ablaufen, dann sollten Sie für jede Folie individuelle Einblendezeiten während eines Probelaufs aufzeichnen lassen.

▶ Alle Folienelemente, also Text, Grafik, Zeichnungsobjekte oder Diagramme, können mit Animationseffekten versehen werden. PowerPoint unterscheidet dabei zwischen Eingangseffekten, Hervorhebungen, Effekten zum Ausblenden von Objekten und Animationspfaden, die einen Weg über die Folie vorgeben. Bei Textanimationen können Sie die zudem Reihenfolge festlegen, in der die Absätze animiert werden.

▶ Interaktive Schaltflächen erlauben während der Bildschirmpräsentation das schnelle Ansteuern einer bestimmten Folie, weitere Möglichkeiten sind Hyperlinks auf Webseiten oder das Starten einer Anwendung. Hyperlinks und Aktionseinstellungen können nicht nur interaktiven Schaltflächen, sondern auch beliebigen Formen oder Bildern, zugewiesen werden.

▶ Video- und Audiodateien werden als Objekte in eine Folie eingefügt. Die Wiedergabe startet entweder automatisch mit dem Einblenden der Folie, oder auf Mausklick. Wenn die Dateien in die Präsentation eingebettet werden, kann die Dateigröße stark anwachsen. In diesem Fall kann es sinnvoll sein, ein Video oder eine Audiodatei als Verknüpfung einzufügen.

8 Präsentation vorbereiten, drucken und vorführen

In diesem Kapitel lernen Sie...

- Zielgruppenortentierte Präsentation
- Folien aus anderen Präsentationen verwenden
- Präsentation mit Schriftarten und verknüpften Dateien kopieren
- Bildschirmpräsentation vorführen
- Die Referentenansicht nutzen
- Präsentation, Notizen und Handzettel drucken
- Präsentation online vorführen, Freigabelink erstellen und senden
- Präsentation als Bilddatei, Video oder Bildschirmpräsentation speichern

Das sollten Sie bereits wissen

- Bildschirmpräsentation erstellen und speichern
- Designs, Farben und grafische Elemente einsetzen
- Folienübergänge und Animationen

Bevor Sie eine fertige Bildschirmpräsentation vorführen, sind noch einige Vorbereitungen zu treffen. Wie soll die Präsentation ablaufen, möchten Sie alle Folien einbeziehen und welche Hilfsmittel werden benötigt? Außerdem müssen Sie unter Umständen die gesamte Präsentation auf ein anderes Gerät kopieren, die Präsentation drucken usw..

8.1 Eine Präsentation zusammenstellen

Bild 8.1 Das Register Bildschirmpräsentation

Die Befehle zum Einrichten und zum Ablauf einer Bildschirmpräsentation finden Sie im Register *Bildschirmpräsentation*.

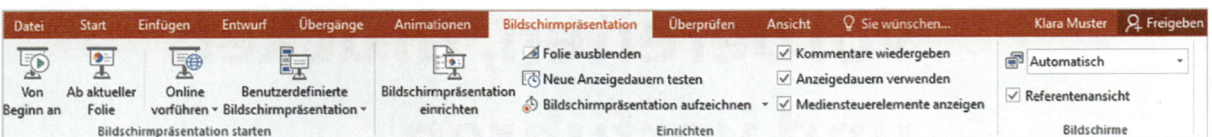

Folien auswählen

Nicht immer werden in einer Bildschirmpräsentation alle Folien benötigt, beispielsweise wenn Sie die Präsentation einer bestimmten Zuhörerschaft vorführen. Zu diesem Zweck unterstützt PowerPoint die Zusammenstellung einer sogenannten Zielgruppenorientierten Präsentation.

1 Klicken Sie dazu im Register *Bildschirmpräsentation* auf die Schaltfläche *Benutzerdefinierte Präsentation* und hier auf *Zielgruppenorientierte Präsentationen....*

2 Klicken Sie im gleichnamigen Dialogfenster auf *Neu*. Das Fenster *Zielgruppenorientierte Präsentation definieren* öffnet sich.

Bild 8.2 Zielgruppenorientierte Präsentation erstellen

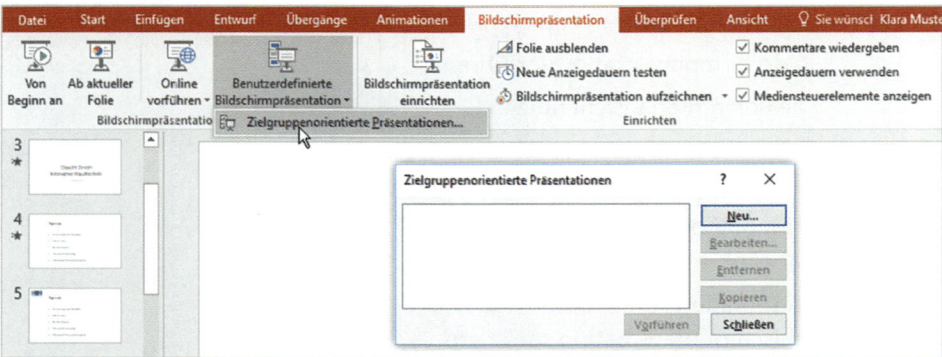

3 Geben der Präsentation einen Namen, setzen Sie ein Häkchen vor die benötigten Folien und klicken Sie auf die Schaltfläche *Hinzufügen*. Anschließend können Sie in der zielgruppenorientierten Präsentation über die Pfeilschaltflächen die markierte Folie nach oben oder unten verschieben und so die Folien bei Bedarf neu anordnen. Klicken Sie auf *OK*, um die ausgewählten Folien in die zielgruppenorientierte Präsentation zu übernehmen.

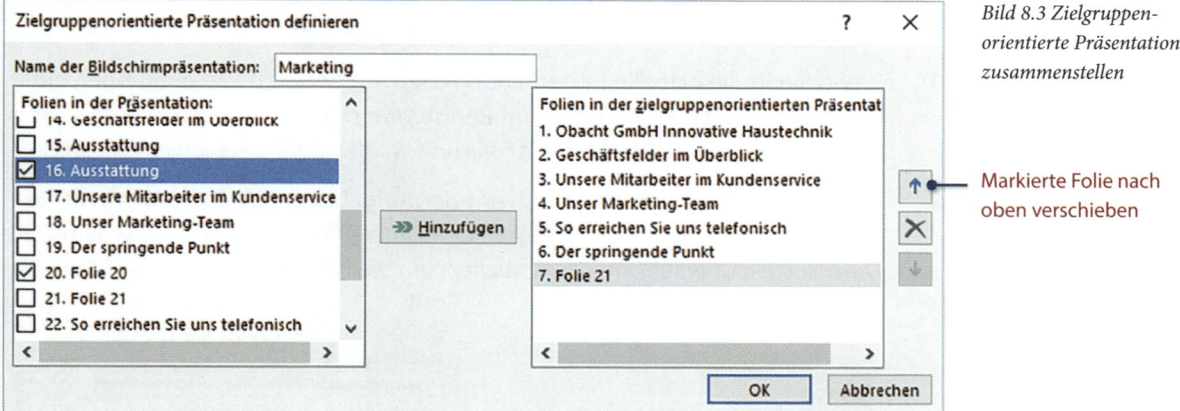

Bild 8.3 Zielgruppenorientierte Präsentation zusammenstellen

Markierte Folie nach oben verschieben

Im Fenster *Zielgruppenorientierte Präsentation* können Sie die Präsentation über die Schaltfläche *Vorführen* starten. Mit Klick auf *Bearbeiten...* können Sie der zielgruppenorientierten Präsentation weitere Folien hinzufügen oder daraus entfernen.

Zielgruppenorientierte Präsentation vorführen

Zum Vorführen der zielgruppenorientierten Präsentation klicken Sie auf die Schaltfläche *Benutzerdefinierte Präsentation* und wählen die gewünschte Präsentation aus.

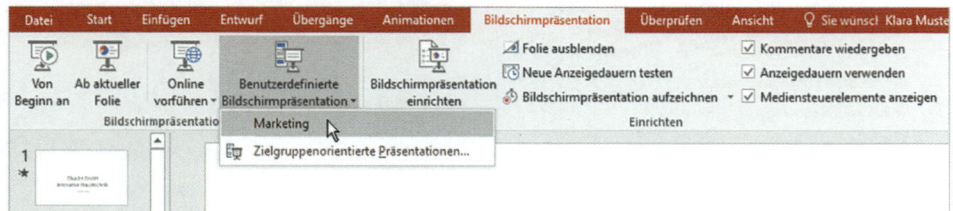

Bild 8.4 Ziegruppenorientierte Präsentation starten

Tipp: Einzelne Folien ausblenden

Wenn Sie nur die aktuelle Folie zeitweise aus der Präsentation ausblenden möchten, klicken Sie auf die Schaltfläche *Folie ausblenden* im Register *Bildschirmpräsentation*, Gruppe *Einrichten*. Alternativ können Sie dazu eine Folie auch im Navigationsbereich mit der rechten Maustaste anklicken und im Kontextmenü den Befehl *Folie ausblenden* verwenden.

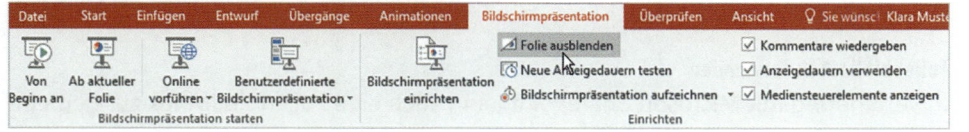

Bild 8.5 Folie ausblenden

Folien aus anderen Präsentationen einfügen

Wozu eine, manchmal mit erheblichem Aufwand gestaltete, Folie nochmals erstellen? Einfacher ist es, eine Kopie dieser Folien in die Präsentation zu übernehmen. Dies funktioniert ohne Zwischenablage und ohne vorheriges Öffnen der Quelldatei.

1   Wenn Sie in die aktuelle Präsentation Folien aus anderen Präsentationen einfügen möchten, dann klicken Sie im Register *Start* (oder *Einfügen*) auf den Dropdown-Pfeil der Schaltfläche *Neue Folie* und wählen *Folien wiederverwenden*....

2   Am rechten Bildschirmrand erscheint der Aufgabebereich *Folien wiederverwenden*. Klicken Sie auf den Link *PowerPoint-Datei öffnen* oder auf die Schaltfläche *Durchsuchen* und auf *Datei durchsuchen*, um die Präsentation auszuwählen.

Bild 8.6 Neue Folie - Folien wiederverwenden

Bild 8.7 Der Aufgabenbereich Folien wiederverwenden

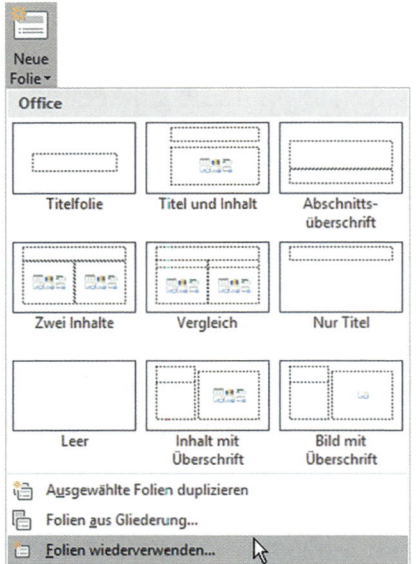
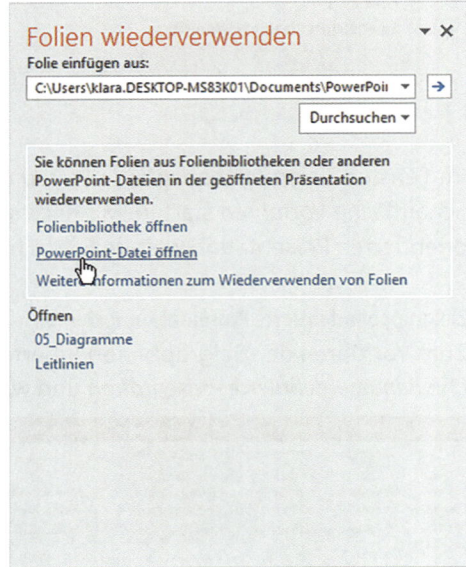

3   Sämtliche Folien der ausgewählten Präsentation erscheinen anschließend im Aufgabenbereich in der Vorschau und können durch einfaches Anklicken als Kopie eingefügt werden.

> **Achtung:** Standardmäßig erhalten die Folien das Design der Zielpräsentation. Wenn Sie das ursprüngliche Aussehen beibehalten möchten, dann müssen Sie im Aufgabenbereich **vor** dem Einfügen das Kontrollkästchen *Ursprüngliche Formatierung beibehalten* aktivieren.

Folienbibliothek verwenden

In Verbindung mit Microsoft SharePoint kann auch eine Folienbibliothek zur gemeinsamen Nutzung und Wiederverwendung von einzelnen Folien genutzt werden. In diesem Fall klicken Sie im Aufgabenbereich auf *Folienbibliothek öffnen* (Bild 8.7). Wenn Sie einzelne Folien in der Folienbibliothek zur Verfügung stellen möchten, dann klicken Sie im Register *Datei* auf *Freigeben* und auf *Folien veröffentlichen*. Mit Klick auf die *Schaltfläche Folien veröffentlichen* öffnet sich ein Fenster in dem Sie anschließend die Folien auswählen.

Vortragsnotizen und Kommentare

Wie Sie bereits in Kapitel 1 dieses Buches gesehen haben, können Sie in der Ansicht *Normal* den Notizenbereich unterhalb der Folie für Anmerkungen zur Folie nutzen und bei Bedarf zusammen mit der Folie drucken.

Sollte der Notizenbereich in der Ansicht *Normal* nicht sichtbar sein, so klicken Sie zum Einblenden in der Statusleiste auf *Notizen*. Mit derselben Schaltfläche blenden Sie die Notizen bei Bedarf auch wieder aus. Alternativ benutzen Sie dazu die Schaltfläche *Notizen* im Register *Ansicht*, Gruppe *Anzeigen*.

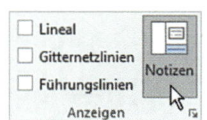

Bild 8.8 Folie mit Notizen

Umsatzentwicklung in Tsd. EUR

Sparte	2013	2014	2015
Waschmaschinen	890	950	920
Kühlschränke	730	790	910
Kaffeemaschinen	350	280	160
Staubsauger	690	780	1.260

Die Folie mit den Zahlen nur kurz stehen lassen und dann das Diagramm einblenden.

Folie 15 von 18   Deutsch (Deutschland)   Notizen   Kommentare

Kommentare einfügen und bearbeiten

Kommentare sind eine weitere Möglichkeit zum Hinzufügen von Anmerkungen. Klicken Sie dazu im Register *Einfügen* auf die Schaltfläche *Kommentar*.

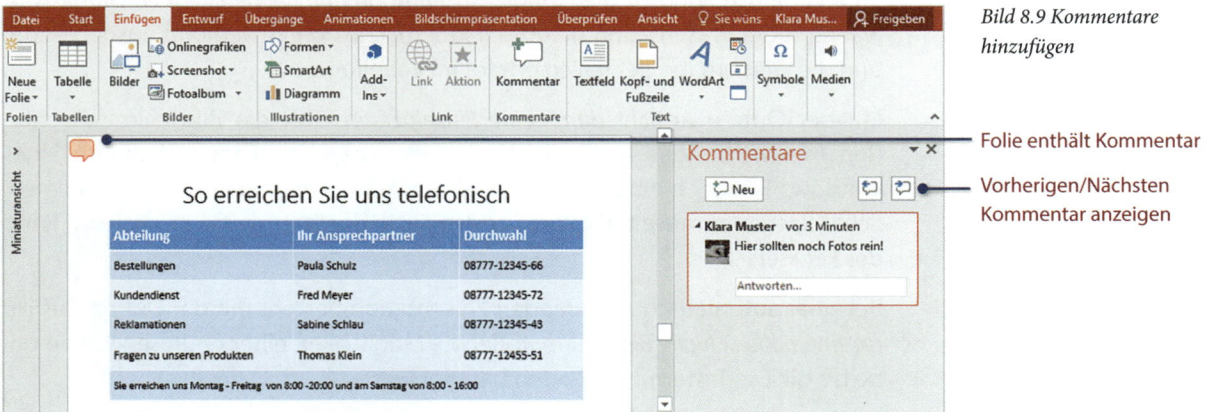

Bild 8.9 Kommentare hinzufügen

Folie enthält Kommentar

Vorherigen/Nächsten Kommentar anzeigen

Am rechten Bildschirmrand öffnet sich der Aufgabenbereich *Kommentare*. Geben Sie hier Ihre Anmerkungen zur Folie ein. Kommentare eignen sich besonders, wenn mehrere Personen an der Präsentation arbeiten, da diese automatisch mit Namen versehen werden.

Folien, die Kommentare enthalten, sind am Symbol in der linken oberen Ecke leicht zu erkennen und ein Klick auf dieses Symbol blendet den Kommentarbereich ein. Die Kommentare und das Symbol sind in der Ansicht *Bildschirmpräsentation* für Ihr Publikum natürlich nicht sichtbar.

Art der Präsentation wählen

Bild 8.10 Bildschirmpräsentation einrichten

Erweiterte Optionen zur Bildschirmpräsentation erhalten Sie über die Schaltfläche *Bildschirmpräsentation einrichten*, diese beziehen sich in erster Linie auf Präsentationen mit automatischem Ablauf.

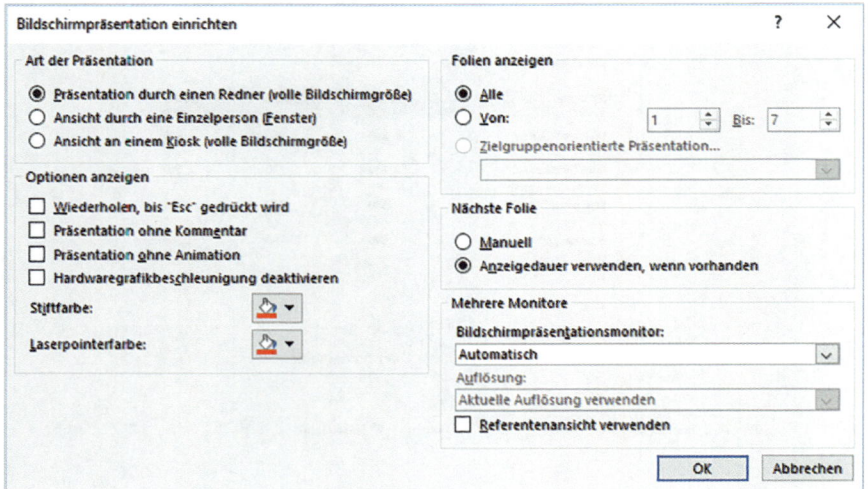

Wählen Sie die Art der Präsentation

▶ Standardeinstellung ist die Option *Präsentation durch einen Redner*. Damit wird während der Präsentation die Arbeitsoberfläche von PowerPoint ausgeblendet und die Wiedergabe der Folien erfolgt im Vollbildmodus.

▶ Mit der Option *Ansicht durch eine Einzelperson* läuft die Bildschirmpräsentation innerhalb eines Fensters ab, d.h. die typischen Fensterelemente eines Windows-Fenster bleiben sichtbar, z. B. Schließen, Minimieren und Maximieren. Schaltflächen zum Weiterblättern finden Sie in der Statusleiste am unteren Rand des Fensters.

▶ Bei einer automatisch ablaufenden Präsentation besteht mit der Option *Ansicht an einem Kiosk (volle Bildschirmgröße)* die Möglichkeit einer endlosen Wiedergabe bis die Esc-Taste zum Beenden betätigt wird.

Über weitere Kontrollkästchen lässt sich die Präsentation auch ohne Animation wiederzugeben, ferner können Sie wählen, ob der Wechsel zur nächsten Folie manuell oder automatisch erfolgt (nur wenn Anzeigedauern vorhanden sind). Die automatische Voreinstellung für Stift- und Laserpointerfarbe kann ebenfalls geändert werden.

Präsentation auf externen Datenträger exportieren

Nicht immer wird eine Präsentation auch auf dem Gerät vorgeführt, auf dem sie erstellt wurde. Stellen Sie sich zum Beispiel vor, Sie haben Ihre Präsentation zu Hause oder am Arbeitsplatz bearbeitet und möchten diese nun an einem anderen Ort zeigen. Im schlimmsten Fall stellen Sie erst vor Ort fest, dass die Präsentation anders aussieht oder wichtige Teile fehlen. Falls Sie eine Schrift verwendet haben, die nicht auf jedem PC standardmäßig installiert ist, sehen Sie nun eine ganz andere Schriftart und verknüpfte Video- und/oder Sounddateien fehlen.

Am einfachsten ist es, wenn sich alle verknüpften Dateien im selben Ordner wie die Präsentation befinden, in diesem Fall kann der Ordner problemlos kopiert werden, die Verknüpfungen werden auch auf einem anderen Computer gefunden. Wenn Sie auf Nummer Sicher gehen und auch Schriftarten mit einbeziehen möchten, dann sollten Sie beim Brennen auf CD/DVD oder Kopieren auf einen USB-Stick bzw. mobile Festplatte die integrierte PowerPoint Funktion *Bildschirmpräsentation für CD verpacken* benutzen und so sicherstellen, dass alle benötigten Dateien mit kopiert werden.

So gehen Sie vor:

1 Öffnen Sie die Präsentation, die Sie kopieren möchten bzw. speichern Sie Ihre letzten Änderungen. Klicken Sie dann im Register *Datei* auf *Exportieren* und wählen Sie den Befehl *Bildschirmpräsentation für CD verpacken*. Im rechten Bereich klicken Sie nun nochmals auf die Schaltfläche *Verpacken für CD*.

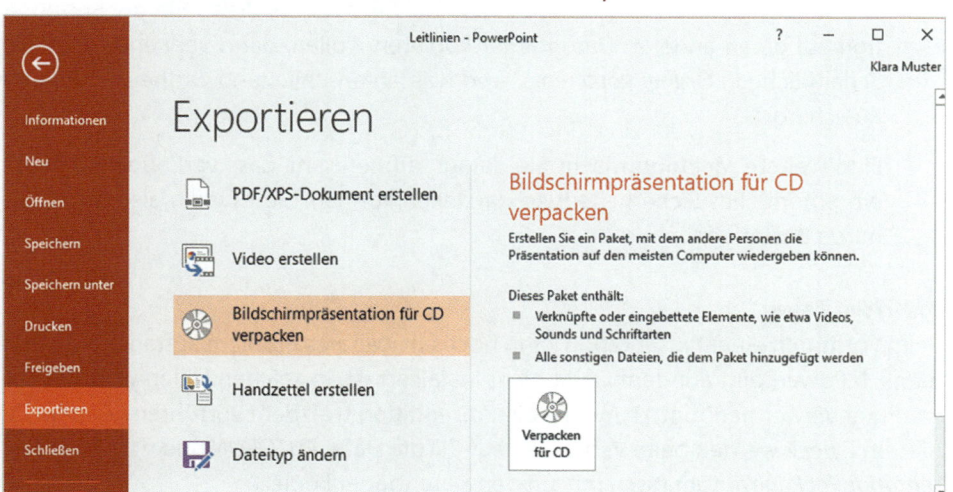

Bild 8.11 Bildschirmpräsentation für CD verpacken

Nehmen Sie dies nicht wörtlich, das Verpacken wird auch für andere Datenträger, z. B. mobile Festplatte oder USB-Stick unterstützt!

2   PowerPoint öffnet das Dialogfenster *Verpacken für CD*. Soll die Präsentation auf CD/DVD gebrannt werden , dann geben Sie optional im Feld *CD benennen* einen Namen für die CD ein. Mit der Schaltfläche *Hinzufügen* können Sie dem Paket weitere Präsentationen hinzufügen, diese werden in der Reihenfolge abgespielt, in der sie ausgewählt wurden.

3   Für genauere Einstellungen klicken Sie auf die Schaltfläche *Optionen*. Wählen Sie anschließend aus, welche Dateien zusätzlich mit einbezogen werden sollen. Die beiden Kontrollkästchen *Verknüpfte Dateien* und *Eingebettete TrueType-Schriftarten* sollten auf jeden Fall aktiviert werden. Optional können Sie Ihre Präsentation mit einem Kennwort zum Öffnen oder Ändern schützen. Falls Sie die Präsentation weitergeben, können Sie die Datei über ein Kontrollkästchen auch noch auf private Informationen, wie beispielsweise Name des Autors und Name des Unternehmens überprüfen.

Bild 8.12 Verpacken für CD

Bild 8.13 Optionen

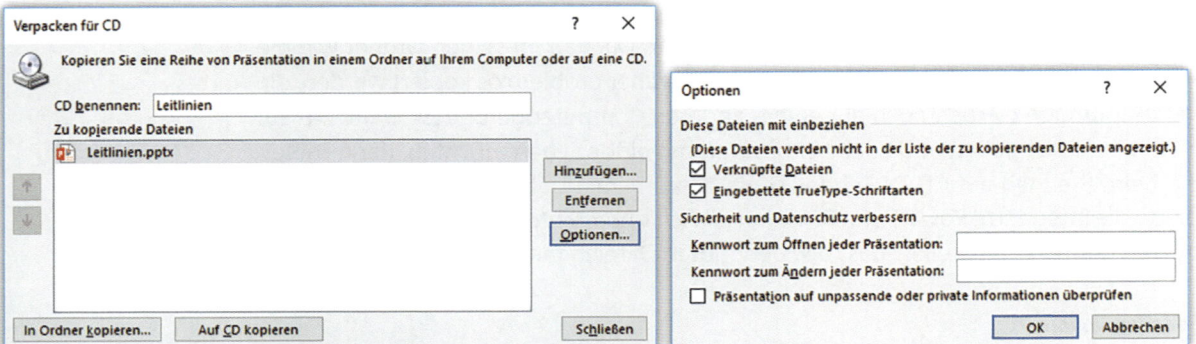

4   Wenn Sie die Präsentation auf CD brennen wollen, dann klicken Sie anschließend im Fenster *Verpacken für CD* auf die Schaltfläche *Auf CD kopieren*, hierfür sollte ein beschreibbarer CD-Rohling im CD-Laufwerk liegen. Wenn Sie die Präsentation auf einen anderen Datenträger kopieren wollen, dann verwenden Sie die Schaltfläche *In Ordner kopieren…* und wählen anschließend Ordnernamen und Speicherort.

Eine weitere Meldung macht Sie darauf aufmerksam, dass verknüpfte Dateien ein potentielles Sicherheitsrisiko darstellen können. Sie müssen also nochmals mit *Ja* bestätigen.

PowerPoint Viewer

Beim Vorführen einer Präsentation kann noch ein weiteres Problem auftauchen, wenn nämlich PowerPoint auf dem Gerät nicht installiert ist. In solchen Fällen wird der PowerPoint Viewer benötigt, damit Sie die Präsentation trotzdem vorführen können. Zu diesem Zweck werden beim Verpacken auf CD die Datei *AUTORUN* und der Order *PresentationPackage* automatisch mit auf den Datenträger kopiert.

Wenn Sie eine CD erstellt haben, so erscheint nach dem Einlegen die automatische Wiedergabe. Klicken Sie hier auf *PresentationPackage.html ausführen*. Bei einem USB-

Stick bzw. einer mobilen Festplatte öffnen Sie auf dem Datenträger den Ordner *PresentationPackage* und doppelklicken auf die Datei *PresentationPackage.html*.

Die Datei wird im Standardbrowser, z. B. Microsoft Edge geöffnet, klicken Sie auf *Viewer herunterladen*. Sie gelangen im Anschluss zu einer Webseite von Microsoft, wo Sie den Viewer kostenlos herunterladen und installieren können.

Bild 8.14 Viewer herunterladen

Hinweise: Zum Download ist natürlich eine Internetverbindung erforderlich. Zudem benötigen Sie zur Installation auf dem Zielrechner Administratorrechte. Beachten Sie außerdem, dass mit dem Viewer nicht alle verfügbaren Animationen wiedergegeben werden können.

Video erstellen

Wenn die Präsentation automatische Zeitabläufe enthält oder wenn Sie die Präsentation auf einer Webseite, z. B. YouTube veröffentlichen möchten, dann können Sie eine Kopie der Präsentation als MPEG4-Video oder als Windows Media Video (WMV) speichern. Der Vorteil: zum Abspielen des Videos wird PowerPoint nicht benötigt.

1   Klicken Sie zum Erstellen des Videos im Register *Datei - Exportieren* auf *Video erstellen*.

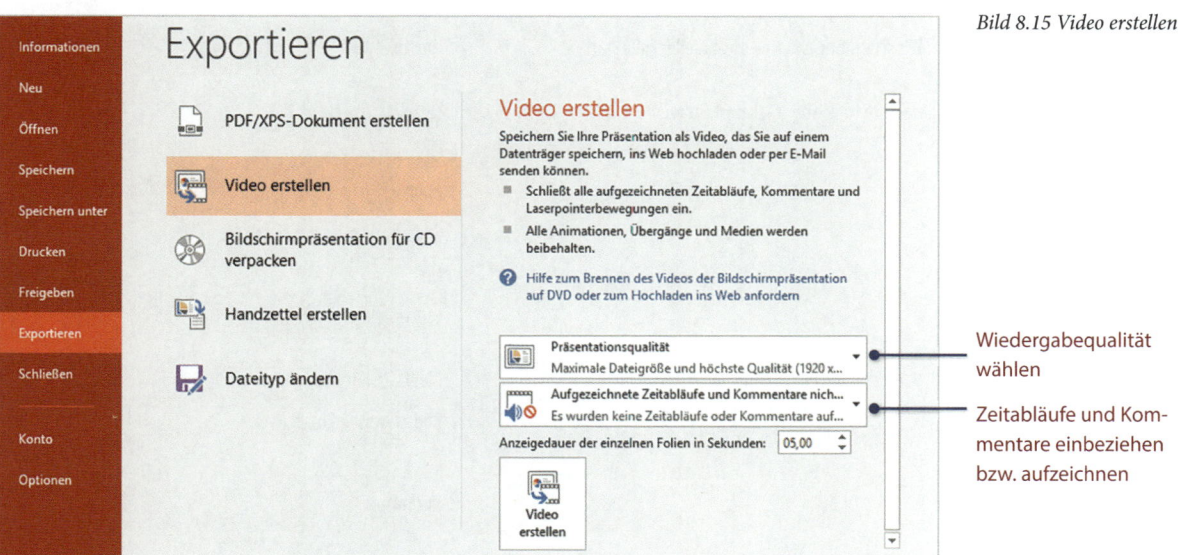

Bild 8.15 Video erstellen

2   Im rechten Bereich wählen Sie die Videoqualität aus und im Feld unterhalb legen Sie fest, ob Sie aufgezeichnete Zeitabläufe und Kommentare einbeziehen möchten. Alternativ können Sie mit dem Befehl *Zeitabläufe und Kommentare aufzeichnen* einen individuellen Ablauf erstellen. Sind keine aufgezeichneten Zeitabläufe vorhanden, so wird in der Standardeinstellung jede Folie 5 Sekunden lang angezeigt.

3   Klicken zuletzt auf die Schaltfläche *Video erstellen* und legen Sie Speicherort und Dateiname fest. Als Dateityp können Sie zwischen MPEG4-Video und Windows Media Video wählen. **Achtung:** Je nach Umfang kann die Erstellung des Videos einige Zeit in Anspruch nehmen. Der Fortschritt lässt sich anhand eines Balkens in der Statusleiste mitverfolgen.

8.2   Bildschirmpräsentation vorführen

Von Beginn an   Ab aktueller Folie

Tasten für die Präsentation

Die eigentliche Bildschirmpräsentation starten Sie mit den Schaltflächen der Gruppe *Bildschirmpräsentation starten* im Register *Bildschirmpräsentation*. Sie können entweder mit der ersten Folie beginnen (F5) oder ab der aktuellen Folie starten.

Tasten während der Bildschirmpräsentation

Befehl	Taste
Bildschirmpräsentation von Beginn an starten	F5
Bildschirmpräsentation ab aktueller Folie starten	Umschalt+F5
Nächste Folie bzw. nächste Animation	Linke Maustaste Eingabe-Taste Pfeiltaste rechts bzw. unten Bildschirmseite nach unten N Leertaste
Vorherige Folie bzw. vorige Animation	Pfeiltaste links bzw. oben Bildschirmseite nach oben P Rücktaste

Befehl	Taste
Wechsel zu einer bestimmten Folie	Foliennummer + Eingabetaste
Anzeigen einer leeren schwarzen Folie	B (Black). Mit einer beliebigen Taste wird die Präsentation fortgesetzt
Anzeigen einer leeren weißen Folie	W (White). Mit einer beliebigen Taste wird die Präsentation fortgesetzt
Stift-Modus	Strg + P
Präsentation beenden	Esc

Nach der letzten Folie erscheint standardmäßig ein schwarzer Bildschirm mit dem Hinweis *Zum Beenden klicken*. Dies gibt Ihnen die Gelegenheit, den Beamer auszuschalten, bevor Sie die Präsentation beenden. Auf diese Weise vermeiden Sie, dass die Präsentation für die Zuschauer in der Normalansicht sichtbar wird.

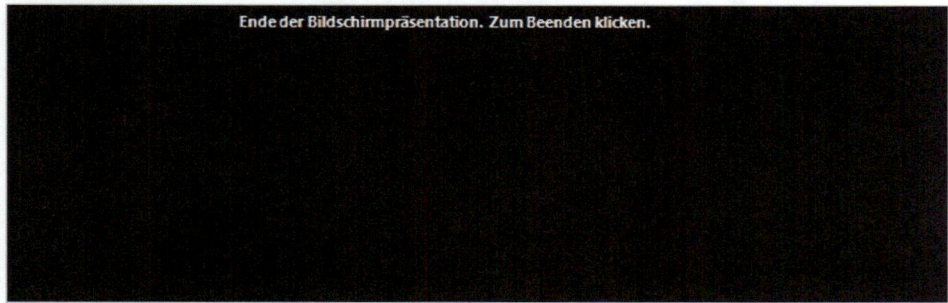

Bild 8.16 Ende der Präsentation

Symbole und Kontextmenü nutzen

Während der Bildschirmpräsentation stehen Ihnen in der linken unteren Ecke einige Symbole zur Steuerung des Ablaufs zur Verfügung. Diese erscheinen erst, wenn Sie die Maus bewegen und verschwinden nach einigen Sekunden automatisch wieder. Alternativ können Sie diese Befehle auch über die rechte Maustaste abrufen.

Bild 8.17 Präsentation steuern

Achtung: die Symbole mit den nachfolgend beschriebenen Möglichkeiten stehen nur zur Verfügung, wenn als Art der Präsentation *Präsentation durch einen Redner (volle Bildschirmgröße)* festgelegt wurde, siehe „Art der Präsentation wählen" auf Seite 264.

Mit den Pfeilsymbolen nach rechts bzw. nach links blenden Sie die nächste bzw. die vorherige Folie oder Animation ein. Die Pfeile können als Alternative zur Tastensteuerung eingesetzt werden.

Ein bestimmte Folie auswählen

Dieses Symbol zeigt Ihnen eine Übersicht aller Folien Ihrer Präsentation an, ähnlich der Ansicht Foliensortierung. Sie können auf diese Weise eine bestimmte Folie per Mausklick auswählen, ohne die Präsentation unterbrechen zu müssen. Im Kontextmenü der rechten Maustaste erhalten Sie diese Anzeige mit dem Befehl *Alle Folien anzeigen*.

Bild 8.18 Alle Folien anzeigen

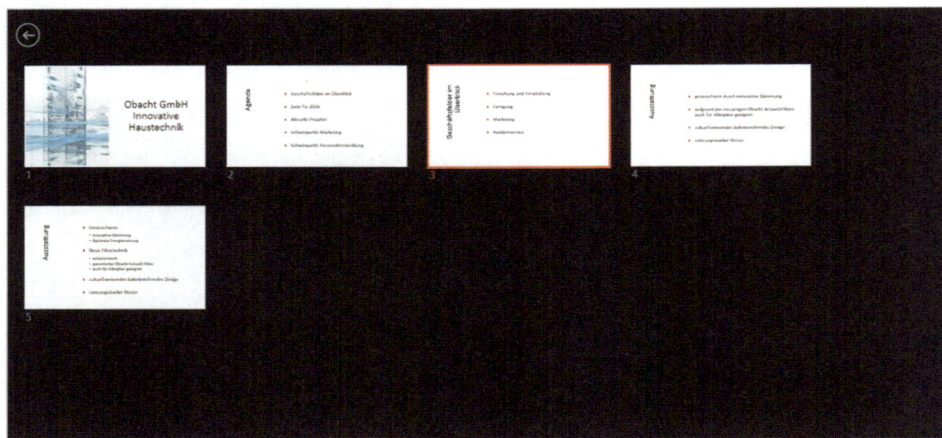

Inhalte vergrößern

Sollen bestimmte Inhalte der aktuell angezeigten Folie vergrößert angezeigt werden? Dann klicken Sie auf das Lupensymbol und bewegen Sie den Mauszeiger auf den zu vergrößernden Bereich; anschließend genügt ein Mausklick, um diesem Bereich über den gesamten Bildschirm zu vergrößern. Ein Klick mit der rechten Maustaste zeigt die Folie wieder in ihrer ursprünglichen Größe an.

Bild 8.19 Ausschnitt vergrößern

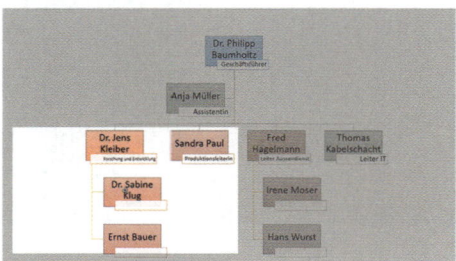
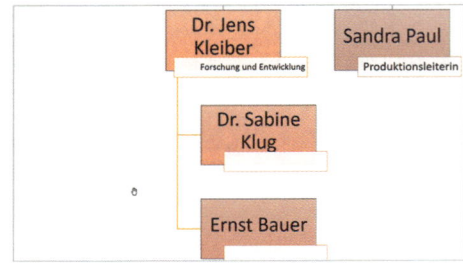

Weitere Befehle

Das Symbol rechts neben dem Lupensymbol (drei Punkte) öffnet ein Menü, über das Sie weitere, teils bereits bekannte, Befehle aufrufen können. Diese erhalten Sie auch zusammen mit den bereits oben aufgeführten Möglichkeiten, wenn Sie während der Bildschirmpräsentation an beliebiger Stelle mit der rechten Maustaste klicken.

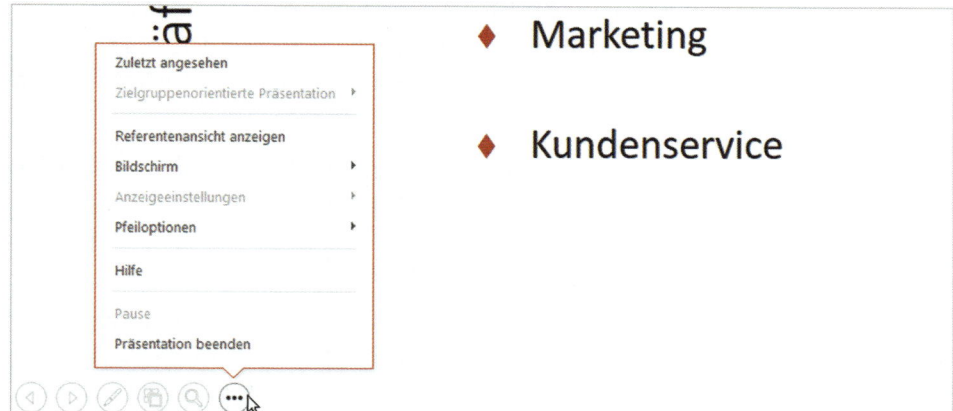

Bild 8.20 Präsentationsmenü

Freihandanmerkungen mit Maus oder Finger

Während einer Bildschirmpräsentation können Sie die Maus bzw. den Finger als Stift für Anmerkungen und Hervorhebungen in den Folien oder als Laserpointer benutzen. Klicken Sie in der unteren linken Ecke auf das Stiftsymbol und wählen Sie Stiftform und -farbe. Mit Drücken der Esc-Taste kehren Sie wieder zum normalen Mauszeiger zurück. **Achtung:** Nochmaliges Betätigen der Esc-Taste beendet die Präsentation!

Ihre Freihandanmerkungen werden temporär mit der Folie gespeichert, sind also auch noch verfügbar, wenn Sie im Lauf der Präsentation nochmals zu dieser Folie zurückkehren. Falls Sie Ihre Anmerkungen löschen möchten, so klicken Sie nochmals auf den Stift und auf *Freihand auf Folie löschen*. Beim Beenden der Präsentation erscheint eine Meldung, ob Sie Ihre Anmerkungen beibehalten möchten.

Im Kontextmenü der rechten Maustaste erhalten Sie den Stift über den Befehl *Zeigeroptionen*.

Bild 8.21 Die Maus als Stift, Laserpointer oder Textmarker benutzen

Bild 8.22 Freihandanmerkungen speichern?

Freihandanmerkungen in der Ansicht Normal bearbeiten

Wenn Sie nach Beenden der Präsentation Ihre Freihandanmerkungen beibehalten bzw. gespeichert haben, dann können Sie diese anschließend in der Ansicht *Normal* bearbeiten. Sobald Sie ein Freihandobjekt durch Anklicken mit der Maus markiert haben, steht Ihnen dazu im Menüband das Register *Freihandtools - Stifte* (Bild 8.23) zur Verfügung. Hier lässt sich unter anderem die Stiftfarbe und Linienstärke der zuvor markierten Freihandform ändern. Falls gewünscht, können Sie mit Hilfe des Stiftwerkzeugs (Gruppe *Schreiben*) weitere Freihandanmerkungen auch in der Ansicht *Normal* durch Zeichnen hinzufügen.

Achtung: wenn die Schaltfläche *In Formen konvertieren* aktiviert ist, dann wandelt PowerPoint bestimmte Freihandzeichnungen automatisch in eine Form um, z. B. eine runde Freihandzeichnung in einen Kreis oder Ellipse. Soll die Zeichnung als solche beibehalten werden, dann müssen Sie vorher diese Schaltfläche deaktivieren.

Haben Sie die Anmerkungen versehentlich beibehalten, dann können Sie entweder einzelne Objekte mit Hilfe des Radierers entfernen oder ein Objekt markieren und mit der Entf-Taste löschen.

Bild 8.23 Freihandanmerkungen bearbeiten

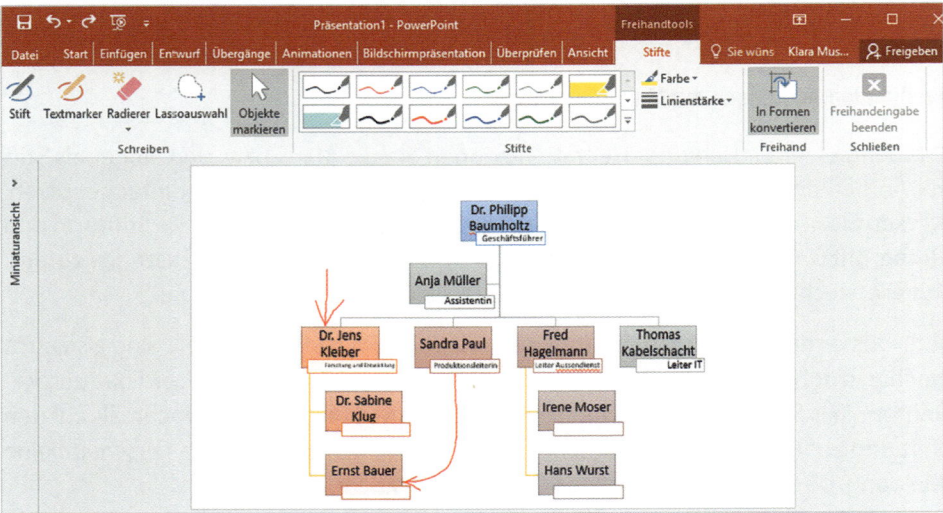

Das Verhalten der Bildschirmpräsentation in den PowerPoint-Optionen steuern

Das Verhalten von PowerPoint während und nach der Bildschirmpräsentation können Sie in den Optionen steuern. Klicken Sie dazu im Register *Datei* auf *Optionen* und klicken Sie links auf *Erweitert*. Scrollen Sie dann nach unten bis zum Abschnitt *Bildschirmpräsentation*.

▶ Durch Deaktivieren des Kontrollkästchens *Menü beim Klicken der rechten Maustaste anzeigen* können Sie verhindern, dass während der Bildschirmpräsentation beim Klicken mit der rechten Maustaste das Kontextmenü erscheint.

▶ Mit *Popupsymbolleiste anzeigen* aktivieren oder deaktivieren Sie die Anzeige der Symbolleiste in der unteren linken Ecke während der Bildschirmpräsentation.

▶ Wenn Sie das Kontrollkästchen *Beim Beenden Aufforderung zum Beibehalten der Freihandanmerkungen anzeigen* deaktivieren, dann werden Ihre Freihandanmerkungen beim Beenden automatisch verworfen.

▶ Die Einstellung *Mit schwarzer Folie beenden* sollte aktiviert sein, da sonst beim Beenden bzw. nach dem Drücken der Esc-Taste die Präsentation automatisch in der Ansicht *Normal* angezeigt wird.

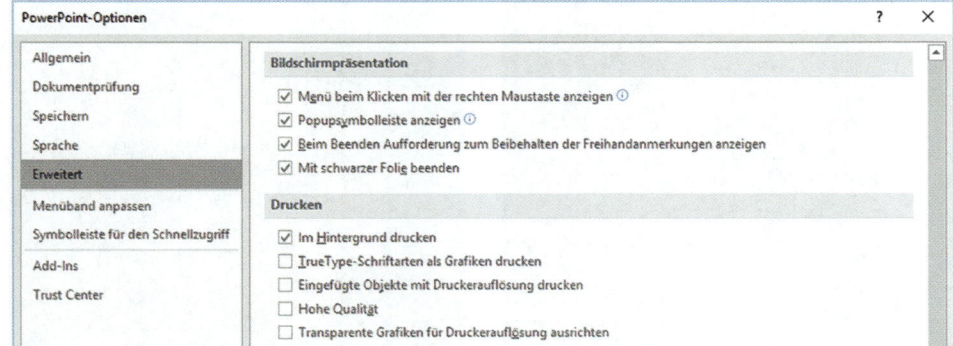

Bild 8.24 PowerPoint-Optionen: Erweitert

Behalten Sie mit der Referentenansicht den Überblick

Die Referentenansicht macht es möglich, über Beamer für die Zuschauer die Bildschirmpräsentation anzuzeigen und gleichzeitig auf dem Bildschirm des Vortragenden eine Zusammenstellung aus aktuell angezeigter Folie, Vorschau auf die nächste Folie und Notizen zur Verfügung zu stellen. Gleichzeitig stehen Ihnen hier auch die zuvor beschriebenen Möglichkeiten, z. B. Stift für Freihandanmerkungen zur Verfügung. Auf diese Weise haben Sie bequem Ihre Notizen im Blick, ohne dass diese auch für Ihr Publikum sichtbar sind.

Bildschirm einrichten
Im ersten Schritt müssen Sie die Referentenansicht mit zwei Monitoren einrichten.

1 Aktivieren Sie im Register *Bildschirmpräsentation ▶ Bildschirm* das Kontrollkästchen *Referentenansicht*.

2 Nun müssen Sie noch unter Windows den zweiten Bildschirm einbeziehen. Drücken Sie dazu die Tastenkombination Windows+P oder öffnen Sie das Info-Center mit Klick auf das Symbol *Benachrichtigungen* in der Taskleiste und klicken Sie hier auf *Projizieren*, siehe Bild 8.25 (Windows 10).

Wählen Sie anschließend *Erweitern* (Bild 8.26).

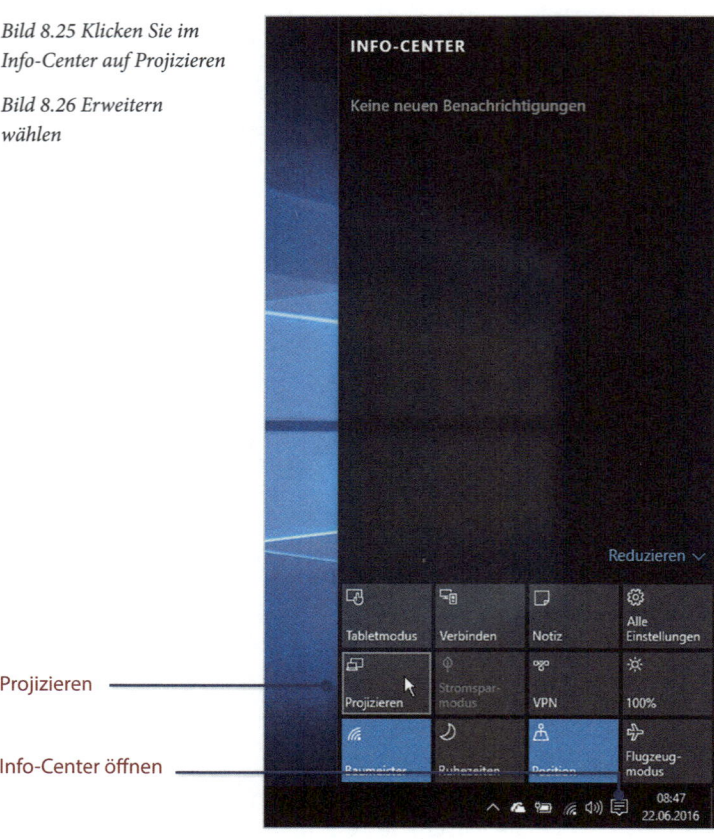

Bild 8.25 Klicken Sie im Info-Center auf Projizieren

Bild 8.26 Erweitern wählen

Projizieren

Info-Center öffnen

3 Anschließend kontrollieren Sie in PowerPoint die Bildschirme. Im Feld *Bildschirm* (Register *Bildschirmpräsentation ▸ Bildschirme*) müssten nun mit Klick auf den Dropdown-Pfeil der Hauptbildschirm und der zweite Monitor erscheinen. *Automatisch* bedeutet, PowerPoint übernimmt die Zuordnung der Inhalte auf die korrekten Bildschirme. Diese Einstellung kann normalerweise beibehalten werden.

Bild 8.27 Automatische Zuordnung der Bildschirme

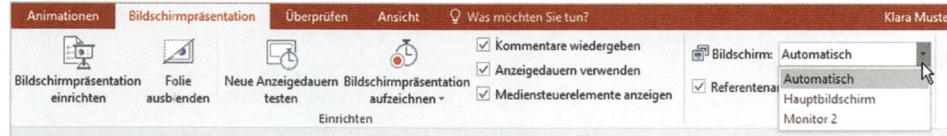

4 Die Bildschirmpräsentation starten Sie anschließend wie gewohnt, entweder mit Klick auf die Schaltfläche *Von Beginn an* oder mit der Taste F5. Bei aktivierter Referentenansicht sollte nun die Bildschirmpräsentation auf den zweiten angeschlossenen Gerät erscheinen, während die Referentenansicht auf dem Bildschirm Ihres Computers sichtbar wird.

Sollte dies ausnahmsweise nicht der Fall sein, so ändern Sie die Zuordnung im Feld *Bildschirm* oder vertauschen die Geräte in der Referentenansicht über *Anzeigeeinstellungen*, siehe unten.

> **Tipp:** Wenn Sie die Referentenansicht ohne zweiten angeschlossenen Monitor bzw. Beamer testen möchten, dann starten Sie die Bildschirmpräsentation mit der Tastenkombination Alt+F5. Dies funktioniert auch, wenn das Kontrollkästchen *Referentenansicht* nicht aktiviert ist.

So finden Sie sich in der Referentenansicht zurecht

Die Referentenansicht teilt den Bildschirm in drei Bereiche: Den größten Teil nimmt die aktuelle Folie ein, rechts daneben erhalten Sie eine Vorschau auf die nächste Folie und darunter sind Ihre Notizen sichtbar. Zudem finden Sie hier einige nützliche Schaltflächen und Symbole.

Bild 8.28 Die Referentenansicht

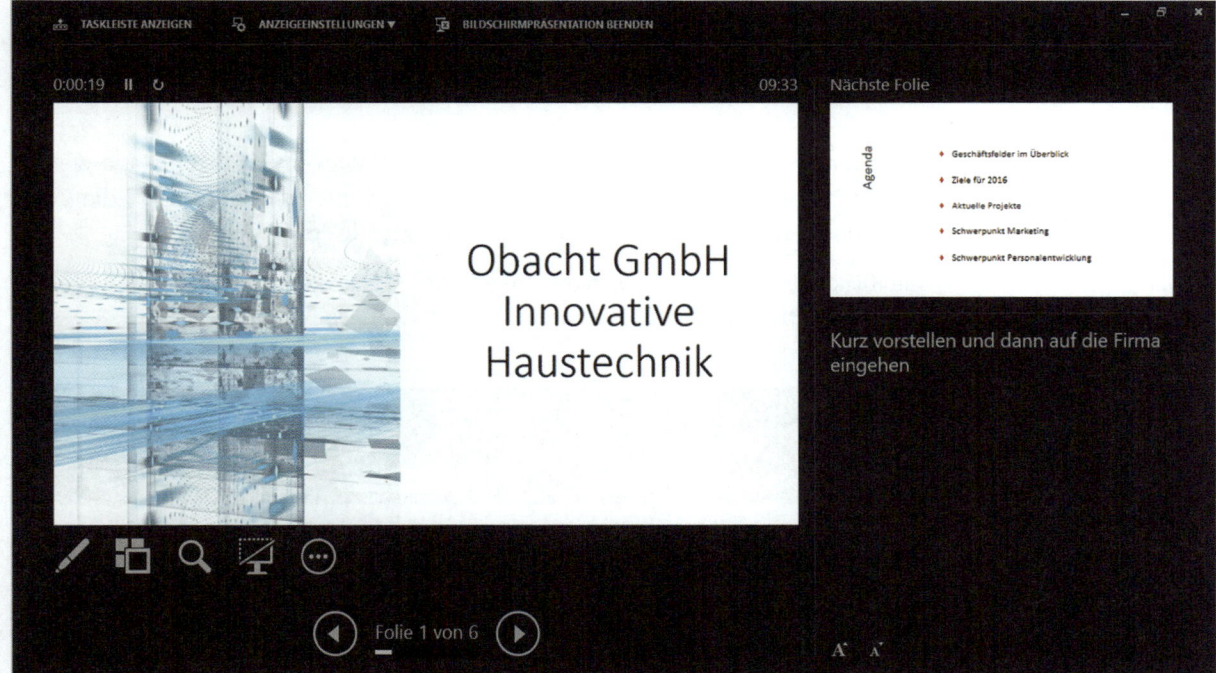

In der Leiste an oberen Bildschirmrand finden Sie neben dem Befehl zum Beenden der Bildschirmpräsentation noch folgende Möglichkeiten:

▶ **Taskleiste anzeigen**
  Damit blenden Sie in der Referentenansicht und somit vom Zuschauer unbemerkt die Taskleiste ein, um z. B. eine Datei oder Anwendung zu öffnen.

▶ **Anzeigeeinstellungen**
  Falls Referentenansicht und Bildschirmpräsentation doch einmal den falschen Monitoren / Projektoren zugeordnet sind, kann hier über *Referentenansicht und Bildschirmpräsentation vertauschen* schnell gewechselt werden. Der Befehl *Bild-*

schirmpräsentation duplizieren beendet die Referentenansicht und zeigt die Bildschirmpräsentation wieder auf beiden Monitoren an.

Bild 8.29 Anzeigeeinstellungen

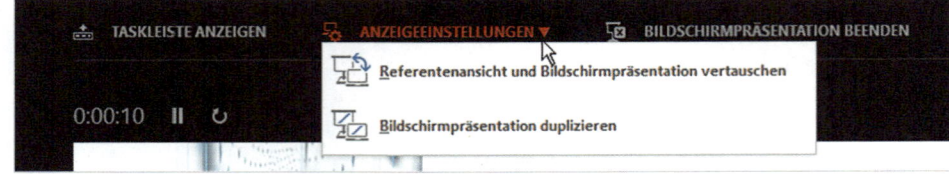

Unterhalb sehen Sie am Zeitgeber, wie viel Zeit seit Beginn der Präsentation bereits vergangen ist. Für längere Diskussionen kann die Zeit über die beiden Symbole angehalten oder die Zeitmessung neu gestartet werden. So bleiben Sie im Zeitplan.

Steuerung der Bildschirmpräsentation

Am unteren Bildschirmrand befinden sich die Schaltflächen *Vorherige Folie* und *Nächste Folie* und sehen, welche Folie gerade angezeigt wird.

> **Tipp:** Wenn Sie hier auf die aktuelle Foliennummer klicken (Bild 8.30), dann werden in der Referentenansicht alle Folien in einer Übersicht angezeigt, die Zuschauer sehen dagegen nach wie vor nur die aktuelle Folie.
>
> Mit Klick auf den Pfeil *Zurück* in der linken oberen Ecke kehren Sie zur Referentenansicht mit der aktuellen Folie zurück.

Bild 8.30 Bildschirmpräsentation steuern

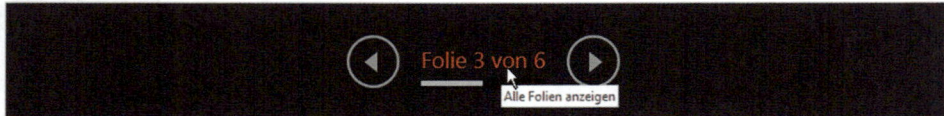

Unmittelbar unterhalb der aktuellen Folie erhalten Sie in der Referentenansicht dieselben Symbole wie in der Symbolleiste der Bildschirmpräsentation, siehe Seite 269. **Achtung!** Wenn Sie hier auf *Alle Folien anzeigen* klicken, sehen auch Ihre Zuschauer alle Folien.

Bild 8.31 Symbolleiste: Beispiel Stift

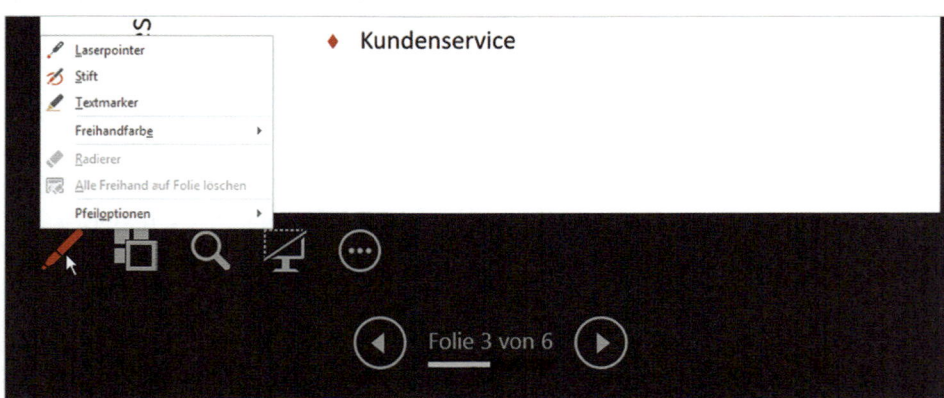

Bildschirmpräsentation online vorführen

Bildschirmpräsentationen können auch übers Internet vorgeführt werden, die Anzeige erfolgt in diesem Fall im Webbrowser. Einen entsprechenden Dienst stellt Microsoft für PowerPoint 2016 kostenlos zur Verfügung.

> Beachten Sie, dass Sie zur Nutzung dieses Dienstes ein Microsoft-Konto benötigen und mit diesem in Office oder PowerPoint angemeldet sein müssen.

So gehen Sie vor:

1 Öffnen Sie die Präsentation mit PowerPoint und schließen Sie ggfs. Präsentationen, die nicht online vorgeführt werden sollen. Wechseln Sie zum Register *Bildschirmpräsentation* und klicken Sie auf die Schaltfläche *Online vorführen* und auf *Office-Präsentationsdienst*.

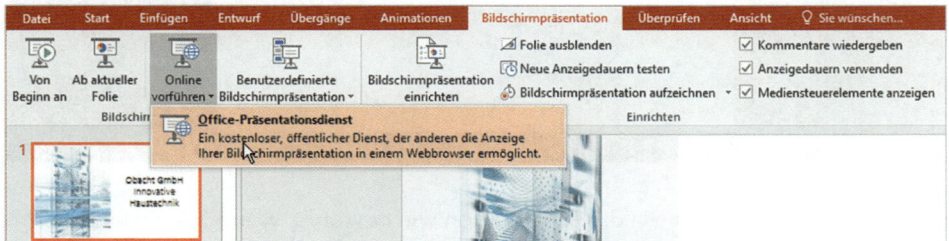

Bild 8.32 Klicken Sie auf Online vorführen

Alternativ können Sie eine Online-Vorführung auch über das Register *Datei* starten. Klicken Sie hier auf *Freigeben* und auf *Online vorführen*.

2 Klicken Sie im nachfolgenden Fenster auf *Verbinden*, um den Office-Präsentationsdienst zu nutzen. Dadurch akzeptieren Sie gleichzeitig den Servicevertrag.

3 Im nächsten Schritt erhalten Sie einen Link, den Sie entweder kopieren und weitergeben (Bild 8.34) oder per E-Mail an Ihre Zuschauer versenden. Benutzen Sie dazu die Befehle unterhalb des Links.

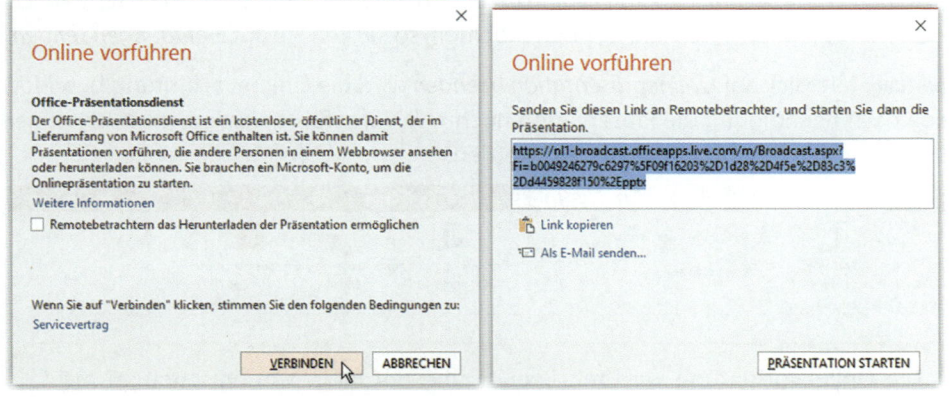

Bild 8.33 Stimmen Sie dem Servicevertrag zu

Bild 8.34 Kopieren oder senden Sie den angezeigten Link

4 Die Empfänger brauchen nur auf den erhaltenen Link klicken, anschließend startet deren Standardbrowser mit der Präsentation.

Bild 8.35 Link Onlinevor-
führung

Betreff: Onlinevorführung meiner Präsentation

Klicken Sie auf diesen Link, um meine Präsentation online anzuzeigen: https://nl1-broadcast.officeapps.live.com/m/Broadcast.aspx?
Fi=b0049246279c6297%5F09f16203%2D1d28%2D4f5e%2D83c3%2Dd4459828f150%2Epptx

Sobald Sie nun die Präsentation starten, erscheint diese auch im Browser der Zuschauer. **Achtung:** Ton wird mit der Onlinevorführung nicht übertragen und auch Videos können zum Teil nicht abgespielt werden.

Bild 8.36 Die Bildschirm-
präsentation im Browser
der Zuschauer

Als Vorführender steuern Sie die Präsentation wie gewohnt. Wenn Sie die Bildschirmpräsentation mit der Esc-Taste oder dem entsprechenden Befehl beenden, dann erscheint diese nicht in der Ansicht *Normal* beim Zuschauer, sondern wird unterbrochen.

Tipp: Auch die Referentenansicht lässt sich für Onlinevorführungen nutzen. Allerdings müssen Sie dazu die Bildschirmpräsentation mit den Tasten Alt+F5 starten.

In der Ansicht *Normal* steht für die Steuerung der Onlinevorführung das Register *Online vorführen* zur Verfügung. Hier starten Sie die Präsentation erneut oder setzen diese fort über die Schaltflächen *Von Beginn an* bzw. *Ab aktueller Folie*. Falls Sie nachträglich weiteren Personen einen Link senden möchten, so klicken Sie auf *Einladungen senden*.

Achtung: Mit Klick auf *Onlinepräsentation beenden* wird die Onlinevorführung beendet. Soll nach Beendigung die Präsentation nochmals vorgeführt werden, muss ein neuer Link wie oben beschrieben generiert werden.

Bild 8.37 Das Register
Online vorführen

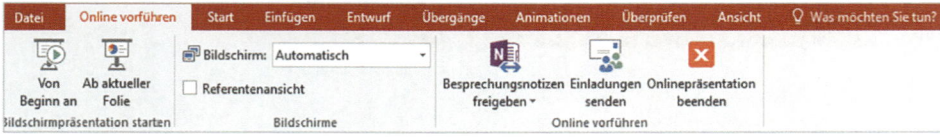

Erst mit Onlinepräsentation beenden wird der Link unbrauchbar.

Die Onlinevorführung wird mit Beendigung der Bildschirmpräsentation nicht beendet! Erst wenn Sie auf *Onlinepräsentation beenden* geklickt haben verlieren die Zuschauer den Zugriff auf die Präsentation und der Link wird ungültig.

8.3   Eine Präsentation drucken

Zum Drucken einer Präsentation stehen in PowerPoint verschiedene Möglichkeiten zur Verfügung. Sie können Folien, Handzettel, Gliederung und Notizenseiten ausdrucken. Den Befehl zum Drucken und eine Vorschau auf das Druckergebnis finden Sie im Register *Datei* unter *Drucken*. Hier legen Sie auch einzelne Druckoptionen fest.

Präsentation in der Druckvorschau kontrollieren und drucken

Im rechten Bereich erhalten Sie eine Vorschau auf das Druckergebnis. Mit den Schaltflächen unterhalb der Vorschau blättern Sie zur nächsten Folie. Ganz rechts können Sie mit einem Schieberegler die Anzeige vergrößern oder verkleinern. Mit dem Symbol *Auf Seite zoomen* wird der Zoom automatisch so angepasst, dass eine Seite vollständig angezeigt wird.

In der Standardeinstellung *Ganzseitige Folien* werden nur die Folien der Präsentation gedruckt und zwar jede Folie auf eine eigenen Druckseite.

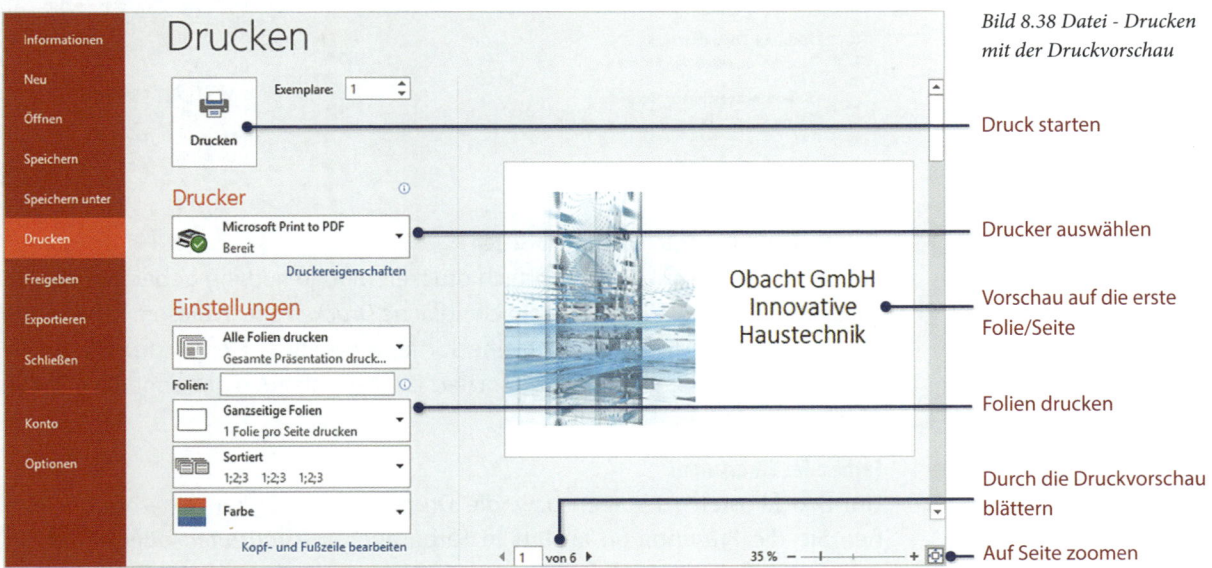

Bild 8.38 Datei - Drucken mit der Druckvorschau

Druck starten/Drucker auswählen

Zum Starten des Druckvorgangs klicken Sie auf die Schaltfläche *Drucken*. Um die Präsentation gleich mehrfach zu drucken, geben Sie die Anzahl im Feld *Exemplare* daneben an.

Soll die Präsentation über einen anderen als den Standarddrucker gedruckt werden, dann wählen Sie zuvor den Drucker über das Feld *Drucker* aus. Weitere druckerspezifische Einstellungen erhalten Sie über den Befehl *Druckereigenschaften* unterhalb.

Druckoptionen

▶ **Druckbereich**

Standardmäßig werden alle Folien der Präsentation gedruckt. Möchten Sie stattdessen nur bestimmte Folien drucken, dann klicken Sie unter *Einstellungen* auf die Schaltfläche mit dieser Einstellung bzw. *Alle Folien drucken* und wählen die gewünschte Einstellung. Mit der Auswahl *Benutzerdefinierter Bereich* können Sie die Nummern der zu druckenden Folien entweder getrennt durch Semikolon (z. B. 1;2;5) oder als Bereich mit Bindestrich (7-10) im zugehörigen Eingabefeld *Folien* eingeben.

Alternativ markieren Sie die zu druckenden Folien in der Foliennavigation (nacheinander mit gedruckter Strg-Taste anklicken) und verwenden *Auswahl drucken*.

Bild 8.39 Druckbereich auswählen

Bild 8.40 Nur bestimmte Seiten drucken

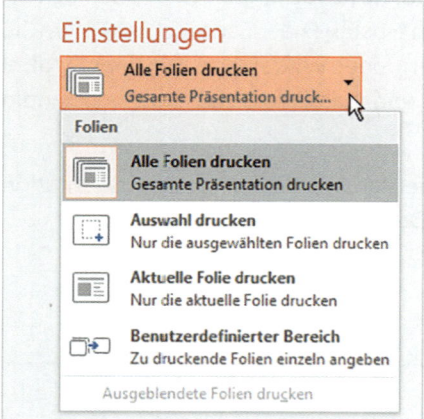

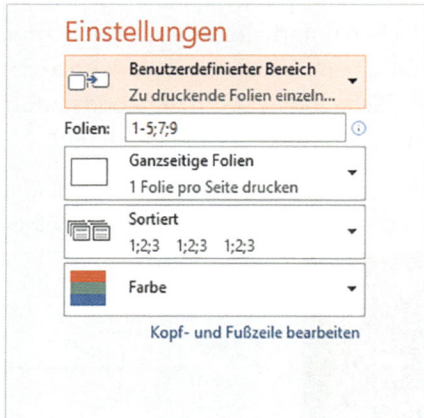

▶ **Mehrere Exemplare drucken/Folien sortieren**

Wenn Sie die Präsentation mehrfach drucken möchten, dann geben Sie die Anzahl im Feld *Exemplare* neben der Schaltfläche *Drucken* ein. In diesem Fall können Sie im Bereich *Einstellungen* auch eine Sortierung wählen. Der Ausdruck kann sowohl in der richtigen Reihenfolge sortiert (*Sortiert*) als auch getrennt nach Folien (*Getrennt*) erfolgen.

▶ **Farbe oder Graustufen?**

Um Druckkosten zu sparen bzw. die Druckgeschwindigkeit zu erhöhen, können Sie die Präsentation anstatt in Farbe auch in *Graustufen* oder als *Reines Schwarzweiß* drucken. Klicken Sie dazu unter *Einstellungen* auf das Feld *Farbe*.

▶ **An Seitenformat anpassen**

Das Seitenverhältnis einer Bildschirm-Präsentation entspricht nicht dem einer A4-Seite, daher werden in der Standardeinstellung alle Folien automatisch proportional auf das verwendete Papierformat skaliert. Wenn Sie dies nicht wünschen und stattdessen die Folie an die Größe der Druckseite anpassen möchten, dann klicken Sie auf *Ganzseitige Folien* und deaktivieren die Einstellung *Auf Seitenformat skalieren* (Bild 8.41). Allerdings werden dadurch unter Umständen Randbereiche der Folie abgeschnitten.

Hier können Sie außerdem die Folien mit einem Rahmen versehen und in höherer Qualität drucken.

▶ **Kommentare und Freihandanmerkungen**
Kommentare und/oder Freihandanmerkungen werden standardmäßig zusammen mit der Folie gedruckt. Um dies zu verhindern, klicken Sie auf *Ganzseitige Folien* und deaktivieren *Kommentare und Freihandanmerkungen drucken*.

Notizen und Gliederung und Handzettel drucken

Weitere Druckmöglichkeiten erhalten Sie, wenn im Register *Datei ▶ Drucken* unter *Einstellungen* auf die Standardeinstellung *Ganzseitige Folien* klicken (Bild 8.41).

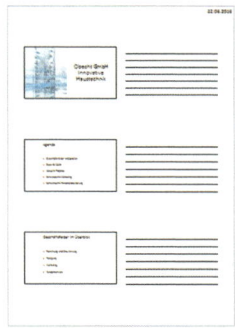

▶ Wählen Sie *Notizenseiten*, so werden Ihre Notizen zusammen mit der jeweiligen Folie gedruckt.

▶ Mit der Auswahl *Gliederung* drucken Sie ausschließlich Text; Grafiken, Bilder, Tabellen und sonstige grafische Elemente werden nicht berücksichtigt. Der Ausdruck entspricht der Ansicht *Gliederung* (Register *Ansicht*).

▶ Mit der Auswahl *Handzettel* werden mehrere Folien verkleinert und auf einer einzigen Druckseite zusammengefasst, klicken Sie auf die gewünschte Anzahl und Anordnung.

> **Tipp:** Wenn Sie *Handzettel* und *3 Folien* wählen, dann erhalten Sie abweichend von den übrigen Handzettel-Layouts zusätzliche Linien für handschriftliche Notizen.

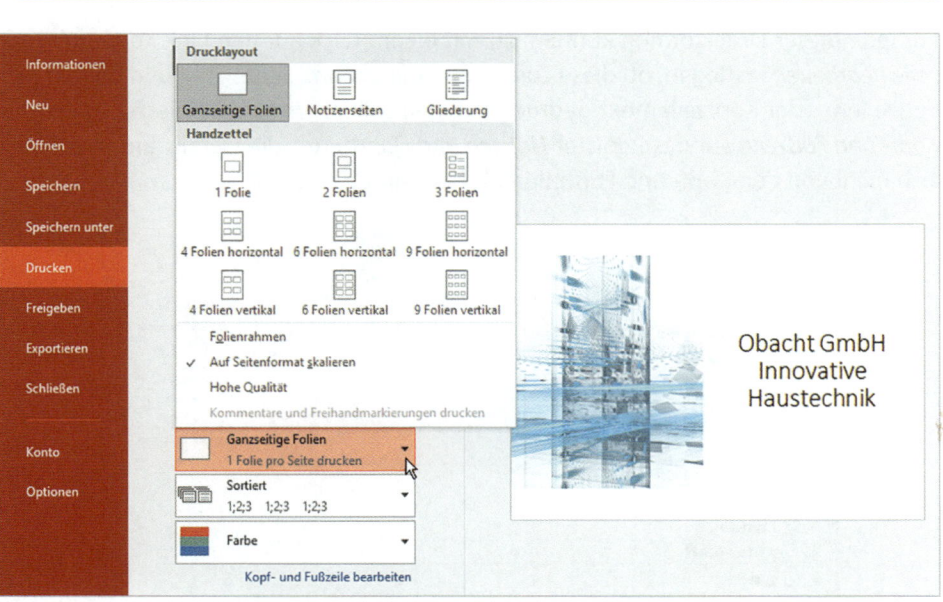

Bild 8.41 Ganzseitige Folien, Notizenseiten, Gliederung oder Handzettel drucken

Hochformat oder Querformat wählen

Beim Drucken von Notizenseiten, Handzetteln oder Gliederung können Sie außerdem zwischen Hochformat und Querformat wählen, klicken Sie hierzu unter *Einstellungen* auf das entsprechende Feld.

Bild 8.42 Handzettel drucken

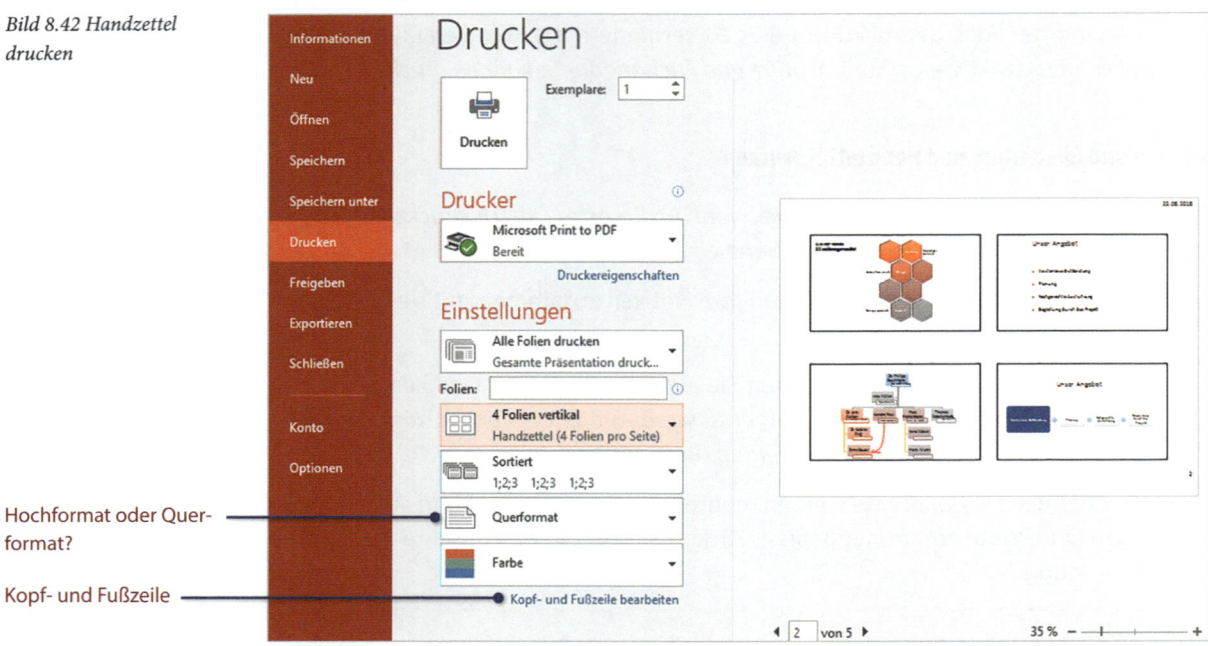

Hochformat oder Querformat?

Kopf- und Fußzeile

Kopf- und Fußzeile bearbeiten

Für jede dieser Druckformen können Sie mit einem Klick auf den Link *Kopf- und Fußzeile bearbeiten* festlegen, ob diese zusammen mit Datum, Seitenzahl und beliebigem Fußzeilen- oder Kopfzeilentext gedruckt werden sollen. Klicken Sie hierzu im Fenster *Kopf- und Fußzeile* auf das Register *Notizen und Handzettel*, die Details unterscheiden sich nicht von den Kopf- und Fußzeilen für Präsentationsfolien.

Bild 8.43 Kopf- und Fußzeile für Notizen und Handzettel

Siehe Kapitel 4.6

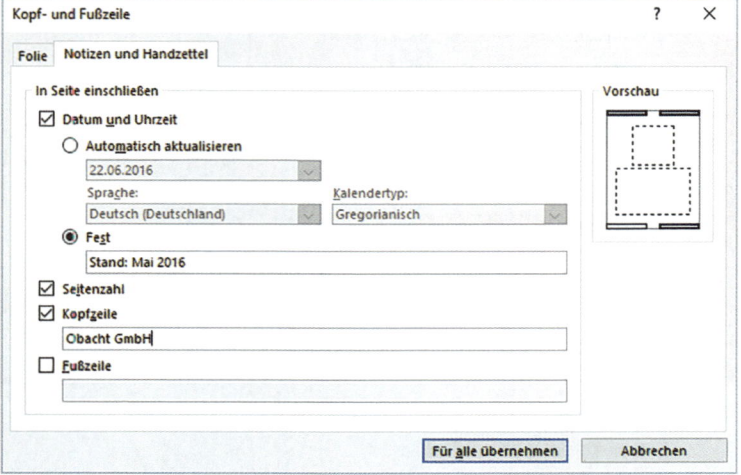

Notizenseiten und Handzettel über Master gestalten

Das Aussehen von Notizenseiten und Handzetteln können Sie auch mit Hilfe des Handzettelmasters und des Notizenmasters steuern. Wechseln Sie dazu zum Register *Ansicht* und öffnen Sie dort per Schaltfläche den jeweiligen Master.

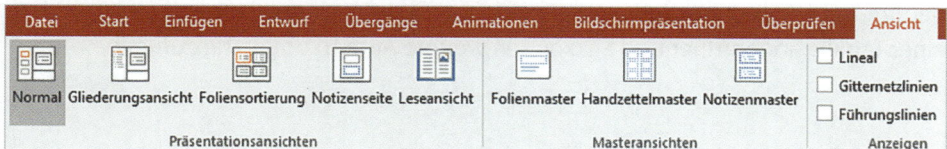

Bild 8.44 Handzettel- und Notizenmaster öffnen

Insbesondere können Sie hier Schriftarten, Farben und Hintergrund wählen und Elemente der Kopf- und Fußzeile positionieren. Die Arbeitsweise unterscheidet sich nicht vom Folienmaster, siehe Kapitel 4.

> Handzettelmaster und Notizenmaster sind unabhängig vom Folienmaster. Eine Änderung von Farben, Schriftarten usw. wirkt sich somit nicht auf Ihre Präsentationsfolien aus.

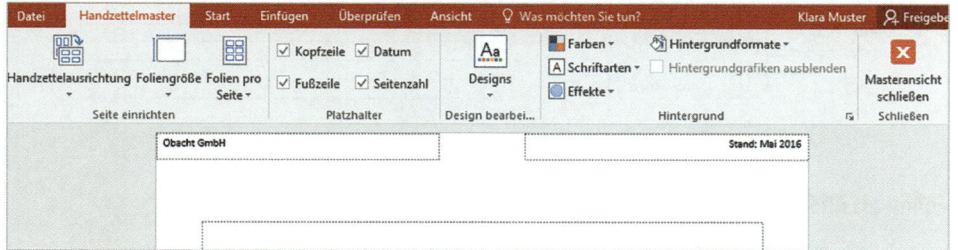

Bild 8.45 Beispiel Handzettelmaster

Tipp: Handzettel mit Microsoft Word bearbeiten

Wenn auf Ihrem Computer Microsoft Word installiert ist, dann ist für eine Veröffentlichung auch die Weiterbearbeitung von Handzetteln mit Word möglich. Klicken Sie dazu im Register *Datei* auf *Exportieren* und auf *Handzettel erstellen*. Klicken Sie nun im rechten Bereich auf die Schaltfläche *Handzettel erstellen*.

Bild 8.46 Exportieren - Handzettel erstellen

Es erscheint ein Dialogfenster, in dem Sie das gewünschte Seitenlayout des Word-Dokuments wählen (Bild 8.47). Geben Sie außerdem an, ob die Folien in das Word-Dokument als Kopie eingefügt werden sollen oder ob Sie eine aktualisierbare Verknüpfung erstellen möchten. Mit der Schaltfläche *OK* wird Word mit einem neuen Dokument geöffnet, die Folien wurden als Grafik eingefügt, je nach gewähltem Layout auch in einer Tabelle angeordnet und Sie können weitere Anmerkungen hinzufügen.

Bild 8.47 Layout wählen

Bild 8.48 Handzettelseite in Word bearbeiten

Je nach Umfang der Präsentation kann der Export einige Zeit dauern.

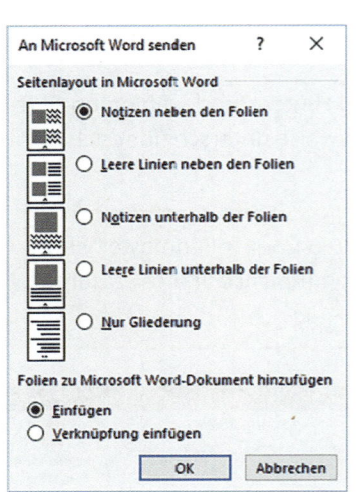

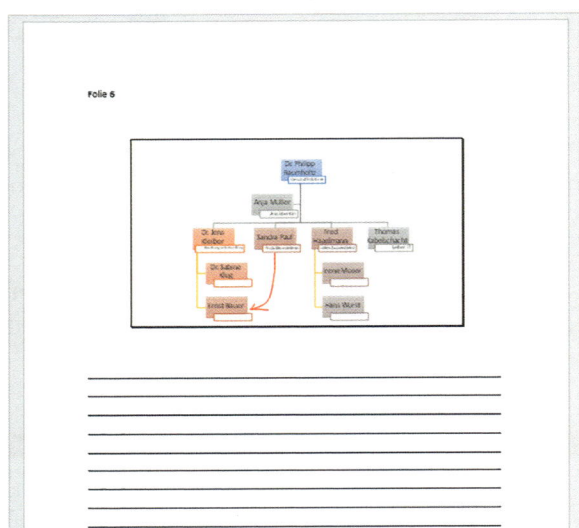

Folien als Bilddatei speichern

Wenn Sie einzelne oder alle Folien Ihrer Präsentation als Bilddatei benötigen, dann klicken Sie im Register *Datei* auf *Exportieren* und auf *Dateityp ändern*. Rechts werden verschiedene Präsentations-Dateitypen aufgelistet.

Bild 8.49 Dateityp ändern - Bild-Dateitypen

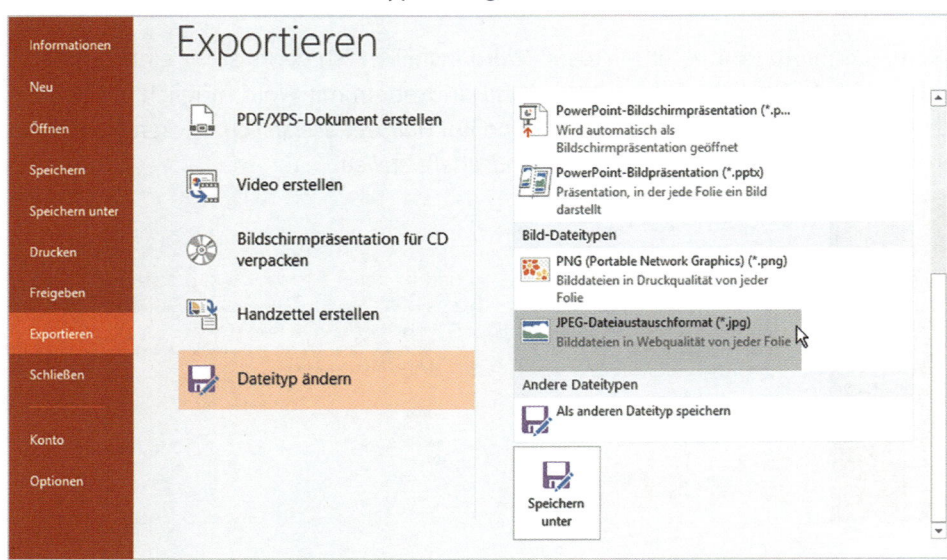

Am Ende der Liste finden Sie auch die Bild-Dateitypen PNG und JPEG. Das Dateiformat PNG sollten Sie wählen, wenn Sie die Folien in Druckqualität benötigen, JPEG liefert dagegen Bilder in Webqualität und eignet sich aufgrund des geringeren Speicherplatzbedarfs für die Veröffentlichung im Web.

Klicken Sie auf das gewünschte Grafikformat und auf *Speichern unter*. Geben Sie einen Dateinamen ein und legen Sie den Speicherort fest. Anschließend können Sie wählen, ob nur die aktuelle Folie bzw. *Nur diese Folie* oder *Alle Folien* als Bilddatei gespeichert werden sollen.

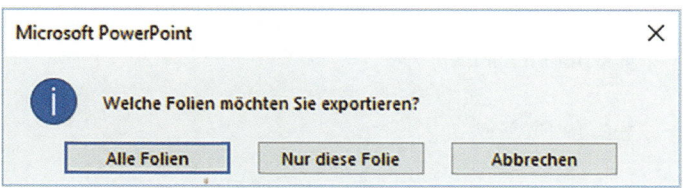

Bild 8.50 Folien exportieren

▷ Eine einzelne Folie (Nur diese Folie) wird anschließend unter dem angegebenen Dateinamen gespeichert.

▷ Haben Sie dagegen *Alle Folien* gewählt, so erstellt PowerPoint am angegebenen Speicherort einen Ordner mit dem Dateinamen als Ordnernamen und speichert jede Folie als gesonderte Datei in diesem Ordner.

8.4   Präsentation weitergeben

Präsentation als PDF-Dokument speichern

Das PDF-Dateiformat bietet gleich mehrere Vorteile: alle Bilder und Formatierungen werden beibehalten und die Datei kann unabhängig von Computer und Betriebssystem auf jedem Gerät geöffnet und gelesen werden, hierzu ist nur ein kostenlos erhältliches Leseprogramm erforderlich. Auch viele Browser können den Inhalt von PDF-Dateien anzeigen. Ein weiterer Vorteil: Änderungen am Inhalt sind nur mit spezieller Software möglich.

1 Wenn Sie zu Zwecken der Weitergabe aus Ihrer Präsentation eine Datei im gängigen PDF-Dateiformat erstellen möchten, dann klicken Sie auf das Register *Datei* und hier auf *Exportieren*.

2 Wählen Sie *PDF/XPS-Dokument erstellen* und klicken Sie rechts auf die Schaltfläche *PDF/XPS-Dokument erstellen*.

Bild 8.51 Exportieren -
PDF-Dokument erstellen

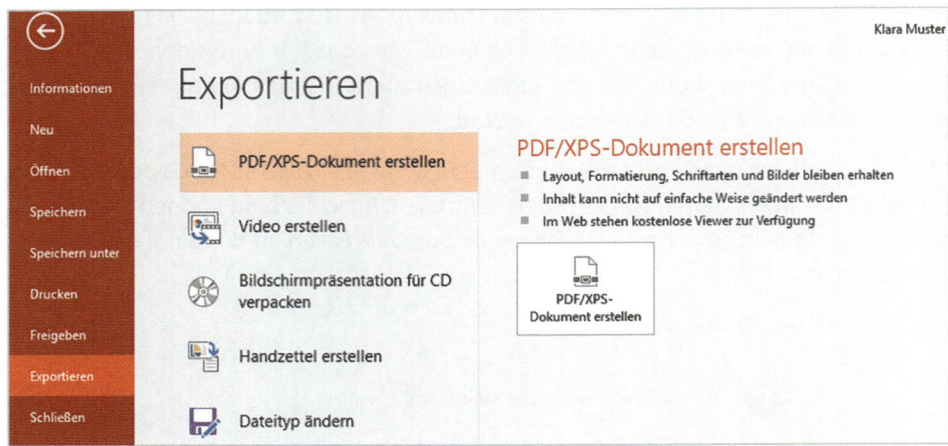

3 Geben Sie anschließend im Fenster *Als PDF oder XPS veröffentlichen* einen Dateinamen ein und wählen Sie den Speicherort. Der Dateityp *PDF* ist bereits ausgewählt. Zusätzlich haben Sie folgende Möglichkeiten:

- Wenn die PDF-Datei nach dem Speichern automatisch geöffnet werden soll,
  dann aktivieren Sie das Kontrollkästchen *Datei nach dem Veröffentlichen öffnen*.

- Unter *Optimieren für* können Sie optional für Onlineveröffentlichungen oder
  Weitergabe per E-Mail der Speicherplatzbedarf verringern.

- Die Schaltfläche *Optionen...* erlaubt weitere Einstellungen, z. B. das Einschließen von Freihandanmerkungen oder die Verwendung einer zielgruppenorientierten Präsentation.

4 Klicken Sie zuletzt auf die Schaltfläche *Veröffentlichen*.

Bild 8.52 Als PDF oder
XPS veröffentlichen

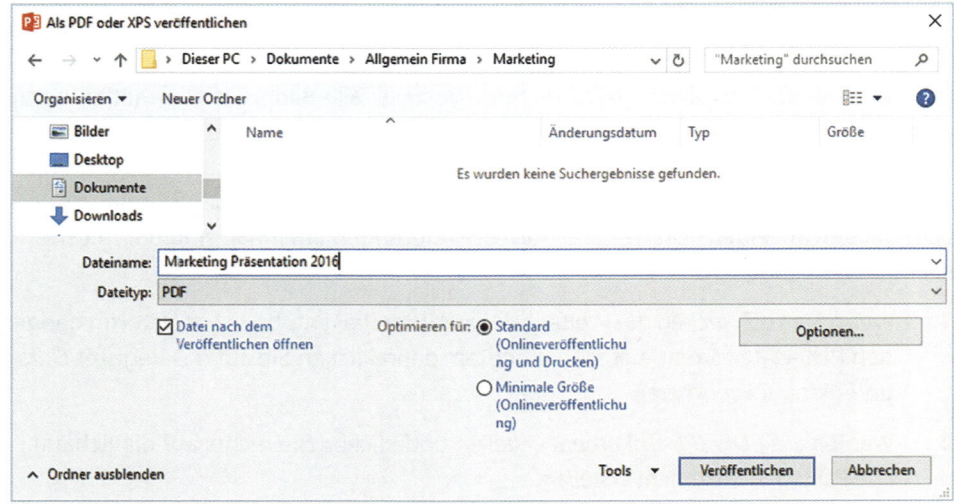

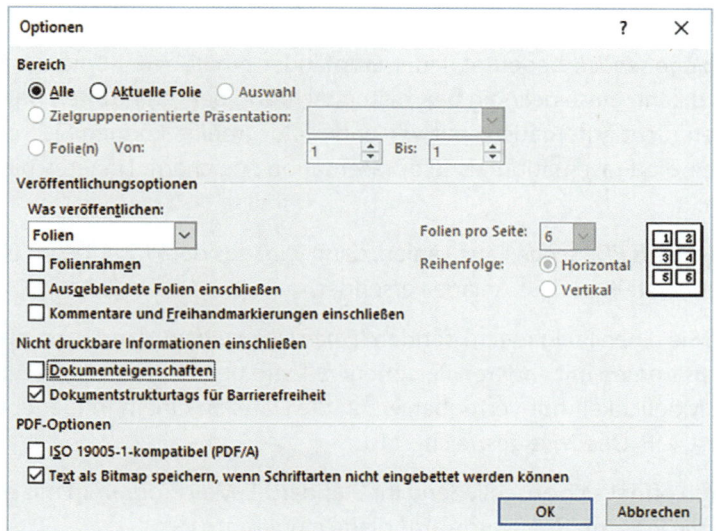

Bild 8.53 Optionen beim Speichern als PDF-Dokument

Alternativ können Sie die Präsentation im PDF-Format auch speichern, wenn Sie im Fenster *Speichern unter* im Feld *Dateityp* den Typ *PDF* auswählen. Anschließend stehen Ihnen dieselben Optionen zur Verfügung wie oben beschrieben.

Per E-Mail senden

Wenn Sie die Präsentation per E-Mail versenden möchten, dann klicken Sie im Register Datei auf *Freigeben* und hier auf *E-Mail*.

Bild 8.54 Freigeben - E-Mail

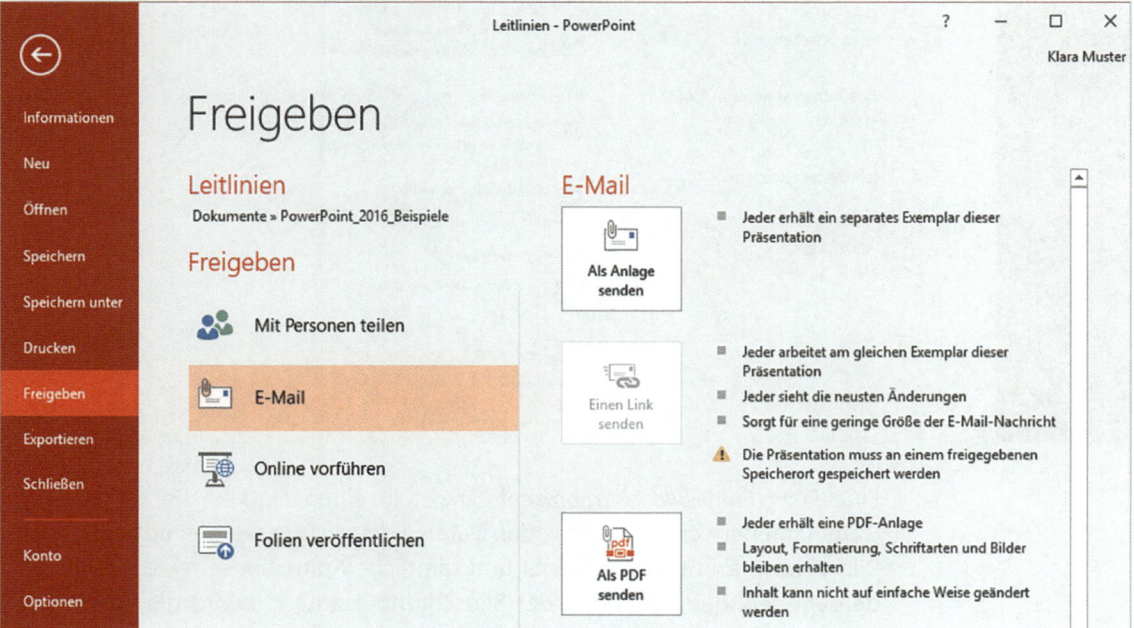

In Verbindung mit E-Mail erhalten Sie mehrere Möglichkeiten, hier die wichtigsten:

▶ *Als Anlage senden* bedeutet, jeder Empfänger erhält eine Kopie der Präsentation und kann diese beliebig bearbeiten. Achtung bei verknüpften Dateien, diese werden nicht automatisch mit versendet! Zur Abhilfe können Sie vor dem Versenden die Präsentation als Bildpräsentation speichern. Näheres hierzu weiter unten.

▶ Wenn Sie *Als PDF senden* auswählen, dann wird aus der Präsentation ein PDF-Dokument erstellt und als Anlage versendet.

▶ Wenn Sie einen Freigabelink senden (*Einen Link senden*), dann kann die Präsentation zusammen mit anderen Personen im Team bearbeitet werden. Allerdings ist diese Möglichkeit nur verfügbar, wenn die Datei an einem freigegebenen Speicherort, z. B. *OneDrive* gespeichert ist.

In allen Fällen öffnet sich anschließend Ihr Standard-E-Mail Programm mit einer neuen E-Mail und die Präsentation wurde als Anlage eingefügt.

Tipp: Als Bildschirmpräsentation oder als Bildpräsentation speichern

Bild 8.55 Eine Kopie als anderen Dateityp speichern

Wenn Sie Ihre Präsentation als Anlage per E-Mail versenden, bieten sich statt einer normalen PowerPoint-Präsentation weitere Möglichkeiten an. Dazu klicken Sie im Register Datei auf *Exportieren* und hier auf *Dateityp ändern*.

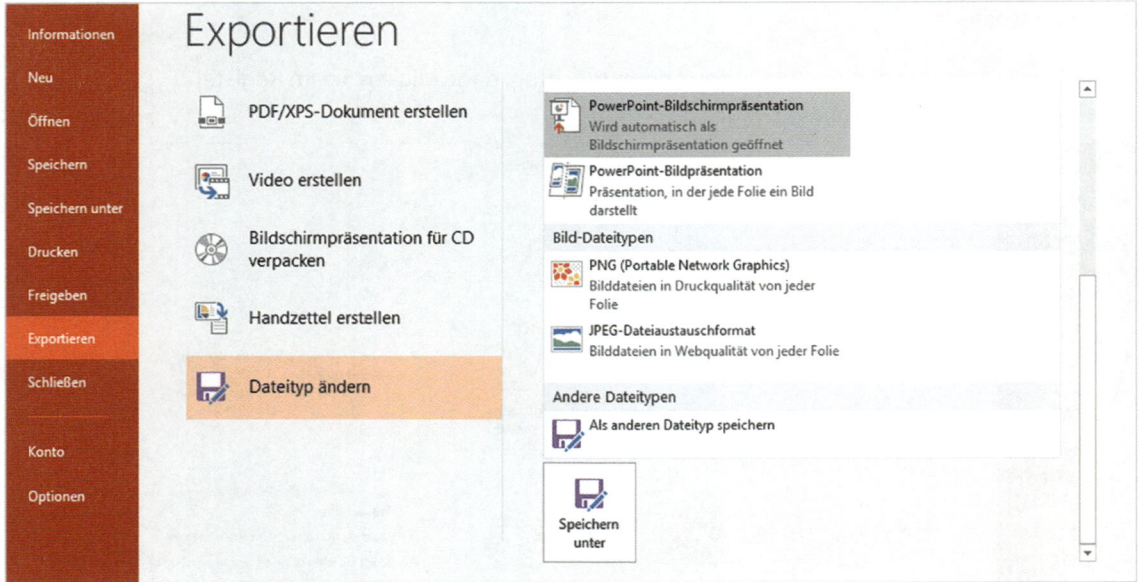

▶ Eine *PowerPoint-Bildschirmpräsentation* stellt einen eigenen Dateityp mit der Dateinamenerweiterung .ppsx dar. Dateien dieses Typs werden automatisch als Bildschirmpräsentation geöffnet und sämtliche Animationseffekte werden wiedergegeben. Beim Beenden der Bildschirmpräsentation wird die Präsentation wieder geschlossen und erscheint nicht in der Ansicht *Normal*.

▶ Eine andere Möglichkeit, *PowerPoint-Bildpräsentation* speichert eine Kopie der aktuellen Präsentation als normale PowerPoint-Präsentation (.pptx), wandelt aber jede Folie in ein Bild um. Folienübergänge bleiben erhalten, Animationseffekte in Verbindung mit Folienobjekten werden dagegen entfernt. Die Präsentation wird wie jede andere Präsentation in der Ansicht *Normal* geöffnet, Sie können hier einzelne Folien vertauschen, löschen oder mit Übergangseffekten versehen, die Folieninhalte können aber nicht bearbeitet werden.

Achtung: Eine PowerPoint-Bildpräsentation erhält dieselbe Dateinamenerweiterung (.pptx) wie eine normale PowerPoint-Präsentation! Sie sollten daher beim Speichern einen anderen Dateinamen verwenden, damit die Originaldatei nicht durch die Kopie überschrieben wird.

Klicken Sie auf den gewünschten Dateityp und anschließend auf die Schaltfläche *Speichern unter*. Das gleichnamige Fenster öffnet sich; wählen Sie den Speicherort, geben Sie einen Dateinamen ein und klicken Sie auf *Speichern*.

Eine Präsentation für andere Personen freigeben

Sollen mehrere Personen eine Präsentation gemeinsam im Team bearbeiten, dann müssen Sie dazu die Präsentation freigeben. Voraussetzung: Die Präsentation muss in einem *OneDrive*-Ordner gespeichert sein und Sie müssen mit einem Microsoft-Konto angemeldet sein.

1 Klicken Sie im Register *Datei* auf *Freigeben* und auf *Mit Personen teilen*. Falls die Präsentation noch nicht oder nur lokal auf der Festplatte gespeichert wurde, müssen Sie sie im ersten Schritt auf *OneDrive* bzw. in der Cloud speichern. Klicken Sie dazu auf *In der Cloud speichern* und legen Sie mit *Speichern unter* Dateiname und den genauen Speicherort fest.

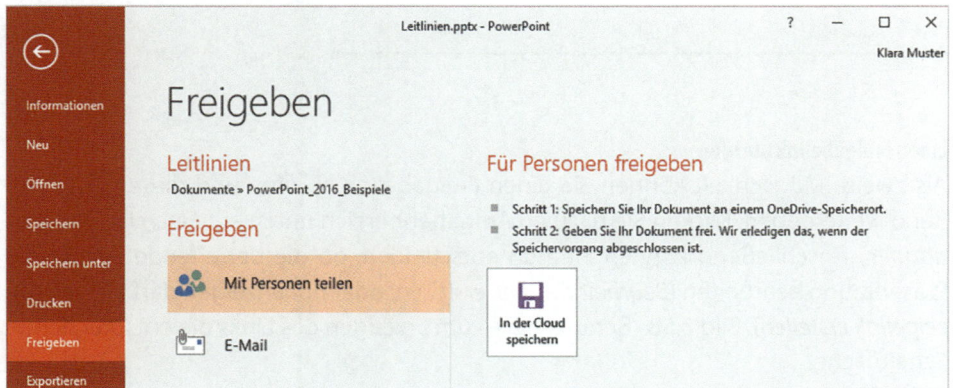

Bild 8.56 Präsentation in der Cloud speichern

2 Nun können Sie die Präsentation freigeben; dazu klicken Sie im Register *Datei* ▶ *Freigeben* auf die Schaltfläche *Für Personen freigeben*. Alternativ klicken Sie oben rechts neben Ihrem Namen bzw. Microsoft-Konto auf *Freigeben*.

3   Rechts neben der Präsentation öffnet sich der Aufgabenbereich *Freigeben* mit den beiden Möglichkeiten *Personen einladen* (per E-Mail) und *Freigabelink abrufen* (Bild 8.57 unten).

Personen per E-Mail einladen

Eine Einladung per E-Mail versenden funktioniert sowohl mit Outlook als auch mit der Mail-App von Windows 10. Hierzu klicken Sie im Aufgabenbereich neben dem Feld *Personen einladen* auf das Adressbuch-Symbol, wählen die Person/en aus und klicken auf *Freigeben*. Die Einladung wird sofort mit Ihrem Standard-E-Mail Programm gesendet. Optional können Sie im Feld darunter (*Nachricht einschließen*) vor dem Senden einen kurzen Nachrichtentext eingeben.

Hinweis: Standardmäßig können andere Personen die Präsentation auch bearbeiten. Möchten Sie dies einschränken, so klicken Sie im Feld *Kann bearbeiten* auf den Drop-down-Pfeil und wählen *Kann anzeigen* aus.

Bild 8.57 Personen einladen, Freigabeberechtigung auswählen

Personen per E-Mail einladen

Einladung senden

Freigabelink abrufen

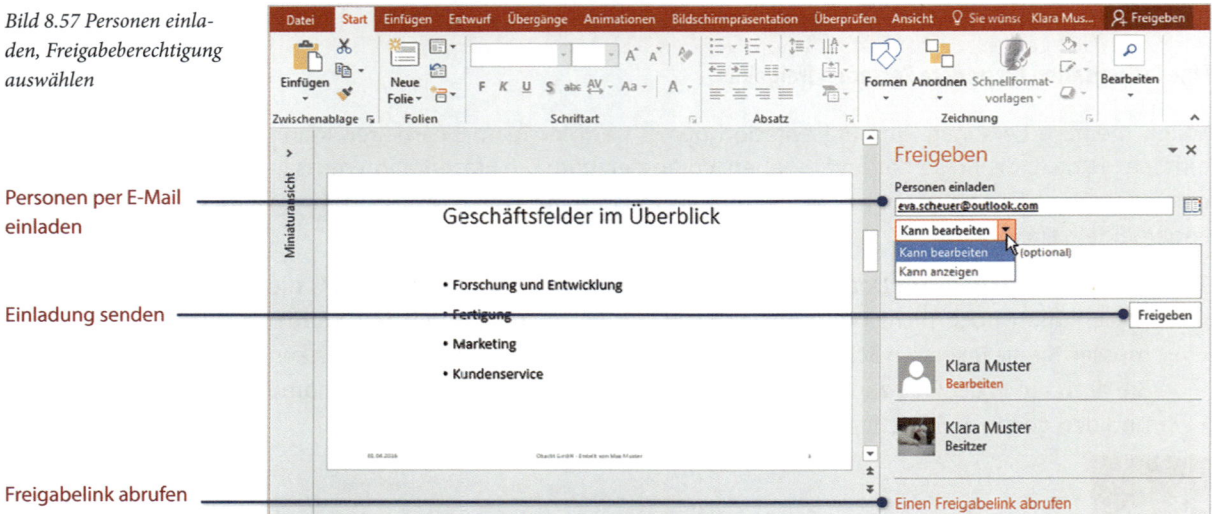

Einen Freigabelink abrufen

Als zweite Möglichkeit können Sie einen Freigabelink abrufen und diesen anschließend weitergeben. Klicken Sie dazu im Aufgabenbereich unten auf *Einen Freigabelink abrufen*. Anschließend können Sie nun entscheiden, ob die betreffende Person die Präsentation bearbeiten (*Bearbeitungslink erstellen*) oder nur anzeigen darf (*Reinen Anzeigelink erstellen*), Bild 8.58. Benutzen Sie zum Erzeugen des Links die entsprechende Schaltfläche.

Der Link erscheint anschließend unterhalb in einem weiteren Feld. Klicken Sie zum Markieren in das Feld und anschließend auf die Schaltfläche *Kopieren*, um den Link in die Zwischenablage zu kopieren. Aus dieser können Sie den Link anschließend mit den Tasten Strg+V an beliebiger Stelle einfügen.

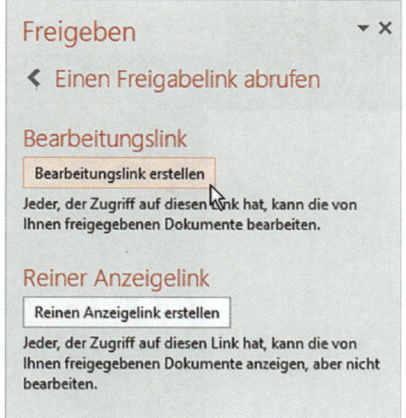
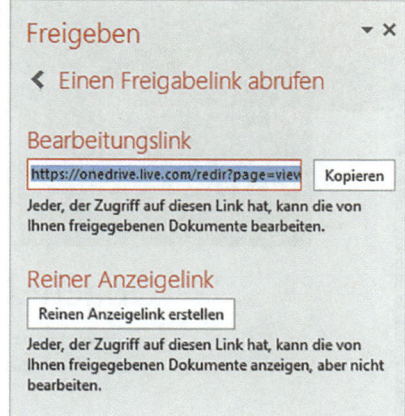

Bild 8.58 Freigabelink
abrufen

Bild 8.59 Link kopieren

Tipp: Einen Freigabelink bzw. Bearbeitungslink können Sie auch abrufen, indem Sie im Register *Datei* auf *Freigeben* und auf *E-Mail* klicken. Wenn die Präsentation in der Cloud gespeichert ist, dann steht hier ebenfalls die Möglichkeit *Einen Link senden* zur Verfügung. Im Gegensatz zur oben beschriebenen Methode wird der Link automatisch in eine neue E-Mail Nachricht eingefügt und diese geöffnet. Sie müssen nur noch die Empfänger eintragen und können vor dem Senden einen Nachrichtentext eingeben.

Bild 8.60 Register Datei -
Freigeben per E-Mail

Eine freigegebene Präsentation öffnen
Wenn Sie einen Freigabelink per E-Mail erhalten haben, dann öffnet ein Klick auf den Link Ihren Standardbrowser mit der PowerPoint-Präsentation. Da dazu ein Microsoft-Konto erforderlich ist, werden Sie eventuell zunächst aufgefordert, sich mit Ihrem Konto anzumelden.

Bild 8.61 E-Mail mit
Freigabelink

Sie können nun im Browser die Präsentation als Bildschirmpräsentation betrachten, zum Bearbeiten klicken Sie in der Leiste oben auf *Präsentation bearbeiten*. Sie können hier wählen zwischen der schnellen, wenn auch eingeschränkten Bearbeitung im Browser oder der Bearbeitung mit PowerPoint.

Bild 8.62 Die freigegebene Präsentation erscheint im Browser

Als Besitzer der Präsentation sehen Sie im Aufgabenbereich *Freigeben*, wer die Präsentation gerade bearbeitet (Bild 8.63). Allerdings werden die diversen Änderungen anderer erst beim Speichern synchronisiert und damit bei Ihnen sichtbar.

Freigabe zurücknehmen

Um eine Freigabe wieder zu entfernen, klicken Sie im Aufgabenbereich *Freigeben* mit der rechten Maustaste auf den Benutzer und auf *Benutzer entfernen*. Genauso verfahren Sie mit einem eventuell vorhandenen Freigabelink, hierzu verwenden Sie den Befehl *Link deaktivieren*.

Bild 8.63 Gleichzeitig bearbeiten

Bild 8.64 Freigabe bzw. Benutzer entfernen

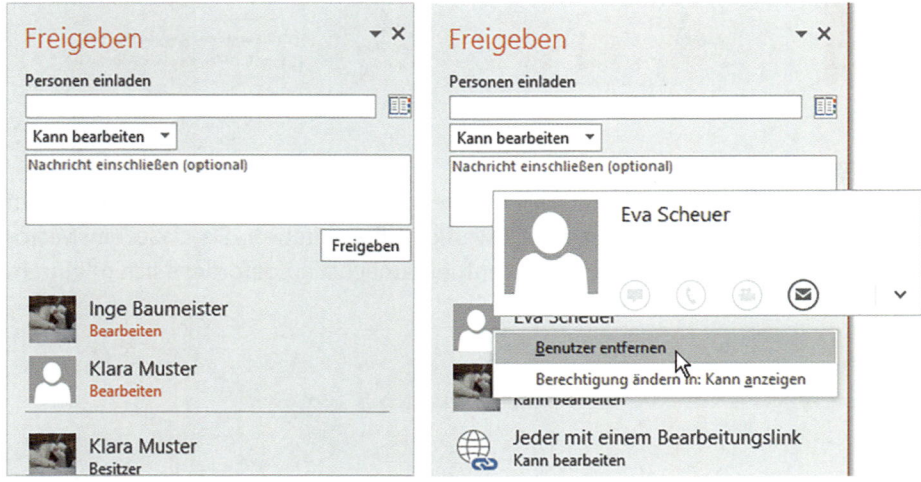

Präsentation als Vorlage speichern

Design speichern

Wie bereits in Kapitel 3 erläutert, können Sie ein geändertes Design im Register *Entwurf* ▸*Design* mit Klick auf den Pfeil *Weitere* 🔽 und den Befehl *Aktuelles Design speichern…* als benutzerdefiniertes Design speichern. Mit dieser Methode speichern Sie keine Folien, sondern ausschließlich das Design, d.h. Farben, Schriften und die gesamte Layoutgestaltung, die Sie in der Ansicht *Folienmaster* vorgenommen haben. Dazu gehören auch Firmenlogos, die Sie in dieser Ansicht eingefügt haben sowie die Gestaltung von Kopf- und Fußzeile.

Siehe Kap. 3, Seite 82

Die gesamte Präsentation als Vorlage speichern

Manchmal lässt sich eine neue Präsentation auch schnell erstellen, indem Sie die Inhalte einer bereits vorhandenen Präsentation abwandeln. Dazu können Sie eine ganze Präsentation als Vorlage speichern. Diese enthält im Gegensatz zu einem gespeicherten Design auch sämtliche Folien.

Klicken Sie dazu im Register *Datei* auf *Exportieren*. Markieren Sie hier *Dateityp ändern* und klicken Sie auf *Speichern unter*. Wählen Sie den gewünschten Speicherort, geben Sie einen Dateinamen ein und klicken Sie auf *Speichern*. Der Dateityp *PowerPoint-Vorlage* ist bereits ausgewählt und die Vorlage erhält die Dateinamenerweiterung .potx.

Bild 8.65 Präsentation als Vorlage speichern

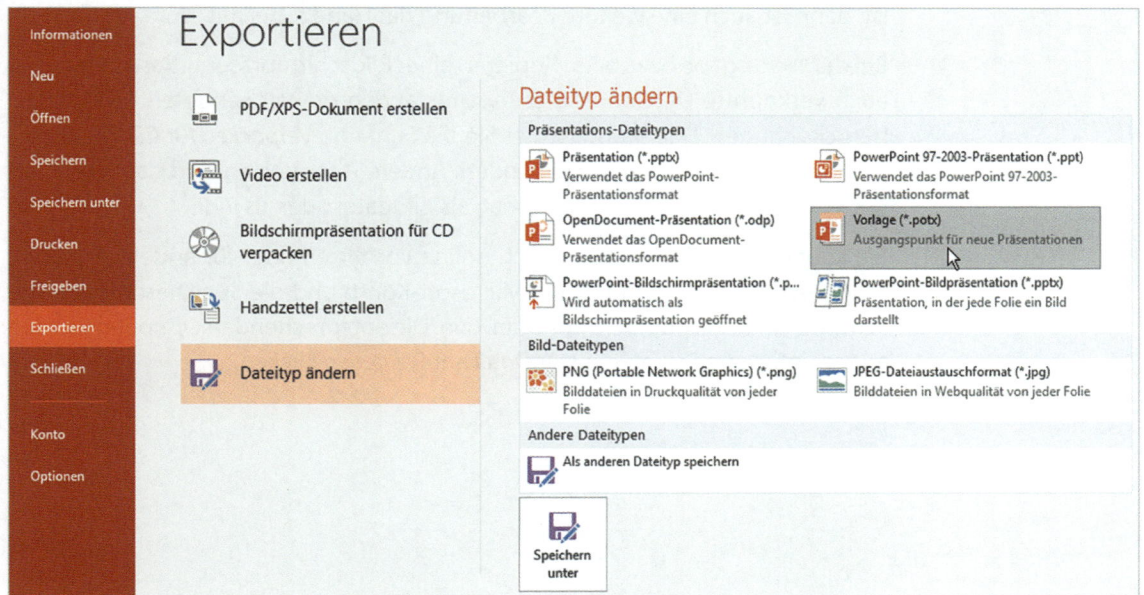

Um die Vorlage zu verwenden, genügt im Datei-Explorer von Windows ein Doppelklick auf die Vorlage. PowerPoint öffnet automatisch eine Kopie dieser Vorlage, diese können Sie nun beliebig ändern und anschließend als Präsentation speichern.

8.5 Zusammenfassung

▶ Zur Vorführung einer Bildschirmpräsentation stellt PowerPoint verschiedene Hilfsmittel zur Verfügung. So können Sie mit Hilfe der Tastatur zwischen den Folien navigieren oder bei Bedarf eine leere Folie einblenden. Weiter stehen Ihnen verschiedene Stiftarten zur Verfügung, die Sie für Freihandanmerkungen verwenden können. Diese verbleiben während der Bildschirmpräsentation in der Folie und können nach dem Beenden gespeichert und anschließend weiter bearbeitet werden.

▶ Eine zielgruppenorientierte Präsentation ist eine Zusammenstellung bestimmter Folien, wenn Sie die Präsentation unterschiedlichen Zuhörergruppen vorführen wollen. Außerdem lassen sich bereits vorhandene Folien aus anderen Präsentationen einfügen.

▶ Die Referentenansicht erlaubt es, parallel zur Anzeige der Folien über Beamer auf dem Bildschirm des Vortragenden weitere Elemente anzuzeigen.

▶ Beim Drucken einer Präsentation können Sie zwischen Folien, Handzetteln, Notizen und Gliederung wählen. Wenn Microsoft Word auf dem Computer installiert ist, dann ist auch eine weitere Bearbeitung der Handzettel mit Word möglich.

▶ Bei der Weitergabe bzw. beim Kopieren einer Bildschirmpräsentation müssen Sie auch verknüpfte Dateien und unter Umständen die verwendeten Schriftarten berücksichtigen. Dabei unterstützt Sie die Funktion *Verpacken für CD*, die Sie im Register *Datei* unter *Exportieren* finden. Andere Alternativen sind das Speichern der Präsentation im PDF-Dateiformat, als Bilddatei oder als Video

▶ Sie können eine Präsentation auch online vorführen oder für andere Personen freigeben. Voraussetzung ist ein Microsoft-Konto und die Speicherung der Präsentation in der Cloud bzw. auf OneDrive. Die entsprechenden Optionen werden angezeigt, wenn Sie im Register *Datei* auf *Freigeben* klicken.

9 Tipps für erfolgreiches Präsentieren

In diesem Kapitel lernen Sie...

- Farben und Hintergründe gezielt einsetzen
- Text- und Layoutgestaltung
- Zahlen präsentieren
- Der richtige Umgang mit Animationseffekten und Folienüberängen

Das sollten Sie bereits wissen

- Text eingeben und formatieren
- Umgang mit Folienlayouts
- Designs, Farben und Schriften
- Grafische Elemente einfügen und gestalten
- Folienmaster und Masterlayouts in der Masteransicht bearbeiten
- Folienübergänge und Animationen

In den vorhergehenden Kapiteln wurden Sie mit allen Techniken für die Erstellung von PowerPoint-Präsentationen vertraut gemacht. Dieses Kapitel soll Ihnen zusammenfassend einige Tipps und Hinweise geben, wie Sie diese Werkzeuge zur optimalen Gestaltung Ihrer Präsentation einsetzen und worauf Sie sonst noch achten sollten.

Generell sollten Sie sich vor einer Präsentation ausgiebig mit der zur Verfügung stehenden Technik vertraut machen. Um die Gefahr von Pannen zu minimieren, empfiehlt sich ein Testlauf der gesamten Präsentation.

> **Die allerwichtigste Regel**
> Eine Präsentation soll Inhalte anschaulich vermitteln und dient nicht dazu, die vielfältigen Möglichkeiten von PowerPoint zu demonstrieren!

9.1 Farben, Hintergründe und Schrift

Verwenden Sie einheitliche Farben
PowerPoint arbeitet mit Designfarben, d.h. Zusammenstellungen von je acht aufeinander abgestimmten Farben, die für ein einheitliches Erscheinungsbild der gesamten Präsentation sorgen. Falls Sie andere Farben einsetzen möchten, sollten Sie diese nicht einfach in der Folie hinzufügen, sondern besser das Farbschema entsprechend ändern und eventuell eigene Designfarben zusammenstellen und speichern.

Achten Sie auf die Farbwirkung
Farben erzielen unterschiedliche Wirkungen, auch dies sollten Sie bei der Farbauswahl berücksichtigen. Mit Hilfe von Farben können Sie Beziehungen zwischen Informationen veranschaulichen, eine bestimmte Aussage transportieren und Informationen oder Gegensätze hervorheben. So kann beispielsweise Text oder ein Objekt in roter Farbe eine andere Aussage vermitteln, als ein Objekt in blauer Farbe. Überlegen Sie, welche Information Sie transportieren möchten und setzen Sie die Farben entsprechend ein. Hier einige Beispiele:

Bild 9.1 Beispiel 1

Bild 9.2 Beispiel 2

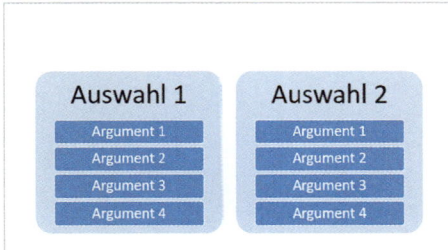
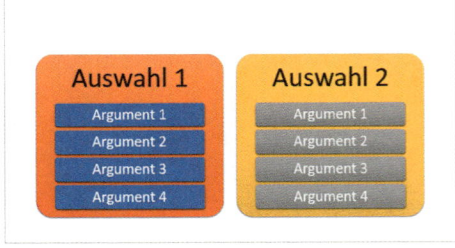

▶ Im Beispiel 1 vermitteln beide Felder den Eindruck gleicher Wichtigkeit.

▷ In Beispiel 2 erscheinen dagegen die Argumente von Auswahl 1 eindeutig wichtiger als Auswahl 2, trotz unterschiedlicher Hintergrundfarben.

▷ Bei Beispiel 3 (unten) treten gegenüber Beispiel 2 die Argumente stärker in der Vordergrund. Auswahl 1 und Auswahl 2 sind gleichwertig, vermitteln aber durch ihre Farben einen gegensätzlichen Eindruck.

▷ Mit Beispiel 4 ist auf den ersten Blick eigentlich alles gesagt!

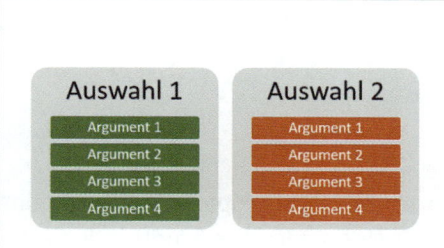 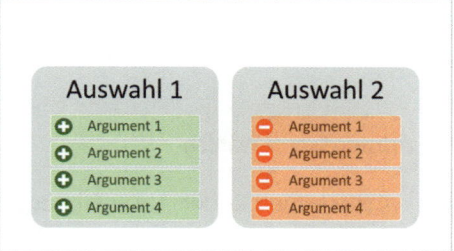

Bild 9.3 Beispiel 3

Bild 9.4 Beispiel 4

Tipps zum Einsatz von Farben

▷ Verwenden Sie Farben sparsam. So erzielen Sie stärkere Effekte und vermeiden den Eindruck „bunter" Folien. Farbige Elemente heben sich auch gegenüber grauen oder weißen Elementen stärker ab und werden dadurch als wichtiger wahrgenommen.

▷ Mit Hilfe des Werkzeugs Pipette können Sie für eine einheitliche Farbgebung beispielsweise eine Farbe eines Bildes aufnehmen und einer Form oder der Schrift zuweisen.

▷ Hintergründe sollten nicht dominieren, sie lenken nur vom eigentlichen Folieninhalt ab. Daher Vorsicht bei Verwendung einschlägiger Designs, ein einfarbiger heller bzw. weißer Hintergrund erzielt manchmal mehr Wirkung. Wenn Sie eigene Farben verwenden, dann wählen Sie eine Textfarbe, die sich deutlich vom Hintergrund abhebt.

   ▪ So dominiert bei Beispiel 5 eindeutig der Hintergrund, der Text wirkt eher nichtssagend und erschließt sich erst auf den zweiten Blick.

   ▪ Beispiel 6 rückt zwar den Text stärker in der Vordergrund aber überflüssige Elemente im Hintergrund des Standarddesigns wirken ablenkend.

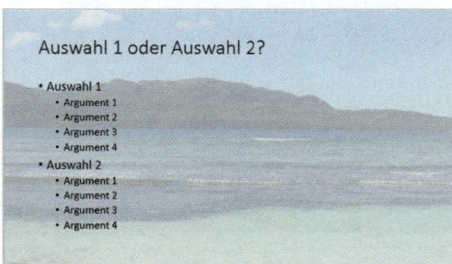 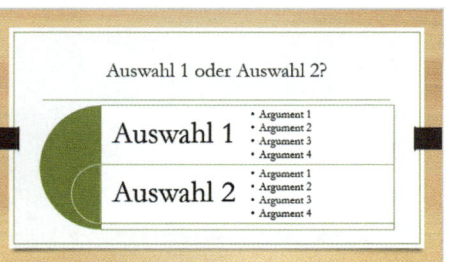

Bild 9.5 Beispiel 5

Bild 9.6 Beispiel 6

▶ Und noch etwas: Untersuchungen zufolge sind etwa fünf bis acht Prozent aller Männer farbenblind, meist in Form einer verminderten Wahrnehmung von roten und grünen Farbtönen. Sie sollten daher diese Farbtöne möglichst nicht ausschließlich verwenden, um Kontraste hervorzuheben. Vermeiden Sie also rote Schrift vor grünem Hintergrund und umgekehrt!

▶ Vorsicht bei der Verwendung von Gelbtönen. Durch die Projektion mittels Beamer können manche Farben, insbesondere Gelb- und Rottöne etwas anders erscheinen. Testen Sie daher nach Möglichkeit vorab Ihre Präsentation auch mit Beamer.

Die richtige Schrift wählen

▶ Achten Sie bei der Auswahl der Schriftarten auf gute Lesbarkeit. Ob sich eine Serifenschrift (z. B. Times New Roman) oder eine serifenlose Schrift (z. B. Calibri oder Arial) besser eignet, darüber kann man geteilter Meinung sein. Grundsätzlich gilt: vermeiden Sie verschnörkelte Schriften, gut lesbar sind dagegen klare schlanke Buchstaben.

Bild 9.7 Schriftvergleich: Es dauert wesentlich länger, eine verschnörkelte Schrift zu lesen.

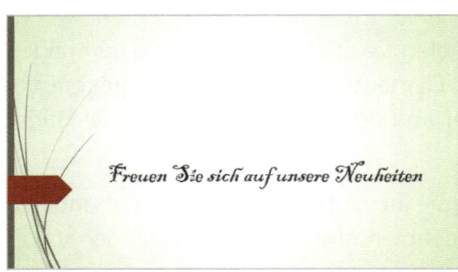 

▶ Beschränken Sie sich auf maximal zwei verschiedene Schriftarten (Firmenlogo und -schriftzug nicht eingerechnet), keine Schrift sollte kleiner als 16 pt. sein, Schriftgröße 30 ist dagegen auch noch in den hinteren Reihen gut erkennbar.

▶ Text in GROSSBUCHSTABEN eignet sich nicht zur Hervorhebung sondern stört den Lesefluss.

▶ Die Schriftfarbe sollte sich deutlich vom Hintergrund abheben. Am besten ist immer noch eine dunkle Schrift vor weißem oder hellem Hintergrund. Bei weißer Schrift vor dunklem Hintergrund ermüdet hingegen das Auge schneller.

Bild 9.8 Heller oder dunkler Hintergrund?

 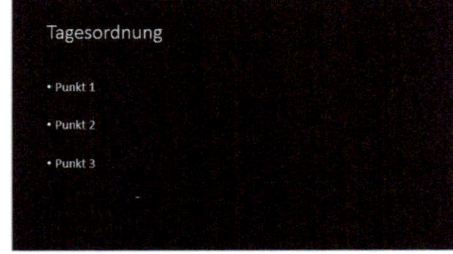

9.2   Text- und Layoutgestaltung

Der richtige Einstieg

Nutzen Sie die Gelegenheit, mit den ersten Folien das Publikum auf das Thema einzustimmen und neugierig zu machen. Dazu können Sie beispielsweise Fragen aufwerfen, etwa „Was, glauben Sie, wie viel Schokolade jeder Deutsche im Jahr verbraucht?". Andere gute Möglichkeiten des Einstiegs sind Fallbeispiele, Versprechen oder indem Sie dem Publikum eine konkrete Frage stellen, z. B. „Hatten Sie schon einmal Probleme mit Ihrer Kamera?".

Wirkungsvolle Folien

Die Folien sollten so gestaltet werden, dass ein einheitlicher Stil zu erkennen ist. Falls Sie wiederkehrende Folienelemente, z. B. Firmenlogo oder Foliennummern verwenden, dann sollten sich diese immer an derselben Position befinden.

Längerer Text oder gar der gesamte Vortragstext gehören auf keinen Fall in eine Präsentation: Entweder wird er vom Publikum überhaupt nicht gelesen oder lenkt ab und macht Sie als Redner überflüssig. Ausnahmen sind Zitate, aber auch hier gilt: Wählen Sie möglichst kurze Zitate! Auch sollte selbstverständlich sein, dass Sie den Inhalt der Folien in Ihren Vortrag einbeziehen, aber keinesfalls vorlesen!

Standardmäßig verwendet PowerPoint als Standardlayout Folien mit einem Platzhalter für den Titel und einem Inhaltsbereich. Dies bedeutet jedoch nicht, dass jede Folie auch wirklich eine Überschrift braucht und viele Inhalte lassen sich anstatt mit Aufzählungen besser mit Bildern oder mit SmartArt-Grafiken vermitteln. Bei einer Aufzählungsliste muss Ihr Publikum den Text lesen und benötigt etwa 5 bis 15 Sekunden, um den Inhalt zu erfassen, grafisch aufbereitet sind dagegen viele Sachverhalte auf den ersten Blick klar.

▶ Weniger ist mehr: Lassen Sie Platz zwischen den Absätzen, ein ansprechendes Layout lässt mindestens 30% der Folie leer.

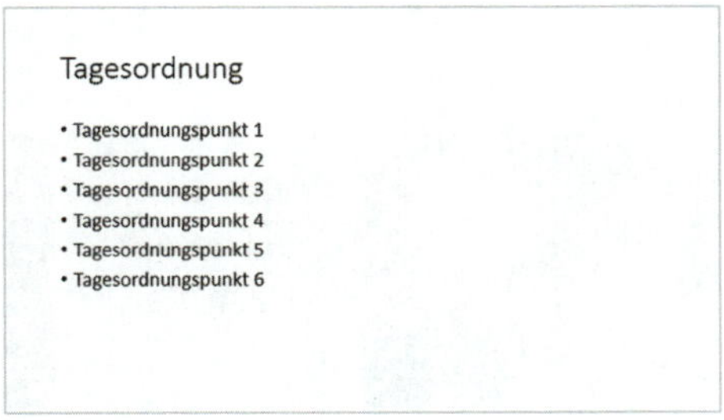

Bild 9.9 Links das klassische Folienlayout.

Bild 9.10 Rechts daneben dasselbe Layout aber mit größeren Zeilen- bzw. Absatzabständen und etwas eingerückt.

▶ Wenn Sie das klassische Folienlayout mit einer Überschrift verwenden, dann rücken Sie den Text mehr zur Mitte und verringern Sie die Breite des Platzhalters, so lässt sich Text schneller lesen. Schaffen Sie auch mehr Platz zwischen Überschrift und dem restlichen Folieninhalt.

▶ Falls Sie Text in Aufzählungsform einsetzen: Verwenden Sie anstatt vollständiger Sätze kurze, aussagekräftige Texte, etwa fünf Wörter pro Absatz und fünf Zeilen je Folie sind genug.

▶ Überfrachten Sie eine einzelne Folie nicht mit Inhalten, indem Sie beispielsweise Überschrift, Aufzählungsliste, Bild und Diagramm gleichzeitig einfügen. Verzichten Sie entweder auf Elemente oder verteilen Sie die Inhalte auf mehrere Folien.

▶ Erzeugen Sie Spannung und fördern Sie den Dialog mit Ihren Zuhörern, indem Sie Fragen aufwerfen und kleine Rätsel einbauen. Selbsterklärende Folien wirken dagegen meist ermüdend.

▶ Überlegen Sie, ob Sie Ihre Inhalte nicht besser verdeutlichen können, wenn Sie anstelle von Aufzählungen SmartArt-Grafiken einsetzen. Zum Beispiel zur Gegenüberstellung von Vor- und Nachteilen oder zur Visualisierung von Einzelschritten und Prozessen.

▶ Rücken Sie ab vom Standardlayout. Nicht jede Folie braucht eine Überschrift, zudem sind in den meisten Layouts die Abstände zwischen Überschrift und Inhalt zu klein. Berücksichtigen Sie bei der Auswahl des Designs auch, dass einige den Bereich der Überschrift durch ein besonderes Hintergrundformat hervorheben.

▶ Gliedern Sie umfangreiche Präsentationen, indem Sie Folien mit Zwischenüberschriften einfügen. Eine gute Methode ist es auch, die jeweilige Zwischenüberschrift am Rand jeder Folie, z. B. oben anzuzeigen, dies erleichtert Ihren Zuhörern die Orientierung. Leider wird dies von PowerPoint nicht unterstützt, Sie müssen also den Text manuell eingeben. Hilfreich ist auch eine kleine Inhaltsübersicht mit Hervorhebung des aktuellen Punktes, die Sie in jede Folie einfügen.

▶ Verteilen Sie Handouts und Druckversionen Ihrer Präsentation, wenn möglich, erst nach Ihrem Vortrag. So vermeiden Sie das „Mitlesen" während der Bildschirmpräsentation.

Beispiel 1: Titelfolie

Bild 9.16 Beispiel Titelfolien

Links das Standardtitellayout von PowerPoint mit Bild links, rechts die Titelfolie einmal anders, das Bild füllt die gesamte Folie aus, der Text bleibt trotzdem lesbar. Als Schriftfarbe wurde mit Hilfe des Werkzeugs Pipette eine Farbe aus dem Hintergrundbild gewählt.

Beispiel 2

Als zweites Beispiel links eine Folie im Standardlayout „zwei Inhalte". Die Aussage geht im Text unter und erschließt sich erst beim Lesen, zudem wirkt die Platzaufteilung unprofessionell. Lassen Sie einfach die Überschrift weg und machen Sie stattdessen mit einem frei gestalteten Layout das Publikum neugierig wie in der Folie rechts.

Bild 9.11 Beispiel 2: Bringen Sie Spannung in Ihre Präsentation

Beispiel 3

Links eine Aufzählungsliste im Standardlayout. Worin das Angebot besteht ist nicht sofort ersichtlich. Rechts dagegen verdeutlicht ein SmartArt-Layout den Ablauf und das besondere Angebot ist farblich und grafisch hervorgehoben.

Bild 9.12 Beispiel 3

9.3   Darstellung von Zahlen

▶   Visualisieren Sie mit Grafik, Bildern und Diagrammen. Buchstaben und Zahlen sind abstrakt - Bilder und andere grafische Objekte werden dagegen wesentlich schneller registriert.

▶   Verdeutlichen Sie Zahlen durch einfache Vergleiche und verwenden Sie anstelle von Prozentangaben lieber Ausdrücke. Also beispielsweise statt fünfzig Prozent besser „halb so viel wie..." oder „jeder zweite..."

▶ Wenn Sie ein Diagramm oder eine Tabelle zeigen möchten, werden nicht immer gleich alle Zahlen benötigt, beschränken Sie sich auf die wichtigsten und heben Sie diese überdeutlich hervor. Auch Nachkommastellen werden nur in seltenen Fällen benötigt, also lieber weglassen!

Im Bild unten erschweren z. B. überflüssige Tausenderzahlen die Lesbarkeit.

Bild 9.13 Zahlendarstellung

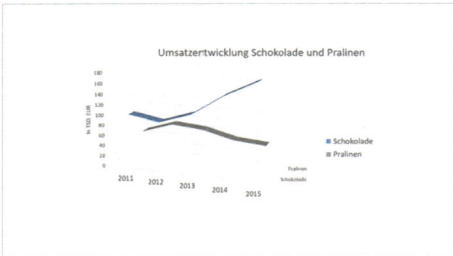
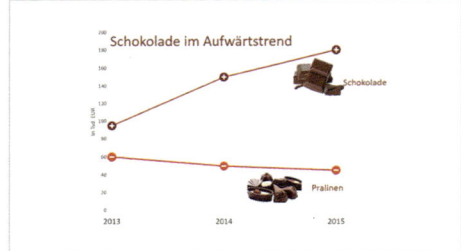

▶ Setzen Sie einfache und verständliche Diagrammtypen ein, deren Aussage auf den ersten Blick klar zu erkennen ist. 3D-Darstellungen führen im Vergleich zu einfachen 2D-Diagrammen meist zu Verzerrungen und optischen Täuschungen, wie das Beispiel unten zeigt. Sie sollten daher nur in Ausnahmefällen zum Einsatz kommen.

Bild 9.14 3D- und 2D-Diagramm

▶ Es muss nicht immer ein Diagramm sein. Auch ohne Diagramm lassen sich viele Informationen mit Bildern und einer kurzen Aussage vermitteln, wie das Beispiel im Bild unten zeigt.

Bild 9.15 Eine eindeutige Aussage auch ohne Zahlen.

9.4 Animationseffekte richtig einsetzen

Generell gilt: Die richtigen Animationen können durchaus sinnvoll sein, sollen aber niemals vom Inhalt der Präsentation ablenken. Animieren Sie daher keine Elemente, die nicht zum eigentlichen Folieninhalt gehören, z. B. Firmenlogo.

▶ Blenden Sie die Inhalte einer Folie durch Animationen nacheinander ein, wenn Sie ein Mitlesen während der Präsentation vermeiden möchten.

▶ Verwenden Sie für Animationen möglichst natürliche Effekte, z. B. Erscheinen oder Einfliegen. Diese sollten auch konsequent immer aus derselben Richtung erfolgen. Spiralen und Drehungen erinnern dagegen eher an einen Kindergeburtstag.

▶ Achten Sie auf die richtige Geschwindigkeit von Animationen: Ein zu schneller Ablauf wirkt verwirrend. Noch schlimmer ist es allerdings, wenn sie zu langsam ablaufen, wenn beispielsweise der Text im Schneckentempo in die Folie kriecht und das vielleicht auch noch buchstabenweise.

▶ Auf Folienübergänge können Sie meist verzichten, sie lenken nur vom Inhalt ab. Wenn Sie trotzdem Übergangseffekte einsetzen möchten, dann bitte ohne Trommelwirbel oder sonstige Soundeffekte. Diese wirken äußerst unprofessionell. Außerdem kommt es auch hier auf den richtigen Effekt an: Zerknüllen erweckt z. B. einen abwertenden Eindruck und sollte daher, wenn überhaupt, nur gezielt eingesetzt werden.

Tastenkombinationen

Setzen Sie Tastenkombinationen ein, um PowerPoint 2016 schneller zu bedienen. Hier eine Zusammenstellung, nach Aufgaben geordnet.

Allgemein

Alles markieren	Strg+A
Kopieren	Strg+C
Ausschneiden	Strg+X
Einfügen	Strg+V
Format kopieren	Strg+Umschalt+C
Format einfügen	Strg+Umschalt+V
Nach Kopieren oder Ausschneiden das Dialogfenster Inhalte einfügen aufrufen	Strg+Alt+V
Suchen	Strg+F
Ersetzen	Strg+H
Aktion rückgängig machen	Strg+Z
Aktion wiederholen bzw. wiederherstellen	Strg+Y
Präsentation drucken	Strg+P
Präsentation speichern	Strg+S
Präsentation speichern unter	F12

Arbeitsoberfläche

PowerPoint-Hilfe aufrufen	F1
Menüband ein- bzw. ausblenden	Strg+F1
Zwischen den Bereichen der Arbeitsoberfläche wechseln	F6
Rechtschreibprüfung starten	F7

Zwischen Normal- und Gliederungsansicht wechseln	Strg+Umschalt+Tab
Gitternetzlinien ein- bzw. ausblenden	Umschalt+F9
Führungslinien ein- bzw. ausblenden	Alt+F9
Lineal ein- bzw. ausblenden	Umschalt+Alt+F9
Makros anzeigen	Alt+F8

Präsentation erstellen

Neue Präsentation erstellen	Strg+N
Neue Folie erstellen	Strg+M
Folie oder markiertes Objekt duplizieren	Strg+D
Dialogfenster Schriftart aufrufen	Strg+T Strg+Umschalt+A
Schriftgrad vergrößern	Strg + :
Schriftgrad verkleinern	Strg + ;
Text linksbündig ausrichten	Strg+L
Text rechtsbündig ausrichten	Strg+R
Text zentriert ausrichten	Strg+E
Blocksatz	Strg+J
Text Fett	Strg+Umschalt+F
Text Kursiv	Strg+Umschalt+K
Text unterstrichen	Strg+U
Link einfügen	Strg+K

Bildschirmpräsentation steuern

Präsentation von Beginn an starten	F5
Präsentation ab der aktuellen Folie starten	Umschalt+F5
Nächste Folie bzw. Animation	Linke Maustaste Eingabe-Taste Pfeiltaste rechts bzw. unten Bildschirmseite nach unten N Leertaste
Vorherige Folie bzw. vorige Animation	Pfeiltaste links bzw. oben Bildschirmseite nach oben P Rücktaste
Zur nächsten Folie wechseln, falls ausgeblendet	H
Wechsel zu einer bestimmten Folie	Foliennummer+Eingabe-Taste
Eine Folie verkleinern bzw. alle Folien anzeigen	G - (Minus) Strg + -
Zoom in einer Folie	+ (Plus) Strg + +
Dialogfenster Alle Folien aufrufen	Strg+S
Medien wiedergeben bzw. Wiedergabe pausieren	Alt+O
Medienwiedergabe beenden	Alt+Q
Medienwiedergabe leiser bzw. lauter	Alt+Pfeil nach unten bzw. nach oben
Anzeigen einer leeren schwarzen Folie	B (Black) . (Punkt) Mit einer beliebigen Taste wird die Präsentation fortgesetzt

Anzeigen einer leeren weißen Folie	W (White) , (Komma) Mit einer beliebigen Taste wird die Präsentation fortgesetzt
Zeiger in Stift ändern	Strg+P
Zeiger in Textmarker ändern	Strg+I
Zeiger in Pfeil ändern	Strg+A
Zeiger in Radierer ändern	Strg+E
Freihandmarkierungen ein- bzw. ausblenden	Strg+M
Zeichnung auf dem Bildschirm löschen	L
Zeiger in Laserpointer ändern	Strg+L
Taskleiste anzeigen	Strg+T
Pfeil bei Mausbewegungen ausblenden	Strg+H
Pfeil bei Mausbewegungen anzeigen	Strg+U
Präsentation beenden	Esc

Glossar

AutoKorrektur	Im Gegensatz zur Rechtschreibprüfung korrigiert die Autokorrektur automatisch während der Eingabe und wandelt beispielsweise den ersten Buchstaben am Beginn eines Satzes oder Absatzes in einen Großbuchstaben um. Sie können die Autokorrektur rückgängig machen oder in den PowerPoint-Optionen ganz deaktivieren.
Browser	Als Browser (engl. to browse = durchsuchen) bezeichnet man Apps, mit denen Sie im Internet surfen. Neben dem, in Windows 10 integrierten Browser Microsoft Edge, gehören unter anderem Mozilla Firefox, Chrome und Safari dazu.
Cloud	Als Cloud-Computing bezeichnet man die Nutzung von Dienstleistungen wie Software und Speicherplatz über ein Netzwerk. Der Begriff „Cloud" (dt. Wolke) rührt daher, dass für die Nutzer der genaue Ursprung und Speicherort nicht nachvollziehbar und undurchsichtig (verhüllt) ist. „In der Cloud speichern" bedeutet somit nichts anderes, als Daten nicht auf der Festplatte des eigenen PCs, sondern irgendwo auf einem anderen Computer im Internet zu speichern.
Copy & Paste	Englisch für Kopieren & Einfügen. Ein Element wird dabei in die Zwischenablage kopiert (beispielsweise mit der Tastenkombination Strg+C) und andernorts eingefügt (beispielsweise mit der Tastenkombination Strg+V).
Creative Commons (CC)	Grundsätzlich ist jedes Werk (Foto, Bild, Musikstück Text etc.) geistiges Eigentum des Urhebers und geschützt. Es darf also nicht einfach kopiert und verwendet werden. Vereinfacht gesagt, Sie dürfen nicht einfach ein Bild aus dem Internet kopieren und damit einen Flyer verschönern. Sie müssen zunächst den Urheber um Erlaubnis bitten. Einige Urheber sind durchaus bereit, Ihr Werk anderen zur Verfügung zu stellen. Hier hilft die Organisation Creative Commons (CC), die Urhebern vorgefertigte Linzenzverträge zur Verfügung stellt, durch die der Urheber sein Werk lizenziert und damit anderen Nutzern z. B. die Bearbeitung und kommerzielle Nutzungsrecht einräumt.
Cursor	Als Cursor bezeichnet man bei der Eingabe von Text die Einfügemarke oder aktuelle Schreibposition.
Dateinamenerweiterung	Jeder Dateiname erhält beim Speichern automatisch einen Zusatz, die Dateinamenerweiterung (extension), bestehend aus einem Punkt, gefolgt von drei oder vier Buchstaben. Sie kennzeichnet den Dateityp, d.h. legt fest, welche Anwendung zum Öffnen der Datei verwendet wird. Standardmäßig ist die Dateinamenerweiterung nicht sichtbar, kann aber im Menüband des Datei-Explorers eingeblendet werden. PowerPoint-Präsentationen erhalten die Dateinamenerweiterung .pptx, Vorlagen den Zusatz .potx und Designs .thmx

Datenpunkt	Als Datenpunkt wird ein einzelner Wert in einem Diagramm bezeichnet.
Datenreihe	Ein Diagramm kann Werte aus mehreren Zeilen oder Spalten einer Tabelle darstellen. Ein Datenreihe kann entweder aus den Zeilen oder den Spalten der Tabelle gebildet werden.
Design	Ein Design ist eine Zusammenstellung von Formatierungen, Farben, Schriftarten, Effekten und Folienhintergrund und wird bei der Erstellung einer Präsentation verwendet, um allen Folien ein einheitliches Aussehen zu geben.
Duplizieren	Mit Duplizieren (Strg+D) stellt PowerPoint eine schnelle Methode zur Verfügung, um Folien und Elemente zu vervielfältigen. Im Gegensatz zur Verwendung der Zwischenablage werden duplizierte Elemente anschließend sofort in die Folie eingefügt.
Dropdown-Pfeil / Kombinationsfeld	Viele Eingabefelder erfordern keine Eingabe, sondern bieten Werte zur Auswahl an. In diesen Feldern befindet sich rechts ein kleines, nach unten weisendes Dreieck bzw. ein Pfeil und ein Klick darauf öffnet die Liste. Alternativ können Sie die Liste auch mit der Tastenkombination Alt+Pfeil nach unten öffnen, die Auswahl erfolgt dann mit den Pfeiltasten und durch Drücken der Eingabe-Taste wird die markierte Auswahl übernommen. Eine weitere Möglichkeit: tippen Sie die ersten Zeichen ein, so wird Ihre Eingabe automatisch ergänzt.
Folienmaster	Der Folienmaster ist eine Vorlage für das Aussehen aller Folien einer Präsentation. Änderungen am Folienmaster wirken sich auf alle Folien aus.
Handzettel	Auf Handzetteln werden mehrere, meist zwei bis sechs Folien auf einer einzigen Druckseite verkleinert gedruckt.
Hyperlink (Link)	Hyperlinks, auch kurz als Links bezeichnet, sind Verknüpfungen zu Webseiten, anderen Dateien oder bestimmten Folien in der Präsentation.
Manueller Zeilenumbruch	Ein manueller Zeilenumbruch mit den Tasten Umschalt (Shift)+ Eingabe-Taste beginnt eine neue Zeile, beendet aber nicht den Absatz.
Masterlayout	Das Masterlayout legt ein Folienlayout fest, das beim Einfügen einer neuen Folie ausgewählt werden kann.
Notizen	In der Ansicht Normal steht Ihnen ein gesonderter Notizenbereich zur Verfügung, in dem Sie Anmerkungen zu jeder Folie eingeben und speichern können. Die Notizen können später auch gedruckt werden.
Objekte	PowerPoint bezeichnet alle Elemente einer Folie als Objekte. Dies können Platzhalter, bzw. Textfelder sein, aber auch Grafiken, Diagramme oder Zeichnungselemente. Die Bearbeitung und Formatierung der Objekte unterscheidet sich nur geringfügig.

OLE	Object Linking and Embedding, kurz OLE, ist eine Methode, um Objekte aus anderen Anwendungsprogrammen, insbesondere Microsoft Word oder Excel in eine PowerPoint-Präsentation einzufügen. Die Bearbeitung eingebetteter und verknüpfter Objekte erfolgt immer in der jeweiligen Anwendung. Eingebettete Objekte werden zusammen mit der Power-Point-Präsentation gespeichert, bei verknüpften Dateien wird nur der Dateipfad in der Präsentation gespeichert.
OneDrive	In Verbindung mit einem Microsoft-Konto steht Ihnen unter der Bezeichnung OneDrive ein kostenloser Speicher von standardmäßig 5 GB in der Cloud zur Verfügung. Dieser ist vollständig in den Datei-Explorer von Windows 10 integriert.
PDF	PDF ist die Abkürzung für Portable Document Format, ein Dateiformat für Dokumente in dem alle Bilder und Formatierungen beibehalten werden. Die Inhalte können unabhängig vom Betriebssystem auf jedem Computer gelesen werden, dazu wird nur ein kostenlos erhältliches Leseprogramm, z. B. Adobe Reader benötigt, auch im Browser Microsoft Edge können PDF-Dateien angezeigt werden. Nachträgliche Änderungen am Inhalt sind dagegen nur mit spezieller Software möglich.
Punkt (pt)	Punkt ist eine typografische Maßeinheit, in der Maße wie Schriftgrad (Schriftgröße) oder Abstände angegeben werden. 1 Punkt entspricht etwa 0,35 mm.
Raster	Beim Einfügen und Verschieben von Objekten werden diese standardmäßig an einem, meist unsichtbaren, Raster ausgerichtet. Sie können das Raster als Hilfsmittel zur Ausrichtung einblenden, bzw. die Rasterabstände ändern.
RGB Farbmodell	Das RGB-Farbmodell stellt eine Farbe durch Zahlenwerte für jede der drei Farben (Rot, Grün, Blau) dar. Die Zahlen zwischen 0 und 255 geben die Intensität der Farbe an.
Serifen	Als Serife (franz. Füßchen) bezeichnet man die feinen Linien, die bei manchen Schriftarten einen Buchstabenstrich am Ende quer zu seiner Grundrichtung abschließen, dadurch soll eine bessere Lesbarkeit der Schrift erreicht werden. Viele bevorzugen deshalb eine Serifenschriftart in Präsentationen. Eine der bekanntesten Serifenschriftarten ist Times New Roman.
Server	Als Server bezeichnet man Computer, genauer gesagt spezielle Software, die in einem Netzwerk oder dem Internet Informationen, Speicherplatz und andere Dienste (z. B. E-Mail Postfach) bereitstellt.
SmartArt	Als SmartArt-Grafik bezeichnet PowerPoint eine Sammlung von grafischen Layouts zur visuellen Darstellung von Textinformationen, die anstelle von einfachen Textfeldern bzw. Absätzen verwendet werden können.

Taskleiste	Die Taskleiste befindet sich am unten Rand des Bildschirms. Neben der Schaltfläche Start zeigt sie alle geöffneten Anwendungen (Tasks) an und erlaub den schnellen Wechsel zwischen diesen.
Textfeld	Texteingabe in einer Folie erfolgt in PowerPoint entweder in den Platzhalterfeldern oder einem Textfeld.
Übergänge	PowerPoint bietet eine Reihe von Möglichkeiten, Übergänge zwischen den Folien einer Präsentation mit Effekten zu gestalten.
Verbindungen	Mit Verbindungen lassen sich schnell Formen über Linien miteinander verbinden. Verbindungen sind am Objekt verankert, beim nachträglichen Verschieben einer Form bleibt die Verbindung erhalten.
XML	„Extensible Markup Language", eine Auszeichnungssprache zur Darstellung hierarchisch strukturierter Daten in Form von Textdateien. XML ist vor allem für den Datenaustausch von Bedeutung.
XPS	XPS ist ein, von Microsoft entwickeltes Dateiformat in Konkurrenz zu PDF. Allerdings ist dieses Dateiformat kaum verbreitet und kann daher im Gegensatz zu PDF-Dokumenten nicht auf allen Geräten geöffnet werden.
Zwischenablage	Die Zwischenablage speichert ausgeschnittene oder kopierte Elemente. Diese können anschließend beliebig oft wieder eingefügt werden. Die Zwischenablage kann auch zum Datenaustausch zwischen verschiedenen Dokumenten oder Anwendungen verwendet werden.

Index

Symbole

A

B